06.98
BRES
8

Nat
153

Ca... ... la ... 153

BIBLIOGRAPHIE
BRÉSILIENNE

CATALOGUE

DES

OUVRAGES FRANÇAIS & LATINS
Relatifs au Brésil

(1500-1898)

PAR

A. L. GARRAUX

EX-LIBRAIRE A SAINT-PAUL (BRÉSIL)

———

PARIS

CH. CHADENAT, Libraire | JABLONSKI, VOGT et Cie
17, Quai des Grands-Augustins, 17 | 15, Rue d'Hauteville, 15

1898

BIBLIOGRAPHIE
BRÉSILIENNE

IL A ÉTÉ TIRÉ DE CET OUVRAGE :

300 Exemplaires sur papier vélin, des Papeteries du Marais.
30 Exemplaires sur papier de Hollande numérotés à la presse.

BIBLIOGRAPHIE

BRÉSILIENNE

CATALOGUE

DES

OUVRAGES FRANÇAIS & LATINS

Relatifs au Brésil

(1500-1898)

PAR

A. L. GARRAUX

EX-LIBRAIRE A SAINT-PAUL (BRÉSIL)

PARIS

CH. CHADENAT, Libraire   JABLONSKI, VOGT et Cie

17, Quai des Grands-Augustins, 17   15, Rue d'Hauteville, 15

1898

½ ch. bleu
nerfs
+ 391-14

DÉDIÉ

A LA NATION BRÉSILIENNE

AVANT-PROPOS

Les travaux bien circonscrits sont en général ceux que l'on traite le mieux, qui rendent le plus de services. C'est la raison qui m'a déterminé à ne comprendre dans cette bibliographie brésilienne, que les ouvrages rédigés en français et en latin. Quoique limité, ce champ de recherches bibliographiques m'a paru encore assez vaste pour fournir une ample moisson.

Pour réunir les éléments du présent répertoire, j'ai, naturellement, utilisé la science des Brunet, des Harrisse, des Leclerc, des Ternaux, des Trömel, etc. Je n'ai pas négligé non plus les catalogues spéciaux des libraires américanistes : Chadenat, Dufossé. Les uns comme les autres contiennent des articles rédigés avec le plus grand soin, la plus haute compétence. Tous m'ont été fort utiles. Mais j'ai surtout puisé sans compter dans les riches collections de notre Bibliothèque Nationale. Grâce à ces dernières, qui constituent la source précieuse et unique des meilleurs renseignements, j'ai réussi à compléter les travaux de mes savants devanciers.

Malgré un persévérant labeur de plusieurs années, je n'ai pas la prétention d'avoir épuisé mon sujet, bien que j'aie laissé de côté la partie cartographique, les dictionnaires et manuels d'histoire et de géographie, les encyclopédies, les livres classiques, les nombreux articles publiés dans les recueils, les revues et les journaux.

J'ai surtout tenu à produire un catalogue exact, précis, autant que possible exempt d'erreurs. Pour arriver à ce résultat si difficile, mais si désirable, j'ai soigneusement relevé et contrôlé tous les titres d'ouvrages cités, tant sur les exemplaires de la Bibliothèque Nationale que sur les livres qui font partie de ma propre collection. Les titres qui n'ont point été rédigés *de visu* sont une exception ; le lecteur les reconnaîtra à ce signe qu'ils ne sont pas précédés d'un astérisque.

Puisse ce catalogue, que je dédie à la Nation brésilienne, trouver un accueil bienveillant auprès de ceux qui s'occupent de l'Amérique du Sud, amateurs, collectionneurs, bibliophiles, commerçants, industriels et savants ! Puisse-t-il être utile à ceux qui s'intéressent à ce grand et riche pays ! Ceux-ci doivent être légion, si j'en juge par ce fait que j'ai constaté : les neuf dixièmes des ouvrages mentionnés ici, ne se trouvent plus dans la librairie courante, et beaucoup sont devenus d'une excessive rareté.

Paris, décembre 1897.

A. L. GARRAUX.

BIBLIOGRAPHIE BRÉSILIENNE

A

* **Abbadie** (Antoine d'). — Notice sur les travaux scientifiques de M. d'Abbadie. — *Paris, imp. de Mallet-Bache-
lier* (s. d.), in-4°, 18 pages.

> Les quatre premières pages traitent de son « Voyage à Olinda, dans
> le Brésil (1836 et 1837) ».

—. — Observations relatives à la physique du globe faites
au Brésil et en Ethiopie, par M. d'Abbadie. Rédigées par
R. Radau. Avec 1 planche.— *Paris, Gauthier-Villars*, 1873,
in-4°, IV, 202 pages.

* **Abolition** de l'esclavage au Brésil. — *Paris, imp.
G. Chamerot*, 1889, in-8°, 146 pages.

> Le faux-titre porte en plus : « Loi du 13 mai 1888. »

* **Abrantès e Castro** (Bernardo Jozé d'). — Lettre du
conseiller Abrantès à sir William A'Court sur la régence
du Portugal et l'autorité du seigneur don Pedro IV, en sa
double qualité de Roi de Portugal et de père de Dona
Maria II, fidèlement traduite de l'original portugais publié
à Londres. — *Paris, Mongie*, 1827, in-8°, 52 pages.

> Signé : Bernardo Jozé d'Abrantès e Castro.

* **Accioli de Vasconcellos** (F. de B. e). — Guide de
l'émigrant au Brésil, par l'inspecteur général des terres et

de la colonisation F. de B. e Accioli de Vasconcellos, Lieutenant-colonel honoraire. (Publication officielle.) Traduit par F. X. Fabre. — *Rio de Janeiro, typ. Nationale*, 1884, in-8°, 64 pages.

** **Acosta** (José de). — Histoire naturelle et morale des Indes tant occidentales qu'orientales, où il est traité des choses remarquables du ciel, des éléments, métaux, plantes et animaux, qui sont propres à ce pays : ensemble des mœurs, des cérémonies, lois et gouvernements des mêmes Indes, traduit de l'Espagnol en Français par Robert Regnault. — *Paris, Marc Orry*, 1598, in-8°.*

Il y a une 2ᵉ et une 3ᵉ édition publiées en 1600 et 1608, — Id. — *Paris, Tiffaine*, 1617, in-8°.

—. — Josephi Acosta, societatis Jesu, de natura novi orbis libri duo. Et de promulgatione evangelii apud barbaros, sive de procuranda Indorum salute, libri sex. — *Coloniæ Agrippinæ, in officina Birckmannica, sumptibus Arnoldi Mylii*, 1596, in-8°, 8 fnc., 581 pages.

Nᵒ 46 de Trömel.
Composé en partie en Amérique, ce livre est un des plus intéressants de ceux publiés par les premiers écrivains espagnols sur les Indes. Il parut d'abord à Salamanca, en 1589 et 1595. L'auteur le traduisit en espagnol (1590 Seville) en y ajoutant cinq autres livres de l'histoire des Indes.

*—. — De promulgando evangelio apud Barbaros : sive de procuranda Indorum salute libri sex. Authore Josepho Acosta,... Editio novissima. — *Lugduni, sumptibus Laurentii Anisson*, 1670, in-4°, 11 fnc., 501 pages, 13 fnc.*

Évangélisation du Brésil.

** **Acuña** (p. Christophle d'). — Relation de la rivière des Amazones traduite par feu M. de Gomberville de l'Académie française. Sur l'original espagnol du p. Christophle d'Acuña, jésuite. Avec une dissertation sur la rivière des Amazones pour servir de Préface. — *A Paris, chez la veuve Loüis Billaine*, 1682, 4 vol. in-12, 200, 238, 218 et 206 pages.*

Id. — Paris, Claude Barbin, 1772, 2 vol. in-12.

Voyez aussi : Rogers (Woodes). Voyage autour du monde, t. II.

* Adam (Lucien). — Matériaux pour servir à l'établissement d'une grammaire comparée des dialectes de la langue Tupi, par Lucien Adam. — *Paris, J. Maisonneuve,* 1896, in-8°, 136 p.

Forme le t. XVIII de la *Bibliothèque linguistique américaine.*

*—. — Examen grammatical de seize langues américaines, par Lucien Adam. — *Paris, Maisonneuve,* 1878, in-8°, 88 pages et 6 tableaux.

Langues Cri, Chippeway, Algonquin, Dakota, Hidatsa, Maya, Quiché, Montagnais, Iroquois, Chacta, Nahuatl, Caraïbe, Chibcha, Kechua, Kiriri, Guarani.

—. — Trois familles linguistiques des bassins de l'Amazone et de l'Orénoque. — *Et* Bibliographie des récentes conquêtes de la linguistique Sud-Américaine. — *Voyez :* Congrès international des Américanistes. Berlin.

Adet (Emile). — Découverte d'une ville ancienne dans les forêts du Brésil, par Emile Adet. (Extrait du t. XXI, de la *Revue indépendante.*) — *Paris* (s. d.), in-8°, 17 pages.

Découverte faite en 1753 par un aventurier qui voyagea pendant une dizaine d'années pour retrouver les célèbres mines d'argent exploitées au xvi° siècle par Ribeiro Diaz.

* Agassiz (L). — Lettre de M. Agassiz à M. Marcou, sur la géologie de la vallée de l'Amazone, avec des remarques de M. Jules Marcou. — *Paris, imp. E. Martinet,* 1866, in-8°, paginé 109-111.

Extrait du *Bulletin de la Société géologique de France,* 2° série, T. XXIV, p. 12, séance du 3 décembre 1866.

—. — Notice sur quelques poissons fossiles de la province de Ceara, au Brésil, par M. Agassiz. — *Paris, Bachelier,* in-4°.

Extrait des *Comptes rendus des séances de l'Académie des Sciences,* t. XVIII, 1844.

—. — *Voyez* : Spix (J. B. de). Selecta genera et species piscium.

* **Agassiz** (M. et Mme). — Voyage au Brésil, abrégé sur la traduction de F. Vogeli par J. Belin de Launay et contenant une carte et 16 gravures sur bois. Deuxième édition. — *Paris, Hachette,* 1874, in-12, xxiv, 268 pages.

*—. — M. et Mme Louis Agassiz. Voyage au Brésil. Traduit de l'anglais, avec l'autorisation des auteurs, par Félix Vogeli. Ouvrage illustré de 54 gravures sur bois et contenant 5 cartes. — *Paris, Hachette,* 1869, in-8°, xii, 532 pages.

Agassiz et **Coutinho.** — Sur la géologie de l'Amazone, par MM. Agassiz et Coutinho. — *Paris, E. Biot,* 1867, in-8°.

Extrait du *Bulletin de la Société géographique de France.*

Agnus (H.). — *Voyez* : Dufet. Recueil général des traités de commerce.

* **Aguillon** (Louis). — Législation des mines française et étrangère, par Louis Aguillon. — *Paris, Baudry,* 1886, 3 vol. in-8°.

Fait partie de *l'Encyclopédie des travaux publics fondée par Lechalas.*
Le tome III contient : Aperçu général sur la législation des mines au Brésil depuis l'indépendance. — Classification légale des substances soumises au droit minier. — Des recherches de mines. — Des concessions de mines. — Dispositions spéciales à l'exploitation du diamant.

* **Aimard** (Gustave). — Le Brésil nouveau. Nouvelle édition, illustrée par Fernand Besnier. — *Paris, E. Dentu,* 1888, gr. in-8°, 261 pages.

Le titre de départ porte : « Mon dernier voyage. — Le Brésil nouveau. » — La couverture imprimée a pour titre : « Le Brésil nouveau, par Gustave Aimard. Illustrations par Fernand Besnier. — *Paris, E. Dentu.* »

*—. — Mon dernier voyage. Le Brésil nouveau, par Gustave Aimard. — *Paris, E. Dentu,* 1886, in-18, 281 pages.

Rio de Janeiro. — Le Gouvernement brésilien. — La Ville. — Brésiliens et Français, etc.

Aimé-Martin (L). — *Voyez* : Lettres édifiantes et curieuses.

Aird (David). — Dissertatio inauguralis de sanitate in India occidentali tuenda. — *Edinburgi*, 1805, in-8°.

* **Albert-Montémont**. — Bibliothèque universelle des voyages effectués par mer ou par terre dans les diverses parties du monde, depuis les premières découvertes jusqu'à nos jours, contenant la description des mœurs, coutumes, gouvernement, cultes, sciences, arts, industrie et commerce, productions naturelles et autres, revus ou traduits, par M. Albert-Montémont. — *Paris, Armand-Aubrée*, 1836, 46 vol. in-8°.

> Contient : t. XXXVIII, pages 339-355 : Brésil (Cabral).
> T. XLII,•Maw. Voyages de l'Océan Pacifique à l'Océan Atlantique et en descendant le fleuve des Amazones.
> Walsh (1828-1829). Voyage au Brésil. (Rio-Janeiro. — Nègres esclaves. — Limites du Brésil. — Découverte du pays par Cabral. — Dom Pedro. — Un postillon Brésilien. — Eglises de São Francisco, de la Caudelaria, du Rosario. — Couvents de São Bento et de Santo Antonio, de Santa Theresa, de Boa Viagem, de São Domingo, de Santa Rita, de l'Ajuda. — Instruction publique. — Hôpital de la Miséricorde. — Muséum national. — Antiquités indiennes. — Journaux. — La Monnaie. — Population de Rio-Janeiro. — Nombre des Français qui l'habitent. — Hospice des Enfants trouvés. — Opéra. — Funérailles. — Aliments des diverses classes. — Rats et chauves-souris du Rio-Bonito. — São José. — La rivière des morts. — São João del Rey. — Fécondité des femmes. — Intérieur des terres; diverses espèces d'auberges. — Un dîner brésilien. — Belle ferme brésilienne. — La rivière Parahiba. — Ville de Valença. — Caractère général des Brésiliens. — Climat. — Grand nombre de mulâtres libres. — La semaine sainte à Rio-Janeiro. — Vie domestique de dom Pedro.

* —. — Voyage dans les cinq parties du monde, où l'on décrit les principales contrées de la terre, les curiosités nationales, industrielles, scientifiques ou littéraires, les mœurs et coutumes des nations, les richesses, les forces, les cultes, les gouvernements avec les notabilités, les villes et les populations des différents États, par M. Albert-Montémont. — *Paris, Selligue*, 1828, 6 vol. in-18.

> Dans le T. V, Amérique, on trouve : Le Brésil. Généralités physiques, statistiques, morales, industrielles et politiques. Division territoriale; situation et curiosités de chacune des 19 provinces ou capitaineries brésiliennes avec leurs villes principales. — Superficie et population des principaux États de l'Amérique.

* Albert-Montémont. — Voyages nouveaux par mer et par terre effectués ou publiés de 1837 à 1847 dans les diverses parties du monde, contenant la description de ces contrées, les mœurs, coutumes, gouvernements, cultes, productions, industrie, commerce, etc., etc., analysés ou traduits par M. Albert-Montémont.— *Paris, A. René*, 1847, 5 vol. in-8°.

Le T. IV, consacré à l'Amérique, contient, p. 263-313 : « Alcide d'Orbigny. — Voyage dans l'Amérique méridionale, au Brésil, à Montevideo, à Buenos-Ayres, au Chili, au Pérou et en Bolivie (effectué de 1826 à 1833, publié en 1843.)

Albinus (Petrus). — Commentatio de linguis peregrinis atque insulis ignotis ex scripto manu ipsius exarato edidit M. Samuel Cnauthius misenensis biblioth. Acad. Vittemb. præf. accedit Hugonis Grotii de origine gentium Americanarum dissertatio. — *Vittembergæ in Saxonibus, apud Jo. Ludovicum Meisselium*, 1714, petit in-8°, 47 pages.

* Albuquerque (F.). — Cultures de végétaux et essais d'acclimatation d'animaux à Saint-Paul (Brésil). Extrait d'une lettre adressée à M. le Président par M. F. Albuquerque. — *Paris, au Siège social de la Société nationale d'Acclimatation de France*, 1889, in-8°, 7 pages.

Extrait de la *Revue des sciences naturelles appliquées*, n° 21, 5 novembre 1889.

* Alcantara-Lisboa (P. d'). — Enseignement et crédit agricole au Brésil. Par P. d'Alcantara-Lisboa. — *Sceaux, imp. Munzel frères*, 1857, in-8°, 14 p.

Extrait de la *Revue espagnole, portugaise, brésilienne et hispano-américaine*.

Alcyon (L'). Littérature, sciences, arts, théâtres. — *Rio de Janeiro, Cremière*, 1841, in-fol.

* Alegambe (Philippe). — Mortes illustres, et gesta eorum de societate Jesu qui in odium fidei, pietatis aut cujuscunque virtutis occasione missionum, sacramentorum administratorum, fidei, aut virtutis propugnatæ; ab ethnicis Hæreticis, vel aliis, veneno, igne, ferro, aut morte alia necati, ærumnisve confecti sunt. Autore Philippo Alegambe Bruxellensi ex eadem societate Jesu. Extremos aliquot annos mortesque illustres usque ad annum 1654 adjecit Joannes Nadasi ejusdem societatis Jesu. — *Romæ, ex typographia Varesii*, 1657, in-fol. 4 fnc., 716 pages, 2 fnc.

Nombreux renseignements sur le Brésil, sur François Pinto, mort en 1608, sur Correa, sur Jean de Sousa, etc.

* **Allain** (Emile).— Émile Allain. Rio de Janeiro. Quelques données sur la capitale et sur l'administration du Brésil. — *Paris, Frinzine et Cie, Rio de Janeiro, Lachaud*, 1886, in-12, ix, 324 pages.

—. — *Voyez :* Couto de Magalhães. Contes Indiens du Brésil.

* **Almanac** américain, asiatique et africain ou état physique, politique, ecclésiastique et militaire des colonies d'Europe en Asie, en Afrique et en Amérique. Ouvrage qui comprend les forces, la population, les lois, le commerce et l'administration de chaque province de ces trois parties du monde; le tableau de ceux qui y figurent par leurs charges et par leurs dignités; celui de la marine des peuples européens qui y ont des possessions et le nom des officiers qui sont employés dans cette partie de l'administration publique. — *A Paris, chez l'auteur...*, 1785, in-12, 390 p.

A la suite se trouve un *Recueil diplomatique*, paginé 1-132. Il existe d'autres éditions pour les années 1783, 1784, 1786.

Almeida (Ladislas d'). — *Voyez :* Van de Putte (Hubert). L'exploitation caféière au Brésil.

Almeida (Pires de). — L'agriculture et les industries du Brésil, par Pires de Almeida. — *Rio de Janeiro, imp. Leuzinger*, 1890, in-12.

* —. — Docteur Pires de Ameilda. L'instruction publique au Brésil. Histoire. Législation. — *Rio de Janeiro, imp. E. Leuzinger e Filhos*, 1889, in-8°, xxxvi, 1102 pages.

Alves Barboza (J.). — Arsenaux de marine. *Voyez :* Le Brésil en 1889.

Ameghino (Florentino). — La plus haute antiquité de l'homme dans le Nouveau-Monde. *Voyez :* Congrès international des Américanistes..., Bruxelles, t. II.
—. —*Voyez aussi :* Gervais. Les mammifères fossiles de l'Amérique du Sud.

* **America**. Revue et échos Sud-Américains. Commerce, industrie, finances, agriculture. Publication mensuelle distribuée gratuitement. — *Toulouse, 9 rue Tripière*, 1889, gr. in-8°, 19 n°s.

* **Amérique** (L') septentrionale et méridionale, ou description de cette grande partie du monde comprenant : l'Amérique russe, la Nouvelle-Bretagne, la baie d'Hudson, le Labrador, Terre-Neuve, le Canada, les États-Unis du Nord, les États-Unis mexicains, la république de Guatimala, les Antilles, les Lucayes, les républiques de Colombie, du Pérou, du Chili, la Patagonie, Buenos-Ayres ou la Plata, le Paraguay, l'empire du Brésil, les Guyanes, un extrait des voyages au pôle boréal et enfin l'Islande, le Groenland, le Spitzberg, etc. Avec un précis de la découverte, de la conquête et de l'origine des anciens peuples, de leurs mœurs, usages, coutumes et religions. Les arts, sciences, commerce, manufactures et gouvernemens divers dans leur état actuel, les productions naturelles, les curiosités, etc., etc., tiré ou traduit des historiens et des voyageurs français et étrangers les plus célèbres jusqu'à nos jours et mis en ordre par une Société de géographes et d'hommes de lettres. En un seul volume orné de gravures. — *Paris, chez Etienne Ledoux*, 1835, gr. in 8°, II, 660, pages.

Amero (C.). — *Voyez :* Tissot. Les peuples étranges de l'Amérique du Sud, *et* (*id.*) Les contrées mystérieuses.

* **Amic** (Marius). — Notes sur une maladie de la peau endémique dans les provinces du Rio de la Plata, par

Marius Amic. — *Montpellier, imp. Ve Ricard, née Grand*, 1842, in-4°, 44 pages.

Thèse n° 22. — Sur une maladie spéciale au Brésil, la *Sarna*.

* Andrada (d'). — Réfutation des calomnies relatives aux affaires du Brésil insérées par un sieur De Loy dans l'*Indépendant* de Lyon ; par Messieurs José Bonifacio d'Andrada,... Antonio Carlos Ribeiro d'Andrada,... Martin Francisco Ribeiro d'Andrada,... — *Paris, imp. A. Béraud*, 1826, in-8°, 60 pages.

* Anecdotes américaines, ou histoire abrégée des principaux événements arrivés dans le Nouveau-Monde, depuis sa découverte jusqu'à l'époque présente. — *Paris, Vincent*, 1776, in-8°, i-xv, 782 pages.

Par Hornot.— Extrait de la table des matières concernant le Brésil :
Brésil (découverte du). Négligé longtemps par le Portugal, sort de cette langueur par la culture du sucre, qu'y portent des Juifs exilés du Portugal. — Caractère des différentes nations qui habitent ce pays. — Mines d'or et de diamants découvertes au Brésil (1695).
Calvin envoie au Brésil trois réformés fanatiques avec trois cents hommes. — La différence des opinions fait échouer leur projet.
Cohelo (Gonçalves), Portugais, premier gouverneur du Brésil.
Devaux, gentilhomme français, propose à Henri IV de faire un établissement au Brésil.
Duguay-Trouin (expédition glorieuse de) au Brésil.
La Ravardière, gentilhomme français, bâtit un fort à l'île de Maragnan sur les côtes du Brésil. — Trop de confiance le fait perdre.
Nassau (Maurice de), chargé par la République de Hollande de suivre l'entière réduction du Brésil, soumet sept capitaineries.
Paulistes, brigands du Brésil ; leur génie, leurs ruses.
Riffaut, capitaine français, gagne l'amitié des Brésiliens, qui l'invitent à faire un établissement chez eux (1594).
Souza (Thomas), envoyé au Brésil pour y établir une administration régulière, bâtit São-Salvador.
Teixeira (Pedro de), Portugais, remonte le fleuve de l'Amazone, depuis son embouchure jusqu'à son confluent avec le Napo, et la rivière de Napo jusqu'à Quito.
Vieira (Jean-Fernandez), chasse les Hollandais du Brésil, malgré la Cour de Portugal.
Villegagnon (le commandeur de), bâtit sur les côtes du Brésil le fort Coligny. — Ce fort est détruit par Emmanuel Sá, Portugais (1557).

Anecdotes du ministère de Sébastien Joseph Carvalho, comte d'Oyeras, marquis de Pombal, sous le règne de Joseph Ier, roi de Portugal . — *Varsovie*, 1783, in-12, xxxiv, 493 pages.

Contient ses démêlés avec les Jésuites, des relations du Brésil, Pará et Maragnon, etc., etc.

Angelis (de). — De la navigation de l'Amazone. Réponse à un mémoire de M. Maury, officier de la marine des Etats-Unis, par M. de Angelis. — *Montevideo, imp. du Rio de la Plata*, 1854, in-8°, 218 pages.

* Angliviel La Beaumelle (M.-V.). — De l'Empire du Brésil considéré sous ses rapports politiques et commerciaux, par M.-V. Angliviel La Beaumelle. — *Paris, Bossange frères*, 1823, in-8°, v, 260 pages.

Angström (Joh.). — Primæ lineæ muscorum·cognoscendorum qui ad Caldas Brasiliæ sunt collecti. Scripsit Joh. Angström. — *Stockholm*, 1876, 2 vol. in-8°.

Extrait de *Œfversigt af Kongl. Vet. Akad. Förh.* 1876.

* Annales de l'Observatoire impérial de Rio de Janeiro. Emm. Liais directeur. — *Rio de Janeiro, typ. Lombaerts et Cie*, 1882-1887, 3 vol. in-4°.

T. I. — Description de l'Observatoire. x, 264 pages, 19 gravures hors texte et 25 figures dans le texte.
T. II.— Observations et Mémoires 1882 (1883). Ce volume est un recueil de pièces qui ont toutes leur pagination séparée. Il comprend des Observations astronomiques, — des Mémoires divers, — des Notes scientifiques, — le Service chronométrique, — des Observations météorologiques,— 12 pl. de Courbes météorologiques et 9 pl. placées hors texte.
T. III (1887). —. Observation du passage de Vénus en 1882. Avec 28 gravures. — Il contient : Introduction. — Instructions. — Rapport de la mission de Saint-Thomaz. — Rapport de la mission de Pernambuco. — Rapport de la mission de Punta-Arenas. — Notes de voyage par le capitaine de frégate Luiz F. de Saldanha da Gama.
Chacune de ces parties a sa pagination séparée. Les t. II et III des *Annales* sont publiés par L. Cruls, directeur.

Annus gloriosus Societatis Jesu in Lusitania, complectens sacras memorias illustrium virorum, qui virtutibus, sudoribus, sanguine fidem, Lusitianam et societatem Jesu in Asia, Africa, America, ac Europa felicissime exornarunt, succinta narratione congestas, a P. Antonio Franco. — *Viennæ Austriæ sumptibus Joan., Mich. Christophori. Typis Joannis Baptistæ Schilgen*, 1720, in-4°.

Contient des notes biographiques sur différents Pères de la Compagnie de Jésus, envoyés en mission au Brésil.

* **Anson**.— Voyage autour du monde fait dans les années MDCCXL, I, II, III, IV, par George Anson, présentement lord Anson, commandant en chef d'une escadre envoyée par Sa Majesté Britannique dans la mer du Sud. Tiré des journaux et autres papiers de ce seigneur, et publié par Richard Walter, maître ès-arts et chapelain du *Centurion* dans cette expédition. Orné de cartes et de figures en taille douce, traduit de l'anglois. Nouvelle édition. — *Amsterdam et Leipzig, Arkstée et Merkus*, 1751, in-4°, xiv, 330 pages, cartes hors texte.

* —. — Voyage à la mer du Sud, fait par quelques offi ciers commandant le vaisseau le *Wager* pour servir de suite au Voyage de Georges Anson. — *Amsterdam et Leipzig, chez Arkstée et Merkus*, 1763, in-4°, xvi, 185 pages et 15 pages de table.

> La dernière page de la table porte : « A Lyon, de l'Imprimerie de Louis Buisson, place des Cordeliers, 1756. »

* **Antagonisme** et solidarité des états orientaux et des états occidentaux de l'Amérique du Sud. — *Paris, Dentu*, 1866, in-8°, lix, 203 pages.

> Traduction de l'espagnol avec un Avertissement et une Introduction signés Th. Mannequin.
> Le danger des républiques des mers du Sud vient du Brésil. — Le Brésil a plus besoin de territoire qu'aucun état de l'Amérique du Sud. — Antagonisme radical du Brésil et des républiques hispano-améri-caines, etc.

Antonet(C.-M.).— Sylvino et Anina; mœurs brésiliennes, par C.-M. Antonet. — *Paris, Magen et Comon*, 1840, in-8°.

* **Après de Mannevillette** (d'). — Le Neptune oriental, dédié au roi, par M. d'Après de Mannevillette. — *Paris, Demonville*, 1775, in-fol. 1 fnc., x, 200 p., 2 fnc.

> Route pour relâcher au Brésil. — Vents et courants périodiques à la côte du Brésil. — Inconvénients de cette relâche. — Situation de Rio de Janeiro.
> Plan de la baie et du port de Rio de Janeiro levé géométriquement en 1730, vérifié par l'auteur en 1751.

Aragão (A. C. Teixeira de). — *Voyez :* Teixeira de Aragão.

* **Arago** (Jacques) — Les deux Océans, par J. Arago. Collection Hetzel. — *Bruxelles et Leipzig, Kiessling, Schnée,* 1854, 3 vol. in-18.

La couverture imprimée porte : Bibliothèque diamant.
T. III. Le Brésil. — Le géant couché. — Les forts Lage et Villega-gnon. — Notre-Dame-du-Bon-Voyage. — La Gloria. — L'île das Cobras, dos Ratos, Botafogo et l'île do Governador. — Le chant des noirs. — Les papillons. — Les oiseaux-mouches. — Mon beau Brésil. — M. Tau-nay notre consul. — M. de Saint-Georges. — Rues, trottoirs, équipages. — Un ours. — Des Français partout. — Paris à Rio. — Cassemajou. — Les journaux. — Mᵐᵉ Fournel corsetière. — Mon maitre de flûte. — Hôtel de la Bourse. — Couvent d'Ajuda et de Sainte-Thérèse. — Le ma-gnifique Corcovado. — Une demi douzaine de serpents. — Rio de Janeiro. — Audience de l'Empereur. — Caetano l'acteur et *l'Eclat de rire.* — — L'Empereur vient voir jouer ma pièce. — On me donne une couronne d'or. — Progrès de Rio. — La Bayonnaise.

* —. — Promenade autour du monde, par M. J. Arago, avec atlas de 26 planches in-4° dessinées par l'auteur. — *Paris, Leblanc* (s. d.), 2 vol. in-8°, xxx, 452, 506 pages.

On y trouve notamment : Description de Rio de Janeiro. — Mœurs des habitants. — Police de Rio. — Description de la rade et de ses en-virons. — Visite à la bibliothèque. — Traite des nègres. — Idées géné-rales sur Rio. — Lois en usage à Rio. — Commerce et industrie de Rio. — Filles publiques. — Moines de Rio. — Caractère des Brésiliens. — Usages à la cour de Rio. — Anecdotes. — Mœurs de quelques peuplades sauvages de l'intérieur du Brésil, etc.

* —. — Promenade autour du monde pendant les années 1817, 1818, 1819 et 1820, sur les corvettes du Roi, *l'Ura-nie* et *la Physicienne* commandées par M. Freycinet. Par J. Arago. — *Paris, Leblanc,* 1822, 2 vol. in-8°. T. Iᵉʳ, xxx, 452 p., t. II, 506 pages.

Pour le contenu, voir le détail de l'édition précédente.

* —. — Souvenirs d'un aveugle. Voyage autour du monde. Nouvelle édition enrichie de notes scientifiques, par M. François Arago et précédée d'une introduction par M. Jules Janin. — *Paris, H. Lebrun,* (s. d.). 2 vol. in-8°.

* —. — Souvenirs d'un aveugle. Voyage autour du monde, par M. J. Arago. Ouvrage enrichi de 60 gravures et de notes scientifiques. — *Paris, Hortet et Ozanne,* 1839, 4 vol. in-8°.

Extrait de quelques chapitres : De l'Équateur au Brésil. — Rio de Janeiro. — Le Corcovado. — Le Négrier. — Bibliothèque. — Esclaves. — Détails. — Villegagnon. — Duel entre un Pauliste et un colonel de Lanciers polonais. — Le Gaoutcho, etc.

* **Arago** (Jacques). — Souvenirs d'un aveugle. Voyage autour du monde, par M. Jacques Arago. Chasses. — Drame. Edition enrichie de 15 dessins. — *Paris, H. L. Delloye,* 1840, in-8°, VII, 410 pages.

* —. — Voyage autour du monde sans la lettre A, par Jacques Arago. — *Paris, librairie nouvelle,* 1853, in-16, 30 pages.

Les pages 27-28 sont consacrées au Brésil.

* —. — Voyage autour du monde, par Jacques Arago. Nouvelle édition expurgée, précédée d'une introduction de Jules Janin. Quarante-cinq gravures. — *Limoges, Eugène Ardant* (1893), petit in-fol., XVI, 336 pages.

Brésil. Le Gaoucho.

Araujo (Chevalier d'). — Documents relatifs au Brésil. — *Voyez :* Congrès international de la protection de l'enfance.

Araujo (A.-J.-P. Silva). — *Voyez :* Silva Araujo (A.-J.-P.).

Araujo (Ferreira de). — *Voyez :* Ferreira de Araujo.

* **Araujo** (Oscar d'). — Le fondateur de la République Brésilienne, Benjamin Constant, Botelho de Magalhães. Discours prononcé à la séance commémorative de l'avènement de la République Brésilienne célébrée le 18 novembre 1891 au siège de la Société positiviste de Paris. — *Paris, L. Boulanger* (s. d.), in-12, 24 pages. Avec portrait.

* —. — L'idée Républicaine au Brésil, par Oscar d'Araujo. — *Paris, Perrin et C*, 1893, in-8°, X, 155 pages.

* **Araujo** (Oscar d'). — Le mouvement social au Brésil de 1890 à 1896. Extrait de la *Revue internationale de Sociologie*, mai 1896.— *Paris, V. Giard et E. Brière*, 1896, in-8°, 11 pages.

* **Araujo Carneiro** (d'). — Lettre à M. le comte de Porto Santo, ministre des Affaires étrangères de Portugal, par le chevalier d'Araujo Carneiro. — *Paris, imp. de Béthune*, 1826, in-8°, 10 pages,

Sur les intrigues portugaises et brésiliennes.

* **Arcos** (Santiago). — La Plata, étude historique, par Santiago Arcos. — *Paris, Michel Levy*, 1865, in-8°, 588 pages.

Directorat de Pierredon. Les brésiliens envahissent la Banda oriental, battent Artigas et entrent à Montevideo. — Annexion de la Banda Oriental. Guerre avec le Brésil. — Le Brésil, sa situation, sa politique vis-à-vis de la Plata.

Argollo-Ferrão (J.-G. d'). — *Voyez :* Marc (Alfred). Le Brésil.

Argus (L'), journal hebdomadaire de littérature, d'arts, de commerce et d'industrie. — *Rio de Janeiro, typ. de J.-L. Saint-Amant*, 1838, in-folio.

* **Arnaud** (Léopold). — La vérité vraie sur le conflit entre le Brésil, Buenos-Ayres, Montevideo et le Paraguay. Réponse à M. Charles Expilly et à la *Gazette du Midi*, par Léopold Arnaud. — *Marseille, Boy-Estelon*, 1865, in-8°, 69 pages.

Arnould (Arthur). — *Voyez :* Matthey (A.).

* **Arnous-Dessaulsays**. — Instructions pour la navigation aux attérages et dans la rivière de Pará, rédigées, d'après les ordres de S. Exc. le ministre de la Marine, par M. Arnous-Dessaulsays, capitaine de vaisseau. Extrait des *Annales maritimes et coloniales* de 1822. — *A Paris, de l'imprimerie Royale*, 1822, in-8°, 26 pages et une carte.

Id. — *Paris, imp. Royale*, 1840, in-8°, 39 pages.

* Arrabida (Antonius de). — Petro nomine ac imperio primo Brasiliensis imperii perpetuo defensori imo fundatore scientiarum, artium, litterarumque patrono et cultore jubente Floræ Fluminensis icones nunc primo eduntur. Edidit Domnus Frater Antonius da Arrabida episc. de Anemuria, Cæsareæ Majestatis a consiliis nec non confessor, capelani maximi coadjutor, studiorum principum ex Imp. Stirpe moderator, Imperial. Publicæque Bibliothecæ in Urbe Fluminensi præfectus curante E. Knecht. — *Parisiis, ex off. lithogr. Senefelder*, 1827, in-fol., 11 vol.

T. I 153 pl. — II 155 pl. — III 168 pl. — IV 189 pl. — V 135 pl. — VI 113 pl. — VII 164 pl. — VIII 164 pl. — IX 128 pl. Index iconum, 21 pages et table alphabétique, 14 pages. — X 143 pl. — XI 127 pl.

*Articles accordées par le Roy de Portugal à la Compagnie qui s'establit dans son Royaume, pour l'estat general du Brazil. Traduit de Portugais en François. — *A Rouen, chez Jacques Besongne*, 1649, in-4°, 26 pages.

* Assier (Adolphe d'). — Le Brésil contemporain. Races, mœurs, institutions, paysages, par Adolphe d'Assier. — *Paris, Durand et Lauriel*, 1867, in-8°, 320 pages.

Assiz (Machado de). — Mes cousines de Sapucaya. *Voyez*: Revue de France et du Brésil (5).

* Aubé (Léonce). — Notice sur Dona Francisca, par M. L. Aubé, avec une carte de la colonie. Tiré de l'ouvrage intitulé *France et Brésil*. — *Paris, au bureau de la Cⁱᵉ franco-allemande* (1857), in-8°, 47 pages.

—. — Notice sur la province de Sainte-Catherine (Brésil), par Léonce Aubé. — *Paris, imp. Royale*, 1847, in-8°, 84 pages et 2 cartes.

Extrait des *Annales maritimes et coloniales*.

* —. — La province de Sainte-Catherine et la colonisation au Brésil, par Léonce Aubé... — *Rio de Janeiro, imp. Frédéric Arfvedson*, 1861, in-8°, VII, 162 pages et une carte de la province.

Aubé. — *Voyez* : Dutot. France et Brésil.

*Audebert (J.-B.).—Histoire naturelle des singes et des makis, par J.-B. Audebert. — *Paris, chez Desray*, an XIII, in-fol.

*Audebert (J.-B.) et L.-P. Vieillot.— Histoire naturelle et générale des colibris, oiseaux-mouches, jacamars et promerops, par J.-B. Audebert et L.-P. Vieillot. — *Paris, Desray,* an XI. — 1802, in-fol.

    X, 128 p. 70 pl., — 8 p., 6 pl. — 28 p., 9 pl.

*—. — Histoire naturelle et générale des grimpereaux et des oiseaux de paradis, par J.-B. Audebert et L.-P. Vieillot. — *Paris, Desray,* an XI — 1802, in-fol.

    Grimpereaux 128 p., 88 pl. — Oiseaux de paradis 40 p., 16 pl.

* Audet (E.). — Emigration à la colonie de Grão Pará, province de Santa Catharina au Brésil. — *Paris, imprimerie nouvelle,* (s. d.), in-8°, 11 pages et carte de la colonie.

    Signé : E. Audet. — Imprimé en Français et en Allemand.

Aulnay (G. E. Coubard d'). — *Voyez* : Coubard d'Aulnay.

*Aurignac (Romain d').— Amérique du Sud. Trois ans chez les Argentins, par Romain d'Aurignac. Illustrations de Riou, gravure de Ch. Guillaume. — *Paris, Plon,* 1890, in-4°, 483 pages.

    Pernambuco. — Bahia. — Rio de Janeiro.

* Avenel (Henri).—L'Amérique latine avec un exposé préliminaire des relations présentes et futures du commerce français dans cette contrée, par Henri Avenel. — *Paris,* 1892, in-8°, 139 p.

    Brésil, p. 17 —46.

* —. — Le monde des journaux en 1895. Organisation. Influence. Législation. Mouvement actuel. 101 Portraits et Pseudonymes. Reproduction en fac simile des principaux journaux de Paris, des départements et de l'Etranger. La presse étrangère. — *Paris*, 1895, in-8°, 276 pages.

La Presse au Brésil, pages 97-100.

* Avezac (d'). — Campagne du navire *l'Espoir de Honfleur*, 1503-1505. Relation authentique du voyage du capitaine de Gonneville ès nouvelles terres des Indes, publiée intégralement pour la première fois, avec une introduction et des éclaircissements, par M. d'Avezac. — *Paris, Challamel*, 1869, in-8°, 115 pages.

Extrait des *Annales des Voyages*, juin et juillet 1869.
Tiré à très petit nombre et épuisé.
La relation de Gonneville établit que les navires des Dieppois, des Malouins et d'autres Normands et Bretons, allaient dès la première moitié de 1500 au plus tard, chercher au Brésil du bois de teintures : les découvreurs, si hautement proclamés de cette côte, Vincent Pinçon, Diègue de Lepé, Pierre Alvares Cabral, n'y étaient venus qu'en janvier et en avril de cette même année ; et Americ Vespuce, à part d'eux, fut plus tardif. (Catalogue Leclerc).

* —. — Considérations géographiques sur l'histoire du Brésil. Examen critique d'une nouvelle histoire générale du Brésil récemment publiée en Portugais à Madrid par M. François-Adolphe de Varnhagen, chargé d'affaires du Brésil en Espagne, rapport fait à la Société de Géographie de Paris dans les séances des 1er Mai, 15 Mai et 5 Juin 1857 par M. d'Avezac,... — *Paris, imp. L. Martinet*, 1857, in-8°, 271 pages et 2 cartes.

* —. — Notice des découvertes faites au moyen âge dans l'Océan Atlantique antérieurement aux grandes explorations portugaises du quinzième siècle, lue à l'Académie Royale des inscriptions et belles-lettres de l'Institut dans ses séances des 14 novembre et 5 décembre 1845 et 6 Mars 1846, par M. d'Avezac. — *Paris, imp. de Fain et Thunot*, 1845, in-8°, x, 188 p.

* —. — Les voyages d'Americ Vespuce au compte de l'Espagne et les mesures itinéraires employées par les marins espagnols et portugais des XVᵉ et XVIᵉ siècles, pour faire suite aux Considérations géographiques sur l'histoire du Brésil. Revue critique de deux opuscules intitulés : 1. *Vespuce et son premier voyage ;* 2. *Examen de quelques points de l'histoire géographique du Brésil*, communication à la Société de Géographie de Paris dans sa séance du 16 Juillet 1858 par M. d'Avezac. — *Paris, imp. L. Martinet*, (s. d.), in-8°, 188 p.

Extrait du *Bulletin de la Société de Géographie*, (Septembre et Octobre 1858)

* **Avis aux navigateurs**. Côtes orientales de l'Amérique du Sud. Dépôt des cartes et plans de la marine. — *Paris, imp. Paul Dupont*, 1861, in-8°, 4 pages.

Série II. N° 323. 4° trimestre 1861.
Relatif : 1° Au Feu tournant sur l'île Santa-Barbara. — 2° au Phare du cap Frio. — 3° au Feu tournant sur la pointe des Naufragados.

* **Azara** (don Félix de).—Voyage dans l'Amérique méridionale par don Félix de Azara commissaire et commandant des limites espagnoles] dans le Paraguay contenant la description géographique, politique et civile du Paraguay et de la rivière de la Plata, l'histoire de la découverte et de la conquête de ces contrées ; des détails nombreux sur leur histoire naturelle et sur les peuples sauvages qui les habitent ; le récit des moyens employés par les Jésuites pour assujetir et civiliser les indigènes etc., publiés d'après les manuscrits de l'auteur, avec une notice sur sa vie et ses écrits, par C. A. Walckenaer ; enrichis de notes par G. Cuvier,... suivis de l'histoire naturelle des oiseaux du Paraguay et de la Plata par le même auteur, traduite d'après l'original espagnol et augmentée d'un grand nombre de notes par M. Sonnini ; accompagnés d'un atlas de 25 planches. — *Paris, Dentu*, 1809, 4 vol. in-8°.

Azevedo Coutinho (Jozeph Joachim da Cunha de). — *Voyez* : Cunha de Azevedo Coutinho (J. J. da).

B

B*** (M. de). — *Voyez :* Histoire de l'expédition de trois vaisseaux envoyés par la C⁰ des Indes Occidentales aux Terres Australes.

* **B.** (Armand de). — Mes voyages avec le Dʳ Philips dans la République de la Plata (Buenos-Ayres, Montevideo, le Banda Oriental, etc.), par Armand de B. — *Tours, Alfred Mame*, 1880, in-8°, 240 p.

Le faux titre porte : « Bibliothèque de la jeunesse chrétienne approuvée par Mᵍʳ l'Archevêque de Tours. 2ᵉ série in-8°. »

* **B...** (Mˡˡᵉ Virginie-Léontine). — Lettres inédites sur Rio-Janeiro et diverses esquisses littéraires par Mˡˡᵉ Virginie Léontine B. — *Evreux, imp. Monnier*, 1872, in-12, 134 pages.

* **Babinski** (Henri). — Rapport sur une visite aux Lavras Diamantinas, gisements de diamant et de carbon de Lençoes Palmeiras, San Antonio, Chique-Chique et Mar d'Hespanha, état de Bahia (Brésil), par Henri Babinski. — *Paris, imp. Chaix*, 1897, in-4°, 39 pages, 1 carte.

* **Bachelet** (Louise). — Phalanstère du Brésil. Voyage dans l'Amérique méridionale. Avec une gravure. — *Paris, imp. de Pommeret et Guenot*, 1842, in-8°, 20 pages.

Signé : Louise Bachelet.

* **Badaró** (F.). — L'Eglise au Brésil pendant l'Empire et pendant la République, par F. Badaró, ex-député Brésilien. — *Roma, Bontempelli*, 1895, in-12, XIII, 138 pages.

Baguet (A.). — Les colonies portugaises, la Bolivie et le chemin de fer Madeira-Mamoré, par M. A. Baguet, vice-consul du Brésil. — *Anvers, imp. veuve de Backer*, 1884, in-8°, 6 pages.

Extrait des *Bulletins de la Société royale de géographie d'Anvers.*

Baguet (A.). — Les Indiens Parecis, traditions et mythologie des Indiens du Brésil, par M. A. Baguet. — *Anvers, veuve de Backer*, 1890, in-8°, 14 pages.

Extrait des *Bulletins de la Société royale de géographie d'Anvers.*

*—. — La province de Pará et le fleuve des Amazones, par M. A. Baguet, vice-consul du Brésil. — *Anvers, imp. veuve de Backer*, 1883, in-8°, 8 pages.

Extrait des *Bulletins de la Société royale de géographie d'Anvers.*

—. — La province de Parana (Brésil), ses ressources. Quelques mots sur l'émigration, par A. Baguet, vice-consul du Brésil. — *Anvers, imp. veuve de Backer*, 1885, in-8°, 20 pages.

Extrait des *Bulletins de la Société royale de géographie d'Anvers.*

* —. — Les races primitives des deux Amériques, par M. A. Baguet, vice-consul du Brésil. — *Anvers, imp. veuve de Backer*, 1884, in-8°, 25 pages.

Extrait des *Bulletins de la Société royale de géographie d'Anvers.*

—. — Rio Grande do Sul et le Paraguay ; précédé d'une notice historique sur la découverte du Brésil. — *Anvers, imp. Henri Ernest*, 1874, in-8°, 260 pages, *carte*.

Baillon (Henricus). — Dichapetaleæ. *Voyez :* Martius. Flora Brasiliensis, t. XII, 1.

* **Baird** (Charles W.). — Histoire des réfugiés huguenots en Amérique, par le Dr Charles W. Baird. Traduit de l'anglais par MM. A. E. Meyer et de Richemond. — *Toulouse, Société des livres religieux*, 1886, in-8°, xx, 631 pages, 1 carte.

Tentatives de colonisation au Brésil.

Baker (Joannes Gilbertus). — Compositæ. *Voyez* : Martius. Flora Brasiliensis, t. VI, ii, iii.

—. — Connaraceæ Ampelideæ. *Voyez* : Martius. Flora Brasiliensis, t. XIV, 2.

—. — Cyatheaceæ, Polypodiaceæ. *Voyez* : Martius. Flora Brasiliensis, t. I.

* **Balard d'Herlinville** (Paul Marie Gaston). — Faculté de médecine de Paris, année 1895. Thèse pour le doctorat en médecine présentée et soutenue le jeudi 2 mai 1895 à 1 heure par Paul Marie Gaston Balard d'Herlinville,... La rage dans les pays tropicaux. (Etude de géographie médicale). — *Paris, imp. Henri Jouve*, 1895, in-4°, 50 pages.

> La rage au Pérou et au Brésil. Fondation d'un Institut Pasteur à Rio-de-Janeiro et résultats statistiques fournis par cet établissement scientifique.

* **Balbi** (Adrien). — Essai statistique sur le royaume de Portugal et d'Algarve comparé aux autres états de l'Europe et suivi d'un coup d'œil sur l'état actuel des sciences, des lettres et des beaux-arts. Dédié à Sa Majesté Très-Fidèle par Adrien Balbi. — *Paris, Rey et Gravier*, 1822, 2 vol. in-8°.

> T. I lij, 480 pages. — T. II, 272 pages et ccclxviii, pages .
> Tableau météorologique comparé de Lisbonne, Mafra et Rio-Janeiro. — Quantité et valeur du sel exporté au Brésil. — Commerce du Portugal avec le Brésil. — Tableaux des exportations au Brésil. — L'Académie militaire de Rio-Janeiro. — Société d'histoire naturelle de Rio-Janeiro. — Coup d'œil statistique sur le royaume du Brésil, etc.

Banier (abbé). — *Voyez* : Histoire générale des cérémonies.

Banque Brésilienne-Française. Société anonyme. Assemblée générale ordinaire du 30 mai 1874. Rapport du Conseil d'administration. Rapport du commissaire. Résolutions de l'Assemblée. — *Paris, imp. Centrale des chemins de fer, A. Chaix et Cie*, 1874, in-4°.

Banque Brésilienne-Française. Statuts. — *Paris, imp. A. Chaix*, 1871, in-4°.

* **Barbier** (Charles). — Le maté; historique, données statistiques, données scientifiques; son introduction en France,
par Charles Barbier. — *Saint-Dizier, imp. Carnandet*, 1879,
in-8°, 15 pages.

Barbier (Ed.). — *Voyez :* Darwin. Voyage d'un naturaliste.

Barbosa Rodrigues (J.). — Enumeratio palmarum
novarum quas valle fluminis Amazonum inventas et ad Ser-
tum palmarum collectas, descripsit et iconibus illustravit
J. Barbosa Rodrigues. — *Sebastionapolis, apud Brown et
Evarisio*, 1875, in-4°, 43 pages.

* —. — Genera et species orchidearum novarum quas collegit, descripsit et iconibus illustravit J. Barbosa Rodrigues.
— *Sebastionapolis, imp. C. et H. Fleiuss*, 1877-1881,
2 vol. in-8°.

T. 1 2 fnc., VII, 206 pages, X p., 2 tableaux et 1 f. d'errata.
T. II 1 fnc., VI, 295 pages, XVI p., 1 tableau et 2 pages d'errata.
Au verso du titre du t. II on lit : typografía nacional, 1882.

* —. — Les Palmiers, observations sur la monographie de
cette famille dans la *Flora Brasiliensis*, par J. Barbosa
Rodrigues. — *Rio de Janeiro, imp. du Messager du Brésil*,
1882, in-8°, 111-53 pages.

* —. — Structure des Orchidées. Notes d'une étude par
J. Barbosa Rodrigues. Publié sous les auspices du Ministère des Travaux publics. — *Rio de Janeiro, Typ. Nationale*, 1883, in-8°, 38 pages, 14 planches, avec explication
raisonnée des figures.

Barboza (J. Alves). — *Voyez :* Alves Barboza.

* **Baril**, comte de La Hure (V. L.). — Colonisation. Principes pour la fondation de colonies au Brésil, par V. L. Baril, comte de La Hure. — *Rio de Janeiro, typ. française de
Fréderic Arfwedson*, 1859, in-8°, VI, 41 pages.

***Baril** comte de **La Hure** (V. L). — L'Empire du Brésil, monographie complète de l'Empire sud-américain. Ouvrage dédié à S. M. I. Dom Pedro II et orné d'un magnifique portrait de ce souverain, par V. L. Baril, comte de La Hure. — *Paris, Ferdinand Sartorius,* 1862, in-8°, xv, 576 pages.

*—. — Les peuples du Brésil avant la découverte de l'Amérique, par V. L. Baril, comte de La Hure. — *Douai, Vve Céret Carpentier,* 1861, in-4°, 14 pages.

*—. — Voyage sur le Rio Parahyba, par V. L. Baril, comte de la Hure. — *Douai, Céret-Carpentier,* 1861, in-4°, 17 pages, texte à 2 colonnes.

La couverture imprimée porte en plus : « Prime offerte par le *Courrier Douaisien* à ses abonnés. »

***Barlaeus** (Caspar).—Rerum per octennium in Brasilia et alibi nuper gestarum, sub praefactura illustrissimi Comitis I. Mauritii Nassoviae, etc. Comitis, nunc Vesaliæ Gubernatoris et equitatus Fœderatorum Belgii Ordd. sub Auriaco Ductoris, historia.—*Amstelodami, J. Blaeu,* 1647, in-folio, III, 340 pages, 56 planches et un portrait de Maurice de Nassau.

« Magnifique monument en l'honneur d'un prince remarquable du XVII° siècle, Jean Maurice de Nassau-Siegen : bon cœur, caractère loyal, capitaine de mérite, diplomate de talent, protecteur libéral des sciences et des arts, mais avant tout excellent gouverneur, ce qu'il a prouvé au Brésil et au pays de Clèves.

Barlaeus s'est donné pour tâche de faire la chronique — et cela dans un latin classique — de son administration au Brésil. Son ouvrage est illustré de très belles estampes à l'eau-forte, représentant des vues et des faits d'armes. Comme on trouve presque toujours ces eaux-fortes attribuées à Frans Post (peintre qui accompagna Maurice aux Indes Occidentales) quoiqu'il en soit seulement le peintre ou le dessinateur, nous relevons ici le vrai nom de leur auteur. C'est Jan van Brosterhuizen, poète, architecte à ses heures et, vers la fin de sa vie, professeur de botanique à l'Athénée de Breda. Etant très lié à Barlaeus celui-ci lui a sans doute procuré la commande des planches pour son livre. Mr. J. Ph. van der Kellen a été le premier à signaler le nom de l'artiste de ces belles estampes : voir son *Peintre-Graveur*, p. 137. On reconnaît le botaniste au soin particulier avec lequel la flore du Brésil est traitée sur le premier plan de plusieurs de ces compositions. Guidé par cette observation, on apprend bientôt à reconnaître l'œuvre de Brosterhuizen et à la distinguer de celle de Sal. Savry, qui est l'auteur des combats de mer, planches numérotées 5, 42, 43, 44, 45 et 54, tandis que le portrait du prince Maurice est de Théod. Matham. Le graveur des cartes n'est pas à déterminer. Déduction faite de ces feuilles, la part de

Brosterhuizen reste encore 25 (ou 24 si le n°. 51 n'est pas de lui?) eaux-fortes capitales, grand in-folio, dont deux du double format.

Reste à mentionner que cet ouvrage contient aussi l'expédition de Brouwer et de Herckmans au Chili, récit enrichi d'un vocabulaire de la langue des aborigènes, contenant plus de 500 mots.» (*Americana. Frédérick Müller et Cⁱᵒ.*)

* **Barlæus**. — Rerum per octennium in Brasilia Et alibi gestarum, sub Præfectura Illustrissimi Comitis I. Mauritii Nassoviæ, etc. Comitis, historia. Editio secunda. Cui accesserunt Gulielmi Pisonis Medici Amstelaedamensis tractatus 1° De Aeribus, aquis et locis in Brasilia; 2° De Arundine saccharifera; 3° De Melle silvestri; 4° De Radice altili Mandihoca Cum grat. et Privil. Sac. Cæsar. Majest. — *Clivis, ex officina Tobiæ Silberling*, 1660, in-18, 664 pages, 7 pages de préface et 11 feuillets non chiffrés pour l'Index rerum. Cartes et planches.

Baro (Roulox). — *Voyez :* Roulox Baro.

* **Baron** (Le) de Cotegipe, président du conseil et ministre des affaires étrangères du Brésil. Esquisse biographique. Extrait du journal *le Brésil*, n° 157 du 15 juin 1887. — *Paris, C. Marpon et E. Flammarion*, 1887, in-8°, 36 pages.

* **Baron** (A.) — Les magnificences du Nouveau-Monde. Les deux Amériques. Phénomènes d'une nature exubérante. Ruines mexicaines et péruviennes, aldées et wigwams de Peaux Rouges, de Pieds Noirs, etc. Scènes sauvages, sites grandioses, merveilles, chasses, luttes, découvertes, etc., par A. Baron. — *Limoges, Eugène Ardant et C. Thibaut*, (1868), in-8°, 144 pages.

Le faux-titre porte : « Bibliothèque religieuse, morale, littéraire pour l'enfance et la jeunesse, publiée avec approbation de S. E. le cardinal archevêque de Bordeaux. » — Découverte, description, histoire, curiosités naturelles, mines d'or, de diamants, etc., du Brésil.

* **Barral**. — Renseignements sur la côte méridionale du Brésil et sur le Rio de la Plata, recueillis dans la campagne hydrographique de la gabare l'*Emulation*, pendant les années 1830-1832, par M. Barral, capitaine de corvette. — *Paris, imp. royale*, 1840, in-8°, 38 pages.

Extrait des Annales maritimes de 1832.

— Id.— *Parıs, imp. Paul Dupont*, 1849, in-8°, 94 pages.

Barré. — Discours de Nicolas Barré, sur la navigation du chevalier de Villegaignon en Amérique. — *Paris, Le Jeune*, 1558, in-8°.

Barreto (Dr Mello). — *Voyez* : Mello Barreto.

* **Barroso** (abbé Romualdo Maria de Seixas). — Quelques mots sur l'église de Bahia (Brésil), par l'abbé Romualdo Maria de Seixas Barroso, docteur en droit canon. — *Rome, imp. Salvuicci*, 1870, in-8°, 38 pages.

* **Barrow** (Jean). — Abrégé chronologique ou histoire des découvertes faites par les Européens dans les différentes parties du monde. Extrait des Relations les plus exactes et des voyageurs les plus véridiques par Jean Barrow. Traduit de l'anglais par M. Targe. — *Paris, Saillant... Panckoucke*, 1766, 12 vol. in-8°.

T. I. Découverte du Brésil, appelé Santa-Cruz par Cabral. — Situation du pays. — Mœurs des habitants. — Sorciers. — Cérémonies pour sacrifier et manger les prisonniers.
T. V. Description du Brésil. — Ses divisions. — Capitaineries de Seregippe del Rey, de Pernambuco, de Tamarika, de Parayba, de Rio Grande ou Porcigi, de Potigi, de Siaro. — Le Brésil hollandais. — Courants de la côte. — Gouvernement ecclésiastique. — Capitaineries des Portugais. — Diverses classes de Brésiliens. — Puissance des juifs. — Des nègres. — Des Brésiliens. — Misère des femmes. — Hamacs. — Religion. — Prêtres. — Soins donnés aux malades. — Des Tapoyers. — Animaux du Brésil. — Oiseaux. — Poissons. — Arbres et Plantes. — Bois appelé Brésil. — Le pays passe sous la domination des Portugais.
T. X. — Rivière des Amazones. — Découverte, origine de cette rivière. — Mœurs des habitants. — Missions des Jésuites dans ce pays. — Diverses nations qui habitent les bords de cette rivière. — Leurs rois. — Productions du pays. — Description du fleuve.
T. XI. — Description du Brésil. — L'or. — Les diamants. — Restrictions mises sur ce commerce. — Ile Sainte-Catherine, ses productions, son gouvernement.

* —. — Voyage à la Cochinchine par les Iles de Madère, de Ténériffe et du Cap Verd, le Brésil et l'Ile de Java, contenant des renseignements nouveaux et authentiques sur l'état naturel et civil de ces divers pays; accompagné de la

relation officielle d'un voyage au pays des Boushouanas dans l'intérieur de l'Afrique Australe, par John Barrow, membre de la Société royale de Londres; traduit de l'anglais, avec des notes et additions par Malte Brun. Avec un atlas de 18 planches gravées en taille douce par Tardieu. — *Paris, chez François Buisson*, 1807, 2 vol. in-8°, xiv, 407, 408 pages.

> Extrait de la table alphabétique. Chapitres concernant le Brésil. — — Population au Brésil.— Administration.— Amusements des habitants de Rio de Janeiro. — Animaux du Brésil — Aqueduc à Rio de Janeiro. Population, maisons, églises, commerce, baie de Bahia. — Bestiaux. — Bois. Limites. — Côtes. — Divisions. — Indigènes, leur courage, leurs guerres avec les Portugais. — Le café.— La canne à sucre. — Le clergé. — Diamants. — Esclaves. — Les femmes à Rio de Janeiro. — Les fleurs. — Habillements. — Jardin botanique. — Insectes. — Maladies. — Pernambuco. — Minas Geraes. — Piauhy. — Santa Catarina. — Saint-Paul, (ville fameuse du Brésil), etc.

Béarn (comte de). — *Voyez* : Affaire Prieu.

* **Beauchamp** (A. de). — Histoire du Brésil depuis sa découverte en 1500 jusqu'en 1810, contenant l'origine de la monarchie portugaise, et le tableau du règne de ses rois et des conquêtes des Portugais dans l'Afrique et dans l'Inde; la découverte et la description du Brésil; le dénombrement, la position et les mœurs des peuplades Brasiliennes ; l'origine et les progrès des établissemens portugais ; le tableau des guerres successives, soit entre les naturels et les Portugais, soit entre ces derniers et les différentes nations de l'Europe qui ont cherché à s'établir au Brésil; enfin l'histoire civile, politique et commerciale, les révolutions et l'état actuel de cette vaste contrée par M. Alphonse de Beauchamp,... orné d'une nouvelle carte de l'Amérique Portugaise et de deux belles gravures. — *Paris, Alexis Eymery*, 1815, 3 vol. in-8°, xviii, 388, 500, 516 pages.

* —. — L'indépendance de l'Empire du Brésil, présentée aux monarques européens, par M. Alphonse de Beauchamp, historien du Brésil. — *Paris, Delaunay*, juin 1824, in-8°, xv, 139 pages.

* —. — Réfutation de l'écrit intitulé : Coup d'œil sur l'état politique du Brésil au 12 novembre 1823, considéré dans ses divers rapports avec le Portugal; publié à Londres en mars 1824. Par Alphonse de Beauchamp, historien du Brésil... — *Paris, Delaunay,* juin 1824, in-8°, 39 pages.

* Beaucourt (E.). — Immigration et colonisation au Brésil, par E. Beaucourt. — *Paris, impr. Leclercq,* (1860), in-fol. 4 pages.

> Contient un extrait du discours prononcé par S. E. M. le Président du Conseil des Ministres à la Chambre des députés brésilienne (Séance du 30 juin 1858.).

Beaumont (Élie de). — Rapport sur un mémoire de M. Alcide d'Orbigny intitulé : Considérations générales sur la géologie de l'Amérique - Méridionale. Commissaires MM. Alex. Brongniart, Dufrénoy. Élie de Beaumont, rapporteur. — *Paris, Bachelier,* in-4°.

> Extrait des *Comptes rendus des séances de l'Académie des sciences,* séance du 28 août 1843.

* Beautés de l'histoire d'Amérique d'après les plus célèbres voyageurs et géographes qui ont écrit sur cette partie par G... Ornées de 32 nouveaux sujets de gravures représentant les costumes, habitations, animaux, etc. — *Paris, Alexis Eymery,* (1816), 2 vol. in- 8°, 312 et 386 pages.

> Dans le t. II, p. 115-162 : Le Brésil. — Sauvages du Brésil. — Histoire de Caramouron. — Productions nouvelles. — Portugais du Brésil.

* Beauvais (p. de). — La vie du vénérable père Azevedo de la Compagnie de Jésus. L'histoire de son martyre et de celui de trente-neuf autres de la même compagnie. Le tout tiré des Procès-verbaux dressés pour leur canonisation, par le p. de Beauvais. — *Paris, Hippolyte Louis Guérin,* 1744, in-8°, XLIII, 2 fnc, 300 pages.

* Beauvisage (Georges-Eugène-Charles). — Faculté de médecine de Paris. Année 1881, n° 73. Thèse pour le doctorat en médecine présentée et soutenue le vendredi 25 février 1881, à une heure par Georges-Eugène-Charles Beauvisage, né à Paris (Seine), le 29 janvier 1852. Contribution à l'étude des origines botaniques de la gutta-percha. — *Paris, imp.* G. *Carpentier,* 1881, in-4°, 68 pages 2 planches.

Traite des arbres des Guyanes et du Brésil.

* **Beauvisage** (G.). — L'insuline dans les Ionidium. Étude anatomique du faux ipécacuanha blanc du Brésil (Ionidium Ipecacuanha). Note sur un faux ipécacuanha strié noir, par le Dr G. Beauvisage. — *Bâle, Lyon, Genève,* H. *Georg,* 1889, in-8°,16 pages, 1 planche.

Extraits du *Bulletin de la Société botanique de Lyon.*

Belin de Launay (J.). — *Voyez :* Agassiz (M. et M°). Voyage au Brésil.

* **Bellecombe** (A. de). — Comité d'archéologie américaine fondé en 1883. Discours prononcé à la séance d'ouverture du Comité d'archéologie américaine le 23 juillet 1863, par A. de Bellecombe. — *Paris, au local du Comité,* 1863, in-8°, 22 pages.

Extrait du n° 1 de la *Revue américaine* (2° série).
Guerre entre les États-Unis du Nord et les provinces du Sud. Question de l'Oyapoc et de l'Amazone.

* **Belle-Forest** (Françoys de). — La cosmographie universelle de tout le monde : Tome second comprenant la Grece, avec les descriptions anciennes et modernes, tant du plant que noms des villes et régions comme de l'histoire : et descrivant les deux Asies selon leur estendue, raretez, richesses et histoire de l'estat des royaumes outre ce qui en a esté cy-devant descouvert. Plus y est adjoustée l'Affrique, autant doctement que veritablement. Comme aussi y est descripte briefvement et entièrement l'histoire geographique de toutes les terres descouvertes vers l'Occident, et outre l'Equateur, et ès parties Septentrionales, avec les Isles, peuples, nations, et leurs loix, religions et façons de vivre. Aussi ce qui est de rare tant au plat-pays, qu'ès isles plus eslongnees et moins cogneues des nostres. Par Françoys de Belle-Forest, Comingeois. Avec trois Tables, l'une, des plants et pourtraicts des Isles et des villes. La seconde des tiltres et chapitres. Et la troisième, de tous les noms propres,

et des matières comprises en tout l'œuvre. — *Paris, Michel Sonnius*, 1575, in-fol.

Donne d'intéressants détails sur l'Amérique du Sud, l'expédition de Villegagnon, le Maragnon, les peuples dits caraïbes ou cannibales, etc.

* **Bellin**. — Description géographique de la Guyane contenant les possessions et les établissemens des François, des Espagnols, des Portugais, des Hollandais dans ces vastes pays. Le climat, les productions de la terre et les animaux, leurs habitans, leurs mœurs, leurs coutumes et le commerce qu'on y peut faire. Avec des remarques pour la navigation et des cartes, plans et figures. Dressées au dépost des cartes et plans de la marine par ordre de M. le duc de Choiseul,... par le sieur Bellin. — 1763, in-4°, xiv, 1 fnc., 294 pages et 1 fnc.

A cet autre titre : « Description géographique de la Guyane. — Paris, imp. de Stoupe, 1763. »

* **Belloc**. — Histoires d'Amérique et d'Océanie depuis l'époque de la découverte jusqu'en 1839, par M. Belloc,... ouvrage orné de 31 belles planches gravées sur acier représentant les usages et cérémonies des Américains au temps de la conquête, les principaux sites et les monuments les plus remarquables ainsi que les costumes, armes et instruments des sauvages de l'Océanie. Et accompagné de deux cartes géographiques coloriées, dressées sous la direction de A. Houzé. — *Paris, P. Dumenil*, 1839, in-8°, 486 pages.

Le faux titre porte : « Le monde. Histoire de tous les peuples. T. X. Histoires d'Amérique et d'Océanie. »

* **Belloc** (H.). — The Ouro Preto Gold mines of Brazil, limited. Voyage aux mines de Passagem, Raposos, Espirito-Santo et Borges, par H. Belloc. — *Paris, imp. Chaix*, août 1886, in-8°, 26 pages.

* **Belmar**. — Voyage aux Provinces brésiliennes du Pará et des Amazones en 1860, précédé d'un rapide coup d'œil sur le littoral du Brésil. — *Londres, imp. Trezise*, 1861, in-8°, 236 pages.

* **Belon** (Fr. Marie-Joseph). — Contribution à l'étude du genre Anoplomerus Th. (famille des Cerambycidæ), par le r. p. Fr. Marie-Joseph Belon. — (*S. L.*), *imp. Pitrat, aîné*, (1890), gr. in-8°, 14 pages.

Cet insecte se rencontre au Brésil et dans la vallée de l'Amazone.

Bembo (Pierre de). — L'Histoire du Nouveau-Monde découvert par les Portugallois, escrite par le seigneur Pierre de Bembo. — *Paris, Estienne Denyse*, 1556, in-8°, 32 pages.

Benjamin (Ludovicus). — Utricularieæ. *Voyez* : Martius. Flora Brasiliensis, t. X.

Bennett (Alfredus Guilielmus). — Hydroleaceæ, Pedalineæ. — *Voyez* ; Martius. Flora Brasiliensis, t. VII.

Benoit (Daniel). — *Voyez* : Crespin. Martyrs persecutez.

Bentham (Georgius). — Leguminosæ. *Voyez* : Martius. Flora Brasiliensis, t. XV, 2.

—. — Papilionaceæ. — *Voyez* : Martius. Flora Brasiliensis, t. XV, 1.

* **Bérenger-Féraud** (L.-J.-B.). — Traité théorique et clinique de la fièvre jaune, par le Dr L.-J.-B. Bérenger-Féraud. — *Paris, O. Doin*, 1891, in-8°, xiv, 985 pages.

Donne des renseignements sur cette maladie au Brésil : Le Brésil est-il un foyer générateur? — Théorie de Domingos Freire. — Traitement des médecins brésiliens. — Traitement de Domingos Freire, etc.

* **Beretaire** (Sébastien). — La vie merveilleuse du P. Joseph Anchieta de la Compagnie de Jésus escrite en portugais par le p. Pierre Roderiges, puis en latin, augmentée de beaucoup, par le p. Sébastien Beretaire, finalement traduite du latin en françois par un religieux de la mesme compagnie. — *Douay, imp. Marc Wyon*, 1619, in-12, 11 fnc., 462 pages, 14 fnc.

* **Beretaire** (S.).— Vita r. p. Josephi Anchietæ societatis
Jesv sacerdotis in Brasilia defuncti. Ex iis qvæ de eo Petrvs
Roterigvs societatis Jesv Præses prouincialis in Brasilia quatuor libris Lusitanico idiomate collegit aliisque monumentis
fide dignis a Seb. Beretario ex eadem societate descripta.
Prodit nunc primum in Germania. — *Coloniæ Agrippinæ,
apvd Joannem Kinchivm,* 1617, petit in-12, 1, 427 pages,
1 fnc.

> Le p. Anchieta, missionnaire portugais (surnommé l'Apôtre du
> Brésil), passa la plus grande partie de sa vie dans ce pays à évan-
> géliser les tribus indiennes ; il y mourut en 1597.

* —. — Josephi Anchietæ soc. Jesu sacerdotis in Brasilia
defunti Vita. Ex iis, quæ de eo Petrus Roterigius soc. Jesu
Praeses Prouincialis in Brasilia quatuor libris Lusitanico
idiomate collegit, aliisque monumentis fide dignis, a Sebas-
tiano Beretario descripta. — *Lugdvni, Horatij Cardon,*
1617, in-8°, 427 pages.

Berg (Otto). — Myrtaceæ *ou* Floræ Brasiliensis Myrtographia... *Voyez :* Martius, Flora Brasiliensis, t. XIV, 1.

Bergeron (Pierre). — Les voyages fameux du sieur Vincent Le Blanc Marseillois, qu'il a faits depuis l'aage de
douze ans jusques à soixante, aux quatre parties du monde ;
a sçavoir aux Indes Orientales et Occidentales, en Perse et
Pegu. Aux royaumes de Fez, de Maroc et de Guinée, et dans
toute l'Afrique interieure, depuis le cap de Bonne Esperance
jusques en Alexandrie, par les terres de Monomotapa, du
Preste Jean et de l'Egypte. Aux isles de la Mediterranée et
aux principales provinces de l'Europe, etc. Redigez fidelement sur ses memoires et registres, tires de la Bibliotheque
de Monsieur de Peiresc,... et enrichis de tres curieuses
observations. Par Pierre Bergeron,... — *Paris, Gervais
Clousier,* 1649, in-4°, 4 fnc., 276 pages, 2 fnc., 179 pages,
2 fnc., 136 pages, 2 fnc.

* **Berges** (José). — Légation du Paraguay. Traduit de
l'espagnol. Assomption, 24 mars 1867. A Son Excellence
M. Charles Washburn, ministre résident des Etats-Unis à
l'Assomption. — *Paris, typ. A. Parent,* in-fol., 5 pages.

Lettre signée: Jose Berges. Au sujet du rejet de la médiation des Etats-Unis par le Brésil, la République Argentine et l'Etat oriental.

*Béringer (Émile). — Recherches sur le climat et la mortalité de la ville du Recife ou Pernambuco (Brésil), par M. Émile Béringer, chef du service topographique de la province de Pernambuco. Extrait de *l'Annuaire de la Société météorologique de France*, t. xxvi, année 1878. — *Versailles, imp. E. Aubert*, (s. d.), gr, in-8°, 83 pages.

—. — *Voyez :* Fournié (Victor). Mémoire sur le port de Récife.

*Bernardin. — Classification de 100 caoutchoucs et gutta-perchas, suivies de notes sur les sucs de Balata et de Massaranduba, par M. Bernardin. — *Gand, imp. C. Annoot-Braeckman*, 1872, in-8°, 20 pages et 4 pages de supplément.

Bertherand (E.). — *Voyez :* Silva Araujo. La filaria immitis.

*Bertillon (Alphonse). — Bibliothèque de la nature. Ethnographie moderne. Les Races sauvages, par Alphonse Bertillon, membre de la Société d'anthropologie de Paris. Les peuples de l'Afrique, les peuples de l'Amérique, les peuples de l'Océanie, quelques peuples de l'Asie et des régions boréales. Avec 115 gravures dont 8 planches hors texte. — *Paris, G. Masson*, (s. d.), in-8°, viii, 311 pages.

La préface est datée : novembre 1882.
Le faux titre porte : « Bibliothèque de la nature, publiée sous la direction de M. Gaston Tissandier. Les races sauvages. »

*Bianchi (Georges). — Note sur la barre de Rio Grande du Sud (Brésil), par M. Georges Bianchi. Extrait des *Mémoires de la Société des ingénieurs civils.* — *Paris, imp. Chaix*, 1887, in-8°, 15 pages.

*Bianconi (F.) et **A. Marc.** — Collection des études générales géographiques. Cartes commerciales physiques, politiques, administratives, routières, ethnographiques, minières et agricoles avec notice descriptive comprenant les renseignements les plus récents sur l'histoire, les mœurs, les coutumes et le dénombrement des populations, les statistiques commerciales, les produits à importer, les industries à créer, la législation, l'administration, les tribunaux, etc., etc., par F. Bianconi..., avec la collaboration des principaux voyageurs français, publiées par la librairie Chaix... — *Paris, imp. Chaix*, novembre 1888 — février 1889, 2 vol. in-4°.

6ᵉ série. Région d'Amérique. N° 6. — Brésil (Partie nord. Bassin de l'Amazone). Provinces de Amazonas, Grao-Pará, Matto-Grosso, Goyaz, Maranhão, Ceará, Piauhy, Rio Grande do Norte, Parahyba, Pernambuco, Alagoas, Sergipe et Bahia. Par F. Bianconi et A. Marc, 3° édition, » 31 p. et carte.

6ᵉ série — Id. — n° 7. Brésil (partie sud), par F. Bianconi et Alfred Marc, » 47 p. et carte.

* **Biard** (François). — Deux années au Brésil, par F. Biard. Ouvrage illustré de 180 vignettes dessinées par E. Riou, d'après les croquis de M. Biard. — *Paris, L. Hachette*, 1862, in-8°, 678 pages.

* **Bibliothèque de la Société Ibérique**. Les contemporains portugais, espagnols et brésiliens, par A. A. Teixeira de Vasconcellos. — *Paris, bureaux de la Société Ibérique, 50, rue de la Chaussée-d'Antin* (s. d.), in-8°, 14 pages.

Notice sur la Société et ses publications.

* **Biet** (Antoine). — Les Galibis, tableau véritable de leurs mœurs, avec un vocabulaire de leur langue, par M. Antoine Biet,... revu et publié par Aristide Mare... Extrait de la « *Revue de linguistique* » de juillet et octobre 1896. — *Paris, J. Maisonneuve*, 1896, in-8°, 106 pages.

* —. — Voyage de la France Eqvinoxiale en l'isle de Cayenne, entrepris par les François en l'année M. DCLII. Diuisé en trois livres. Le Premier, contient l'établissement de la Colonie, son embarquement, et sa route iusques à son arriuée en l'isle de Cayenne. Le Second, ce qui s'est passé pendant quinze mois que l'on a demeuré dans le païs. Le Troisiesme, traitte du temperament du païs, de la fertilité de sa terre, et des mœurs et façons de faire des sauuages de cette contrée. Avec vn Dictionnaire de la langue du mesme païs, par M. Antoine Biet, prestre, curé de Sainte-Geneviève de Senlis, supérieur des prestres qui ont passé dans le païs. — *Paris, chez François Clovzier*, 1664, in-4°.

11 fnc., 432 pages. Le dictionnaire Galibi occupe les pages 399-432.

« Aucune relation ne donne autant de lumières que celle de Biet sur les naturels de la Guyane ; il les a dépeints dans toute leur simplicité primitive. Le vocabulaire de leur langue est fait avec soin, et est précédé de remarques utiles sur la langue commune aux Galibis et à tous les habitants de la côte. » BIBL. DES VOYAGES.

ANTOINE BIET, l'auteur de cette relation estimée, non citée par TERNAUX, était curé de Sainte-Geneviève de Senlis; il fut nommé supérieur des prêtres qui se rendirent en Guyane avec M. de Royville.

J. DE LAON, sieur Daigremont, capitaine, qui faisait partie de la même expédition, en a publié une relation en un vol. in-8°, en 1654, de 3 fnc., 200 pages et 1 carte. (Catalogue Leclerc, n° 1516.)

* **Bisselius** (Johan). — Joannis Bisselii e societate Jesu Argonauticon Americanorum, sive historiæ periculorum Petri de Victoria ac sociorum ejus libri XV. — *Gedani, prostant apud Ægidium Janssonii à Waesberge*, 1698, in-12, 15 fnc., 405 pages, 7 fnc.

Nombreux passages relatifs à l'Amérique méridionale et à l'Amazone.

* **Blaeu** (J.). — America, quæ est Geographiæ Blavianæ pars quinta ; liber unus. Volumen undecimum. — *Amstelædami, labore et sumptibus Joannis Blaeu*, 1662, in-fol.

Contient, p. 213-258 : « Brasilia. » Le texte, imprimé à 2 colonnes, renferme une carte du Brésil, une grande carte du Sinus omnium Sanctorum avec plan de la ville de San-Salvador, et trois cartes des préfectures de Ciriti, de Pernambouc, de Paraiba et Rio Grande.

* **Blaeu** (Guillaume et Jean).— Le théâtre du monde, ou nouvel atlas, mis en lumière par Guillaume et Jean Blaeu. Seconde partie. — *Amsterdam, chez Jean Blaeu*, 1644, in-fol.

Contient : « Description de Brasil » avec carte. Cette description est paginée 16 et porte la signature Q. Elle est à deux colonnes de texte.

* **Bleu**. — Culture des Caladium Bulbosum à feuillage panaché, par M. Bleu. — *Paris, imp. E. Donnaud*, 1868, in-8°, 7 pages.

Boëmus (J.). — Mores, leges et ritus omnium gentium, per J. Boëmum Aubanum, Teutonicum, ex multis claris=

simis rerum scriptoribus collecti. Ex Nicol. Damasceni historia excerpta quædam ejusdem argumenti. Itidem et ex Brasiliana J. Lerii historia. Fides, religio, et mores Æthiopum, ac deploratio Lappianæ gentis, Damiano à Goes auctore, de Æthiopibus etiam nonnulla ex Jos. Scaligeri lib. VII de Emendatione temporum. Cum Indice locupletissimo. — *Genevæ, apud I. Tornæsium,* 1620, in-16, 504 pages, 12 fnc.

N° 79 de Trömel.

* **Boinette** (Alfred). — Le Portugal, histoire, géographie, commerce, agriculture. Le Brésil, par Alfred Boinette,... — *Bar-le-Duc, Contant-Laguerre,* 1882, in-12.

La partie relative au Brésil occupe les pages 347-388.

Bompland (Am.) et **Alex. de Humboldt**. — Nova genera et species plantarum quas in peregrinatione ad plagam æquinoxialem orbis novi collegerunt, descripserunt et adumbraverunt Am. Bompland et Alex. de Humboldt, in ordinem digessit Carol. Sigismund Kunth. — *Paris,* 1815-1825, 7 vol. in-fol.

Bom-Retiro (Vte do). — *Voyez :* L'Empire du Brésil à l'exposition universelle de Vienne en 1873.

* **Bon droit** (Le) et l'usurpation ou deux mots sur la décision de l'assemblée des soi-disant trois États du royaume de Portugal réunis en Cortès dans la ville de Lisbonne arrêtée et rédigée le 11 juillet 1828. Traduit par un Portugais. — *Paris, M° Goullet,* novembre 1828, in-8°, 16 pages.

Bonjean (G.). — *Voyez :* Doncker (F. de). Assainissement de Rio-de-Janeiro.

* **Borget** (Auguste). — Fragments d'un voyage autour du monde, par Auguste Borget. — *Moulins, P.-A. Desrosiers* (1850), in-8° oblong.

Notre-Dame-de-Gloire à Rio-Janeiro (avec vue).

* **Bory** (Paul). — Les chercheurs de quinquinas (Des vallées de Caravaya à l'Amazone), par Paul Bory. — *Tours, Alfred Mame et Fils,* 1891, gr. in-8°, 296 pages.

Bory - Saint - Vincent. — Botanique. *Voyez* : Duperrey. Voyage autour du monde.

* **Bottinius** (Jo. Baptista). — Brasilien. canonizationis, seu declarationis martyrii servorum Dei Ignatii Azevedi, et trigenta octo sociorum è Societate Jesu, et alterius adaucti. Informatio d. Jo. Baptistæ Bottinii sac. consistorii advocati. Cum responsionibus juris ad oppositiones r. p. d. Fidei promotoris super dubio An, et de quibus miraculis, seu signis supernaturalibus constet in casu, et ad effectum, de quo agitur. Revidit Michael Angelus Lapius subpromotor Fidei. — *Romæ, ex typographia Nicolai Angeli Tinassii*, 1671, in-fol., 57 pages.

* —. — Brasilien. canonizationis, seu declarationis martyrii servorum Dei Ignatii Azevedi, et trigenta octo Sociorum è Societate Jesu, et alterius adaucti. Informatio d. Jo. Baptistæ Bottinii sac. consistorii advocati. Cum responsionibus Juris ad oppositiones r. p. d. Fidei promotoris super dubio An constet de martyrio, et causa martyrii, et signis supernaturalibus martyrii. In casu et ad effectum de quo agitur. — *Romæ, ex typographia Nicolai Angeli Tinassii*, 1671, in-fol., 36 pages.

Signé : Revidit Michael Angelus Lapius subpromotor Fidei.

* —. — Brasilien. canonizationis, seu declarationis martyrii servorum Dei Ignatii Azevedi, et triginta octo Sociorum è Societate Jesu, et alterius adaucti. Responsio juris d. Jo. Baptistæ Bottinii Sac. Consistorii advocati ad oppositiones r. p. d. Fidei promotoris super dubio An constet de martyrio et causa martyrii. In casu et ad effectum, de quo agitur. Revidit Michael Angelus Lapius subpromotor Fidei. — *Romæ, ex typographia Nicolai Angeli Tinassii*, 1671, in-fol. 12 pages.

* —. — Sacra rituum congregatione Emo, et rmo dño card. Bichio Brasilien. canonizationis, seu declarationis martyrii servorum dei Ignatii Azevedi, et triginta novem sociorum martyrum Societatis Jesu super dubio. An constet

de martyrio, et causa martyrii in casu, etc. Animadversiones reverendiss. Fidei promotoris. Pro reverendissimo
Fidei promotore Jo. Baptista Bottinius fisci et cameræ apostolicæ advocatus à Smo Dño Nostro specialiter deputatus.
— (*S. l. n. d.*), in-fol , 26 pages.

* Bottinius.— Sac. rituum congregatione eminentiss., et
reverendiss. d. card. Gabriellio Brasilien., seu Bahyen. beatificationis, et canonizationis vener. servi dei patris Josephi
de Anchieta sacerdotis professi Soc. Jesu super dubio An
sententia d. vicarii capitaluris judicis delegati super non
cultu, et paritione Decretis fœl. rec. Urbani VIII lata de
anno 1664 sit confirmanda, et successivè an à dicto anno
1664 citrà constet de paritione dictis Decretis in casu,
etc. Animadversiones reverendiss. Fidei Promotoris. —
(*S. l. ni d.*), in-fol., 2 fnc.

Signé : P. Bottinius.

* Boucarut (A.). — Manuel de la navigation dans le Rio
de la Plata, d'après les documents nautiques les plus
récents, recueillis et mis en ordre par A. Boucarut, lieutenant de vaisseau. Publié sous le ministère de S. E. M.
l'amiral Hamelin,... (Extrait des *Annales hydrographiques*,
1856). — *Paris, imp. Paul Dupont*, 1857, in-8°, 120 pages.
Dépôt des cartes et plans de la Marine n° 230.

Plusieurs parties traitent du Brésil, du port de Rio-Janeiro, de l'île
Sainte-Catherine, etc.

Boucher (P.). — *Voyez* : Gavet et Boucher. Jakaré-
Ouassou.

Boucher de la Richarderie. — Bibliothèque universelle des voyages, ou notice complète et raisonnée de tous
les voyages anciens et modernes dans les différentes parties
du monde. — *Paris, Treuttel et Wurtz*, 1806, 6 tomes en
3 vol. in-8°.

Cet ouvrage a plus d'importance sous le côté bibliographique,
cependant les tomes V et VI contiennent des notices et des descriptions
curieuses de voyages faits au Brésil.

* **Bouchot** (Auguste). — Histoire du Portugal et de ses colonies, par Auguste Bouchot. — *Paris, L. Hachette,* 1854, in-16, xvi-470 p., 2 cartes, 2 plans.

Le Brésil découvert. — Importance croissante du Brésil. — Le Brésil échappe aux Hollandais. — Découverte de mines importantes au Brésil. — Progrès du Brésil. — Son insurrection. — Le Brésil devient Empire. — Reconnaissance de son indépendance. — Don Pedro renversé.

Le faux-titre porte : « Histoire universelle publiée par une Société de professeurs et de savants sous la direction de M. V. Duruy. »

* **Bougainville** (baron de). — Journal de la navigation autour du globe de la frégate la *Thétis* et de la corvette l'*Espérance* pendant les années 1824, 1825 et 1826, publié par ordre du roi, sous les auspices du département de la marine, par M. le baron de Bougainville. — *Paris, Arthus Bertrand,* 1837, 2 vol. in-4°.

T. I, viii-742 pages. T. II, xvi-351 pages. Atlas in-fol.
Attérages de la côte du Brésil. — Rade de Rio-Janeiro. — Le musée. — L'aqueduc — L'habitation de la Tijouca. — Solennité du Vendredi-Saint. — Arrivée de l'empereur Don Pedro, de retour de Bahia, fêtes à cette occasion. — Etat militaire du Brésil. — Détails sur la rade et les abords de Rio-Janeiro.
Le T. II est suivi de : « Discussion relative aux observations astronomiques déterminées en 1824, 1825, 1826 par MM. Fabré, La Pierre,... Penaud et Jeanneret, pendant la campagne de la frégate la *Thétis* et de la corvette l'*Espérance*, sous les ordres de MM. le baron de Bougainville et du Camper... » Paginé 1-165.

* —. — Voyage autour du monde, par la frégate du Roi la *Boudeuse* et la flûte l'*Etoile* ; en 1766, 1767, 1768 et 1769. — *Paris, chez Saillant et Nyon,* 1771, in-4°, 417 pages et cartes.

Extrait de la table des matières : Entrée à Rio-de-Janeiro. — Discussion au sujet du Salut. — Hostilités des Portugais contre les Espagnols. — Mauvais procédés du vice-roi à notre égard. — Ils nous déterminent à partir de Rio-de-Janeiro. — Détails sur les richesses de cette place. — Mines de diamants. — Mines d'or. — Précautions contre la contrebande, etc.

Id. — Seconde édition augmentée. — *Paris, Saillant et Nyon,* 1772, 3 vol. in-8°.

Id. — Nouvelle édition augmentée. — *Neuchâtel, imp. de la Société typographique,* 1773, 2 vol. in-8°.

* **Bouillaud** (Claudius). — Brazilien. canonizationis servorum Dei Ignatii de Azevedo, et sociorum Societatis Jesu in odium Fidei interemptorum. Informatio super dubio.

An, et de quibus miraculis, seu signis supernaturalibus
constet in casu, et ad effectum de quo agitur. — (*S. l. ni d.*),
in fol., 11 pages.

Signé : Claudius Bouillaud. — Revisa Michael Angelus Lapius.

* **Bouillaud** (Claudius). — Brasilien, canonizationis servorum Dei Ignatii de Azevedo, et sociorum Societatis Jesu
in odium Fidei interemptorum. Responsio ad Oppositiones r. p. d. Fidei promotoris. Super dubio. An constet
de martyrio, et causa martyrii prædictorum servorum Dei,
in casu, etc. — (*S. l. ni d.*), in-fol., 6 pages.

Signé : Claudius Bouillaud. — Revisa Michael Angelus Lapius Subpromotor Fidei.

* —. — Brasilien. canonizationis servorum Dei Ignatii de
Azevedo, et sociorum Societatis Jesu in odium Fidei interemptorum. Informatio additionalis super dubio. An constet
de martyrio, et causa martyrii prædictorum servorum Dei,
in casu, etc. — (*S. l. ni d.*), in-fol., 15 pages.

Signé : Claudius Bouillaud. — Revisa Michael Angelus Lapius Subpromotor Fidei.

* —. — Brasilien, canonizatonis, seu declarationis martyrii
servorum Dei Ignatii Azevedo, et triginta novem sociorum
Societatis Jesu Summarium. — (*S. l. ni d.*), in-fol. en
2 parties paginées 1-19, 1-8.

Signé : Claudius Bouillaud. — Revisa Michael Angelus Lapius Subpromotor Fidei.

* —. — Brasilien. canonizationis, seu declarationis mar-
tyrii ven. servi Dei Ignatii Azevedii, et aliorum sociorum è
Societate Jesu. Responsio ad oppositiones r. p. d. Fidei
Promotoris. Super dubio. An constet de martyrio et causa
martyrii servorum Dei Ignatii de Azevedo et sociorum è
Societate Jesu in casu, et ad effectum de quo agitur, etc.
— (*S. l. ni d.*), in-fol., 18 pages.

Signé : Claudius Bouillaud. — Revisa Michael Angelus Lapius Subpromotor Fidei.

* —. — Compendiaria collectio summarii exhibiti Sac.
Congreg. Rituum anno 1670. In causa venerabilis servi Dei

ignatii Azebedi, et triginta novem sociorum è Societate
Jesu. Ubi Factum, Probationes, Oppositiones, Responsiones, Miracula, et nomina Sociorum, habentur. A Claudio
Bouillaud causæ procuratore in lucem edita. — *Romæ, ex
typographia Reverendæ Cameræ Apostolicæ*, 1671, in-fol.,
24 pages.

* **Bouillaud** (Cl.). — Congregatione sacrorum rituum
sive eminentissimo ac reverendissimo d. card. Rospiglioso
Brasilien. Canonizationis, seu declarationis martyrii servorum Dei Ignatii Azevedo, et triginta novem sociorum Societatis Jesu. Positio super dubio. An constet de validitate processuum Brachareñ, Bahiæ, Colimbriceñ et Elboreñ authoritate apostolica peractorum an. 1631 et 1632 et testes in
iis sint ritè, et rectè examinati in casu, etc. — *Romæ, ex
typographia Reverendæ Cameræ Apostolicæ*, 1771, in-fol.
8 pages.

Signé: Claudius Bouillaud. — Revisa. Michael Angelus Lapius subpromotor Fidei.

Boulanger (L.-A.). — Auguste Parenté de LL. MM.
l'Empereur D. Pedro II et l'Impératrice D. Thereza, Chris-
tina, Maria, par L.-A. Boulanger. — *Rio de Janeiro, Typ.
Universelle de Laemmert*, 1867, in-folio.

* **Bourbonnaud** (Louise). — Les Amériques. Amérique
du Nord, les Antilles, Amérique du Sud, par Louise Bourbonnaud. — *Paris, Henri Jouve*, 1889, in-16, 256 pages.

Bahia, Pernambouc, le Brésil, Rio de Janeiro.

* **Boussenard** (Louis). — De Paris au Brésil par terre,
par Louis Boussenard. — *Paris, librairie illustrée*, 1892,
in-18, 411 pages.

La couverture imprimée porte: « Bibliothèque des grandes aventures.
De Paris au Brésil par terre, par Louis Boussenard. Edition illustrée
de 8 dessins par J. Ferat. »

* —. — 2,000 lieues à travers l'Amérique du Sud, par
Louis Boussenard. — *Paris, librairie illustrée*, 1892, in-16,
363 pages.

La frontière brésilienne. Au fort Albuquerque. — Le Paraguay et le Parana.
La couverture imprimée porte : Bibliothèque des grandes aventures.

* **Boussenard** (Louis). — Les grands aventuriers à travers le monde. De Paris au Brésil par terre à la poursuite d'un héritage, par Louis Boussenard. — *Paris, E. Girard et A. Boitte* (s. d.), in-4°, 695 pages.

* —. — Les mystères de la Guyane, par Louis Boussenard. — *Paris, librairie illustrée*, 1892, in-8°, 606 pages.

La partie intitulée : « la Vallée des quinquinas » traite du Brésil contemporain ; sa prospérité. — Para et Manaos. — La vallée de l'Amazone.
La couverture imprimée porte : « Bibliothèque des grandes aventures. Les mystères de la Guyane, par Louis Boussenard. Edition illustrée de 8 dessins de J. Férat. — Paris. »

* —. — Les Robinsons de la Guyane. Les chasseurs de caoutchouc. L'homme bleu, par Louis Boussenard. — *Paris, librairie illustrée* (s. d.), in-4°, 611 pages.

* —. — Les Robinsons de la Guyane. Les mystères de la forêt vierge, par Louis Boussenard. — *Paris, à la librairie illustrée* (1892), in-16, 407 pages.

La couverture imprimée porte : « Bibliothèque des grandes aventures. Les mystères de la forêt vierge, par Louis Boussenard. Edition illustrée de 8 dessins de J. Férat. — *Paris.* »

* —. — Les Robinsons de la Guyane. Le secret de l'or, par Louis Boussenard. — *Paris, à la librairie illustrée* (1892), in-16, 364 pages.

La couverture imprimée porte : « Bibliothèque des grandes aventures. Le secret de l'or, par Louis Boussenard. Edition illustrée de 8 dessins de J. Férat. — *Paris.* »

* **Boutan.** — Le diamant, par Boutan (Extrait de l'*Encyclopédie chimique* de M. Fremy). — *Paris, Ch. Dunod*, 1886, in-8°, 323 pages, cartes et planches.

Les pages 122 à 150 sont consacrées aux mines diamantifères du Brésil. Elles sont accompagnées de vues, de planches et d'une carte.

Bovet (A. de). — L'industrie minérale dans la province

de Minas Geraës, par A. de Bovet (Extrait des *Annales des Mines*). — *Paris, Dunod*, 1883, in-8°, 126 pages.

Bovet (A.de). — Note sur l'état actuel de la législation des mines au Brésil, par A. de Bovet. Extrait des *Annales des Mines*. — *Paris, V° Ch. Dunod*, 1885, in-8°, 28 pages.

* —. — Note sur une exploitation de diamants près de Diamantina, province de Minas Geraes, Brésil, par A. de Bovet, ancien élève de l'École nationale supérieure des mines. (Extrait des *Annales des Mines*, livraison de mai-juin 1884.) — *Paris, Dunod*, 1884, in-8°, 46 pages et 1 planche.

Boyer (Paul) sieur **du Petit Puy**. — Véritable relation de tout ce qui s'est fait et passé au voyage que M. de Bretigny fit à l'Amérique Occidentale. Avec une description des mœurs et des provinces de tous les sauvages de cette grande partie du Cap de Nord ; un Dictionnaire de la langue, etc. — *Paris, P. Rocolet*, 1654, in-8°, 12 fnc, 463 pages.

Contient « le Dictionnaire de la langue galibienne. »

* **Brasileira Augusta** (Mme). — Le Brésil, par Mme Brasileira Augusta. — *Paris, André Sagnier*, 1871, in-4°, p.

* **Brasilien**. canonizationis seù declarationis martyrii servorum Dei Ignatii de Azevedo, et quadraginta Sociorum è Societate Jesu. De fide historiarum. — (*S. l. ni d.*), in-fol., 16 pages.

* —. — seu Bahyen. beatificationis, et canonizationis v. servi Dei p. Josephi de Anchieta sacerdotis professi Societatis Jesu. Animadversiones reverendissimi Fidei promotoris. Super dubio An constet de validitate processuum in civitate Bahyæ, S. Sebastiani Fluminis Januarii, et Olindæ de anno 1708. Authoritate apostolica constructorum super novis miraculis per intercessionem dicti servi Dei ab altissimo patratis ; ac testes sint ritè, et rectè examinati in casu, etc. — (*S. l. ni d.*), 4 pages non chiffrées.

Signé : P. Archiep. Theodosiæ Fidei promotor.

***Brasilien**. seu Bahyen. beatificationis, et canonizationis ven. servi Dei P. Josephi de Anchieta sacerdotis professi Societatis Jesu. Animadversiones rm̃i p. d. Fidei promotoris. Super dubio. An constet de virtutibus Theologalibus, Fide, Spe, et Charitate erga Deum et proximum; et Cardinalibus, Prudentia, Justitia, Fortitudine, et Temperantia, earumque annexis in gradu heroico in casu, et ad effectum, etc. — (*S. l. ni d.*), in-fol., 21 pages.

Signé: Carolus Albertus archiepiscopus Philippensis Fidei promotor.

***Brésil** (Le) à l'exposition internationale d'Amsterdam, 1883. Avec 1 carte. — *Lisbonne*, 1883, in-4°, 56 pages.

***Brésil** (Le) à l'exposition internationale de Saint-Pétersbourg, 1884. — *Saint-Pétersbourg, imp. de Trenke et Fusnot*, 1884, in-4°, 102 pages.

Les pages 31-102 sont exclusivement consacrées au café du Brésil.
Le faux titre porte : « Préface du catalogue général de l'exposition de cafés du Brésil, à Saint-Pétersbourg, mai 1884. »

***Brésil** (Le) au point de vue commercial et industriel d'après les documents officiels et les plus récentes statistiques. — *Bruxelles*, 1885, in-8°, 49 pages.

***Brésil** (Le) en 1889 avec une carte de l'Empire en chromolithographie, des tableaux statistiques, des graphiques et des cartes. Ouvrage publié par les soins du Syndicat du comité franco-brésilien pour l'exposition universelle de Paris. Avec la collaboration de nombreux écrivains du Brésil sous la direction de M. F. J. de Santa-Anna Néry. — *Paris, Charles Delagrave*, 1889, in-8°, xix-699 pages.

Hydrographie par M. le contre-amiral baron de Teffé. — Climatologie, par M. Henri Morize. — Minéralogie, par M. Henri Gorceix. — Esquisse de l'histoire du Brésil, par M. le baron de Rio-Branco. — Population, Territoire, Électorat, par M. J. P. Favilla-Nunes. — Travail servile et Travail libre, par M. F. J. de Santa-Anna Néry. — Les Zones agricoles, par M. André Rebouças. — Institutions agricoles, par M. J. M. Leitão da Cunha. — Finances, par M. A. Cavalcanti. — Banques et Institutions de crédit, par M. Luiz Rodrigues d'Oliveira. — Chemins de fer, par M. Fernandes Pinheiro. — Commerce et Navigation, par M. F. J. de Santa-Anna Néry. — Postes, Télégraphes et Téléphones, par M. F. J. de Santa-Anna Néry. — Immigration, par M. E. da Silva-Prado. — Presse, par M. Ferreira de Araujo. — L'art, par M. E. da Silva-Prado. —

Instruction publique, par MM. de Santa-Anna Néry, le baron de Saboia, L. Cruls et le contre-amiral baron de Teffé. — Littérature, par M. F. J. de Santa-Anna Néry. — Sciences, par M. Ladislau Netto. — Propriétés industrielle et littéraire, par M. F. J. de Santa-Anna Néry. — Protection de l'enfance, par M. le baron d'Itajubá. — Organisation judiciaire, par M. S. W. Mac-Dowell. — Arsenaux de marine, par M. J. Alves Barboza.

***Brésil** (Le) et **Rosas**. — *Paris, Guillaumin*, 1851, in-8°, 60 pages.

Brésil (Le). Les empereurs Pedro I et Pedro II. La Cour du Brésil.— (S. l. n. d.), in-4°, 8 pages.

***Brésil** (Le) ou la nature des tropiques. Études et tableaux peints à l'huile, par F. Gonaz.— *Paris, imp. Bonaventure et Ducessois*, 1866, in-18, 12 pages.

Donne les titres et la description de 37 tableaux de Gonaz.

Brésil (Le). Propriétaire Flavio Farnèse. Rédaction : MM. Flavio Farnèse, Lafayette Rodrigues Pereira et Pedro Luiz Pereira de Souza. — *Rio de Janeiro, typ. de Actualidade*, 1862-3, in-fol.

* **Brésil** (Le), Courrier de l'Amérique du Sud, organe hebdomadaire franco-américain ; directeur et propriétaire M. J. Gomes de Argōllo-Ferrāo. — *Paris, boulevard Montmartre*, 19, 1881-1897, in-fol.

Publication très utile à toute personne s'intéressant aux choses du Brésil. Compte déjà 18 années d'existence. Son premier numéro remonte au 7 septembre 1881.

***Bresson** (André). — Bolivia. Sept années d'explorations, de voyages et de séjours dans l'Amérique australe contenant : une étude générale sur le canal interocéanique ; des aperçus sur les États de l'Amérique centrale. Des descriptions du Pérou et du Chili ; de nombreux documents géographiques, historiques et statistiques sur le Brésil et les Républiques hispano-américaines ; des explorations chez les Indiens de l'Araucanie, du Pilcomayo, des missions de Bolivia et de l'Amazonie, par André Bresson, ingénieur chargé de missions, consul de Bolivia, etc. Préface de M. Ferdinand de Lesseps. Ouvrage illustré de 107 planches et vignettes, d'après des photographies et des croquis originaux par Henri Lanos; une grande vue panoramique du canal de Panama en chromolithographie, sept cartes explicatives avec profils en couleurs, une grande carte polychrome de la Bolivia et des régions voisines. — *Paris, Challamel aîné*, 1886, grand in-8°, xx, 639 pages.

Brevis repetitio omnium que Excellentissimus D. Legatus Portugalliæ ad componendas res Brasilicanas proposuit vel egit a die 23 maij usque ad 1 novembris hujus anni 1647. Exhibita Celsis Prepotentibus DD. Ordinibus Generalibus harum Confœderatarum Provinciarum ad 28 diem ejusdem mensis. — *Hagæ-Comitis, excudebat Ludolphus Breeckevelt typographus*, 1647, in-4°, 8 fnc.

N° 224 de Trömel.

Brief recueil de l'affliction et dispersion de l'église des fidèles au pays de Brésil, où est contenu sommairement le voyage et navigation faicte par Nicolas de Villegaignon audit pays de Brésil, et de ce qui est advenu. — (s. l.), 1565, in-12.

N° 21385 du Catalogue de La Vallière. — Nyon.

* **Brissay** (Dr A.). — Le rôle du Brésil à la conférence internationale de Paris contre le choléra (mars et avril 1894), par le Dr A. Brissay, de Rio de Janeiro. Extrait de la *Revue médico-chirurgicale du Brésil* n° 5, mai 1894. — *Clermont (Oise), imp. de Daix frères*, 1894, in-8°, 4 pages.

Brongniart (A.). — Botanique. *Voyez :* Duperrey. Voyage autour du monde.

* **Brossard** (Alfred de). — Considérations historiques et politiques sur les Républiques de la Plata dans leurs rapports avec la France et l'Angleterre, par Alfred de Brossard. — *Paris, Guillaumin*, 1850, in-8°.

Histoire de la Bande orientale. — Invasion des Portugais. — Réunion de la Bande orientale au Portugal et ensuite au Brésil. — Troubles dans la Bande orientale. — Négociations entre le Brésil et la République Argentine. — Soulèvement de la Bande orientale. — Rupture entre la

République Argentine et le Brésil. — Guerre. — Médiation de l'Angleterre. — Traité du 24 mai 1827 non ratifié par le gouvernement de Buenos-Ayres. — Traité de Rio de Janeiro du 27 août 1828. — Commerce et relations maritimes de la France avec le Brésil. — Situation du Brésil. — Dangers qui le menacent. — L'esclavage et l'émancipation. — Rapports de Rosas et du Brésil, etc.

* **Brunel** (Adolphe). — Biographie d'Aimé Bompland, compagnon de voyage et collaborateur d'Al. de Humboldt, par Adolphe Brunel. Troisième édition. — *Paris, L. Guérin*, 1871, in-8°, 183 pages.

Outre les renseignements que donne ce volume sur le Brésil, on trouve à la fin la liste des manuscrits inédits de Bompland ; une partie de ces derniers sont relatifs au Brésil.

Bry (Théodore de). — Americæ tertia pars, memorabilem provinciæ Brasiliæ historiam continens, germanico primum sermone scriptam a Joanne Stadio... nunc autem latinitate donatam a Teucrio Annæo Privato Colcante Po : et med. (Adamo Leonicero, poeta et medico) : addita est narratio profectionis Joannis Lerii in eandem provinciam... omnia recens evulgata et iconibus... illustrata... studio et diligentia Theodori de Bry, Leodiensis atque civis Francofurtensis, anno M. D. XCII. Venales repernitur (*Sic*, pro reperiuntur) in officina Sigismundi Feirabendii.

Titre gravé dans un frontispice gravé.

(Brunet, *Manuel du Libraire*.)

La seconde édition est de 1605. Le titre reste le même, mais le nom de T. de Bry remplace celui de Feyrabend.

La troisième édition a été refaite à la date de 1630. Le titre imprimé au milieu du frontispice gravé diffère des deux éditions précédentes. Le voici complet :

Historiæ antipodum sive novi orbis, qui vulgo Americæ, et Indiæ occidentalis nomine usurpatur, pars tertia, complectens admirandam cum ipsius Terræ Brasiliæ tum incolarum ejus Barbarorum et antropophagorum historiam libris tribus descriptam, quorum : *I. Primo continetur narratio profectionis Ioannis Stadij Heffi in Brasilian, qui à barbaris interceptus novemque menses intereos versatus est.* — *II. Diegesis historica naturam cœli solique Brasiliensis, ut et avium, ferarum, piscium, arborum item cœterorumq vegetabilium illius terræ exprimens.* — *III. Luculentissima descriptio itineris Iohannis Lerij Burgandi quod in easdem terras suscepit.* — Omnia ab infinitis mendis repurgata et inconcinniorem ordinem redacta. Studio Jo. Ludovici Gottofridi, icognibus vero ad vivum expressis illustrata et in lucem data *Francofurti, sumptibus, Matthæi Meriani, Anno,* M. DC. XXX. *Venales reperiuntur in officina Theodori de Bry,* in-folio.

Cet ouvrage contient de nombreuses gravures fort intéressantes dont quelques-unes sont répétées; il fait partie de la collection dite des Grands et petits voyages de Jean Theodore de Bry. (1590-1634.) Pour de plus amples détails consulter *Brunet*, Manuel du Libraire, qui en donne une savante et minutieuse description, t. I, p. 1310 à 1362 (éd. de 1866).

Buisson (B.). — Enseignement technique au Brésil. — *Voyez :* Picard. Ministère du Commerce. Exposition universelle internationale de 1889 à Paris. Rapports du jury international.

Bulletin astronomique et météorologique de l'observatoire de Rio de Janeiro. Publication mensuelle. — *Rio de Janeiro, Lombaerts*, 1881-1883, 3 volumes petit in-4°.

* **Bulletin** du Rio de la Plata. Dernières nouvelles, et actes officiels des gouvernements alliés contre le Dictateur de Buenos-Ayres, publiés par ordre de la Légation Orientale à Paris. — *Paris, Mᵉ Lacombe*, 1851, in-8°.

* **Burckhardt** (G. E.) et **R. Grundemann**. — Les missions évangéliques depuis leur origine jusqu'à nos jours, par G. E. Burckhardt et R. Grundemann. Traduit de l'allemand sous les auspices du Comité Vaudois de l'Union nationale évangélique suisse. Amérique, avec cinq cartes géographiques. — *Lausanne, G. Bridel*, 1884, in-8°, 535 pages.

> Les Indiens de l'Amérique du Sud. Une mission protestante au xvıᵉ siècle. Durand de Villegagnon.

Bureau (Ed.). — Description du genre nouveau Saldanhœa de l'ordre des Bignoniacées, par M. Ed. Bureau.— *Paris, E. Martinet* (s. d.), in-8°, 2 planches.

—. — Note sur la culture des Bignoniacées et sur des graines de plantes de cette famille envoyées par M. Correa de Mello, par M. le Dʳ Ed. Bureau. — *Paris, imp. E. Donnau*, 1868, in-4°.

Bureau (Ed.). — Revision des genres Tynanthus et Lundia, par Ed. Bureau. — *Paris, imp. Martinet* (s. d.), in-8° avec planches.

> Extrait de Adansonia, t. VIII.
> (Les neuf espèces du genre Lundia appartiennent au Brésil.)

Bureau (Ed.).— Bignognaceæ. *Voyez* : Martius-Flora Brasiliensis. T. VIII 2.

* **Burgain** (L. A.). — La statue de l'Empereur Don Pedro I, par L. A. Burgain et offert par l'auteur et les éditeurs à la Nation Brésilienne. — *Rio de Janeiro, Eduardo et Henrique Laemmert*, 1862, in-8°, 29 pages.

Burtin. — Mémoire sur le Brésil. *Voyez* : Congrès international des Américanistes. Luxembourg, 1877.

C

* **Caland** (P.).— Amélioration de la barre de Rio Grande do Sul (Brésil). Rapport présenté au Gouvernement brésilien, par P. Caland.— *Paris, Imprimerie nouvelle*, 1890, gr. in-8°, 41 pages, 2 planches.

* **Calvo** (Charles). — Étude sur l'émigration et la colonisation. Réponse à la première des questions du groupe V soumises au Congrès international des sciences géographiques de 1875, par M. Charles Calvo.— *Paris, A. Durand et Pedone Lauriel*, 1875, in-4°, 11, 236 pages.

P. 121-146. — Émigration au Brésil.

* —. — Recueil complet des traités, conventions, capitulations, armistices et autres actes diplomatiques de tous les états de l'Amérique latine compris entre le golfe du Mexique et le cap Horn depuis l'année 1493 jusqu'à nos jours. Précédé d'un mémoire sur l'état actuel de l'Amérique, de tableaux statistiques, d'un dictionnaire diplomatique avec une notice historique sur chaque traité important par

M. Charles Calvo. — *Paris, A. Durand*, 1862-1868, 11 vol. in-8°.

* **Calvo** (Charles). — Recueil complet des traités, conventions, capitulations, armistices et autres actes diplomatiques de tous les états de l'Amérique latine compris entre le golfe du Mexique et le cap Horn depuis l'année 1493 jusqu'à nos jours, par M. Charles Calvo. Seconde période depuis la Révolution jusqu'à la reconnaissance de l'Indépendance. — *Paris, A. Durand, Garnier et L. Hachette*, 1864-1867, 5 vol. in-8°.

Camarra (Ewbank de). — Chemin de fer de la province de Saint-Paul (Brésil), par Ewbank de Camarra. — *Rio de Janeiro*, 1875, in-8°.

* **Cambessedes** (J.) — Cruciferarum, Elatinearum, Caryophyllearum, Paranychierumque Brasiliæ meridionalis synopsis. Auctore J. Cambessedes. — *Paris, imp. A. Belin*, 1829, in-8°, 8 pages.

—. — *Voyez* : Saint-Hilaire (A. de). Flora Brasiliæ meridionalis.

* **Caminhoa** (Dr J. M.). — Catalogue des plantes toxiques du Brésil par le docteur J.-M. Caminhoa,... traduit du portugais par le Dr H. Rey,... avec une préface par M. Bavay. — *Paris, G. Masson*, 1880, in-8°, iv, 50 pages.

Extrait du *Journal de Thérapeutique*.

* **Campos Salles.**—Discours envoyé au Congrès législatif de Saint-Paul, le 7 avril 1897, par M. le docteur Campos Salles, président de l'Etat.— *Sâo Paulo, typ. do « Diario official »* 1897, in-8°, 30 p.

Camus (A. G.). — Mémoire sur la Collection des grands et petits voyages et sur la collection des Voyages de Thevenot. — *Paris, Baudouin*, an XI, in-4°, 401 pages et 2 fnc.

Candolle (Alphonsus de). — Begoniaceæ. *Voyez* : Martius. Flora Brasiliensis, t. IV, 1.

Candolle (Alph. de). — Santalaceæ, Myristicaceæ. *Voyez* : Martius. Flora Brasiliensis, t. V, 1.

Candolle (Casimir de). — Meliaceæ. *Voyez* : Martius. Flora Brasiliensis, t. XI, 1.

Candolle (Eduardus de). — Salsolaceæ. *Voyez* : Flora. Brasiliensis, t. V, 1.

* **Capitales** (Les) du monde. — *Paris, Hachette*, 1892, in-fol., 592 pages.

Rio-Janeiro, par J. de Santa Anna Neri. Illustré par M. Boudier.

* **Carapebus** (Joseph de). — Notice sur les ressources minérales du Brésil, par Joseph de Carapebus. — *Paris, imp. A. Lahure*, 1884, in-8°, 54 pages et une carte minéralogique du Brésil.

* **Carel** (C.). — Vieira. Sa vie et ses œuvres, par C. Carel. — *Paris, Gaume*, 1879, in-18, xii, 460 pages.

Il existe un autre tirage, in-8°, ayant même date et même nombre de pages.

Carneiro (d'Araujo). — *Voyez* : Araujo Carneiro (d').

* **Carrey** (Émile). — L'Amazone. — *Paris, Michel Lévy*, 1872, 4 vol. in-12.

Chaque volume a un sous-titre.
T. I. — Huit jours sous l'Équateur, par Émile Carrey. Nouvelle édition revue et corrigée par l'auteur. — 252 pages.
T. II. — Les métis de la Savane, par Émile Carrey. Nouvelle édition revue et corrigée par l'auteur. — 328 pages.
T. III. — Les révoltés du Pará, par Émile Carrey. Nouvelle édition revue et corrigée, par l'auteur, — 339 pages.
T. IV. — La dernière des N'hambahs, par Émile Carrey. - 312 pages.
Le faux-titre porte en outre : « Collection Michel Lévy.

Carter. — Dissertatio de febre endemica Indiarum occidentalium. — *Edinburghi*, 1818, in-8°.

* **Carvalho** (Albert de). — Lettre sur l'Empire du Brésil. — *Paris, Guillaumin et Cie*, 1875, in-8°, 34 pages.

* **Carvalho** (Albert de). — Réponse aux articles de *la Patrie*, sur la guerre du Paraguay, par Albert Marquez de Carvalho. — *Paris, typ. Hennuyer*, 1869, in-8°, 40 pages.

Guerre du Brésil au Paraguay. — Indications sur la forme du gouvernement établi au Brésil. — Le Brésil veut-il s'approprier la navigation du Paraguay? — Fin de la guerre.

* **Carvalho** (Xavier de). — Deuxième Congrès international de la Presse. Bordeaux 1895. « O Paiz » au Congrès de la Presse. La presse du Brésil. — *Paris, imp. Henri Richard*, 1895, in-8°, 8 pages.

Signé : Xavier de Carvalho.

* **Carvallo** (Hippolyte). — Études sur le Brésil au point de vue de l'émigration et du commerce français, par Hippolyte Carvallo. — *Paris, Garnier frères*, 1858, in-8°, 174 pages.

* **Casalonga** (D. A.). — Loi Brésilienne sur les brevets d'invention, par D. A. Casalonga. — *Charleville, imp. Pouillard*, 1883, in-8°, 12 pages.

* —. — Lois portugaise et brésilienne sur les brevets d'invention, par D. A. Casalonga. — *Charleville, imp. Pouillard*, 1883, in-8°, 39 pages.

Casarettus (J). — Novarum Stirpium Brasiliensium decades. Auctore Joanne Casaretto. — *Genuæ, Typ. Joannis Fernandi*, 1842-1845, in-8°, 96 pages.

Caspary (Robertus). — Nymphæaceæ. *Voyez :* Martius. Flora Brasiliensis. T. IV 2.

* **Castelnau** (Francis de). — Expédition dans les parties centrales de l'Amérique du Sud, de Rio de Janeiro à Lima et de Lima au Pará, exécutée par ordre du gouvernement français pendant les années 1843 à 1847 sous la direction de Francis de Castelnau. Ouvrage qui a obtenu une médaille hors ligne de la Société de géographie. — *Paris, P. Bertrand*, 1850-1857, in-8°, in-4° et in-fol.

Cet ouvrage a été publié en 7 parties séparées :

1er partie : Expédition... sous la direction de Francis de Castelnau. — Histoire du voyage. — *Paris, P. Bertrand*, 1850, 1851, 6 vol. in-8°. T. I, 467 pages — T. II, 485 pages. — T. III, 467 pages. — T. IV, 483 pages — T. V, 480 pages. — T. VI, 432 pages et une carte.

2e partie : Expédition... Vues et scènes (les planches lithographiées par Champin). — *Paris, Bertrand*, 1852, in-4°, 16 pages et 60 planches.

3e partie : Expédition... Antiquités des Incas et autres peuples anciens (les planches lithographiées par Champin). — *Paris, Bertrand*, 1852, in-4°, 7 pages et 62 planches.

4e partie : Itinéraires et coupes géologiques à travers le continent de l'Amérique du Sud de Rio de Janeiro à Lima sur les observations de Francis de Castelnau et d'Eugène Osery. — *Paris, Bertrand*, 1852, in-fol. 8 pages 76 planches.

5e partie : Géographie des parties centrales de l'Amérique du Sud et particulièrement de l'Equateur au Tropique du Capricorne d'après les documents recueillis pendant l'expédition exécutée par ordre du gouvernement français pendant les années 1843 à 1847, de Rio de Janeiro à Lima et de Lima au Pará, sous la direction du comte Francis de Castelnau et rédigée par lui sur ses observations et sur celles du vicomte Eugène d'Osery. — *Paris, Bertrand*, 1854, in-fol., 10 pages, 1 fnc., 30 planches.

6e partie : Botanique. Chloris Andina. Essai d'une flore de la région alpine des Cordillières de l'Amérique du Sud par H.-A. Weddell. — *Paris, Bertrand*, 1855, 2 vol. in-4°. T. I, 2 fnc., 231 pages, 90 planches. — T. II, 316 pages.

7e partie. — Zoologie. — Animaux, nouveaux ou rares recueillis pendant l'expédition dans les parties centrales de l'Amérique du Sud, de Rio de Janeiro à Lima et de Lima au Pará ; exécutée par ordre du gouvernement français pendant les années 1843 à 1847, sous la direction du comte de Castelnau. T. I, Anatomie par M. Paul Gervais. — *Paris, Bertrand*, 1855, in-4°, 100 pages, 18 planches. *Id.* — T. I. Mammifères, par M. Paul Gervais. — *Paris, Bertrand.* 1855, in-4°, 116 pages, 20 planches. *Id.* — T. I. Oiseaux, par M.O. Des Murs. — *Paris Bertrand*, 1855, in-4°. 98 pages, Errata, 20 planches. *Id.* — T. II. Poissons, par le comte Francis de Castelnau. — *Paris, Bertrand*, 1855, in-4°, XII, 112 pages, 50 planches. *Id* — T. II. Reptiles, par A. Guichenot. — *Paris, Bertrand*, 1855, in-4°, 95 pages, 18 planches. *Id.* — T. III. Entomologie, par M. H. Lucas. — *Paris, Bertrand*, 1857, in-4°, 204 pages, 14 planches. *Id.* — T. III. Myriapodes et Scorpions, par M. Paul Gervais. — *Paris, Bertrand*, 1857, in-4°, 43 pages, 8 planches. *Id.* — T. III. Mollusques, par M. H. Hupé. — *Paris, Bertrand*, 1857, in-4°, 103 pages, 22 planches.

Castéra (J.) — *Voyez* : Macartney. Voyage dans l'intérieur de la Chine.

* **Castro** (Luiz de). — Le Brésil vivant. — *Paris, Fischbacher*, 1891, in-12, XI, 178 pages.

I. Du Brésil en général, ses ressources, sa civilisation. — II. Le Brésilien, son caractère, ses qualités et ses défauts. — III. Aspect général de Rio-Janeiro. — IV. La plus grande curiosité de Rio : la Rua do Ouvidor. — V. Les habitudes de Rio. — VI. La presse. — VII. Mœurs théâtrales. — VIII. Les concerts, les bals et le carnaval.— IX. Les courses. — X. Villégiature d'été : Pétropolis. — XI. La Fazenda. — XII. Conclusion.

Castro Pereira Sodré (Dr Pedro de). — *Voyez :* Sodré (Dr Pedro de Castro Pereira.)

* **Cat** (Édouard). — Bibliothèque de vulgarisation. Les grandes découvertes maritimes du xiii° au xvi° siècle, par Edouard Cat. — *Paris, Librairie génerale de vulgarisation* (s. d.), in-16, 300 pages.

> Les Dieppois. — Colonie de réformés, conduite par Villegagnon. Sa ruine. — Colonie de Riffaut au Maranham. — Ruine de la colonie, etc.

* —.— Bibliothèque de vulgarisation. Les grandes découvertes maritimes du xiii° au xvi° siècles par Édouard Cat,... — *Paris, A. Degorce-Cadot,* 1883, in-8°, 300 pages.

* **Catalogo da Exposição** de historia do Brazil realizada pela Biblioteca nacional do Rio de Janeiro à 2 de Dezembro de 1881. — *Rio de Janeiro, typ. de Leuzinger et Filhos,* 1881-1883, 2 vol. in-4°, vii, vi, 1758 p,. taboa dos Monogrammas. Indice 98 pages; Chave da classificação, paginé i-vi, et Errata, paginé 1-5.

> Ouvrage très important pour les indications qu'il fournit sur les livres concernant l'Amérique du Sud et le Brésil en particulier. Il est classé par ordre de matières.

Catalogue d'une belle collection de livres en diverses langues sur l'histoire et la littérature d'Espagne et de Portugal et de leurs colonies, provenant de la bibliothèque de M. Sampayo. — *Paris, Colomb de Batines,* 1842, in-8°, viii, 108 pages.

Catalogue des livres d'histoire naturelle, ouvrages et manuscrits relatifs à l'Amérique, composant la bibliothèque de feu Alcide d'Orbigny, professeur au Muséum d'histoire naturelle. — *Paris, Baillière et fils,* 1858, in-8°.

> Contient, pages 40-44, une liste des « Ouvrages d'Alcide d'Orbigny ».

* **Catalogue** des oiseaux composant la collection de feu le docteur Abeillé, de Bordeaux. — *Bordeaux, imp. de Th. Lafargue,* 1850, in-8°, 44 pages.

<small>Un grand nombre de ces oiseaux proviennent du Brésil.</small>

Catalogue pour l'Exposition universelle de Paris 1867. Exposition nationale Brésilienne. Fabrique d'instruments de chirurgie, d'appareils orthopédiques, de coutellerie fine, etc. de J. B.-Blanchard, 135, Rua do Ouvidor. — *Rio de Janeiro. typ. univ. de Laemmert,* 1867, in-4°.

* **Catlin** (G.) — La vie chez les Indiens. Scènes et aventures de voyage parmi les tribus des deux Amériques. Ouvrage écrit pour la jeunesse, par G. Catlin. Traduit et annoté par F. de Lanoye et illustré de 25 gravures sur bois. — *Paris, Hachette,* 1890, in-16, 336 pages.

<small>La couverture imprimée porte : « Bibliothèque rose illustrée. » — Pará. Voyage sur l'Amazone. De Pará aux rives de l'Ucayal.</small>

* **Cavalcanti** (vicomte de). —Notice générale sur les lois promulguées au Brésil de 1891 à 1894. Aperçu politique. — Droit. — Administration. Par le vicomte de Cavalcanti, ancien ministre et sénateur de l'Empire, membre de la Société de législation comparée. Extrait de l'*Annuaire de législation étrangère* (XXIV° année). — *Paris, Cotillon,* 1896, in-8°, 99 pages.

—. — Finances. *Voyez :* Le Brésil en 1889.

* **Ceparius** (Virgilius). — Brasilien, canonizationis, seu declarationis martyrii servorum Dei Ignatii Azevedi, et XXXIX sociorum martyrum Societatis Jesu. Summarium præsentis responsionis. — (*S. l. ni d.*), in-fol., 76 pages.

<small>Signé : Virgilius Ceparius. Revisa Joannes Prunettus subpromotor Fidei.</small>

* **Chabran** (R). — Le Brésil actuel. Satyre par R. Chabran. — *Rio de Janeiro, Typ. Française,* 1869, in-8°, 13 pages.

Chalesme (de). — Recit fidèle en abregé de toutes les particularitez qui sont dans l'Amérique, autrement le nouveau monde, qui fut découvert par Christophe Colom Genevois en l'an mil quatre cens quatrevingt-douze, et cinq ans après Americ Vespuce Florentin fit de plus grandes découvertes, et c'est à cause de ce nom d'Americ qu'on nomme l'Amérique; chacun doit sçavoir aussi qu'elle seule fait un continent de la quatrième partie du monde, et que la terre d'Anian et la nouvelle Albion qui font l'une de ses extremitez, ne sont separées de l'Asie, que par le Japon, le Detroit de Sangao et d'un bras de la mer vermeille; Elle est habitée par les François, Espagnols, Anglois, Portugais, Suedois et Hollandois. — *A Poitiers, par Robert Courtois imp.*, 1676, petit in-12, 66 pages.

* Chapel (E). — Le caoutchouc et la gutta-percha, par E. Chapel. Ouvrage contenant 245 gravures et planches. Précédé d'une préface par P. Schützenberger,... Publié sous le patronage de la Chambre syndicale des caoutchouc, gutta-percha, etc. — *Paris, Marchal et Billard*, 1892, grand in-8° ix, 601 pages.

  Origines botaniques et procédés de récolte au Pará, en Amazonie, à Matto-Grosso, à Pernambuco, Maranhão, Bahia et Ceará.

* Charencey (H. de). — Compte-rendu et analyse de l'histoire des nations civilisées du Mexique et de l'Amérique centrale, etc., par M. l'abbé Brasseur de Bourbourg. Par H. de Charencey. Extrait des n°s de janvier et de février 1859, des *Annales de Philosophie chrétienne*, t, XIX p. 22 et 113 (4e série). — *Versailles, Beau*, 1859, in-8°, 24 pages.

* Charlevoix (Pierre François Xavier de). — Histoire du Paraguay par le r. p. Pierre François Xavier de Charlevoix, de la Compagnie de Jésus. — *Paris, chez Desaint et Saillant, David, Durand*, 1756, 3 vol. in-4°.

  T. I xxxiij, 5 f.n.c. 489 p., 1 carte.
  T. II 356 p. clviij, 1 f.n.c., 1 carte.
  T. III 285 p. cccxv, 1 f.n.c., 1 carte.

—. — *Id. — Paris, Didot, Giffard, Nyon*, 1757, 6 vol. in-12,

T. I 1 carte 390 pages. — T. II, 1 carte, 476 pages. — T. III, 1 carte. 408 pages. — T. IV, 1 carte, 414 pages. — T. V, 1 carte, 461 pages. — T. VI, 3 cartes, 460 pages.

Ouvrage le plus complet que l'on connaisse sur le Paraguay et très intéressant en tout ce qui est relatif au Brésil.

Charlevoix. — Historia Paraguajenses, Petri F. Xavier de Charlevoix, ex gallico latina, cum animadversionibus et supplemento. — *Venetiis, Fr. Sansoni,* 1779, in-folio. 1 fnc., 608 pp.

Cette traduction latine anonyme, est du P. Dominique Muriel, espagnol (né en 1718 mort en Italie en 1795. Elle est plus complète que l'édition française. Le P. Muriel y a ajouté de nombreuses notes. Pour la description exacte de ce rare volume voir la Bibliothèque des PP. de Backer. (Catalogue Leclerc, 1878.)

* **Charton** (Edouard).— Voyageurs anciens et modernes ou choix des relations de voyages les plus intéressantes et les plus instructives depuis le Ve siècle avant Jésus-Christ jusqu'au XIXe siècle, avec biographies, notes, et indications bibliographiques, par M. Edouard Charton. — *Paris, aux bureaux du Magasin pittoresque,* 1854-1857, 4 vol. in-4°.

Le t. III contient le voyage d'Americ Vespuce aux côtes du Brésil.

* **Chatenet** (G.). — [Lettre de G. Chatenet, avocat, à M. le Ministre des Affaires étrangères, pour l'affaire de Pierre Marcel Prieu: elle commence par ces mots:] « On se rappelle que, dans la séance du 10 juillet dernier, M. Pelletan interpella M. le Ministre des Affaires étrangères... » — *(S. l.) lith. Mansion,* (1868), in-4°, 2 p.

Chaufepié (Joan. Henn.).— Historia febris flavæ Americanæ. Specimen inaugurale. — *Halæ,* 1794, in-8°, 64 p.

Chaulmer (Ch.). — Le Nouveau-Monde ou l'Amérique Chrestienne, avec le supplément à l'abbrege des Annales ecclesiastiques et politiques de l'ancien, ou l'histoire des Missions et des autres affaires de l'Europe, de l'Asie et de l'Affrique. — *Paris, chez l'auteur,* 1659, petit in-12, 6 fnc., 432 p.

Ce livre, très peu connu, renferme une histoire générale des Missions depuis l'année 1041 jusqu'à l'année 1649.

* Chaumel de Stella (J.) et Auguste de Santeül.

Essai sur l'histoire du Portugal, depuis la fondation de la Monarchie jusqu'à la mort de D. Pedro IV, 1080-1834, avec portraits et fac-simile, par J^m. Chaumel de Stella et Auguste de Santeül. — *Paris, Rey et Gravier*, 1839, 2 vol. in-8°, 415 et 415 pages

Organisation des colonies du Brésil, — Services qu'y rendent les Jésuites. — Les Hollandais prennent une partie du pays. — Duguay Trouin à Rio Janeiro. — La canne à sucre, le coton, le riz, l'indigo, le café introduits au Brésil. — Différends avec le Paraguay. — La famille royale de Portugal à Rio-Janeiro. — Le Brésil élevé à l'état de royaume. — Proclamation de l'indépendance. — Guerre avec le Portugal. — Décret du prince régent de Portugal par lequel il déclare transporter sa cour au Brésil. — Traité du 29 août 1825 reconnaissant l'Empereur du Brésil, etc.

Chauvain (Léonce). — Histoire du Portugal et de la maison de Bragance par Léonce Chauvin,... — *Cette, chez l'auteur*, 1871, in-12, vi, 232 p.

Chegaray (Fulgence). — Exposé présenté à l'Assemblée Législative de l'Empire du Brésil au nom de la Société établie à New-York, sous le titre de South American Steam Boat Association, par Fulgence Chegaray. — *Rio de Janeiro, imp. impériale de Plancher*, 1826, in-4°, 33 p. et 1 f.

En portugais et français.

* Chemin de Fer de Cacequy à Uruguayana (Brésil).

Décret de concession n° 8343 du 17 décembre 1881 (Extrait du *Journal officiel* du Brésil du 10 janvier 1882,) — *Paris, imp. C. Murat*, 1882, in-4°, 49 pages.

Texte portugais au verso et français au recto.

*Chesnelong et Labat.

Protection des nationaux à l'étranger. Affaire Prieu contre le Gouvernement du Brésil. Troisième partie. Mémoire adressé à M. le Ministre des Affaires étrangères par MM. Chesnelong et Labat, députés au Corps Législatif. — *Paris, typ. de Ch. Meyrueis*, 1870, in-8°, 20 p.

Chesnelong et **Labat.** — Mémoire. *Voyez aussi* : Affaire Prieu.

Chevalier (E.). — Observations météorologiques. *Voyez* : Voyage autour du monde sur *la Bonite.*

Choisy (Jacques Denis). — Note sur les Convolvulacées du Brésil et sur le Marcellia, genre nouveau de cette famille. — *Genève,* 1844, in-4°, 8 pages, 1 pl.

* **Clair-Roy.** — Notice sur les troubles survenus dans la province du Pará (Brésil), par Clair Roy. — (*S. L.*), *imp.* *J. R. Mevrel,* (s. d.), in-8°, 8 pages.

***Claude d'Abbeville.** — L'arrivée des Pères Capucins en l'Inde nouvelle, appelée Maragnon (Maranhão), avec la réception que leur ont faite les sauvages de ce pays et la conversion d'iceux à nostre saincte foy. Déclarée par une lettre que le R. P. Claude d'Abbeville... envoie à frère Martial et à M. Foullon, ses frères (20 août 1612). — *Paris,* 1612, in-8°.

> Pièce fort rare, réimprimée l'année suivante avec la lettre du Père Arsène, chez Langlois, 1613. in-8°.

—. — L'arrivée des Pères Capucins et la conversion des sauvages à nostre saincte foy. Déclarée par le R. P. Claude d'Abbeville, prédicateur Capucin. — *A Paris, chez Jean Nigaut,* ruë S¹ Jean de Latran á l'Alde, 1613, in-8°, 16 pages.

> Cet opuscule, est resté inconnu à Ternaux et à Brunet. La lettre du P. Claude d'Abbeville occupe les 10 premières pages ; elle est datée « En haste, De Maragnon, au Brezil ce 20. iour d'Aoust 1612. » Les pp. 14-15 contiennent une « Sommaire relation de quelques autres choses plus particulières qui ont esté dictes de bouche aux Pères capucins par Monsieur de Manoir. » Les pp. 15-16 comprennent une lettre à Monsieur F. Fermanet, signée « Frere Claude d'Abbeville, Frere Arsene de Paris » et datée « De l'isle de Maragnon ce 20. Aoust, 1612. »
> La première édition a été imprimée à Paris chez Lefèvre, en 1612. Les deux éditions sont également précieuses et de toute rareté.

* —. — L'arrivée des Pères Capucins et la conversion des sauvages à nostre saincte foy, déclarée par le R. P. Claude d'Abbeville. — *Paris, chez Jean Nigaut,* 1623, gr. in-8°, 20 pages.

— *Id.* — Lyon, imp, Louis Perrin, 1876, in-8°, 20 pages.
Réimpression à petit nombre sur papier genre ancien et avec des caractères elzéviriens.

* Claude d'Abbeville.

— Histoire de la Mission des Pères Capucins en l'isle de Maragnan et terres circonvoisines, ou est traicté des singularitez admirables et des meurs meruerilleuses des Indiens habitans de ce pais. Auec les missives et aduis qui ont esté enuoyés de nouuau. Par le R. P. Claude d'Abbeuille, Prédicateur Capucin. — *A Paris, de l'Imprimerie de François Huby...*, 1614, in-8°, titre gravé et fig.

7 feuillets non chiffrés, 395 pages et 17 feuillets non chiffrés pour la *Table des Choses.*

* Claussen (P.).

— Notes géologiques sur la province de Minas-Geraes au Brésil, par P. Claussen. — *Bruxelles*, 1841 in-8°, 22 pages.

Extrait des *Bulletins de l'Académie royale de Bruxelles*, T. VIII.

* Clercq (de).

— Recueil des traités de la France publié sous les auspices du ministère des Affaires étrangères par M. de Clercq ancien ministre plénipotentiaire et M. Jules De Clercq, consul de France. — *Paris, A. Pedone-Lauriel*, 1865-1895, 18 volumes in-8°.

8 janvier 1826. — Traité d'amitié, commerce et navigation. (Rio-Janeiro.)
7 janvier 1826. — Traité d'amitié, etc. Articles additionnels et explicatifs.
4 octobre 1826. — Traité d'amitié, etc. Ordonnance royale d'exécution.
21 août 1828. — Article additionnel au traité du 8 janvier 1826. — Convention d'indemnités pour les prises de la Plata.
22 avril 1843. — Traité de mariage du prince de Joinville (Rio-Janeiro.)
21 novembre 1843. — Convention de poste (Rio-Janeiro).
18 mars 1858. — Accession à la déclaration du 16 avril du Congrès de Paris.
7 juillet 1860. — Convention de poste. (Rio-Janeiro). Articles additionnels.
10 décembre 1860. — Convention consulaire.
17-22 juin 1861. — Protocoles et traité de Hanovre sur les péages de Stade.
28 juin 1862. — Déclaration pour l'extradition des malfaiteurs de l'Oyapock.
16 juillet 1863. — Protocoles et traité sur les péages de l'Escaut.
16 mai 1864. — Convention relative au câble transatlantique.

21 juillet 1866. — Déclaration interprétative de la convention consulaire de 1860.

Juin-juillet 1867. — Conférence sur les poids et mesures.

31 août 1869. — Protocole interprétatif de la convention de 1864 relative au câble transatlantique.

30 avril 1872. — Protocole abrogeant la convention télégraphique du 16 mai 1864 (Paris).

30 mars 1874. — Convention de poste, (Rio-Janeiro).

12 avril 1876. — Déclaration relative à la protection réciproque des marques de fabrique.

16 juillet 1877. — Accession à la convention télégraphique du 22 juillet 1875.

1er juin 1878. — Traité d'union postale universelle (Paris).

18 octobre 1878. — Déclaration relative aux attributions consulaires.

27 mars 1879. — Décret d'exécution de la convention d'union postale.

28 juillet 1879. — Tableau des taxes télégraphiques internationales arrêtées à Londres et règlement d'exécution.

7 septembre 1881. — Décret fixant les taxes postales.

20 mars 1883. — Convention pour la protection de la propriété industrielle (Paris).

14 mars 1884. — Convention pour la protection des câbles sous-marins. (Paris).

21 mars 1885. — Actes additionnels de Lisbonne à la convention d'union postale et aux arrangements sur les mandats-poste et les colis postaux.

17 septembre 1885. — Règlement de service et tableaux des taxes télégraphiques internationales arrêtés par la conférence de Berlin.

1er décembre 1886. — Déclaration interprétative de la convention internationale des câbles sous-marins.

7 juillet 1887. — Protocole de clôture se rapportant à la même convention.

30 août 1888. — Procès-verbal de la 26e séance de la conférence internationale de Londres sur le régime des sucres. — Protocole annexé à la convention sur le régime des sucres.

6 octobre 1889. — Note relative aux colis postaux.

21 juin 1890. — Tarifs et règlement arrêtés par la conférence télégraphique à Paris.

5 juillet 1890. — Convention de Bruxelles pour la publication des tarifs.

31 juillet 1891. — Convention signée à Rio pour la garantie réciproque des œuvres de littérature et d'art. (Non ratifiée).

14 avril 1891. — Arrangement international concernant la répression des fausses indications de provenance sur les marchandises, signé à Madrid.

15 avril 1891. — Protocole concernant la dotation du bureau international de la propriété industrielle, signé à Madrid.

2 mai 1891. — Notification par le gouvernement belge de l'adhésion du Brésil à l'union pour la publication des tarifs douaniers.

4 juillet 1891. — Convention postale universelle signée à Vienne. Arrangement signé à Vienne concernant l'échange des lettres et des boîtes de valeur déclarée.

4 juillet 1891. — Convention conclue à Vienne concernant l'échange des colis postaux.

4 juillet 1891. — Arrangement concernant le service des mandats de poste conclu à Vienne.

4 juillet 1891. — Arrangement conclu à Vienne concernant le service des recouvrements.

4 juillet 1891. — Arrangement conclu à Vienne concernant l'introduction des livrets d'identité dans le service postal international.

Clusius (Carolus). — Caroli Clusii Atrebatis... exoticorum libri decem : quibus animalium, plantarum, aromatum, aliorumque peregrinorum fructuum historiæ describuntur : item Petri Belonii observationes, eodem Clusio interprete. — *Lugduni Batavorum, off. Planturiana Raphelengii*, 1605, in-fol.

Cnauthius (Samuel). — *Voyez :* Albinus. Commentatio de linguis peregrinis.

*__Cocheris__ (M° P.). — Les parures primitives avec une introduction sur les temps préhistoriques, par M° P. Cocheris. Ouvrage illustré de 209 gravures d'après les dessins de P. Sellier. — *Paris, Furne, Jouvet et Cⁱᵉ*, 1894, gr. in-8°, 266 pages.

> Compression du crâne chez les Omaguas du Brésil et les Conibos au Pérou. — Mutilation des lèvres au Brésil. — Décoration du nez en Amérique.

*__Cochin__ (Augustin). — L'abolition de l'esclavage, par Augustin Cochin. — *Paris, Jacques Lecoffre*, 1861, 2 vol. in-8°.

> T. I. XXXVII, 483 p. Résultats de l'abolition de l'esclavage.
> T. II. 533 p. Résultats de l'esclavage. Le christianisme et l'esclavage.
> La partie qui traite de l'esclavage au Brésil se trouve aux pages 235 et suivantes du T. II.

Code criminel de l'empire du Brésil. — *Voyez :* Foucher.

*__Coelho Rodrigues__ (A.). — Exposé des motifs du projet de code civil brésilien, rédigé en vertu du décret du 15 juillet 1890, par le dʳ A. Coelho Rodrigues. Rapport de la commission de revision du même projet et réponse de l'auteur. — *Genève, imprimerie suisse*, 1894, in-8°, 79 pages.

Coello (P. Gaspar). — Lettre du Japon de l'an 1582 envoyée au r. p. général de la Compagnie de Jésus, par le

p. Gaspar Coello, vice-provincial du Japon. — *Paris, Thomas Brumen*, 1586, in-8°, 110 pages et 1 fnc.

Contient, p. 21-34 : « Aucuns points tirez des lettres du Brasil,
envoyées au r. p. general de la Compagnie de Jésus par ceux de la
mesme Compagnie, 1577 ». (De Baya, 1577,) signé : Louys Fonseca.

Cogniaux (Alfredus). — Cucurbitaceæ. *Voyez :* Martius.
Flora Brasiliensis. T. VI iv.

—. — Orchidaceæ. — *Voyez :* Martius. Flora Brasiliensis
T. III, 4.

—. — Melastomaceæ. — *Voyez :* Martius. Flora Brasiliensis. T. XIV 3-4.

—. — *Voyez :* Saldanha da Gama. Bouquet de mélastomées brésiliennes.

Colin (Antoine). — Histoire des drogues, espiceries, et
de certains médicamens simples, qui naissent ès Indes tant
Orientales que Occidentales, divisée en deux parties. La
première composée de trois livres : les deux premiers de
M. Garcie du Jardin, et le troisiesme de M. Christophle de
la Coste. La seconde composée de deux livres de M. Nicolas
Monard, traittant de ce qui nous est apporté des Indes Occidentales, autrement appelées les Terres-Neuves. Le tout
fidelement translaté en nostre vulgaire françois sur la traduction latine de Clusius; par Anthoine Colin apothicaire
de Lyon. — *Lyon, Jean Pillehotte*, 1602, in-8° 7 fnc,
720 pages, 15 fnc, figures nombreuses.

Chaque traité a un titre séparé.

* **Collection** des orchidées de M° J.-P. Pescatore au château de la Celle-Saint-Cloud. — *Paris, imp. de J.-B. Gros
et Donnaud*, 1858, in-16, 16 pages.

Beaucoup de ces orchidées proviennent du Brésil.

Colonie du Cotentin, ou Nouvelle-Neustrie. Nouvelle
ville de Neustria à fonder au milieu. N° 1. Programme. —
Paris, 1822, in-4°, 8 pages.

Colonie (La) française du Brésil, par X. — *Voyez:* Revue de France et du Brésil (6).

*   **Colonisation**. Émigration au Brésil sous la protection du gouvernement brésilien. Notice. Principales conditions extraites du Décret Impérial Brésilien du 19 janvier 1867 sur la colonisation et des Instructions de l'administration Brésilienne. — (*Paris*), *lith.-typ. Cabanel Cruveillié*, (s. d.), gr. in-8°, 7 pages.

*   **Commelyn**(I.).— Histoire de la vie et actes mémorables de Frédéric-Henry de Nassau, prince d'Orange, par I. Commelyn. Enrichie de figures en taille douce et fidèlement translatée du Flamand en François. Divisée en deux parties — *Amsterdam, chez la veuve et les héritiers de Judocus Janssonius*, 1656, in-fol. 360, 197 pages et tables non paginées.

> Cet ouvrage est intéressant à consulter pour l'histoire des Hollandais au Brésil.
> Parmi les planches, on remarque celles des combats de Rio Grande, d'Olinda, de la baie de Todos los Santos, etc.

*   **Compagnie belge-brésilienne** de colonisation. Bref exposé. — (S. l. ni d), in-8°, 8 pages.

*   **Compagnie belge-brésilienne** de colonisation. Statuts. — *Anvers*, 1844, in-8°, 28 pages.

*   **Compagnie de colonisation** belge brésilienne fondée sous le haut patronage de Sa Majesté l'empereur du Brésil Don Pedro II. Loi de concession. — (*S. l. ni d.*), gr. in-8°, 16 pages.

> A la suite on trouve : « Loi provinciale sur la colonisation, 1836, n° 49. » (S. l. ni d.), 11 pages.

*   **Compagnie générale** de chemins de fer Brésiliens. Société anonyme. Capital : dix millions de francs. Siège : à Paris, rue d'Antin, n° 9. Statuts dressés suivant acte reçu par Mᵉ Dufour, notaire à Paris, le 23 octobre 1879. — *Paris, imp. A. Chaix*, 1879, in-4°, 22 pages.

* **Compagnie générale** des chemins de fer Brésiliens. Société anonyme au capital de dix millions de francs. Assemblée générale ordinaire du 28 avril 1881. Présidence de M. E. Bontoux. Rapport du Conseil d'administration. Rapport des commissaires. Résolutions de l'Assemblée générale. — *Paris, imp. de la Société anonyme de publications périodiques*, 1881, in-4°, 16 pages.

* **Compagnie générale** de chemins de fer brésiliens. Société anonyme au capital de dix millions de francs. Assemblée générale ordinaire du 25 avril 1891. Rapport du Conseil d'administration. Rapport du commissaire. — *Paris, imp. Chaix*, 1891, in-4°, 15 pages.

Avec une carte du Réseau.

* **Compagnie générale** de chemins de fer brésiliens. Société anonyme au capital de dix millions de francs. Assemblée générale ordinaire du 27 avril 1892. Rapport du Conseil d'administration. Rapport du commissaire. — *Paris, imp. Chaix*, 1892, in-4°, 16 pages.

* **Compagnie générale** de chemins de fer brésiliens. Société anonyme au capital de dix millions de francs. Assemblée générale ordinaire du 28 avril 1893. Rapport du Conseil d'administration. Rapport du commissaire. — *Paris, imp. Chaix*, 1893, in-4°, 19 pages.

* **Compagnie générale** de chemins de fer brésiliens. Société anonyme au capital de dix millions de francs. Assemblée générale ordinaire du 27 avril 1894. Rapport du Conseil d'administration. Rapport du commissaire. — *Paris, imp. Chaix*, 1894, in-4°, 18 pages.

Un second tirage porte la date 1895.

* **Compagnie générale** de chemins de fer brésiliens. Société anonyme au capital de dix millions de francs. Assemblée générale ordinaire du 30 avril 1895. Rapport du Conseil d'administration. Rapport du commissaire. — *Paris, imp. Chaix*, 1895, in-4°, 21 pages.

Comptes rendus de la Société Suisse de Bienfaisance de Bahia, pour les années de 1878 et 1879. — *Bahia, imprensa Economica*, 1879-1880, 2 vol. in-8°.

* **Congregatione** sacrorum rituum sive eminentissimo, ac reverendissimo d. card. Rospigliosio Brasilien. Beatificationis, et Canonizationis, seù declarationis Martyrii servorum Dei Ignatii de Azevedo, et sociorum Societatis Jesu in odium fidei interemptorum. Positio super dubio. An constet de martyrio, et causa martyrii servorum Dei Ignatii de Azevedo, et quadraginta Sociorum et Societate Jesu in casu, et ad effectum de quo agitur, etc. — *Romæ, ex typographia Reverendæ Cameræ Apostolicæ*, 1670, in-fol. 18 pages.

* **Congregatione** sacrorum rituum sive eminentissimo, ac reverendissimo d. card. Rospilliosio Brasilien canonizationis, seù declarationis Martyrii servorum Dei Ignatii Azevedo, societatis Jesu, et sociorum. Propositio super dubio. An constet de validitate processuum in Urbe an. 1641 et 1666 peractorum, et testes in iis sint rite et rectè examinati, In casu, etc. — *Romæ, ex typographia reverendæ Cameræ Apostolicæ*, 1669, in-fol., 13 pages.

* **Congrès international de la protection de l'Enfance**. Paris 1883. Documents relatifs au Brésil présentés au Congrès par M. le chevalier d'Araujo, chargé d'affaires du Brésil, délégué du Gouvernement impérial. — *Paris, imp. Nouvelle*, 1883, gr. in-8°, 51 pages.

* **Congrès international** des Américanistes. Compte rendu de la première session. Nancy 1875. — *Nancy, G. Crépin Leblond. Paris, Maisonneuve*, 1875, 2 vol. in-8°, 480 et 478 pages.

> Le T. I, contient, p. 232-324 et 469-480 un mémoire de Luciano Cordeiro « La part prise par les Portugais dans la découverte de l'Amérique ».

* **Congrès international** des Américanistes. Compte rendu de la seconde session. Luxembourg, 1877. — *Luxem-*

bourg, Victor Bück. Paris, Maisonneuve, 1878, 2 vol.
in-8°, 539 et 471 pages, avec cartes et planches.

> Contient notamment, T. I. Allocution de M. da Silva Paranhos. — La
> découverte du Brésil par les Français, par M. P. Gaffarel. — Mémoire
> sur le Brésil, par Burtin.
> T. II. La Bibliothèque nationale de Rio de Janeiro, par Ferdinand
> Denis.

* **Congrès international** des Américanistes. Compte
rendu de la troisième session. Bruxelles 1879. — *Bruxelles,*
C. Muquardt (s. d.), 2 vol. in-8°.

> Contient, T. I, p. 112 et suiv. Explorations du fleuve de l'Amazone
> faites par les Franciscains du Pérou (1633-1650), par le r. p. Servais
> Dirks.
> T. II, p. 198 et suiv. La plus haute antiquité de l'homme dans le Nou-
> veau-Monde, par Florentino Ameghino. (Nouvelles remarques à ajouter
> à celles de Lund sur la coexistence de l'homme et des grands mammi-
> fères éteints des cavernes du Brésil.)

* **Congrès international** des Américanistes. Compte
rendu de la cinquième session. Copenhague 1883. —
Copenhague, imp. de Thiele, 1884, in-8°, VII, 436 pages.

> Contient, p. 40-48. Sur quelques-uns des crânes et des autres osse-
> ments humains de Minas-Geraes dans le Brésil, par M. Lütken.

* **Congrès international** des Américanistes. Compte
rendu de la septième session. Berlin 1888. — *Berlin,*
W. H. Kühl, 1890, in-8°, 806 pages.

> P. 53-54. Discours de M. Netto. — P. 489-520. Trois familles lin-
> guistiques des bassins de l'Amazone et de l'Orénoque, par M. Adam.
> Bibliographie des récentes conquêtes de la linguistique Sud-Américaine,
> par M. Adam.

* **Considérations** importantes sur l'abolition générale de
la traite des nègres... par un Portugais. — *Paris, Ant. Bail-*
leul, 1814, in-8°.

* **Considérations** sur les relations du Brésil avec l'Allemagne par rapport à l'Economie nationale, présentées à
M. le Commandeur Louis Mottinho-Lima, etc. — *Paris,*
imp. de J. Smith, 1828, in-8°, 26 pages.

* **Constancio** (Francisco-Solano).— Remonstrances des

négocians du Brésil, contre les insultes faites au Pavillon Portugais, et contre la saisie violente de plusieurs de leurs navires, par les Officiers de la Marine Anglaise, accompagnées d'autres pièces intéressantes traduites du Portugais et de l'Anglais par F.-S. Constancio. — *Paris, Goullet,* 1814, in-8°, 80 pages.

Constitution de l'Empire du Brésil, arrêtée dans le Conseil d'État sur les bases présentées par S. M. Impériale don Pedro Ier, empereur constitutionnel et défenseur perpétuel du Brésil, et acceptée par toutes les provinces. — *Paris, imp. Sétier,* 1829, in-8°, 30 pages.

Constitution de la franc-maçonnerie du Brésil. — *Rio de Janeiro, typ. Perseverança,* 1867, in-8°, 40 pages.

* **Constitution** des États-Unis du Brésil, 24 février 1891. — *Paris, Cotillon,* 1891, in-8°, 43 pages.

N'a pas été mis dans le commerce.

* **Contesté** (Le) franco-brésilien. Son historique, son état climatérique, sa richesse, son avenir. Etudes. Voyages. Explorations. Rapports. Séjour prolongé dans ce territoire et dans le bassin de l'Amazone. — *Paris, Société de « la France équinoxiale »,* juin 1897, in-8°, 113 p., 3 fnc.

En tête on lit : « Dédié à l'industrie et au commerce français, par la Société « La France Equinoxiale ».— Par A. Laurencin (?).

* **Convention** pour la protection de la propriété industrielle conclue à Paris, le 20 mars 1883 entre la Belgique, le Brésil, l'Espagne, la France, le Guatemala, l'Italie, les Pays-Bas, le Portugal, le Salvador, la Serbie et la Suisse. — *Paris, imp. Nationale,* 1883, in-fol. 14 pages.

* **Convention sanitaire** entre la République orientale de l'Uruguay, l'Empire du Brésil et la République Argentine et règlement respectif. Traduction de M. Antonio de Saenz de Zumaran (26 novembre 1887). — *Marseille, imp. de Barlatier et Barthelet,* 1889, in-8°, 40 pages.

Publication officielle.

* **Cook** (Auguste). — Études coloniales. La Guyane indépendante, par Auguste Cook. — *Bordeaux, imp. Paul Cassignol*, 1889, in-4°, II, 64 pages.

La préface est signée Samuel Hays.

Copie d'une lettre missive envoyée aux gouverneurs de la Rochelle, par les capitaines des Gallers de France, sur la victoire qu'ils ont obtenue contre les Mores et Sauvages, faisant le voyage de l'isle de Floride, et du Brésil. — *Suyvant la coppie imprimée à la Rochelle par Jean Portau*, 1583, in-8°.

Copie || de qvelqves || Letres sur la Naui- || gation du Cheuallier de Villegai- || gnon es terres de l'Amerique oultre || l'Æquinoctial, iusques soubz le tro- || pique de Capricorne : côtenant som- || mairement les fortunes encourues || en ce voyage, auec les meurs et fa- || çons de viure des Sauvages du pais : || enuoyées par vn des gens dudict || Seigneur. || *A Paris,* || *Chez Martin le Ieune, à l'enseigne S. Chrito-* || *phle, deuant le college de Cambray,* || *rue S. Iean de Latran.* || 1557. || Auec Priuilege. In-8° de 38 pages et 1 f. blanc.

Le v° du titre contient un extrait du privilège accordé pour trois ans à M. le Jeune, le 6 février 1556.
Les lettres sont signées : N. B. (Nicolas Barré).
(Catalogue de la vente du comte de Lignerolles par Ch. Porquet.)
Voir aussi : Archives des Voyages de *Ternaux Campans*, I. p. 102. Autre copie d'une seconde lettre, *ibid.*, p. 113.

Coppin (Liévin). — *Voyez :* Liévin Coppin.

* **Coquelle** (P.). — Aperçu historique sur le Portugal et la maison de Bragance, par P. Coquelle. — *Paris, imp. des Apprentis-orphelins-Roussel* (1887), in-8°, 134 pages.

* **Corbière** (Ed.). — Elégies brésiliennes suivies de poésies diverses, et d'une notice sur la traite des Noirs, par Ed. Corbière. — *Paris, Plancher*, juillet 1823, in-8°, 97 pages.

* —. — Brésiliennes, par Ed. Corbière. — *Paris, Ponthieu, Aimé-André*, 1825, in-18, 172 pages.

Seconde édition, augmentée de poésies nouvelles.

* **Cordara** (Julius).— Historiæ societatis Jesu pars sexta complectens res gestas sub Mutio Vitellescho tomus prior ab anno Christi 1616 Societatis Jesu. Auctore Julio Cordara societatis ejusdem sacerdote. — *Romæ, anno Jubilæi* 1750 *ex typographia Antonii de Rubeis,* in-4°, 628 pages, 2 fnc.

* **Cordeiro** (Luciano).— De la part prise par les Portugais dans la découverte de l'Amérique. Lettre au Congrès international des Américanistes (Première session, Nancy, 1875), par Luciano Cordeiro, de l'Institut de Coimbra. — *Lisbonne, Pacheco et Carmo.* — *Paris, veuve J.-P. Aillaud, Guillard et C°,* 1876, in-8 , 86 pages.

—. — *Voyez aussi :* Congrès international des Américanistes. Nancy, 1875.

* **Cordeiro** (Montenegro). — Tiradentes. (Esquisse biographique), par Montenegro Cordeiro. Souvenir du premier Centenaire célébré à Paris et à Berlin par la Jeunesse brésilienne. — *Paris, 1, place de l'Estrapade,* 1892, in-8°, vi, 67 pages.

—. — *Voyez :* Manifeste des républicains brésiliens.

Coréal (François). — Relation des voyages de François Coréal aux Indes Occidentales. — *Voyez :* Recueil de voyages dans l'Amérique méridionale, t. I.

* **Corenwinder** (B.).— Recherches chimiques sur les fruits oléagineux originaires des pays tropicaux ; deuxième mémoire. Analyse de la chataigne du Brésil (fruit du Bertholletia excelsa), par M. B. Corenwinder. — *Lille, imp. L. Danel,* (s. d.), in-8°, 11 pages.

Extrait des *Mémoires de la Société impériale des sciences, de l'agriculture et des arts de Lille,* année 1870, 3ᵉ série, t. VIII.

* —. — Recherches chimiques sur les produits des pays tropicaux. La Banane. La Patate. Par M. B. Corenwinder. Extrait des *Annales agronomiques*, t. II, n° 3. — *Paris*, *G. Masson*, 1876, in-8°, 20 pages.

* **Corenwinder** (B.). — Recherches chimiques sur les productions des pays tropicaux. Note. — *Lille, imp. L. Danel*, (s. d.), in-8°,25 pages.

Extrait des *Mémoires de la Société des Sciences, de l'Agriculture et des Arts de Lille*, année 1876, t. II, 5ᵉ série.
Bananes du Brésil.

—. — Recherches chimiques sur la banane du Brésil, par B. Corenwinder. — *Lille, imp. L. Danel*, 1863, in-8., 12 pages.

La couverture imprimée sert de titre.

* **Corre** (A). — Traité clinique des maladies des pays chauds, par A. Corre. Avec figures dans le texte. — *Paris, O. Doin*, 1887, in-8°, 862 pages.

Donne de nombreux renseignements sur les maladies suivantes, observées au Brésil : choléra, fièvre jaune, dengue, béribéri, tétanos, maladies palustres, lymphangites, lymphurie, hydrocèle lymphoïde, éléphantiasis, lèpre, ainhum, pian ou boubas, dysenterie, hépatite et parasites divers.

* —. — Traité des fièvres bilieuses et typhiques des pays chauds, par le Dʳ A. Corre. Avec 35 tracés de température dans le texte. — *Paris, O. Doin*, 1883, in-8°, VIII, 567 pages.

Traite du Brésil.

Correspondance échangée avec la légation de Portugal et la légation du Brésil à Lisbonne, au sujet de la remise des rebelles réfugiés à bord des corvettes portugaises. — *Rio de Janeiro*, 1894, in-8°, 36 pages.

* **Correspondance** entre le gouvernement impérial du Brésil et celui de la République Argentine au sujet des traités conclus avec le Paraguay et de l'évacuation de l'île de l'Atajo. — *Rio de Janeiro, typ. de J.-C. de Villeneuve et Cº*, 1872, in-8°, 135 pages.

* **Cortambert** (E.). — Société d'ethnographie orientale et américaine. Tableau général de l'Amérique. Rapport sur les progrès de l'ethnographie et de la géographie en Amérique pendant les années 1858 et 1859, par E. Cortambert. Extrait des Comptes rendus des séances de la Société d'Ethnographie. — *Paris, Challemel aîné*, 1860, in-8°, 30 pages.

Ethnographie du Brésil.

* Cortambert (Richard).— Nouvelle histoire des voyages et des grandes découvertes géographiques dans tous les temps et dans tous les pays, par Richard Cortambert. L'Amérique. Le Pôle nord. Volume illustré de belles et nombreuses gravures d'après les dessins de Sahib. — *Paris, Librairie illustrée, Marpon et Flammarion* (1894), in-4°, 808 pages.

Découverte du Brésil. — Découverte du fleuve des Amazones. — Premiers voyages des Français dans l'Amérique du Sud. — Durand de Villegagnon. — Yves d'Évreux. — Explorations et voyages scientifiques dans l'Amérique du Sud. — Spix et de Martius. — Auguste de Saint-Hilaire. — Alcide d'Orbigny, etc.

Costa (J.-A. da). — Napoléon Ier au Brésil. Tentative d'évasion du prisonnier de Sainte-Hélène concertée entre les émigrés français aux États-Unis et les agents de la Révolution de Fernambuco (1817), par J.-A. da Costa. — *Paris*, (s. d.), in-8°, 23 pages.

Extrait de la *Revue du Monde latin*, 1886, liv. 2-3.

* Cotegipe (baron de). — Les négociations avec le Paraguay et la note du gouvernement Argentin du 27 avril. Lettre adressée à S. E. M. le Conseiller Manoel Francisco Correa, ministre d'État des affaires étrangères, par le baron de Cotegipe.— *Rio de Janeiro, typ. Villeneuve et C°*, 1872, in-8°, 31 pages.

* Cotteau (Edmond).— Promenade autour de l'Amérique du Sud, par Edmond Cotteau. Extrait du *Bulletin de la Société des Sciences historiques et naturelles de l'Yonne.* — *Paris, K. Nilsson*, 1878, in-8°, 127 pages, 1 carte.

De France au Brésil. Rio de Janeiro et ses environs, etc.

* —. — Promenades dans les deux Amériques, 1876-1877. Avec deux cartes itinéraires de l'Amérique du Nord

et de l'Amérique du Sud, par Edmond Cotteau. — *Paris,
G. Charpentier*, 1886, in-16, 320 pages.

> Le Brésil. — Rio de Janeiro et ses environs. — Le jardin botanique.
> La Tijuca. — Pétropolis. — Le Corcovado. — Praya Grande.

* **Coubard d'Aulnay** (G.-E.). — Monographie du café ou
Manuel de l'amateur de café, ouvrage contenant la description et la culture du caféier, l'histoire du café, ses caractères commerciaux, sa préparation et ses propriétés ; orné
d'une belle lithographie, par G. E. Coubard d'Aulnay. —
Paris, Delaunay, 1832, in-8, VIII, 215 pages.

* **Coudreau** (Henri). — Henri Coudreau. Chez nos Indiens.
Quatre années dans la Guyane française (1887-1891). Ouvrage contenant 98 gravures et 1 carte. — *Paris, Hachette*,
1893, in-4°, III, 614 pages.

* —. — Collection Picard. Bibliothèque coloniale. Les
Français en Amazonie, par Henri A. Coudreau. Illustrations par P. Hercouët et F. Massé. — *Paris, Alcide Picard
et Kaan*, (s. d.), in-8°, 231 pages.

> La préface est datée : janvier 1887.

* —. — La France équinoxiale, par Henri A. Coudreau, professeur de l'Université, chargé d'une mission
scientifique dans les territoires contestés de Guyane, membre du Comité de la Société internationale d'études brésiliennes. — *Paris, Challamel aîné*, 1886-7, 2 vol., in-8°.

> T. I. — Études sur les Guyanes et l'Amazonie, XVI, 436 pages.
> T. II. — Voyage à travers les Guyanes et l'Amazonie, XXXVI, 495 pages.
> Cet ouvrage est accompagné d'un atlas qui a pour titre : « La France
> équinoxiale. Études et voyage à travers les Guyanes et l'Amazonie, par
> Henri A. Coudreau ». Atlas. — *Paris, Challamel*, 1887,... 8 planches.

* —. — Le territoire contesté entre la France et le Brésil,
conférence faite à la Société de géographie de Lille, le
22 novembre 1885, par M. Henri Coudreau. — *Lille, imp.
de L. Danel*, 1885, in-8°, 32 pages.

* **Coudreau** (Henri). — Vocabulaires méthodiques des langues Ouayana, Aparaï, Oyampi, Emérillon, par Henri Coudreau, chargé d'une mission en Guyane (1887-1891), précédés d'une introduction, par Lucien Adam. — *Paris, J. Maisonneuve*, 1892, in-8°, 144 pages.

T. XV de la *Bibliothèque linguistique américaine*.

* —, — Voyage au Rio Branco, aux Montagnes de la Lune, au haut Trombetta, par H. A. Coudreau. — *Rouen, imp. E. Cagniard*, 1886, in-4°, 135 pages.

* —. — Henri Coudreau. Voyage au Tapajoz, 28 juillet 1895 — 7 janvier 1896. — *Paris, A. Lahure*, 1897, in-4°.

Coulon, — Les Voyages fameux du sieur Vincent le Blanc Marseillois, Qu'il a faits depuis l'aage de douze ans iusques à soixante, aux quatre parties du Monde; A Scauoir Aux Indes Orientales et Occidentales, en Perse et Pegu. Aux Royaumes de Fez, de Maroc, et de Guinée, et dans toute l'Afrique intérieure, depuis le Cap de Bonne Esperance iusques en Alexandrie, par les terres de Monomotapa, du Preste Iean et de l'Egypte. Aux Isles de la Mediterranée et aux principales Prouinces de l'Europe, Auec les diuerses obseruations qu'il y a faites. Le tout recueilly de ses mémoires par le Sieur Coulon. — *Paris, Geruais Clousier*, 1648. 3 parties en un vol. in-4°.

Catalogue de la vente du comte de Lignerolles, par Ch. Porquet.

* **Courcy** (vicomte Ernest de). — Six semaines aux mines d'or du Brésil : Rio de Janeiro — Ouro Preto — Saint-Jean del Ré — Petropolis, avec dessins de l'auteur. — *Paris, L. Sauvaitre*, 1889, in-12, 266 pages.

Courrier (Le) du Brésil. Feuille politique, commerciale et littéraire. — *Rio de Janeiro, imp. du Courrier du Brésil*, 1828, in-fol.

Courrier du Brésil (Le), politique, littérature, revue des théâtres, sciences et arts, industrie, commerce. — *Rio* *de Janeiro*, G. *Leuzinger e N. L. Vianna*, 1854-1862, in-fol.

Ccurtois (Dr Henri de). — *Voyez* : Ferraz de Macedo, Ethnogénie brésilienne.

Coutinho. — *Voyez* : Agassiz, Géologie de l'Amazone.

Coutinho (François de Souza). — *Voyez* : Souza Coutinhc (François de).

* **Couto de Magalhães** (Général). — Contes indiens du Brésil recueillis par M. le général Couto de Magalhães et traduits par Emile Allain. — *Rio de Janeiro, typ. Lombaerts*, 1882, in-8°, VI, 70 pages.

La couverture imprimée porte cette autre adresse : « Rio de Janeiro, Faro et Lino, 1883 ».

Couty (Dr Louis). — L'alimentation au Brésil et dans les pays voisins, par le Dr Couty, agrégé des Facultés de médecine de France, professeur de biologie industrielle au Muséum de Rio de Janeiro. La viande. Café. Maté. Cachaça. Les féculents, manhioc, maïs. — *Paris*, in-8°.

Extrait de la *Revue d'hygiène et de police sanitaire*, n°s 3, 4 et 6 de 1881.

* — . — Ébauches sociologiques. Le Brésil en 1884, par Louis Couty, professeur de biologie industrielle à l'Ecole polytechnique de Rio de Janeiro. — *Rio de Janeiro, Faro et Lino*, 1884, in-8°, x, 416 pages.

Le faux titre porte : « Le Brésil en 1884. Articles publiés dans le journal *le Messager du Brésil* en 1883 et 1884. »
L'Etat économique. — L'Etat social. — Les préjugés contre la civilisation. — S. Paulo et Buenos-Ayres. — Le peuplement. — Les réformes. L'avenir, etc.

* — . — L'esclavage au Brésil, par Louis Couty, ex-professeur agrégé des Facultés de médecine de France, professeur à l'Ecole polytechnique et au Muséum de Rio de Janeiro. Avec une lettre de M. le sénateur Schœlcher. — *Paris, Guillaumin et Cie*, 1881, in-8°, 92 p.

* **Couty** (Louis). — Etude de biologie industrielle sur le café. Rapport adressé à M. le Directeur de l'Ecole polytechnique, par le Dr Couty, professeur de biologie industrielle à l'Ecole polytechnique. — *Rio de Janeiro, imprimerie du Messager du Brésil*, 1883, in-8°, 176 pages et table paginée I à IV.

* —. — Le maté et les conserves de viande. — Rapport par le Dr Louis Couty. — *Rio de Janeiro, typ. nacional*, 1880, in-8°, 242 pages.

—. — Le café. *Voyez*: « Revue de France et du Brésil » (3).

* **Crespin** (Jean). — Martyrs persecutez et mis à mort pour la vérité de l'Evangile, depuis le temps des Apostres jusques à présent (1619), par Jean Crespin. Edition nouvelle précédée d'une introduction par Daniel Benoit et accompagnée de notes. — *Toulouse, Soc. des livres religieux*, 1885, 3 vol. in-4°.

> T. I, lvi, 744 pages. — T. II, 774 pages. — T. III, viii, 968 pages. Martyrs du Brésil.

* **Crétineau-Joly** (J.). — Histoire religieuse, politique et littéraire de la Compagnie de Jésus, composée sur les documents inédits et authentiques, par J. Crétineau-Joly. Ouvrage orné de portraits. Deuxième édition. — *Paris, Mellier frères*, 1844-1846, 6 vol. in-8°.

—. — Histoire religieuse, politique et littéraire de la Compagnie de Jésus, composée sur les documents inédits et authentiques, par J. Crétineau-Joly. Ouvrage orné de portraits et de fac-simile. Troisième édition revue, augmentée et enrichie d'une table alphabétique des matières. — *Paris, Poussielgue-Rusand*, 1851, 6 vol. in-8°.

* **Crevaux** (J.). — Fleuves de l'Amérique du Sud, 1877-1879, par le Dr J. Crevaux,... Missions du Ministère de l'Instruction publique. Publié par la Société de géographie. — *Paris, Société de géographie*, 1883, in-4° oblong, iv 1 fnc, 14 pl.

> La préface est signée : Georges Revoil.

* **Crevaux** (Dr J.).— Voyage dans la Guyane et le bassin de l'Amazone. Conférence faite à la Société de géographie de l'Est, par le Dr Crevaux. — *Nancy, imp. Berger-Levrault*, 1886, in-8°, 31 pages et 1 carte.

Extrait du *Bulletin de la Société de géographie de l'Est.*

* —. — Voyages dans l'Amérique du Sud, contenant : 1° Voyage dans l'intérieur des Guyanes (1876-1877). Exploration du Maroni et du Yary; 2° De Cayenne aux Andes (1878-1879); Exploration de l'Oyapock, du Parou, de l'Ica et du Yapura; 3° A travers la Nouvelle-Grenade et le Venezuela (1880-1881); Exploration en compagnie de M. E. Le Janne, du Magdalena, du Guaviare et de l'Orénoque ; 4° Excursion chez les Guaraounos (1881) avec 253 gravures sur bois, d'après des photographies ou des croquis pris par les voyageurs, 4 cartes et 6 fac-simile des relevés du Dr Crevaux. — *Paris, Hachette et Cie*, 1883, 1 vol. in-4°, I-XVI, 1-635 pages.

Derrière le faux titre on lit : Sur les 253 gravures qui illustrent cet ouvrage, 189 ont. été exécutées d'après les dessins de Riou et les 64 autres d'après les dessins de H. de Bérard, A Faguet, P. Fretel, H. Gobin, D. Maillart, Mesnel, A. Rixens, E. Ronjat, P. Sellier, H. Thiriot, Tofani, E. Tournois, R. Valette. Les dessins des cartes et des fac-simile ont été faits par J. Hansen.

* **Croy** (Cte Raoul de). — Un Français au Brésil, par le comte Raoul de Croy. — *Limoges, M. Barbou*, 1891, gr. in-8°, 336 pages.

Cruls. — Le climat de Rio-Janeiro, par Cruls. — *Rio de Janeiro*, 1892, in-8°.

Publié en portugais et en français.

—. — *Voyez :* Annales de l'Observatoire impérial de Rio de Janeiro.

—. — Instruction publique.— *Voyez :* Le Brésil en 1889.

Cruz Lima (J. D. da). — Réponse à un article de la *Revue des Deux Mondes*, sur la guerre du Brésil et du

Paraguay, par J. D. da Cruz Lima. — *Rio de Janeiro, impimerie universelle de Laemmert*, 1869, in-8°, 47 pages.

Cunha (J. M. Leitão da). — *Voyez* : Leitão da Cunha (J. N.).

Cunha de Azevedo Coutinho (Jozeph Joachim da). — Analyse sur la justice du commerce du rachat des esclaves de la côte d'Afrique. Par Jozeph Joachim da Cunha de Azevedo Coutinho. — *Londres, Baylis*, 1798, in-8°.

Cussy (F. de). — *Voyez* : Hauterive (comte d').

Cuvier (G.). — *Voyez* : Azara (F. de). Voyage dans l'Amérique méridionale.

D

* **Dabadie** (F.) — F. Dabadie. A travers l'Amérique du Sud. Rio Janeiro et ses environs. — Les esclaves au Brésil. — Jacques Arago et l'Empereur Dom Pedro II. — Le misanthrope de Mato-Grosso. — Une élégie au Cap Horn. — Superstitions maritimes. — Les curiosités de Lima. — Les Liméniennes. — Les brigands du Pérou. — Les moines de l'Amérique méridionale. — Le Poëte des Andes. — Excursion dans la Province d'Esmeralda. — Souvenirs de la Plata. — Postface. — Deuxième édition. — *Paris, Ferdinand Sartorius*, 1859, in-18, 386 pages.

1re édition. Paris, Ferd. Sartorius, 1858, in-18.

* —. — Récits et Types américains. — *Récits* — Les moustaches d'Antonio. — Les tribulations de Saint-Antoine. — Un mascate — Chez les Botocudos. — Sang et

or. — La fièvre jaune s'amuse. Les aventures d'Oscar. —
L'Eldorado. — Garibaldi dans l'autre monde. — *Types.* —
— Le Callavaya. — Les Corybantes. Boliviens. — Les tail-
leurs de la Paz. — Le Sébastianiste. — Le Mendiant de Rio
de Janeiro. — Le chasseur d'onces. — Les faux messies. —
— Les Indiens du Chaco. — L'aguador de Lima. — La
Rabona. — Le Montonero. — Le premier Mormon. —
Paris, F. Sartorius, 1860, in-12, 384 pages.

* **Dampier** (G.). — Voyages aux Terres Australes, à la
Nouvelle-Hollande, etc., fait en 1699, où l'on trouve la
description des isles Canaries, des isles de Mayo et de
Saint-Jago, de la Baye de tous les Saints, des forts et de la
ville de Bahia dans le Brésil, etc., par Guillaume Dampier,
avec le voyage de Lionel Wafer, où l'on trouve la description de l'isthme de Darien dans l'Amérique, etc. Enrichi
de cartes et de figures. — *Rouen, Robert Machuel le jeune,*
1715, in-12.

Forme le T. IV du Nouveau voyage autour du monde par G. Dampier.

* **Dareste.** — Société impériale zoologique d'acclimatation. Rapport fait à la Société Impériale zoologique d'Acclimatation au nom de la première section sur l'introduction
projetée du dromadaire au Brésil par M. Dareste. — *Paris,
imp. Martinet,* 1857, in-8°, 40 pages.

Darondeau (B.). — Observations magnétiques. *Voyez :*
Voyage autour du Monde... sur *la Bonite.*

* **Darwin** (Charles). — Voyage d'un naturaliste autour
du Monde fait à bord du navire le *Beagle* de 1831 à 1836
par Charles Darwin, M. A., F. R. S., etc. Traduit de l'anglais par M. Ed. Barbier. Deuxième édition. — *Paris,
C. Reinwald,* 1883, in-8°, VIII, 552 pages.

Bahia (Brésil). Paysage autour de Bahia. Brésil superficie considé-
rable de granit. Fourmis. Pernambuco. Recife, etc.

* **Dassié.** — Description generale des costes de l'Amerique.
Havres, isles, caps, golfes, bancs, ecueils, basses profon-
deurs, vents et courans d'eau. Des peuples qui les habi-

tent, du tempérament de l'air et de la qualité des terres et du commerce. Utile à tous navigateurs, hydrographes et geographes, le tout recueilly des autheurs les plus modernes et des mémoires des pilotes françois, espagnols et portugais par le sieur Dassié,... — *Rouen, Bonaventure Le Brun,* 1677, in-12, 7 fnc., 421 pages.

* **Daubrée**. — Institut de France. Académie des sciences. Funérailles de dom Pedro d'Alcantara, associé étranger de l'Académie, le 9 décembre 1891. Discours de M. Daubrée. — *Paris, imp. Firmin-Didot,* 1891, in-4°, 5 pages.

* **Daurignac** (J. M. S.). — Histoire de la Compagnie de Jésus, depuis sa fondation jusqu'à nos jours, par J.-M.-S. Daurignac,... Deuxième édition. — *Paris, Lyon, Périsse,* 1862-1863, 2 vol. in-12, 364 et 354 pages, avec portraits hors texte.

> Histoire détaillée des missions des Jésuites au Brésil, Paraguay, Canada, Tonkin, etc.

* **David** (Ernest). — Les opéras du juif. Antonio José da Silva, 1705-1739, par Ernest David. (Extrait du journal *les Archives Israélites.*). — *Paris, A. Wittersheim,* 1880, in-8°, 74 pages.

> Antonio José da Silva est né le 8 mai 1705, à Rio de Janeiro.

Davity (Pierre). — Description générale du monde. — *Voyez* : Rocoles (J. B. de).

* **De la légitimité** en Portugal, question portugaise soumise au jugement des hommes impartiaux. — *Paris, chez les marchands de nouveautés,* 1828, in 8°, 102 pages.

De ora Antarctica per regem Portugalliæ pridem inventa. — *Impressum Argentine per Mathiam Hupfuff,* 1504, in-4° de 6 feuillets.

> Première lettre d'Améric Vespuce à Laurent de Médicis. Le titre est orné d'une gravure en bois divisée en deux parties ; le haut représente des sauvages nus et le bas l'arrivée de la flotte en Amérique. (Catalogue Ternaux.)
> Voir Brunet, t. V, p. 1155.

* **Deberle** (Alfred). — Histoire de l'Amérique du Sud depuis la conquête jusqu'à nos jours, par Alfred Deberle. — *Paris, Germer-Baillière*, 1876, in-12, VI, 384 pages.

—. — Bibliothèque d'histoire contemporaine. Histoire de l'Amérique du Sud depuis la conquête jusqu'à nos jours par Alfred Deberle. Troisième édition revue et mise au courant par Albert Milhaud,... — *Paris, Felix Alcan*, 1897, in-12, VIII, 416 p.

Brésil, pages 254 à 284. La partie concernant les événements récents se trouve aux pages 374 à 385.
La seconde édition a paru en 1884.

* **Debidour** (Antonin). — Découverte et colonisation du Brésil de la fin du XVe siècle au commencement du XIXe. Leçon d'ouverture par M. Antonin Debidour, professeur à la Faculté des lettres de Nancy. — *Nontron, imp. Ve Deschamps*, 1878, in-8°, 39 pages.

Le faux titre porte : « Faculté des lettres de Nancy. Le Brésil avant le XIXe siècle. Leçon d'ouverture du cours d'histoire et de géographie par M. Antonin Debidour, 25 mars 1878. »

* **Debret** (J.-B.). — Voyage pittoresque et historique au Brésil, ou séjour d'un artiste français au Brésil, depuis 1816 jusqu'en 1831 inclusivement, époques de l'avènement et de l'abdication de S. M. D. Pedro Ier, fondateur de l'Empire brésilien. Dédié a l'Académie des Beaux-Arts de l'Institut de France, par J.-B. Debret, premier peintre et professeur de l'Académie Impériale brésilienne des Beaux-Arts de Rio-Janeiro, peintre particulier de la maison impériale, membre correspondant de la classe des Beaux-Arts de l'Institut de France, et chevalier de l'ordre du Christ. — *Paris, Firmin-Didot*, 1834-1839, 3 vol. gr. in-fol.

T. I, 56 p. 36 pl. T. II, 162 p. 49 pl. T. III, 252 p. 54 pl.

* **Decret du cardinal Saldanha**, pour la réforme des Jésuites de Portugal et des domaines qui en dépendent, Du 15 mai 1758. — (S. l.), 1758, in-12, V, 17 pages.

En français et en portugais. — Au sujet des désordres commis par les Jésuites dans le Brésil.

*Decretum. Brasilien. beatificationis, et canonizationis, seu declarationis martyrii venerabilium servorum Dei Ignatii de Azevedo, et aliorum triginta novem e Societate Jesu. — *Romæ, ex typographia Reverendæ Cameræ Apostolicæ,* 1742, gr. in-fol. plano.

Signé : F. J. A. Cardinalis Guadagni pro-præfectus. — T. patriarcha Hierosolymitanus secretarius.

Defaite (La), nauale de trois mil tant Espagnols que Portugais, mis et taillez en pieces par les Hollandois à la Baya de Todos los Sanctos. Traduite de Flamand en François. — *Paris, Iean Martin,* 1625, in-8° de 7 ff.

Catalogue de la vente du comte de Lignerolles, par Ch. Porquet,

*De Fer. — Cartes et descriptions générales et particulières pour l'intelligence des affaires du temps, au sujet de la succession de la Couronne d'Espagne en Europe, Asie, Afrique et Amérique. Dressées et dediées à Sa Majesté Catholique Philippe V... par son très humble et très obéissant serviteur N. de Fer,... — *Paris, chez l'autheur,* 1701, in-4°.

Ouvrage composé de 24 planches. — Nouvelle Espagne avec les costes de la Floride. — Antilles, pays des Amazones et le Brésil, le Chili, le Rio de la Plata, les Terres Magellaniques. — Mappemonde, etc., etc.,

*Deiss (Édouard). — De Marseille au Paraguay (notes de voyage), par Edouard Deiss. — *Paris, Léopold Cerf,* 1896, in-8°, VIII, 226 pages.

Rio de Janeiro.

*Delafaye-Bréhier (Mᵐᵉ Julie). — Les Portugais d'Amérique. Souvenirs historiques de la guerre du Brésil en 1635, contenant un tableau intéressant des mœurs et usages des tribus sauvages, des détails instructifs sur la situation des colons dans cette partie du Nouveau-Monde. Ouvrage destiné à la Jeunesse, par Mᵐᵉ Julie Delafaye-Bréhier,... Illustré de 12 dessins imprimés en 2 couleurs. — *Paris, P. C. Lehuby,* 1847, in-8°, 354 pages.

Delaporte (l'abbé). — Le Voyageur françois ou la connaissance de l'Ancien et du Nouveau-Monde. Tome XIII, contenant : Le Paraguay et le Brésil; histoire, description, mœurs, coutumes des habitants; Guaranis, missions des Jésuites, etc., etc. — *Paris*, 1776, in-12.

— id. — Nouvelle édition.— *Paris, L. Cellot*, 1768-1790, 32 vol. in-12.

*Delavaud (Louis). — Un voyage au Brésil au xvie siècle (1555), communication de M. Louis Delavaud. — *Nancy, imp. Berger-Levrault*, (1881), in-8°, 12 pages.

Extrait d'un ouvrage en préparation sur le commandeur de Villegaignon, sa famille et ses amis.

* Delessert (Eugène). — Voyages dans les deux Océans Atlantique et Pacifique, 1844 à 1847, Brésil, États-Unis, Cap de Bonne-Espérance, Nouvelle-Hollande, Nouvelle-Zélande, Taïti, Philippines, Chine, Java, Indes-Orientales, Égypte, par M. Eugène Delessert. — *Paris, A. Franck*, 1848, in-4°, 326 pages.

* Dellon. — Nouvelle relation d'un voyage fait aux Indes orientales contenant la description des isles de Bourbon et de Madagascar, de Surate, de la côte de Malabar, de Calicut, de Tanor, de Goa, etc. Avec l'histoire des plantes et des animaux qu'on y trouve, et un traité des maladies particulières aux pays orientaux et dans la route et de leurs remèdes, par M. Dellon, docteur en medecine, auteur de la *Relation de l'Inquisition de Goa*. — *Amsterdam, Paul Marret*, 1699, in-12, 6 fnc., 319 pages, avec cartes et gravures hors texte.

* Delon (Ch.). — Les peuples de la terre, par Ch. Delon, ouvrage illustré de 88 gravures et de 24 gravures en couleurs. Deuxième édition. — *Paris, Hachette*, 1891, gr. in-8°, 238 pages.

Bibliothèque des écoles et des familles.
Sauvages et demi-sauvages au Brésil.

Delondre (Augustin). — *Voyez* : Soubeiran. Les produits végétaux du Brésil.

*Delteil (A.). — Voyage chez les Indiens Galibis de la Guyane, par M. A. Delteil. — (*S. l.*), *imp. Ve Camille Mellinet* (s. d.), in-8°, 27 pages.

Demandes spécifiques de Sa Majesté le roi de Portugal. En latin et en françois. — *Utrecht, Nicolas Chevalier, marchand libraire et médailliste*, 1712, in-8°, 4 fnc.

Demersay (Dr Alfred). — Etude économique sur le maté, ou thé du Paraguay, par Alfred Demersay. — *Paris, V° Bouchard-Huzard*, 1867, in-8°.

Extrait des *Mémoires de la Société d'agriculture*, 1865.

* —. — Histoire physique, économique et politique du Paraguay et des établissements des Jésuites, par L.-Alfred Demersay, chargé d'une mission scientifique dans l'Amérique méridionale... Ouvrage accompagné d'un atlas, de pièces justificatives et d'une bibliographie. — *Paris, L. Hachette*, 1860-1865, 2 vol. in-8°, LXIV, 486 et 480 pages.

Contient de nombreux renseignements sur le Brésil, les anciennes contestations territoriales, le Paraná et ses affluents, la race guaranie, la politique extérieure du président Lopez et ses conflits avec le Brésil, etc.

Denis (Ferdinand). — Arte plumaria. Les plumes, leur valeur et leur emploi dans les arts au Mexique, au Pérou, au Brésil, dans les Indes et dans l'Océanie. — *Paris, Ernest Leroux*, 1875, in-8°, 76 pages.

Le Brésil au XVIe siècle. L'Arte plumaria rudimentaire chez les Tamoyos et les Tupinambas; ornementations en plumes de ces populations et des Galibis de la Guyane. Les hamacs chez les Américains du Sud. Ornementation en plumes de ceux du Brésil. Les hamacs fabriqués dans l'Amazonie. Le couvent de la Soledade, aux environs de Bahia. Confection artistique des fleurs en plumes ; artistes qui se sont fait un nom dans cette branche de l'art.

* —. — Brésil par Ferdinand Denis. Colombie et Guyanes par M.-C. Famin. — *Paris, Firmin Didot frères*, 1837, in-8°,

384 pages pour la partie Brésil. Numération spéciale pour la Colombie et Guyanes, 32 pages. Gravures et cartes.
Le faux titre porte. « L'Univers. Histoire et description de tous les

peuples. Brésil, par M. Ferdinand Denis. Colombie et Guyanes, par
M. C. Famin. »

* Denis (Ferdinand). — Histoire géographique du Brésil
par M. Ferdinand Denis. — *Paris, rue et place Saint-
Andre-des-Arts*, n° 3o, 1833, 2 v. in-18, 107 et 100 pages.

La couverture imprimée a cet autre titre : « Bibliothèque populaire
ou l'instruction mise à la portée de toutes les classes et de toutes les in-
telligences... T. XIII. »

* —. — Le monde enchanté. Cosmographie et histoire
naturelle fantastiques du Moyen-Age par M. Ferdinand
Denis. Orné d'une jolie gravure par M. Vattier. — *Paris,
A. Fournier*, 1843, in-8°, IV, 376 pages.

Americanos ou Rio das tres Americanas. Richesse fabuleuse de cette
région du Brésil. — Traditions populaires du Brésil. — Magalhaens
Gandavo parle de l'El-Dorado. — Récits indiens de Santa-Cruz. —
Légendes du Brésil.

* —. — Extrait des *Actes de la Société américaine de
France*, t. VIII, 5e partie, 1877. Quelques mots sur la
deuxième édition de l'Historia geral do Brazil du vicomte
de Porto-Seguro, par Ferdinand Denis. — *Paris, imp.
Jules Tremblay*, (s. d.), in-8°, 8 pages.

* —. — Rapport sur quelques ouvrages de linguistique
Brésilienne publiés en ces derniers temps par M. Ferdinand Denis. — *Paris, imp. Jules Tremblay*, 1877, in-8°,
8 pages.

Extrait de l'*Annuaire de la Société américaine de France*, année 1876.

* —. — Résumé de l'Histoire du Brésil, suivi du résumé
de l'Histoire de la Guyane par Ferdinand Denis. Seconde
édition. — *Paris, Lecointe et Durey*, 1825, in-18, VII,
343 pages.

* —. — Résumé de l'Histoire littéraire du Brésil, par
Ferdinand Denis. — *Paris, Lecointe et Durey*, 1826,
in-18, XXIV, 625 pages.

* —. — Une fête brésilienne, célébrée à Rouen en 155o,
suivie d'un fragment du XVIe siècle, roulant sur la théologie

des anciens peuples du Brésil et des poésies en langue tupique de Christovam Valente, par Ferdinand Denis. — *Paris, J. Techener*, 1850, in-8°, 104 pages.

Contient une planche intitulée : « Figure des Brisilians. »

Denis (Ferdinand). — La Bibliothèque nationale de Rio de Janeiro. — *Voyez* : Congrès international des Américanistes. Luxembourg, 1877.

—. — *Voyez* : Taunay (H.). Le Brésil, *et* (*id.*). Notice historique du panorama de Rio Janeiro.

—. — *Voyez* : Mangin. Le Cacao et le chocolat.

Derville (C.). — *Voyez* : Histoire des différents peuples du monde.

Descourtilz (J. Théodore). — Oiseaux brillants du Brésil. — *Paris, lithographie de Ceillier*, 1832, in-fol. Planches en couleurs.

—. — Oiseaux-mouches orthorynques du Brésil, peints et décrits par le Dr Th. Descourtiltz. — *Rio de Janeiro*, 1831, in-fol.

Joli Album de 50 pages de texte accompagné de 23 dessins finement coloriés au pinceau, légende en or, titre en couleur.

—. — Ornithologie Brésilienne ou histoire des oiseaux du Brésil, remarquables par leur plumage, leur chant ou leurs habitudes. — *Rio de Janeiro, Th. Reeves, Ed. Rensburg*, (s. d.), 4 vol. in-fol. avec estampes.

Des Murs (O.). — Oiseaux. *Voyez* : Castelnau. Expédition dans l'Amérique du Sud. Septième partie, t. II.

* Deux mots sur le prétendu acte des trois Etats du royaume assemblés en Cortès à Lisbonne, fait le 11 juillet 1828. — *Paris, imp. Casimir*, 1828, in-8°, 24 pages.

Deyme (A.). — *Voyez* : Echo de l'Atlantique.

Dezoteux de Comartin (P. M.). — L'Administration de Sebastien-Joseph de Carvalho et Mello, comte d'Oeyras, marquis de Pombal, secrétaire d'état et premier ministre du roi de Portugal Joseph Ier. — *Amsterdam*, 1786-1787, 4 vol. in-8°.

<blockquote>
Livre II. Chap. I. Découverte de l'Amérique. — Chap. II. Découverte du Brésil. — Chap. III. Deux nations maritimes veulent s'établir au Brésil. Ordonnance pour prévenir un abus qui s'était introduit au Brésil sur les jeunes personnes du sexe qu'on destinait au célibat avant l'âge de réflexion.
</blockquote>

Diaz (P.). — Epistolæ duæ de LII Jesuitis interfectis in Brasilia. — *Antwerpia*, 1605, in-8.

* **Dictionnaire** Galibi présenté sous deux formes : 1° commençant par le mot françois ; 2° par le mot Galibi, précédé d'un essai de grammaire par M. D. L. S. — *Paris, Bauche*, 1763, in-8°, xvi, 211 pages, 2 fnc., 7 planches.

Dirks (Servais). — Explorations de l'Amazone par les Franciscains du Pérou. — *Voyez* : Congrès international des Américanistes... Bruxelles, t. I.

Discours de la paix contre le Portugais. — (S. L.), 1647, in-4°, 15 pages.

<blockquote>
N° 226 de Trömel.
</blockquote>

Dispositions concernant le voyage de la colonie suisse dès le port de Rio Janeiro jusqu'à la nouvelle Fribourg. — *Rio de Janeiro, Impressão Regia*, 1819, in-4°, 17 pages.

<blockquote>
Texte français et portugais.
</blockquote>

* **Dissensions** (Les) des Républiques de la Plata et les machinations du Brésil, ouvrage accompagné d'une carte. — *Paris, E. Dentu*, 1865, in-8°, 87 pages.

* **Dobrizhoffer** (Martinus). — Historia de Abiponibus equestri belli cosaque Paraquariæ natione locupelata copiosis barbabarum gentium, urbium fluminum, ferarum...

etc... observationibus. — *Viennæ, J. de Kurzbek*, 1784, 3 vol. in-8°.

T. I 9 fnc. 476 p. 2 fnc., 4 fig. 1 carte. — T. II 499 p. 3 fnc. 2 fig. — T. III 424 p. 3 fnc. 1 carte. 1 tableau.

Contient : De Abiponum lingua. De altis Abiponum linguæ proprietatibus. Variarum Americæ linguarum specimina,

Dobrizhoffer, né à Gratz en 1717, entra dans la Cie de Jésus en 1736; il fut envoyé chez les Guaranis et les Abipones en 1749, et mourut à Vienne en 1791.

Docteur (Louis). — La vérité sur l'empire du Brésil, par P. Louis Docteur, avec l'approbation de M. Carneiro de Mendonça... — *Pau, imp. Veronese*, 1874, in-8°, 30 p.

Doctrine de l'Ecole de Rio de Janeiro. — *Voyez :* Publication de l'Institut homéopathique du Brésil.

Document pour servir à l'histoire de l'intervention européenne dans la Plata. Publié par le général oriental Pacheco y Obes. — *Paris, imp. Napoléon Chaix*, 1851, in-4°.

Extrait d'une conférence tenue le 12 déc. 1849 entre le ministre Brésilien P. J. Soares de Sousa et M. Saint-Georges, chargé d'affaires de France.

Documents officiels relatifs au conflit existant entre le Brésil et les gouvernements de Montevideo et de l'Assomption. — *Imp. de la Tribuna*, 1865 in-folio.

Dœll (Joannes Christophorus). — Gramineæ. *Voyez :* Martius. Flora Brasiliensis. T. II 2-3.

*Don Miguel 1er. — *Paris, Delaforest*, août 1828, in-8°, 185 pages.

Traité de cession du Brésil, 29 Juillet 1825. Reconnaissance du Brésil par les puissances. — Lettre de D. Pedro à son père. 15 Juillet 1824. — Charte Brésilienne. — Dona Maria et le prince du Brésil quittent le Portugal. — Jean VI s'embarque pour le Portugal. — Les Cortès déclarent illégitime le gouvernement de Rio. — Don Pedro demande que Jean VI reconnaisse l'indépendance du Brésil. — Acte de reconnaissance du fils aîné de Don Pèdre.

* Donker (F. de), L. **Laureys**, E. **Dos**, G. **Bonjean**. — Assainissement de la ville de Rio de Janeiro, projet présenté au congrès national des Etats unis du Brésil, par F. de Doncker, L. Laureys, E. Dos, G. Bonjean. — *Vichy, imp. C. Bougarel*, 1892, in-8°.

***Donnat** (Léon).—Critique de la constitution brésilienne, par M. Léon Donnat. — *Paris, Société d'éditions scientifiques*, 1890, in-8°, 40 p.

La couverture imprimée porte en plus : « Bibliothèque des Annales économiques. »

* **Donzel** (Louis).— Commentaire de la Convention internationale signée à Paris le 20 Mars 1883 pour la protection de la propriété industrielle applicable aux pays suivants : Belgique, Brésil, Espagne, Etats unis d'Amérique, France, Grande Bretagne, Guatémala, Italie, Norvège, Pays-Bas, Portugal, Serbie, Suède, Suisse, Tunisie, avec le texte de la Convention de 1883, du protocole de clôture, et des nouvelles propositions votées par la Conférence tenue à Madrid en avril 1890, et une préface de M. André Weiss par Louis Donzel. — *Paris, Marchal et Billard*, (s. d.), in-8ᶜ.

*—. — Rapport adressé sur sa demande à M. le Ministre des Affaires étrangères sur la législation internationale de la propriété industrielle, au point de vue de la conférence internationale qui aura lieu à Madrid le 1ᵉʳ avril 1890, par Louis Donzel.—*Paris, Marchal et Billard*, 1890, in-8°.

* **Dos** (E.). — *Voyez :* Doncker (F. de). Assainissement de Rio de Janeiro.

* **Dos Santos-Barreto** (M. P.). — Voyages et études. Les blancs au Brésil. Actualités du Brésil, sa colonisation par la race blanche. Les forêts vierges et le Far-West. Religion, politique, progrès et avenir de ce pays par M. P. Dos Santos-Barreto, Docteur en Sciences politiques et administratives, membre correspondant de la Société de Géographie de Bordeaux, etc. Précédé d'une lettre de

E. Emile de Laveleye.— *Rio de Janeiro, Typ. da Gazeta Paris, Garnier Frères*, in-8°, 150 p.

La préface porte la date de : Louvain, 8 Juin 1881.

Dos Santos-Barreto (M. P.). — Les blancs au Brésil. Actualités au Brésil, sa colonisation par la race blanche, les forêts vierges et le Far-West; religion, politique, progrès et avenir de ce pays, par M. Dos Santos-Barreto. Précédé d'une lettre de M. Emile de Laveleye. — *Louvain, D. A. Peeters Ruelens*, 1881, in-12, 152 p.

*Douville (J. B.). — Trente mois de ma vie, quinze mois avant et quinze mois après mon voyage au Congo, ou ma justification des infamies débitées contre moi ; suivie de détails nouveaux et curieux sur les mœurs et les usages des habitants du Brésil et de Buesnos-Ayres et d'une description de la colonie Patagonia. Par J. B. Douville,... — *Paris, chez l'auteur, Dentu et Delaunay*, 1833, in-8°, 398 p.

Dreuzy (R. de). — *Voyez :* Saint-Hilaire (Auguste de). Voyage à Rio-Grande do Sul.

Drude (Oscar). — Cyclanthaceæ, Palmæ. — *Voyez :* Martius. Flora Brasiliensis. T. III 2.

*Dubarry (Armand). — Les aventuriers de l'Amazone par Armand Dubarry. Ouvrage illustré de soixante-dix-sept gravures, dessins hors texte de Alexandre de Bar et Sahib. — *Paris, Jouvet et Cie*, 1890, in-8° 283 pages.

Dubois (Albert). — La Belgique et l'émigration : le Brésil, par Albert Dubois. — *Mons, Byr et Loret*, 1884, in-12, 88 pages.

Bibliothèque populaire belge.

Du Dreneuc (P. de Lisle). — *Voyez :* Lisle du Dreneuc (P. de).

*Dufet (L.) et **H. Agnus**.— Recueil général des traités de commerce conclus entre la France et les états suivants : Angleterre, Belgique, Brésil, Chine, Japon, Nicaragua, Salvador, Iles Sandwich, Suisse et Turquie, par L. Dufet et H. Agnus. — *Paris, Dufet* 1861, in-12, ii, 373 pages.

*Dufey (P.-J.-S.).— Résumé de l'histoire des révolutions de l'Amérique Méridionale, depuis les premières découvertes par les Européens jusqu'à nos jours. Pérou. — Mexique. — Guatemala. — Brésil. — Vénézuela. — Colombie. — Chili. — Paraguay. — Cuba. — Porto-Rico, etc. — Leurs religions. — Lois. — Mœurs. — Usages. — Constitutions actuelles. — Événements jusqu'à la fin de 1825, par P.-J,-S. Dufey (de l'Yonne), avocat. — *Paris, Achille Jourdan*, 1826, 2 vol. in-12, 382 et 375 pp.

Duffau-Pauillac (F.·. Ch.). — Traduction de la circulaire du Gr.·. Or.·. du Brésil (Vallée des Bénédictins) adressée à ses représentants près du Gr.·. Or.·. de France et du Gr.·. O.·. Lusitanien lue à la L.·. Les Cœurs-Unis (Or.·. de Paris) en sa tenue ordinaire du 13 avril 1866. Par le F.·. Ch. Duffau-Pauillac. —*Paris, typ. Alcan Lévy*, (s. d.), in-8°.

Dufour. — *Voyez :* Compagnie générale de chemins de fer Brésiliens. Statuts.

*Du Graty (Alfred M.). — La République du Paraguay, par Alfred M, Du Graty. — *Bruxelles, Leipzig, Gand, C. Muquardt*, 1862, in-8°, xxvii, 407 p. et appendice 200 pages.

Question de limites entre la République du Paraguay, la République Argentine et le Brésil. — Convention fixant un délai de six ans pour le règlement des limites entre le Paraguay et le Brésil. — Convention entre le Paraguay et le Brésil sur la navigation fluviale. — Traité d'amitié, de commerce et de navigation entre la République du Paraguay et l'Empire du Brésil. — Loi réglant les droits civils et politiques des enfants d'étrangers nés au Brésil. — Protocole constatant la reconnaissance par le Brésil de la souveraineté du Paraguay sur la rive du fleuve du même nom jusqu'au Rio-Negro.

*Dugrivel (A.). — Des bords de la Saône à la baie de San Salvador, ou promenade sentimentale en France et au Brésil, par A. Dugrivel. — *Paris, Lacour,* 1843, in-8°, 394 pages.

* Du Guay-Trouin. — Mémoires de M. Du Guay-Trouin, lieutenant-général des armées navales de France, et commandeur de l'ordre royal et militaire de Saint-Louis. — *S. l.,*) 1740, in-4°. XL, 284 pp.

Portrait de Du Guay-Trouin, par de Larmessin; 6 grandes planches, prise de Rio de Janeiro, etc.

— Id. — *A Amsterdam, chez Pierre Morlier,* 1740, n-4°.

Du Jardin (Garcie). — *Voyez* : Colin. Histoire des drogues.

Du Jarric. — Histoire des choses plus memorables advenues tant ez Indes-Orientales, que autres païs de la decouverte des Portugais, en l'etablissement et progrès de a foy chrestienne et catholique. Le tout recueilli et mis en ordre par le P. Pierre du Jarric. — *Bourdeaux Sim. Millanges,* 1608-1614, 3 vol. in-4°.

La traduction latine de cette histoire par M. Martinez, *Coloniae Agripp.* 1615. 4 tomes en 3 vol. in-8°, a paru sous deux titres différents, savoir :
1° Thesaurus rerum indicarum...
2° Nova historia rerum memorabilium, quæ tam in India orientali, quam aliis regionibus, quas Lusitani detexere... contigerunt.
Voyez Brunet, Manuel du Libraire T. II.
M. Ferdinand Denis cite cet ouvrage dans le volume d'Yves d'Evreux, page 437. Après en avoir donné le titre il ajoute : « Le volume est dédié à Louis XIII. Dans ce livre ce qui a rapport au Brésil et particulièrement aux régions voisines du Maragnan, est contenu entre la page 248 et la page 359, etc.

—. — P. Petri Jarrici. Thesaurus rerum indicarum, in quo christianæ ac catholicæ religionis ortus progressus, incremata et... recēsetur. Opus nunc primum a M. Matthia Martines e gallico in latinum sermonem translatum. — *Coloniæ Agrippinæ sumptib. Petri Henningii,* 1615, 3 tomes en 4 vol. in-8°.

Les chapitres XXII à XXXI du livre I ont trait au Brésil.

Dumortier (B. C.). — Notice sur le genre Mælenia de la famille des Orchidées, par B. C. Dumortier. — *Bruxelles, M. Hayez* 1834, in-4° avec planches.

***Du Penedo** (baron).—Brésil. La colonie Blumenau, par le baron du Penedo. — *Paris, imp. L. Berger*, (s. d.), in-8°, 13 pages.

***Duperrey** (L. J.). —Voyage autour du monde, exécuté par ordre du roi sur la corvette de Sa Majesté *la Coquille*, pendant les années 1822, 1823, 1824 et 1825 sous le ministère et conformément aux instructions de S. E. M. le marquis de Clermont-Tonnerre, ministre de la marine et publié sous les auspices de Mgr le comte de Chabrol, ministre de la marine et des colonies par M. L. J, Duperrey. — *Paris, Arthus Bertrand*, 1826, in-4° et atlas in-folio.

Cet ouvrage se divise en 4 sections, ayant leur sous-titre particulier.
I. Zoologie, par MM. Lesson et Garnot. — 4 parties en 2 vol. in-4°, avec un atlas de 157 planches coloriées.
Sainte-Catherine du Brésil. — Observations sur les oiseaux de Sainte-Catherine.
II. Botanique, en 2 parties, la 1re par M. Bory Saint-Vincent; texte 33 ff. et atlas de 38 pl. dont 25 coloriées. La 2e par A. Brongniart, avec atlas de 80 planches.
III. Histoire du voyage. 31 ff. de texte formant le commencement du 1er volume ont seules paru. Avec atlas de 60 planches.
IV. Hydrographie et physique, par L. J. Duperrey. 4 parties de texte (non terminé) et atlas in-folio avec 52 cartes et une introduction de 12 ff. 1/2.
De la Trinidad à l'île Sainte-Catherine. — Observations faites dans la traversée du Brésil aux îles Malouines.

Du Petit-Thouars (Abel). — Voyage autour du monde sur la Frégate la *Venus* pendant les années 1836-39. — *Paris, Gide*, 1840-49, 11 vol. in-8° et 4 atlas in-folio.

Dans le 1er volume, chapitre II, l'auteur traite de la ville de Rio de Janeiro et, dans le chapitre III, de Santa Catharina.

***Durand**. — Le Pays du café. Voyage de M. Durand au Brésil, avec préface par Frederico-J. de Santa-Anna Nery. — *Paris, 8, rue Nouvelle*, 1882, gr. in-8°, 132 p.

Cet ouvrage a été continué et terminé par M. F. J. de Santa Nery, dans son livre: *aux États-Unis du Brésil, voyage de M. T. Durand*
Dans cet ouvrage l'auteur dit dans sa préface : « Il y a huit ans j'ai fait

paraître quelques uns des chapitres de ce livre. Depuis lors j'ai entrepris trois voyages dans mon pays. Chaque fois j'en suis revenu les mains pleines de documents nouveaux, qui m'ont permis de refaire entièrement le travail primitif... »

* Durand (Abbé). — Considérations générales sur l'Amazone, par l'abbé Durand, ancien missionnaire au Brésil. Extrait du *Bulletin de la Société de géographie* (novembre 1871). — *Paris, imp. E. Martinet*, 1871, in-8°, 29 pages.

* —. — Le Rio Negro du nord et son bassin, par l'abbé Durand, ancien missionnaire au Brésil. Extrait du *Bulletin de la Société de géographie* (janvier et février 1872). — *Paris, imp. E. Martinet*, 1872, in-8°, 38 pages.

* —. — L'Amazone Brésilien, par l'abbé Durand. Extrait du *Bulletin de la Société de géographie* (novembre 1872). — *Paris, Ch. Delagrave*, 1873, in-8°, 32 p.

* —. — Le Solimoes ou Haut Amazone brésilien, par l'abbé E.-J. Durand. Extrait du *Bulletin de la Société de géographie* (mars 1873). — *Paris, Ch. Delagrave*, 1873, in-8°, 23 pages.

* —. — Extrait du *Bulletin de la Société de géographie* (septembre 1873). Le Rio Doce, par l'abbé E.-J. Durand, ancien missionnaire au Brésil. — *Abbeville, imp. Briez, C. Paillart et Retaux* (s. d.), in-8°, 16 pages.

* —. — Le Rio San Francisco du Brésil, par l'abbé Durand. Extrait du *Bulletin de la Société de géographie* (juin et juillet 1874). — *Paris, Société de géographie*, rue Christine, 3, 1875, in-8°, 56 pages.

* —. — Les cataractes du San Francisco brésilien : Paulo Alfonso, par M. l'abbé Durand. — *Lille, imp. Danel*, (1874), in-8°, 5 pages.

En tête on lit : « Association française pour l'avancement des sciences. Congrès de Lille, 1874. »

* —. — Essai sur l'orographie du Brésil, par l'abbé Durand. — *Lille, imp. Danel*, (1874), in-8°, 8 pages.

En tête on lit : « Association française pour l'avancement des sciences. Congrès de Lille, 1874. »

* Durand (abbé).— Essai sur l'orographie du Brésil, par l'abbé Durand.— *Lille, imp. Danel*, 1874, gr. in-8, 11 p.

Imprimé à petit nombre et non mis dans le commerce.

* —. — Extrait du *Bulletin de la Société de géographie* (novembre et décembre 1875). La Madeira et son bassin, par l'abbé Durand. — *Paris, imp. E. Martinet* (s. d.), in-8°, 38 pages.

* —. — Bibliothèque des Etudes coloniales et maritimes. La Guyane Française et le Brésil agricole et commercial. Le Montenegro. Conférences du Congrès de l'Association française pour l'avancement des sciences. Session du Havre, 1877, par l'abbé Durand. — *Paris, Challamel aîné,* (s. d.), in-18, 77 pages.

* —. — Précis de l'histoire politique et militaire des états du Rio de la Plata, par le commandant Ferdinand Durand. Avec une carte. Extrait du *Spectateur militaire.* — *Paris, J. Dumaine*, 1853, in-8°, 242 pages.

Durant (Nicolas), chevalier de **Villegagnon**. —*Voyez :* Villegagnon.

Du Redouer (Mathurin). — *Voyez :* Vespuce. Le nouveau monde.

* Durret.— Voyage de Marseille à Lima et dans les autres lieux des Indes Occidentales. Avec une exacte description de ce qu'il y a de plus remarquable, tant pour la géographie que pour les mœurs, les coutumes, le commerce, le gouvernement et la religion des peuples ; avec des notes et des figures en taille douce, par le sieur D***. — *Paris, chez Jean-Baptiste Coignard*, 1720, in-8°, xxxv, 244 pages, 1 fnc.

L'épitre est signée : Durret.
Arrivée au Brésil. — Pêche de poissons inconnus. — Cotonnier. — Bois du Brésil. — Mœurs. — Mariages. — Traitement des malades, etc.

* Dutot (S.). — France et Brésil, par S. Dutot, membre de la Société de géographie. Notice sur Dona Francisca, par M. Aubé, 2ᵉ édition. — *Paris, Garnier frères*, 1859, in-8°, 430 pages.

Dutot et **Aubé**. — France et Brésil, par S. Dutot. Notice sur Dona Francisca, par M. Aubé. — *Paris, Guillaumin*, 1857, in-18.

Duval. — *Voyez* : Pyrard de Laval. Voyage.

* Duval (Jules). — Histoire de l'émigration européenne, asiatique et africaine au xixᵉ siècle, ses causes, ses caractères, ses effets, par M. Jules Duval. Ouvrage couronné en 1861 par l'Académie des sciences morales et politiques. — *Paris, Guillaumin*, 1862, in-8°, xvi, 496 pages et 1 tableau graphique.

Contient, p. 264, 426 et suiv., l'historique de l'émigration au Brésil.

E

* E museo Lundii. En Samling af Afhandlinger om de i det indre Brasiliens Kalkstenshuler af Professor Dʳ Peter Vilhelm Lund udgravede og i den Lundske palæontologiske Afdeling af Kjøbenhavns Universitets zoologiske Museum opbevarede Dyre — og Menneskeknogler. Udgivet af dr Chr. Fr. Lütken. — *Kjøbenhavn, H. Hagerups Boghandel*, 1888-1896, 2 vol. in-4°.

Recueil de mémoires en danois et en français, ayant chacun une pagination séparée. Voici la liste des mémoires en français :
T. I. — Résumé du mémoire de M. O. Winge sur les oiseaux des cavernes à ossements du Brésil. (Extrait du mémoire danois par les soins de l'éditeur.) — Paginé 1-5, 1 pl.
Rongeurs fossiles et vivants de Lagoa Santa, Minas Geraes, Brésil.

Avec un aperçu des affinités mutuelles des rongeurs. Par M. Herluf Winge. (Extrait du mémoire danois par les soins de l'éditeur.) — Paginé 179-200, 8 planches.

Résumé des remarques préliminaires de M. Chr. Lütken sur les ossements humains des cavernes du Brésil et des collections de M. Lund. — Paginé 19-29.

La race de Lagoa Santa. — L'homme fossile de Pontimelo, par Søren Hansen. Paginé 35-37, 5 planches.

T. II. — Chauves-souris fossiles et vivantes de Lagoa Santa, Minas Geraes, Brésil. Avec un aperçu des affinités mutuelles des Chiroptères, par M. H. Winge. (Aperçu du mémoire danois publié par les soins de l'éditeur.) — Paginé 67-92, 2 planches.

Marsupiaux fossiles et vivants de Lagoa Santa, Minas Geraes, Brésil. Avec un aperçu sur les affinités des Marsupiaux, par M. Herluf Winge. (Résumé du mémoire précédent, publié par les soins de l'éditeur.) — Paginé 134-149, 4 planches.

Singes (Primates) fossiles et vivants de Lagoa Santa, Minas Geraes Brésil. Avec un aperçu des affinités mutuelles des Primates, par M. H. Winge. (Résumé du mémoire danois, publié par les soins de l'éditeur.) Paginé 47-57, 2 planches.

Carnivores fossiles et vivants de Lagoa Santa, Minas Geraes, Brésil. Avec un aperçu des affinités mutuelles des Carnassiers, par M. H. Winge. (Résumé du mémoire précédent, publié par les soins de l'éditeur.) — Paginé 105-130, 8 planches.

Echavarry (Ibañez de). — Histoire du Paraguay sous les Jésuites et de la royauté qu'ils y ont exercée pendant un siècle et demi, etc., par Ibanez de Echavarry, — *Amsterdam et Leipzig, Arkstée et Merkus,* 1780, 3 vol. in-8°.

L'auteur a écrit cet ouvrage au milieu des peuplades indiennes et dans les missions des Guaranis.

Écho (L') de l'Amérique du Sud. Journal politique et commercial. — *Rio de Janeiro, imp. impériale de P. Plancher-Seignot,* 1827-1828, in-fol.

Écho (L'), de l'Atlantique. Organe des intérêts franco-brésiliens. A. Deyme et C., éditeurs propriétaires. — *Rio de Janeiro, typ. americana de Soares de Pinho,* 1858, in-fol.

Écho (L') du Brésil et de l'Amérique du Sud. — *Rio de Janeiro, imp. moderne,* 1859-1860, in-fol.

Écho (L') Français. Bulletin politique, commercial, littéraire, des sciences et des arts. — *Rio de Janeiro, imp. de J. Villeneuve,* 1838-9, in-fol.

Eckart (A). — Specimen linguæ Brasilicæ vulgaris. Edi-

tionem separatam alias immutatam curavit Julius Platzmann. — *Lipsiæ*, *Teubner*, 1890, in-8°, 19 pages.

Edit d'expulsion des Jésuites de tous les états de la couronne de Portugal. — (*S. l. ni. d.*), *imprimee dans la Secre-
tairerie d'État des Affaires du Royaume*, in-12, 16 pages.

* **Edit** de Sa Majesté Très-Fidèle, portant confiscation des
biens dont jouissoient les Jésuites dans ses États. Du 25
février 1761. — *Lisbonne*, 1761, in-12, 16 pages.

Eichler (Augustus Guilielmus.) — Balanophoreæ. —
Voyez : Martius. Flora Brasiliensis. T. IV. 2.

—. — Combretaceæ, Crassulaceæ, Droseraceæ.— *Voyez* :
Martius. Flora Brasiliensis. T. XIV, 2.

—. — Cycadeæ, Coniferæ. *Voyez* : Martius. Flora Brasiliensis. T. IV, 1.

—. — Loranthaceæ. *Voyez* : Martius. Flora Brasiliensis.
T. V, 2.

—. — Dilleniaceæ, Magnoliaceæ, Winteraceæ, Ranunculaceæ, Menispermaceæ, Berberideæ, Capparideæ, Cruciferæ, Papaveraceæ. — *Voyez* : Martius. Flora Brasiliensis.
T. XIII, 1.

—. — Napoleonaceæ. — *Voyez* : Martius. Flora Brasiliensis. T. XII, 1.

—. — Oleaceæ, Jasmineæ. — *Voyez* : Martius. Flora
Brasiliensis. T. VI, 1.

—. — Symbolæ ad floram Brasiliæ centralis cognoscendam, edit. Eug. Werming... auctore A.W. Eichler. —
Kjöbenhavn, 1870, in-4°.

Extrait de *Videnskabelige Meddelelser fra den naturhistoriske Fo-
rening, i Kjöbenhavn*, 1870, page 175.

Eidous. — *Voyez* : Gumilla. Histoire naturelle de l'Orénoque.

* **Elémençon** (D^r). — Considérations abrégées sur la géognosie du district des diamants du Brésil par le docteur Elémençon. — *Lyon, imp. Louis Perrin,* (s. d.), in-8°, 20 pages.

Elément Servile. Rapport de la commission spéciale présenté à la Chambre des députés dans la séance du 30 juin 1871 sur la proposition du gouvernement du 12 mai de la même année. — *Rio de Janeiro, typ. nationale* 1871, in-4°.

* **Elesban de Guilhermy.** — Ménologe de la Compagnie de Jésus par le p. Elesban de Guilhermy de la même compagnie. Assistance de Portugal comprenant les provinces et missions du Japon, de la Chine, du Brésil, des Indes Orientales, de l'Ethiopie et de la Guinée. — *Poitiers, imp. H. Oudin,* 1867-1868, 2 vol. in-4°. T. I, xi, 583 pages, T. II, 604 pages.

> Contient les notices biographiques de 53 jésuites qui ont habité le Brésil ou y sont morts.

* **Emigration** pour le Brésil. L'Association centrale de colonisation fait toutes les avances remboursables en quatre annuités à commencer à la fin de la seconde année. Ligne regulière d'Anvers à Rio de Janeiro. — *Strasbourg, imp. Christophe,* (1858), in-12, 12 pages.

* **Empire** (L') **du Brésil** à l'exposition universelle de 1867 à Paris. — *Rio de Janeiro, typ. de Laemmert,* 1867, in-8°, 135 pages.

> Est suivi, avec pagination particulière, du : « Catalogue des objets envoyés à l'exposition universelle de Paris, en 1867 », IV, 201 pages et une carte du Brésil.

* **Empire** (L') **du Brésil** à l'exposition universelle de Vienne en 1873. — *Rio de Janeiro, typ. E. et H. Laemmert,* 1873, in-8°, 364 pages et 1 carte.

Par le vicomte de Bom-Retiro.
Contient une liste des journaux et revues publiés au Brésil.

* Empire du Brésil à l'exposition universelle de 1876 à Philadelphie. — *Rio de Janeiro, typographia e lithographia do imperial instituto artistico*, 1876, in-8°, 542 pages, 6 cartes ou tableaux.

* Empire (L') **du Brésil**. Les guides de « l'Étoile du Sud. » La ville de Rio de Janeiro. Le Municipe Neutre. La province de Rio de Janeiro. — *Rio de Janeiro, Laemmert et C.*, 1887, in-18.

Contient 12 tableaux statistiques et une carte de l'Empire, indiquant le tracé des chemins de fer.

* Enault (Louis). — Louis Enault. L'Amérique centrale et méridionale. Dessins de MM. Jules Noël, Lebreton et Gustave Janet. Gravures de MM. Willmann, Outhwaite, Nargeot, Delannoy et Aubert. — *Paris, F. de P. Mellado*, 1867, gr. in-8°, xxxvi, 444 pages.

Brésil, p. 97-171.

Endlicher (Stephanus). — *Voyez :* Pœppig.

Engelmann. — *Voyez :* Rugendas. Voyage pittoresque dans le Brésil.

Engler (Adolphus). — Araceæ. *Voyez :* Martius. Flora Brasiliensis. T. III, 2.

—. — Escallonieæ, Cunoniaceæ. *Voyez :* Martius. Flora Brasiliensis. T. XIV, 2.

—. — Guttiferæ et Quiinaceæ. —*Voyez :* Martius. Flora Brasiliensis. T. XII, 1.

—. — Olacineæ, Icacineæ, Zygophylleæ, Rutaceæ, Simarubaceæ, Burseraceæ, Ochnaceæ, Anacardiaceæ, Sabiaceæ, Rhizophoraceæ. — *Voyez :* Martius. Flora Brasiliensis. T. XII, 2.

Enrique (Don). — *Voyez :* Onffroy de Thoron.

Ens (Gasp.). — India Occidentalis historia : in qua prima regionum istarum detectio, situs, incolarum mores, aliaque eo pertinentia, breviter explicantur. Ex variis autoribus collecta. — *Coloniæ, Guil. Lutzenkirchen,* 1612, in-8°, 3 fnc, 377 pages, titre gravé.

Ens fut un des éditeurs employés par les frères De Bry (1590-1634). Cet ouvrage est considéré à tort comme un abrégé des huit premières parties des Grands voyages ; Ens s'est servi de documents autres que ceux qui ont été mis en usage pour la collection des De Bry. — N° 193 de Leclerc, Bibliotheca Americana.

Epistolæ Japanicæ, de multorum gentilium in variis insulis ad Christi fidem per societatis nominis Jesu theologos conversione. In quibus etiam mores, leges, locorumque situs, luculenter describuntur. — *Lovanii, apud Rutgerum Velpium,* 1569, 2 vol. in-8°.

T. I, 15 fnc. 263 pages. — T. II, 310 pages, 1 fnc. Dans le T. II on trouve une lettre du P. Emmanuel Norrega sur les missions du Brésil, datée de 1552. Il existe une autre édition de 1570 (401 pages et 12 fnc.)

***Escragnolle Taunay** (Alfred d'). — La retraite de Laguna, par Alfred d'Escragnolle Taunay. — *Rio de Janeiro, typ., univ. de E. et H. Laemmert,* 1868, in-4°, 64 pages.

*—.— La retraite de Laguna par Alfred d'Escragnolle Taunay. Imprimé par ordre de S. E. le vicomte de Rio-Branco. — *Rio de Janeiro, typ. nationale,* 1871, in-8°, xi, 222 pages.

* —. — La retraite de Laguna. (Épisode de la guerre du Paraguay), par A. d'Escragnolle Taunay, officier supérieur de l'armée Brésilienne. Deuxième édition. Préface de M. Xavier Raymond. — *Paris, E. Plon,* 1879, in-12, xv, 268 pages.

—. — Le vicomte de Rio Branco. *Voyez :* Revue de France et du Brésil (1).

—. — *Voyez :* Sylvio Dinarte.

*Esquisse** de la révolution de l'Amérique espagnole, ou récit de l'origine, des progrès et de l'état actuel de la guerre entre l'Espagne et l'Amérique espagnole, contenant les principaux faits et les divers combats, etc., par un citoyen de l'Amérique méridionale. Traduit de l'anglais. — *Paris, P. Mongie l'aîné*, 1817, in-8°, vi, 359 pages.

*Esquisse historique** sur D. Pèdre Ier, empereur constitutionnel du Brésil. — *Paris, imp. d'Hippolyte Tilliard*, 1827, in-8°, 27 pages.

> Réfutation de la brochure sur le même sujet, (*Notice sur dom Pedro*. — Paris, 1826.)

*Esquisses** sud-américaines par un créole. — *Lausanne, B. Benda*, 1885, in-8°, 177 pages et 1 fnc.

> Voyage au Brésil. — L'esclavage. — Chemins de fer et émigration. — Mœurs et coutumes. — Modes. — Le Luzo Brésilien. — Climat. — L'américanisme, etc.

*Essai historique** sur les quarante martyrs du Brésil de la Compagnie de Jésus, par l'auteur des Notices sur les BB. P. Claver, J. de Britto et A. Bobola. — *Avignon, Aubanel frères*, 1854, in-12, 42 pages.

*Essai** sur les événements de Portugal. — *Paris, G.-A. Dentu*, 1833, in-8°, 51 pages.

> Les intérêts du Brésil et la succession au trône de Portugal.

*Estancelin.** — Recherches sur les voyages et découvertes des navigateurs normands en Afrique, dans les Indes orientales et en Amérique, suivies d'observations sur la marine, le commerce et les établissements coloniaux des Français, par L. Estancelin. — *Paris*, 1832, in-8°.

> Ce volume contient la relation du capitaine Cousin qui aurait visité le grand fleuve Amazone en 1488 et qui avait à son bord un étranger nommé Pinçon ou Pinzon que M. Estancelin croit être le même qui fut un des trois compagnons de Colomb.

*Etat** (L') du Pará (Etats-Unis du Brésil), ouvrage illustré de 23 photographies des divers monuments de Pará, d'un

plan et d'une vue de la ville et d'une carte de l'Etat de Pará.
— *Paris, A. Lahure*, 1897, in-4°.

Étude sur les opérations du *Monte-pio geral. — Rio
de Janeiro, typ. de la Gazeta de Noticias*, 1879, in-8°.

* **Europe** (L') et ses colonies en décembre 1819.—*Paris,
Brissot, Thivars, Delaunay*, 1820, 2 volumes in-8°, 385 et
376 pages.

Tome I. — Difficultés du Brésil avec la République de Buenos-
Ayres. — Occupation de Montevideo par les Brésiliens ; ses suites.

Eusebius. — Eusebii Cesariensis Chronicon, ad quem
et Prosper. MM. Palmerii, demum Joannes Multivallis, com-
plura quæ ad hæc usque tempora subsecuta sunt adjecere.
— *Parisiis, apud Henricum Stephanum et Jod. Badium*,
1512, in-4°.

Imprimé en rouge et en noir.
Dans la continuation de la *Chronique* d'Eusèbe, on lit à la date de
1509 la description de l'arrivée de sept Brésiliens en la ville de Rouen.
Voyez : Brunet (Supplément).

Ewbank de Camarra. — *Voyez :* Camarra (Ewbank
de).

* **Examen** de la constitution de don Pèdre et des droits de
don Miguel. Dédié aux fidèles Portugais. — *Paris, Delaforest*, 1827, in-8°, 206 pages.

* **Expilly** (Charles). — Le Brésil, Buenos-Ayres, Montevideo et le Paraguay devant la civilisation, par Charles
Expilly,... — *Paris, Henri Willems et E. Dentu*, 1866,
in-8°, 157 pages.

* —. — Le Brésil tel qu'il est, par Charles Expilly. —
Paris, E. Dentu, 1862, in-12, 383 pages.

Id. — Deuxième édition. — *Paris, Charlieu et Huillery*, 1863,
in-12, 283 pages.

* —. — Les femmes et les mœurs du Brésil, par Charles
Expilly. — *Paris, Charlieu et Huillery*, 1863, XII,
450 pages.

* Expilly.— La traite, l'émigration et la colonisation au Brésil, par Charles Expilly... — *Paris, A. Lacroix, Verbœckoven et Cie*, 1865, in-8°, 336 pages.

Extrait de la *Revue du Monde Colonial, Asiatique et Américain.*

* —. — La vérité sur le conflit entre le Brésil, Buenos-Ayres, Montevideo et le Paraguay.— *Marseille, Et. Camoin,* 1866, in-8°, 32 pages.

* Exposé des droits de Sa Majesté Très Fidèle Dona Maria II, et de la question portugaise, avec les pièces justificatives et documents à l'appui. — *Paris, Bobée et Hingray,* 1830, in-4°, 207 pages.

* Exposição dos direitos que a constituição e as leis civiz brazileiras assegurão a SS. MM. JJ. o duque e a duqueza de Bragança, relativamente ás propriedades que possuem no Brazil; e parecer dos mais notaveis membros do corpo dos advogados de Pariz e da camara dos deputados de França, ácerca da refferida exposição. — *Paris, typ. de Casimir,* 1833, in-8°, 189 pages.

Tout le volume est publié en portugais et en français.

* Exposição Universal de 1889. Commissão Franco-Brazileira iniciadora da exposição do Brazil. Delegado junto ao governo Brazileiro : Exem° Sr Senador Diego Velho Cavalcanti de Albuquerque. Directorio : E. Pector, Santa-Anna Nery, E. Lourdelet, Eduardo Prado. Secretario geral : Amédée Prince. Thesoureiro : C. Pra. — *Paris, escr.ptorio da commissão Franco-Brazileira,* 1888, in-4°, 40 pages.

L'Appendice, p. 31-40, est en français. Il contient : « Lettre adressée à M. Pector, Président de la Chambre syndicale d'exportation. — Extraits des procès-verbaux des assemblées des négociants et industriels en vue d'assurer la participation du Brésil à l'Exposition de 1889. — Démarches faites au Brésil par le comité. »

* Exposition universelle de 1851. Travaux de la commission française sur l'industrie des nations publiés par ordre de l'Empereur. — *Paris, imp. impériale,* 1858, in-8°, t. I, première partie, 1,094 pages.

Empire du Brésil, p. 844-903.

Superficie et population. — Populations par race en 1816. — Découverte et appellation du Brésil. — Provinces de Rio-Grande do-Sul, de Sainte-Catherine, de Saint-Paul, de Mattò Grosso, de Goyaz, de Minas-Geraes. — Mines de diamants. — Province, golfe et cité de Rio de Janeiro. — Orbe commercial de Rio-de-Janeiro. — Commerce de Rio de Janeiro en 1851. — Exportations approximatives de Rio de Janeiro vers 1800. — Districts de l'Espiritu-Santo et de Porto-Seguro. — Province de Bahia. — Commerce extérieur de Bahia en 1850. — Provinces d'Alagoes et de Pernambouc. — Système de cultures. — Production. — Pernambouc. — Olinda. — Navigation et commerce extérieur de Pernambouc en 1845. — Provinces de Parahyba, de Rio-Grande do Norte, de Ciara et de Piauhy. — Provinces de Maranham, du Pará. — Changements de domination du Brésil depuis le commencement du siècle. — Commerce extérieur du Brésil. — Mouvement commercial extérieur en 1855. — Exportations de la France au Brésil. — Envois du Brésil en France. — Du commerce de l'Angleterre avec le Brésil. — Exportations du Brésil aux Etats-Unis, en 1853. — Avenir des forces productives du Brésil. — Parallèle avec les Etats-Unis. — Exportations calculées par million d'esclaves. — Extinction de la traite au Brésil.

* **Exposition universelle de 1867 à Paris.** Catalogue général publié par la commission impériale, 2e édition revue et corrigée. — *Paris, E. Dentu* (1867), in-8°, 1538 pages.

* **Exposition universelle de 1867 à Paris.** Comité des poids et mesures et des monnaies. Rapports et procès-verbaux. Catalogue officiel. — *Paris, E. Dentu,* (1867), in-8°, 163 pages.

Pages 150-151 : Empire du Brésil. — Système des poids et mesures. — Exposition.

* **Exposition universelle d'Anvers.** Section brésilienne organisée par la Société Centro da Lavoura e Commercio de Rio de Janeiro avec la sanction du Gouvernement Impérial du Brésil. Deuxième édition. — *Anvers, imp. J. E. Buschmann,* 1885, in-8°, 44 et 50 pages.

La seconde partie contient le catalogue par groupes de l'Exposition brésilienne.

* **Exposition universelle d'Anvers.** Empire du Brésil (Amérique du Sud). Notice sur quelques produits de la Section brésilienne. — *Bruxelles, imp. Polleunis, Ceuterick et Lefébure,* 1885, in-8°, 32 pages.

* **Exposition universelle d'Anvers**. Le Brésil au point de vue commercial et industriel d'après des documents officiels et les plus récentes statistiques. — *Bruxelles, imp. des Travaux Publics*, 1885, in-8°, 59 pages.

* **Exposition universelle de Paris** 1889. Empire du Brésil. Catalogue officiel. — *Paris, imp. Chaix*, 1889, in-8°, 146 pages.

Avec une Annexe. « Exposition Universelle de 1889. Exposition archéologique et ethnographique brésilienne... directeur, le professeur Ladisláu Netto,... — *Paris, imp. Chaix*, 1889, » 21 pages.

* **Exposition universelle de 1889**. Empire du Brésil. Concours pour la construction d'un pavillon destiné au Brésil. — *Paris, imp. Noailles, 2, place du Caire*, (s. d.), in-4°, 4 pages.

* **Extraits** de la relation abrégée concernant la république établie par les Jésuites dans l'Uruguai et le Paraguai, et la guerre qu'ils y soutiennent contre les rois d'Espagne et de Portugal; du Bref qui constitue le cardinal Saldanha visiteur et réformateur des Jésuites qui sont dans le Portugal et dans les pays, même d'Outre-Mer, qui en dépendent; du Recueil de pièces pour servir d'addition et de preuve à la Relation abrégée. Donnés par l'auteur des *Nouvelles Ecclésiastiques* dans les feuilles des 13 et 20 mars, 21 août et 25 septembre 1758. — (s. l. ni d.), in-12, 39 pages.

Eyriès (J. B. B.). — *Voyez* : Mawe. Voyages dans l'intérieur du Brésil.

F

Fabre (F. X.) — *Voyez :* Accioli de Vasconcellos. Guide de l'émigrant.

* **Faivre** (D^r). — Principes servant de bases à un mode de colonisation pour le Brésil, par le Dr Faivre. — *Paris, imp. Delafolie*, (s. d.), in-4°, 8 pages.

Avec une lithographie qui représente un groupe de dix familles, lesquelles, pouvant s'élever au nombre de cent environ, formeront alors la ville agricole de Thereza.

* **Falcão** (Jozé Anastacio). — De l'état actuel de la monarchie portugaise et des cinq causes de sa décadence, par Jozé Anastacio Falcão. — *Paris, C. Mary*, 1829, in-8°, 280 p.

Falconnet (H.). — *Voyez :* Seeligmann. Le caoutchouc.

Faucher. — Rapport sur les produits alimentaires. — *Voyez :* Picard. Ministère du commerce. Exposition universelle internationale de 1889 à Paris. Rapports du jury international.

Favilla-Nunes (J. P.). — Population. Territoire. Électorat. *Voyez :* Le Brésil en 1889.

* **Féder** (J.). — Compagnie générale de chemins de fer brésiliens. Capital social : 10,000,000 de francs. Deuxième Assemblée générale constitutive. Rapport du commissaire. — *Paris, imp. A. Chaix*, 1879, in-4°, 2 pages.

Signé : J. Féder.

*Fée (A. L. A.). — Cryptogames vasculaires (fougères ycopodiacées, hydroptéridées, équisetacées) du Brésil, par \. L. A. Fée, naturaliste, avec le concours de M. le)ʳ F. M. Glaziou. — *Paris, J.-B. Baillière et fils, Victor Masson et fils*, 1869-1873, 2 vol. in-4°.

Fenzl (Eduardus). — Salsolaceæ. *Voyez :* Martius. Flora 3rasiliensis, T. V, 1.

Fernsee (Henricus Wawra). — *Voyez :* Wawra.

* Ferrand (Paul). — L'or à Minas-Geraes (Brésil), par ²aul Ferrand. Etude publiée par les soins de la com- nission de l'Exposition préparatoire de l'état de Minas- ¡eraes à Ouro Preto à l'occasion de l'Exposition minière t métallurgique à Santiago (Chili) en 1894. — *Ouro Preto, mprensa official do Estado de Minas-Geraes,*, 1894, 2 vol., n-8°, 159 et 141 pages, avec figures dans le texte, 2 cartes t un tableau hors texte.

* Ferraz de Macedo (Dʳ. F.). — Ethnogénie brésilienne. ₤ssai critique sur les âges préhistoriques du Brésil et l'au- ochthonie polygéniste d'après les découvertes archéologiques écentes en Amérique présentées à l'Exposition anthropolo- ¡ique de Rio de Janeiro en 1882. Contenant 16 planches, ¡aractères symboliques, chromos et contours crâniens. Tra- luction française d'après l'original portugais, par Albert ¡irard. — *Lisbonne, imp. nationale*, 1886, gr. in-8°, 131 pages.

* —. — Dʳ Francisco Ferraz de Macedo. Ethnogénie bré- iilienne. Essai critique sur les âges préhistoriques du Brésil t l'autochthonie polygéniste, d'après les découvertes archéo- ogiques récentes en Amérique, présentées à l'Exposition anthropologique de Rio de Janeiro en 1882. Contenant 6 planches, caractères symboliques, chromos et contours rrâniens. Traduction du Portugais par le Dʳ Henri de ¡ourtois. (Deuxième édition.). — *Lisbonne, imp. natio- ¡ale*, 1887, gr. in-8° 127 pages.

* Ferreira (Silvestre Pinheiro) et Filippe **Ferreira d'Araujo e Castro.** — Mémoire sur les moyens de mettre un terme à la guerre civile en Portugal. Extrait du *Siècle* n° du 18 mai 1833. — *Paris, imp. Lachevardière*, (s. d.), in-8°, 45 pages.

Signé : Silvestre Pinheiro Ferreira et Filippe Ferreira d'Araujo e Castro.

Ferreira d'Araujo. — *Voyez :* Revue de France et du Brésil (7).

—. — Presse. *Voyez :* Le Brésil en 1889.

* Ferussac (baron de). — Catalogue des espèces de mollusques terrestres et fluviatiles recueillies par M. Rang dans un voyage aux Grandes Indes. — *Paris, imp. Fain,* (1827), in-8°, 15 pages.

Signé : Ferussac. — Extrait du *Bulletin universel des sciences et de l'industrie publié sous la direction de M. le baron de Ferussac.* II° section février et mars 1827.
Beaucoup de ces espèces sont originaires de Rio de Janeiro et du Brésil.

* Fery d'Esclands. — Ministère du commerce, de l'industrie et des colonies. Exposition universelle internationale de 1889 à Paris. Rapports du jury international publiés sous la direction de M. Alfred Picard. Classe 73. Boissons fermentées. Rapport de M. Féry d'Esclands. — *Paris, imp. nationale,* 1891, gr. in-8°, 1026 pages.

Contient, p. 106 : la vigne au Brésil ; — p. 437 : le vin au Brésil ; — p. 700 : alcools au Brésil.

Feuillée (le p. Louis). — Journal des observations physiques, mathématiques et botaniques, faites par l'ordre du Roy sur les côtes orientales de l'Amérique méridionale et dans les Indes occidentales, depuis 1707 jusques en 1712. — *Paris, P. Giffart,* 1714-1725, 3 vol, in-4°.

* Fialho (Anfriso). — Don Pedro II, Empereur du Brésil. Notice biographique, par Anfriso Fialho... — *Bruxelles, typ. de Mademoiselle Weissenbruch,* 1876, in-8°, 100 pages et portrait de Don Pedro II.

Figaro-Chroniqueur. Journal critique, comique, saty-
que, anecdotique, récréatif et amusant. Publication anti-
olitique et anti-scientifique. Rédacteur-gérant responsable
.rthur du Mouton. — *Rio de Janeiro, imp. moderne de
‹eorges Bertrand*, 1859, in-fol.

* **Finances brésiliennes (Les)** en 1893. — *Paris, imp.
;haix*, 1893, in-8°, 119 pages.

* **Fix** (Théodore). — La guerre du Paraguay, par Théo-
›ore Fix. Avec cartes et plans. — *Paris, Ch. Tanera*,
870, in-8°, VIII, 222 pages.

Flora Fluminensis, seu descriptionum plantarum
›ræfectura Fluminensi sponte nascentium liber primus ad
ystema sexuale concinnatus Augustissimæ Dominicæ Nos-
:æ per manus ill^mi ac Ex^mi Aloysii de Vasconcellos et
ouza Brasiliæ Pro-Regis quarti etc., etc. Sistit Pr. Jose-
hus Marianus a conceptione Vellozo. — *Flumine Januario
x typ. Nationali*, 1825-27, 12 tomes en 7 vol. in-8°, dont
: premier de texte et 6 de planches.

   Le texte n'est pas terminé.

Flora Fluminensis, seu descriptionum plantarū Præ-
:ctura Fluminensi sponte nascentium, etc. Sistit Fr. Jose -
hus Marianus a concept. Vellozo, Præsb. ord. S. Franc.
?eform. Prov. Flum. — 1790.

   Texte. Cod. CDLXXXIV. 3 volumes. — Estampes 11 vol. in-fol. Une
partie du texte est encore inédite. — Les Plantes ont été publiées.

* **Folleville** (Ch. de). — Madame Ida Pfeiffer et ses
oyages dans les deux Amériques, par Ch. de Folleville. —
.imoges, *Eugène Ardant*, (s. d.), in-8°, 69 pages.

Fonseca (Luis). — Aucuns points tirez des lettres du
‹rasil. *Voyez :* Lettres du Jappon. — Coello (G.). Lettre du
apon.

Fonsny (H.). *Voyez :* — Morren. Les broméliacées bré-
iliennes.

* **Fontpertuis** (Ad. F. de) — Bibliothèque de vulgarisation. Les Etats latins de l'Amérique, Mexique, Pérou Chili, Républiques diverses, Brésil, Cuba, etc., etc., pa Ad. F. de Fontpertuis. — *Paris, A. Degorce Cadot*, 1882 in-8°, 313 pages.

* **Fort** (D^r). — Rapport sur une mission scientifique dan l'Amérique du Sud, adressé à Monsieur le Ministre d l'Instruction publique le 1er février 1881, par le Dr Fort. — *Paris, imp. A. Parent*, 1881, in-4°, 51 pages.

> Sur l'enseignement des sciences anatomique, physiologique et chirur gicale à Buenos-Aires, à Montevideo et à Rio de Janeiro.

* **Fort** (Dr A. J. A.). — Le récit de ma vie avec la des cription d'un voyage et d'un séjour dans l'Amérique d Sud. Autobiographie par le docteur J. A. Fort... — *Paris L. Bataille*, 1893, in-8°, 508 pages.

> Rio de Janeiro. — Étudiants brésiliens. — Préjugés des Brésiliens. — Climat du Brésil. — Mortalité à Rio de Janeiro. — La vie au Brésil. — Concours à Rio de Janeiro. — Voyage au Sud du Brésil. — Moralité de habitants du Sud du Brésil, etc., etc.

Fort, marquis de **Guarany**. — *Voyez* : Réfutation d monstrueux et révolutionnaire écrit imprimé à Londres.

Fortia d'Urban et **Mielle**. — Histoire générale d Portugal depuis l'origine des Lusitaniens jusqu'à la Régence de Don Miguel, par Fortia d'Urban et Mielle. — *Paris,* 1829, 9 vol. in-8°, portraits et carte.

> Contient de nombreux renseignements historiques sur le Brésil.

* **Foucher** (Victor). — Code criminel de l'empire du Brésil adopté par les chambres législatives dans la session de 1830. Traduit par M. Victor Foucher et précédé d'observations comparatives avec le Code pénal français. — *Paris, imp. royale*, 1834, in-8°, XL-137 pages.

> Le faux-titre porte : « Collection des lois civiles et criminelles des états modernes. Deuxième livraison. »

Fournié (Victor). — Étude sur les travaux nécessaires au développement du port de Pernambuco, par Victor

Fournié. Mémoire adressé au Gouvernement Brésilien. — *Paris, Dunod*, 1874, in-4°.

* **Fournié** (Victor) et Emile **Béringer**. — Mémoire sur le port du Recife (Pernambuco-Brésil), par MM. Victor Fournié... et Émile Béringer... — *Amsterdam, C. L. Brinkman; Utrecht, J.-L. Beijers*, 1881, gr. in-4°, 20 p. 1 planche coloriée.

Extrait du *Tijdschrift van het Aardrijkundig Genootschap* (1881), n° 8.

Fournier (Eugenius). — Asclepiadaceæ. *Voyez :* Martius. Flora Brasiliensis, T. VI, IV.

France et Brésil. Journal français. — *Rio de Janeiro, typ. cosmopolita*, 1874, in-fol.

Francisci Henrici, Soc. Jes., Epistola de duodecim Sociis, pro Catholica fide, in mari Brasilico interfectis anno dei 1550. — *Neapoli, Apud J. Cochium*, 1572, in-8°.

Franco (Pompilio Augusto). — Brefs renseignements sur la Compagnie Impériale « Luz Stearica » de produits chimiques établie à Rio de Janeiro, par le Gérant de la Compagnie, Pompilio Augusto Franco. — *Rio de Janeiro, typ. Thevenet et Cie*, 1867, in-4°, 6 pages.

* **Freire** (Domingos). — Recueil des travaux chimiques du Dr Domingos Freire, professeur titulaire de chimie organique à la faculté de médecine de Rio de Janeiro, à l'Ecole polytechnique (Interim) et au Lycée Impérial des Arts et Métiers, etc., etc. Suivi des recherches sur la cause, la nature et le traitement de la fièvre jaune, par le même auteur. (Avec figures dans le texte). — *Rio de Janeiro, imp. de Molarinho et Mont'Alverne*, 1880, in-8, 335 pages, IX pages de notes et table.

—. — Recherches sur la cause, la nature et le traitement de la fièvre jaune par le Dr Domingos Freire. — *Rio de Janeiro*, 1880, in-8°.

*Freire (Domingos). — Études expérimentales sur la contagion de la fièvre jaune par le Dr Domingos Freire, professeur de chimie organique et biologique à la Faculté de médecine de Rio de Janeiro, etc. — *Rio de Janeiro, imp. du Messager du Brésil,* 1883, in-8°, III, 48 pages et 1 planche en chromolith.

—. — Mémoire sur les ptomaïnes de la fièvre jaune par le Dr Domingos Freire. — *Rio de Janeiro,* 1885, in-8°.

* —. — Doctrine microbienne de la fièvre jaune et ses inoculations préventives. Rapport des études expérimentales sur cette maladie présenté au Gouvernement Impérial du Brésil par le Dr Domingos Freire, professeur de chimie organique et biologique à la Faculté de médecine de Rio de Janeiro, Président de la Junte centrale d'hygiène publique... ex-président d'honneur au Congrès international des sciences médicales de Bruxelles... (avec de nombreuses gravures chromo-lithographiées et tracés thermographiques et sphymographiques). — *Rio de Janeiro, imp. nationale,* 1885, in-8°, X, 451 pages, et 181 pages d'Annexes.

Cet ouvrage n'a pas été mis dans le commerce.

Dans les Annexes on trouve :

I. Rapport sur les inoculations préventives de la fièvre jaune durant l'épidémie qui a régné en 1883 et 1884 à Rio de Janeiro et présenté à S. Ex. M. le Conseiller ministre et secrétaire d'état de l'Empire, par le Dr Domingos José Freire...

II. Noms des personnes vaccinées avec la culture atténuée. — Noms des personnes non vaccinées qui sont mortes de la fièvre jaune.

III. Observations météorologiques de 1883-1884.

Moyennes mensuelles des observations météorologiques et leurs relations avec la saison épidémique.

IV. Communications sur les symptômes produits par la vaccination.

* —. — Notice sur la régénération de la virulence des cultures du microbe de la fièvre jaune, par le Dr Domingos Freire. — *Rio de Janeiro,* 1886, in-8°.

* —. — Le Vaccin de la fièvre jaune. Résultats statistiques des inoculations préventives pratiquées avec la culture du microbe atténué, de janvier à août 1885. Par le Dr Domingos Freire. — *Rio de Janeiro, typ. G. Leuzinger et Filhos,* 1886, in-8°, 29 pages.

* **Freire** (Domingos). — Statistique de vaccinations au moyen de cultures du microbe atténué de la fièvre jaune, pendant l'épidémie de 1888-1889, par le Dr Domingos Freire,... — *Rio de Janeiro, typ. de Pinheiro*, 1890, in-8°, 37 pages.

* —. — Statistique des vaccinations au moyen de la culture atténuée du microbe de la fièvre jaune pendant le paroxysme épidémique de 1889-1890. Cinquième statistique par le Dr Domingos Freire,... — *Berlin, Imbert u. Lefson*, 1891, in-8°, 16 pages.

* —. — Pathologie intertropicale. Nature, traitement et prophylaxie de la fièvre jaune, mémoire présenté au congrès du monde tenu à Chicago, à l'occasion de l'Exposition universelle par le professeur Domingos Freire. Extrait de la *Revue médico-chirurgicale du Brésil*, nov. 1893, janvier, février, mars avril et mai 1894. — *Clermont (Oise), imp. de Daix frères*, 1894, in-8°.

* —. — Statistique des vaccinations contre la fièvre jaune au moyen de la culture atténuée du microbe de cette maladie, pendant l'épidémie de 1891-1892, par le Dr Domingos Freire,... Sixième statistique. — *Rio de Janeiro, typ. de l'Étoile du Sud*, 1893, in-8°, 50 pages.

—. — La mission du Dr Steraberg au Brésil. Réfutation du rapport de ce médecin sur la fièvre jaune. — *Rio de Janeiro*, 1889, in-8°.

* **Freire Allemão** (F.), **Custodio Alves Serrão, Ladisláu Netto** e **J.** de **Saldanha da Gama**. — Breve noticia sobre a collecção das madeiras do Brasil apresentada na exposição internacional de 1867 pelos srs. F. Freire Allemão, Custodio Alves Serrão, Ladisláu Netto e J. de Saldanha da Gama. — *Rio de Janeiro typ. nacional*, 1867, in-4°, 32 pages.

Le texte, imprimé sur deux colonnes, est en portugais et en français. Ce dernier a pour titre de départ : « Aperçu sur la collection des bois du Brésil. »

Freminville (Ch. de). — Considérations générales sur les mœurs et les habitudes des serpents, par le D^r Ch. de Freminville. — *Brest, typ. A. Proux*, 1842, in-8°, 24 pages.

Serpents du Brésil. Accidents qu'ils ont produits.

Fresenius (Georgius). — Cordiaceæ, Heliotropieæ, Borragineæ. *Voyez* : Martius, Flora, Brasiliensis. T. VIII, 1.

Freycinet (Louis de). — Voyage autour du monde entrepris par ordre du roi, sous le ministère et conformément aux instructions de S. Exc. M. le vicomte du Bouchage, secrétaire d'État au département de la marine, exécuté sur les corvettes de S. M. l'*Uranie* et la *Physicienne*, pendant les années 1817, 1818, 1819 et 1820; publié sous les auspices de S. Exc. M. le comte Corbière, secrétaire d'état de l'intérieur, pour la partie historique et les sciences naturelles, et de S. Exc. M. le comte de Chabrol de Crouzol, secrétaire d'état de la marine et des colonies, pour la partie nautique; par M. Louis de Freycinet. — *Paris, Pillet aîné*, 1825-1842, 9 vol. in-4° et 4 vol. in-fol.

Les p. 1-341 du t. I de l'Historique traitent du Brésil. Les volumes du Magnétisme terrestre et de la Météorologie contiennent les nombreuses observations faites à Rio de Janeiro.

***Frezier**. — Relation du voyage de la Mer du Sud aux côtes du Chily et du Pérou, fait pendant les années 1712, 1713 et 1714, dédiée à S. A. R. Monseigneur le duc d'Orléans, Régent du royaume, par M. Frezier, ingénieur ordinaire du Roy. Ouvrage enrichi de quantité de planches en taille-douce. — *Paris, Jean Geoffroy Nyon, Didot et Quillau*, 1716, in-4°, XIV, 298 pages.

Attérage à la côte du Brésil. Relâche à l'isle de Sainte-Catherine et ses mouillages. Description de cette isle. Nombre et nourriture des insulaires. Fruits; cotonniers différents de ceux du levant. Plantes et pêches, etc. « Reconnaissance de la baye de tous les Saints. Mouillage à éviter. Description de la ville de Saint-Sauveur, capitale du Brésil. Manière de se faire porter. Ses fortifications, sa garnison. Idée des mœurs des Portugais. Églises et paroisses, couvents. Commerce de la baye avec l'Europe, etc., » etc.

* —. — Relation du voyage de la Mer du Sud aux côtes du Chili, du Pérou et du Brésil. Fait pendant les

années 1712, 1713 et 1714, par M. Frezier, ingénieur ordinaire du roi. Ouvrage enrichi de quantité de planches en
taille douce. — *Amsterdam, Pierre Humbert*, 1717, 2 vol.
in-18, I-XX, 600 pages.

* Frezier. — Relation du voyage de la Mer du Sud aux
côtes du Chily et du Pérou, fait pendant les années 1712,
1713 et 1714. Dédiée à S. A. R. Monseigneur le duc d'Orléans, Régent du royaume. Avec une réponse à la preface critique du livre intitulé : *Journal des observations physiques,
mathematiques et botaniques du R. P. Feuillée, contre la Relation de la Mer du Sud*, et une chronologie des vice-rois du
Pérou, depuis son établissement jusqu'au tems de la Relation de la Mer du Sud, par M. Frezier, ingenieur ordinaire
du Roy. Ouvrage enrichi de quantité de planches en taille-
douce. — *Paris, Nyon, Didot et Quillau*, 1732, in-4°, XIV,
298 et 63 pages.

Friedel. — Les émigrants au Brésil, imité de Mme Amélie
Schoppe, par L. Friedel. — *Tours, Mame et Cie*, 1842,
in-12, 180 pages.

* Froger. — Relation d'un voyage fait en 1695, 1696 et
1697, aux Côtes d'Afrique, Détroit de Magellan, Brezil,
Cayenne et Isles Antilles, par une escadre des vaisseaux du
Roy, commandée par M. de Gennes. Faite par le sieur
Froger, ingénieur volontaire sur le vaisseau *le Faucon*
anglais. Enrichie d'un grand nombre de figures dessinées sur
les lieux. Imprimée par les soins et aux frais du sieur de
Fer. — *Paris, dans l'isle du Palais sur le quay de l'Horloge,
à la Sphère Royale et Michel Brunet*, 1698, in-12.

> 3 fnc., 219 pages, front. gravé à l'adresse de N. de Fer, 29 fig. et
> cartes.
> Le titre gravé porte : « Relation du voyage de M. de Gennes au dé-
> troit de Magellan par le sieur Froger. — Se vend à Paris chez N. de
> Fer... »

—. — Relation d'un voyage fait en 1695, 1696, 1697 aux
Côtes d'Afrique, Détroit de Magellan, Brésil, Cayenne et Iles
Antilles, par une escadre des vaisseaux du Roy commandée
par M. de Gennes, enrichie d'un grand nombre de cartes

et de figures dessinées sur les lieux, dont deux vues panoramiques de S. Sébastien. Rivière de Janeiro et de la Baye de tous les saints (St-Salvador). — *Paris, à la Sphère royale,* 1698, in-12, 219 pages.

Froger.— Relation d'un voyage fait en 1695, 1696 et 1697 aux Côtes d'Afrique, Détroit de Magellan, Brésil, Cayenne et Isles Antilles, par une escadre des vaisseaux du Roi, commandée par M. de Gennes. Faite par le sieur Froger, ingénieur volontaire sur le vaisseau *le Faucon* anglais. Enrichie de grand nombre de figures dessinées sur les lieux. — *A Amsterdam, chez les héritiers d'Antoine Schelte,* 1699, in-12, 5 fnc., 227 pages, cartes et planches hors texte.

Le titre gravé porte : « Relation du voyage de M. de Gennes au détroit de Magellan par le sieur Froger. — *Amsterdam, les héritiers d'Antoine Schelte,* 1699. »
Une autre édition : Lyon, Jean Viret, 1702, in-12, 3 fnc. 152 pages, frontispice gravé à l'adresse d'Amsterdam, Antoine Schelte.

* —. — Relation d'un voyage fait en 1695, 1696 et 1697 aux Côtes d'Afrique, détroit de Magellan, Brezil, Cayenne et isles Antilles, par une escadre des vaisseaux du Roy, commandée par M. de Gennes. Faite par le sieur Froger, ingénieur volontaire sur le vaisseau *le Faucon* anglais. Enrichie de grand nombre de figures dessinées sur les lieux. — *Paris, Nicolas le Gras,* 1700, in-12, 5 fnc. 219 pages.

Le titre gravé porte : « Relation du voyage de M. de Gennes au détroit de Magellan, par le sieur Froger. — *Au Palais, Nicolas Le Gras, au 3e pilier de la grande salle à L. couronnée.* »

* —. — Relation d'un voyage de la mer du Sud, détroit de Magellan, Brésil, Cayenne et les isles Antilles. Où l'on voit les observations que l'auteur a faites sur la religion, mœurs et coutumes des peuples qui y habitent et sur les divers animaux qui s'y trouvent, de même que des fruits et des plantes qui y croissent, par le sieur Froger. Enrichie de figures dessinées sur les lieux et gravées fort proprement. — *Amsterdam, L'Honoré et Chatelain,* 1715, in-12, 3 fnc. 227 pages, 26 planches et cartes.

* **Froidevaux** (Henri). — Explorations françaises à l'intérieur de la Guyane pendant le second quart du XVIIIe siècle

(1720-1742) par M. Henri Froidevaux, secrétaire du Bureau colonial près la Faculté des lettres de Paris. (Extrait du *Bulletin de géographie historique et descriptive*, 1894.) — *Paris, imp. Nationale*, 1895, in-8°, 90 pages et 2 cartes.

Contient notamment: « Mémoire des irruptions des Portugais du Pará sur les terres de la Guiane dépendantes de la France... — Journal du voyage que les sieurs Constant et Gras ont fait.., (pour) aller dans celle d'Oyapoc toujours par les terres. — Voyage de 1731 de l'Oyapóck à Marony par le haut des terres. »

* **Fuchs** (Ed.) et **L. de Launay**. — Traité des gîtes minéraux et métallifères. Recherches, étude et conditions d'exploitation des principales mines connues, usages et statistiques des métaux. Cours de géologie appliquée de l'École supérieure des mines, par Ed. Fuchs et L. de Launay. — *Paris, Baudry*, 1893, 2 vol. in-8°, T. I, cxi, 823 pages. T. II, 1015 pages.

Contient une Carte des gisements diamantifères du Brésil, la description des divers gîtes diamantifères situés dans les provinces de Bahia, Goyaz et Minas Geraes; les émeraudes du Rio San Matteo; — le mercure d'Ouro Preto; — l'or et les topazes de Minas Geraes.

* **Fumée**, sieur de **Marly-le-Chastel**. — Histoire generalle des Indes occidentales et terres neuves qui jusques a present ont esté descouvertes, traduite en françois par M. Fumée, sieur de Marly-le-Chastel. — *Paris, Michel Sonnius*, 1569, in-8°, 5 fnc., 252 fc., 12 fnc.

* **Fusée-Aublet**. — Histoire des plantes de la Guiane Française, rangées suivant la méthode sexuelle, avec plusieurs mémoires... Ouvrage orné de près de 400 planches taille-douce, par Fusée-Aublet. — *Londres et Paris, Pierre François Didot jeune*, 1775, 4 vol. in-4°.

G

G=** — *Voyez* : Beautés de l'histoire d'Amérique.

* **Gabriac** (Comte de). — Promenade à travers l'Amérique du Sud, Nouvelle-Grenade, Équateur, Pérou, Brésil. Ouvrage orné de 21 gravures sur bois et de 2 cartes géographiques. — *Paris, Michel Levy frères*, 1868, in-8°, 304 pages.

* **Gabrié** (A.-G.). — Biographies contemporaines. Illustrations brésiliennes. Le commandeur Navarro de Andrade, par A.-G. Gabrié. — *Marseille, typ. J. Clappier*, 1866, in-8ᶜ, 8 pages.

* **Gache** (Samuel). — Climatologie médicale de la République Argentine et des principales villes d'Amérique, par le Dʳ Samuel Gache. Préface par le Dʳ Émile R. Coni. — *Buenos-Aires, A. Etchepareborda*, 1895, gr. in-8°.

Gaffarel (Paul). — La découverte du Brésil par les Français — *Voyez* : Congrès international des Américanistes. Luxembourg, 1877.

* —. — Jean de Léry. La langue Tupi, par Paul Gaffarel. — *Paris, Maisonneuve et Cⁱᵉ*, 1877, in-8°, 29 pages.

Extrait de la *Revue de linguistique*.

* —. — Histoire du Brésil français au xvıᵉ siècle, par Paul Gaffarel,... — *Paris, Maisonneuve et Cⁱᵉ*, 1878, in-8°, 512 pages et 3 cartes.

« Cet ouvrage est destiné à remettre en lumière un des épisodes les plus curieux et les plus ignorés de l'histoire de la colonisation française. Dans la première partie l'auteur cherche à démontrer que les Français (Jean Cousin, Gonneville, etc.) découvrirent le Brésil avant les Portugais, et qu'ils négocièrent avec les tribus indigènes pendant toute la première moitié du xvie siècle. En 1555, Durand de Villegaignon fonde une véritable colonie dans la baie de Ganabara, non loin de l'emplacement de la future capitale Rio de Janeiro. Cet établissement est d'abord très prospère : mais les colons se laissent gagner par les fureurs religieuses qui sévissaient en Europe. Villegaignon abandonne l'Amérique pour courir à de nouvelles aventures. Son successeur, Bois le Comte, n'est plus à la hauteur de la situation et les Portugais profitent de notre faiblesse pour s'unir aux Brésiliens et nous expulser définitivement de cette admirable position qui, sans nos fautes, nous appartiendrait encore. Dans la seconde partie, l'auteur a réuni un certain nombre de pièces justificatives : la protestation du baron de Saint-Blancard contre la capture de la Pèlerine, deux lettres de Nicolas Barré, plusieurs épitres de Villegaignon, etc. Trois cartes dont deux *fac simile* de cartes du xvie siècle sont jointes à l'ouvrage. » (*Maisonneuve.*)

* **Gaffarel** (Paul.) — Les Français au delà des mers. Les découvreurs français du xive au xvie siècle. Côtes de Guinée, du Brésil et de l'Amérique du Nord, par Paul Gaffarel. Ouvrage orné de 3 cartes anciennes et de 2 portraits. — *Paris, Challamel*, 1888, in-12, x, 285 pages.

—. — *Voyez :* Lery (Jean de). Histoire d'un voyage faict en la terre du Brésil.

—. — *Voyez :* Thevet. Les singularitez de la France antarctique.

* **Gallais** (Fr.-Étienne-Marie, prov. des FF. PP.). — Une mission Dominicaine au Brésil. Rapport présenté au Révérendissime Père Fr. André Frühwirth, Maître général de l'ordre des Frères Prêcheurs, par le Père Provincial de la Province de Toulouse à la suite de la visite canonique des couvents d'Uberaba, Goyaz et Porto-Nacional; juin 1892-janvier 1893. — *Marseille, imp. Marseillaise*, 1893, in-8°, 62 pages. *Carte du diocèse de Goyaz.*

* **Galleratus** (Joannes-Baptista). — Sacrorum rituum congregatione eminentissimo, et reverendissimo D. Card. Imperiali Brasilien. seu Bahyen. beatificationis, et canonizationis ven. servi dei P. Josephi de Anchieta sacerdotis professi Societatis Jesu. Positio super dubio An constet de validitate

processuum authoritate apostolica in genere, et in specie, et
ordinaria respective fabricatorum ; testes sint rite, et rectè
examinati ; ac jura producta legitime compulsata in casu,
et ad effectum, de quo agitur. — *Romæ, typis Reverendæ
Cameræ Apostolicæ,* 1721, in-fol., 22 pages.

Signé : Joannes Baptista Galleratus. — Revisa Joannes Zuccherinius
subpromoter Fidei.

Gallès (Ed.). — Considérations générales sur l'Empire du
Brésil, les États de la Plata et la République d'Haïti, par
E. Gallès, présentées au Congrès scientifique de France
dans la séance du 26 septembre 1861. — *Bordeaux, imp.
G. Gounouilhou,* 1861, in-8°.

* —. — De la guerre entre le Brésil, les États de la
Plata et le Paraguay. Conséquences envers notre commerce
de Bordeaux et de France, par le consul Gallès. — (*S. l.*),
Auguste Bord, 1867, in-8°, 12 pages.

* —. — Du Brésil ou observations générales sur le commerce et les douanes de ce pays, suivies d'un tarif de droits
d'entrée sur les marchandises françaises, et d'un tableau
comparatif des monnaies, poids et mesures ; par Ed.
Gallès, membre de plusieurs Sociétés d'Instruction, et
Subrécargue arrivant du Brésil. Dédié à M. Balguerie
Junior. — *Paris, chez Renard,* 1828, in-8°, 92 pages.

Gama (J. Saldanha da). — *Voyez :* Saldanha da
Gama (J.).

Gama Lobo (Dr Manoel da). — Etudes sur la fièvre jaune
de 1873 et 1874. — *Rio de Janeiro,* 1876, in-8°.

Gandavo (Pero de Magalhanes de). — *Voyez :* Magalhanes de Gandavo (Pero de).

Garcie Du Jardin. — *Voyez :* Colin. Histoire des
drogues.

* **Garnault**. — Notes sur le Rio Parana et sur le Paraguay, par M. Garnault. Extrait des *Annales hydrographiques*, 2ᵉ semestre 1884. — *Paris, imp. Nationale,* 1885, in-8° , 23 pages.

* **Garnot**. — Un court séjour à Sᵗᵉ-Catherine du Brésil, par M. Garnot, (oct. 1822). — *Louviers, imp. Ch. Achaintre,* 1837, in-8°, 14 pages.

—. — Zoologie. *Voyez :* Duperrey. Voyage autour du monde.

* **Gaudry** (Albert). — Alcide d'Orbigny, ses voyages et ses travaux ; par M. Albert Gaudry. Extrait de la *Revue des Deux-Mondes.* — *Paris, imp. de Claye,* 1859, in-8°, 35 pages.

* **Gavet** (D.) et **Boucher** (P.). — Jakaré-Ouassou ou les Tupinambas. Chronique brésilienne par D. Gavet et P. Boucher. — *Paris, Timothée de Hay,* 1830, in-8°, xiv, 446 pages.

Gazette (La) **du Brésil**. Édition des paquebots transatlantiques. Rédacteur en chef Louis Sauvage. — *Rio de Janeiro, Domingos Luiz dos Santos et typ. de la Gazette du Brésil,* 1867-8, in-fol.

* **Gélot** (Antony). — Conférence faite le 18 août 1868 par M. Antony Gélot au Palais de l'Industrie sur l'état actuel de la sériculture dans l'Amérique du Sud. — *Paris, imp. E. Donnaud,* 1868, in-8°, 11 pages.

Gendrin (V.-A.). — Récit historique exact et sincère, par mer et par terre, de quatre voyages faits au Brésil, au Chili, dans les Cordillères des Andes, à Mendoza, dans le Désert et à Buenos-Aires. Par V. A. Gendrin. — *Versailles, chez l'auteur,* 1856, in-8°, *portrait et gravures.*

* **Gervais** (Dʳ Henri) et **Florentino Ameghino**. — Les mammifères fossiles de l'Amérique du Sud par le Dʳ Henri Gervais, aide-naturaliste, chef des travaux anatomiques au

Muséum de Paris, membre de la Société Géologique de France et Florentino Ameghino, ex-directeur du Collège municipal de Mercedes, membre de la Société d'Anthropologie de Paris. — *Paris, F. Savy. Buenos-Aires, Igon Hermanos*, 1880, in-8°, xi, 225 pages.

Cet ouvrage a un autre titre portugais.

Gervais (Paul). — Animaux nouveaux ou rares recueillis... de Rio de Janeiro à Lima. *Voyez :* Castelnau. Expédition dans l'Amérique du Sud. 7ᵉ partie. T. I.

—. — Myriapodes et scorpions. *Voyez:* Castelnau. Expédition dans l'Amérique du Sud. 7ᵉ partie. T. III.

Geslin (L. de). — Les Brésiliennes, par L. de Geslin. — *Rio de Janeiro, Imp. Française*, 1845, in-12.

* **Giedroyc** (Romuald). — Résumé de l'histoire du Portugal au XIXᵉ siècle, par le prince Romuald Giedroyc. — *Paris, Amyot*, 1875, in-8°, viii, 236 pages.

Gil Blas (Le) politique, satirique et artistique. — *Rio de Janeiro, typ. da Gazeta de Noticias*, 1877-8, in-fol.

* **Ginettus** (Card.). — Brasilien. canonizationis, seu declationis martyrii servorum Dei Ignatii Azevedi, et triginta octo sociorum Societatis Jesu. Et alterius adaucti. Summarium de signis supernaturalibus. Sanctissimus d. n. d. Clemens papa X ad preces excellentissimi domini comitis de Prado, et Marchionis de Minas benigne concessit, ut in discussione Dubii, an constet de martyrio, et causa martyrii habenda in congregatione Sacrorum Rituum, ex speciali ejusdem Sanctitatis Suæ indulto agi, et discuti quoque possit de assertis miraculis, seu signis supernaturalibus supradictorum servorum Dei, quibuscunque in contrarium non obstantibus, hac die 7 Januarii 1671. M. Episc. Portuen. Card. Ginettus. — *Romæ, typis Nicolai Angeli Tinassii*, 1671, in-fol, 17 pages.

A la fin on lit : « Revid. Michael Angelus Lapius subpromotor Fidei. »

Girard (Albert). — *Voyez* : Ferraz de Macedo. Ethnogénie brésilienne.

*** Girard** (Dʳ Charles). — Les Andes, la Cordillère et l'Amazonie, régions dont la faune est insuffisamment connue, par le Dʳ Charles Girard. Extrait du *Naturaliste*, revue illustrée des sciences naturelles. — *Paris, le Naturaliste*, 1889, in-8°, 18 pages.

Girard (Frédéric de). — *Voyez* : Saint-Hilaire (**A**. de). Monographie des primulacées.

*** Girard** (Maurice). — Notice sur les mélipones et trigones brésiliennes envoyées à la Société d'acclimatation, par M. Brunet, de Bahia, par M. Maurice Girard. Suivie d'une note sur la mélipone scutellaire, par M. E. Drory. — *Paris, imp. E. Martinet* (s. d.), in-8°, 7 pages.

Extrait du *Bulletin de la Société d'acclimatation* (numéro de mars 1876).

*** —. —** Rapport sur les soies envoyées du Brésil par M. Romagnera et sur les vers à soie du murier élevés dans ce pays, par Maurice Girard. — *Paris, imp. E. Martinet*, (1878), in-8°, 9 pages.

Extrait du *Bulletin de la Société d'acclimatation* (numéro de février 1878).

—. — Le ver à soie brésilien, notice entomologique sur l'*Attacus aurata* Cramer et sur son éducation, par Maurice Girard. — *Paris, imp. E. Martinet*, 1874, in-8°.

Extrait du *Bulletin de la Société d'Acclimatation*, mars 1874.

*** Givry**.—Résumé des opérations hydrographiques faites en 1819 et 1820 pendant la campagne de la corvette *la Bayadère* et du brick *le Favori*, commandés par M. le baron Roussin, par M. Givry, ingénieur hydrographe. — (*S. l.*), 1822, in-8°, 22 pages.

Glasiou (F.-M.). — *Voyez* : Fée. Cryptogames vasculaires du Brésil.

* **Glasson** (M.). — Les institutions primitives au Brésil, par M. Glasson, membre de l'Institut. — *Paris, Alphonse Picard*, 1889, in-8°, 28 pages.

Extrait du *Compte rendu de l'Académie des sciences morales et politiques* (Institut de France), par M. Ch. Vergé.

* **Godde de Liancourt** (Cte). — Société de l'Union des Nations pour la civilisation universelle. Eloge funèbre de S. M. don Pedro, empereur du Brésil, duc de Bragance, régent de Portugal et de l'Algarve, par le comte Godde de Liancourt, suivi de stances, par M. de Saint-Antoine. — *A Paris, chez les principaux libraires du Palais-Royal*, 1835, in-4°, 36 pages.

La couverture imprimée sert de titre.

* **Godey** (Charles). — Tablettes d'un ancien fonctionnaire de la Nouvelle-Calédonie comprenant la relation du voyage par les caps de Bonne-Espérance et Horn, à bord des transports de l'Etat *le Jura* et *le Navarin*, avec cartes de la route et une carte de la Nouvelle-Calédonie, par Charles Godey. Méditerranée. Océan Atlantique. Océan Indien. Océan Pacifique. Iles Canaries. Brésil. Nouvelle-Calédonie. Taïti. — *Paris, Challamel*, 1886, 2 vol. in-18.

Godin des Odonais. — *Voyez* : Lettre de M. D. L. C. à M***.

Golbery (de). — *Voyez* : Rugendas. Voyage pittoresque dans le Brésil.

Gomberville (de). — *Voyez* : Acuna (Christophle d'). Relation de la rivière des Amazones.

—. — *Voyez* : Rogers. Voyage autour du monde, T. I.

Gomes (**Bernardino Antonio**). — Observationes botanico-medicæ de nonnullis Brasiliæ plantis quas patrio latinoque sermone exaratas regiæ scientiarum Academiæ offert. — *Olisipone, typ. Academiæ scientiarum*, 1803, in-4°, 2 tomes I, IV, 46 p., 5 pl. — II, 55 p., 6 pl.

Gonneville (de). — *Voyez* : Avezac (d'). Campagne du navire l'*Espoir* de Honfleur.

Gonneville (Paulmier de). — *Voyez* : Paulmier de Gonneville.

Gonzaga (Fr. Franciscus). — De origine Seraphicæ religionis Fraciscanæ ejusqz progressibus, de regularis obser-vãciæ institutione, forma administrationis ac legibus, admi-rabiliqz eius propagatione... — *Romæ, ex typographia Dominici Basæ*, 1587, in-fol. 2 fnc., 1364 p. 10 fnc. 104 fig, gravées sur cuivre et paginées avec le texte.

> Histoire très importante et rare. La 4ᵉ partie traite des missions de l'ordre en Amérique. La custode du Brésil dépendait alors de la province de Saint-Antoine de Portugal.

Gorceix (H.). — Les exploitations de l'or dans la province de Minas Geraes, par M. H. Gorceix. — *Paris, imp. Martinet,* 1876, in-8°.

> Extrait du *Bulletin de la Société géographique*, 6ᵉ série, XII-1876.

—. — Minéralogie. — *Voyez:* Le Brésil en 1889.

Gornal (P.). — Les langues brésiliennes. Monographie bibliographique des livres les plus intéressants considérés sous le rapport de la linguistique du Brésil. — *Buenos Aires, imprenta de Pablo E. Coni,* 1882, in-8°.

* **Gouy** (Edmond-Joseph). — Faculté de médecine de Paris. Thèse pour le doctorat en médecine présentée et soutenue le mercredi 7 mai 1884, par Edmond-Joseph Gouy... Histoire de la fièvre jaune au Brésil. — *Paris, Alphonse Derenne,* 1884, in-4°, 109 p.

Grande (La) || **Deffaite** || des Espagnols, tant par || mer que par terre, avec || la prise du Fort de la || Christine, et de dix || vaisseaux de guerre, par || les Hollandois. || *A Paris,* || *Chez Matthieu Colombel,* || *ruë neufue S. Anne, pres le Palais,* || *à la Colombe,* || M.DC.XXXIV (1634). In-8° de 16 pp.

Relation d'un avantage remporté au Brésil par le marquis de Winskel, général de l'armée navale de messieurs les États de Hollande.
(Catalogue de la vente du comte de Lignerolles, par Ch. Porquet.)

* Grandidier. — Ministère de l'Agriculture et du Commerce. Exposition universelle internationale de 1878 à Paris. Groupe II. Classe 16. Rapport sur les cartes et les appareils de géographie et de cosmographie, sur les cartes géologiques et sur les ouvrages de météorologie et de statistique, par M. Grandidier. — *Paris, imp. Nationale*, 1882, in-8°, 747 p.

P. 121. Cartes à grande échelle du Brésil. — P. 162. Cartes à petite échelle du Brésil. — P. 188. Cartes hydrographiques de l'Amérique du Sud. — P. 246. Voyages au Brésil. — P. 482. Géologie du Brésil. — P. 545. Météorologie de l'Amérique du Sud. — P. 631. Statistique de l'Amérique du Sud. — P. 652. Statistique de l'instruction publique au Brésil. — P. 718. Statistique industrielle et commerciale du Brésil. — P. 735. Statistique minérale du Brésil.

* Grandis (Félix de). — Brasilien. seù Bahyen. beatificationis, et canonizationis vener. servi Dei patris Josephi de Anchieta sacerdotis professi societ. Jesu. Informatio super dubio. An sententia d. vicarii capitularis Judicis delegati super non cultu, et paritione Decretis fel. recordat. Urbani VIII lata de anno 1664 citra constet de paritione dictis Decretis in casu etc. — (S. *l. ni d.*), in-fol., 6 pages.

Signé : Félix de Grandis. — Revisa. Andreas Pierius subpromotor Fidei.

* Grant (Andrew). — Histoire du Brésil, contenant un précis des événements les plus remarquables, depuis sa découverte; la description des mœurs, des coutumes et de la religion de ses habitans; des observations sur la nature du sol, du climat, des productions naturelles et des cultures coloniales; suivi d'un tableau du commerce intérieur et extérieur de cette colonie; de la réduction de ses monnaies en livres sterling et en roubles d'argent; de quelques avis de l'auteur sur les moyens de préserver la santé en passant au Brésil ou autres climats du Tropique, etc.; traduit de l'anglais d'Andrew Grant M. D. — *Saint-Pétersbourg, imp. de Pluchart et Cie*, 1811, in-8°, VIII, 334 pages.

On a joint à cette traduction des notes et le traité d'amitié et de commerce entre S. M. Britannique et S. A. R. le Prince Régent de Portugal, signé à Rio de Janeiro, le 19 février 1810.

* **Gravier** (Gabriel). — Étude sur le sauvage du Brésil, par Gabriel Gravier, Président de la Société normande de géographie. — *Paris, Maisonneuve et Cie*, 1881, in-8° carré, 63 pages.

> Extrait du *Bulletin de la Société normande de Géographie* (cahiers de nov.-déc. 1880 et janv.-fév. 1881.)

* —. — Examen critique de l'histoire du Brésil Français au XVI° siècle, par M. Gabriel Gravier. (Extrait du *Bulletin de la Société de Géographie*, novembre 1878.) — *Paris, imp. de E. Martinet*, 1878, in-8°, 24 pages.

* **Gris** (Arthur). — Description d'une nouvelle espèce de Cannecée du Brésil, Stromanthe Porteana, par M. Arthur Gris. — *Paris, imp. Martinet*, (s. d.), in-8°, 7 pages.

> Extrait des *Annales des sciences naturelles*, 4° série, T. IX, n° 3.

* **Grisard** (Jules). — Le Courbaril, copalier d'Amérique ou caroubier de la Guyane, par Jules Grisard. — *Versailles, imp. Cerf*, (s. d.), in-8°, 4 pages.

> Extrait de la *Revue des sciences naturelles appliquées*, n° 17, 5 septembre 1889.
> Le Courbaril se rencontre au Brésil où il est désigné sous les noms de Jetahy, Jatahy, Jatoba, Gitahi jaune; sa résine y est appelée Jutaicica.

* **Grisard** (Jules) et M. **Van den Berghe.** — Les bois industriels, indigènes et exotiques. Synonymie et description des espèces, propriétés physiques des bois, qualités, défauts, usages et emplois, par Jules Grisard et M. Van den Berghe. Ouvrage dont le manuscrit a obtenu le diplôme d'honneur à l'exposition agricole et forestière de Vienne (1890). Deuxième édition enrichie de nombreuses notes sur les divers produits industriels fournis par les végétaux ligneux, fruits exotiques, gommes, résines, oléo-résines, matières tannantes et tinctoriales, huiles et graisses végétales, produits pharmaceutiques, parfums, etc., etc. — *Paris, Léopold Cerf*, (1893), in-4°, T. I, 377 pages.

Grisebach (Augustus-Henricus-Rudolphus). — Malpighiaceæ. — *Voyez :* Martius. Flora Brasiliensis. T. XII, 1.

Grisebach (Henricus Augustus). — Smilaceæ, Dios-coreaceæ. — *Voyez :* Martius. Flora Brasiliensis. T. III, 1.

* **Gros** (Jules). — Les Français en Guyane, par Jules Gros... Illustrations par P. Hercouët et Bassan. — *Paris, Picard-Bernheim,* (1887), in-8°, 222 pages.

> Collection Picard. Bibliothèque coloniale.
> P. 195. Les terrains neutres, dits terrains contestés. La Guyane indépendante.

Grotius (Hugo). — Hugonis Grotii Dissertatio de origine gentium americanarum. — (*S. l.*), 1642, in-8°.

—. — *Voyez aussi :* Albinus. Commentatio de linguis peregrinis.

Grundemann (R.). — *Voyez :* Burckhardt. Les missions évangéliques.

Guadagni (F.-J.-A). — *Voyez :* Decretum Brasilien. beatificationis.

Guanabara (Alcide). — *Voyez :* La République Brésilienne. Situation financière et économique.

Guarany (Colonel **Fort** marquis de). — *Voyez :* Réfutation du monstrueux et révolutionnaire écrit imprimé à Londres.

Guelen (Aug. de). — Briefve relation de l'estat de Phernambucq, dédié à l'Assemblée des Dix-neuf pour la très noble compagnie d'West–Inde, par A. de Guelen. — *Amsterdam, Louis Elzevier,* 1640, in-4° de 22 ff.

> On lit dans Brunet : Morceau rare, et que recommande autant le nom de l'imprimeur que le sujet.

Guérin (L.). — *Voyez :* Humboldt. Tableaux de la nature.

Gürke (Maximilianus). — Malvaceæ II. *Voyez :* Martius, Flora Brasiliensis. T. XII, 3.

* **Guerre** (La) dans la Plata en 1865. Avec une carte du théâtre de la guerre. — *Paris, A. Franck,* 1865, in-8°, 36 p.

* **Guerre** (La) de la Plata devant la civilisation. Documents officiels et extraits de la presse européenne sur le traitement infligé aux prisonniers de guerre. — *Paris, E. Dentu,* 1866, in-8°, 16 p.

* **Guerre** du Paraguay, faits authentiques de l'occupation d'une province brésilienne, par les Paraguayens. — *Paris, imp. Paul Dupont,* (s. d.), gr. in-4°, 17 pages.

> L'avant-propos est daté du 12 octobre 1867.

* **Guibout** (A.). — Episodes de l'histoire du Portugal, par A. Guibout. — *Rouen, Mégard,* 1863, in-8°, 191 pages.

> Bibliothèque morale de la jeunesse.
> Découverte du Brésil. — Le Brésil sous la domination portugaise.

Guichenot (A.). — Reptiles. *Voyez :* Castelnau. Expédition dans l'Amérique du Sud. 7° partie T. II.

Guide international d'Europe au Brésil et à la Plata, contenant les renseignements les plus utiles pour les voyageurs. — *Paris,* 1889, in-8°, texte à 2 colonnes, 431 pp., vues, cartes et plans.

Guilhermy (Elesban de). — *Voyez :* Elesban de Guilhermy.

* **Gumilla** (Joseph). — Histoire naturelle, civile et géographique de l'Orénoque et des principales rivières qui s'y jettent, dans laquelle on traite du gouvernement, des usages et des coutumes des Indiens qui l'habitent, des animaux, des arbres, des fruits, des résines, des herbes et des racines médicinales qui naissent dans le Paiis. On y a joint le détail de plusieurs conversions remarquables et édifiantes par le Père Joseph Gumilla, de la Compagnie de Jésus, supérieur des Missions de l'Orénoque. Traduite de l'espagnol sur la seconde édition, par M. Eidous, ci-devant ingénieur de Sa

Majesté Catholique. — *A Avignon, chez la veuve de F. Girard, et se vend à Marseille chez D. Sibié et Jean Mossi*, 1758, 3 vol. in-12.

> T. I. — XVIII, p. 4 fnc., 388 p. 2 fnc. de table. — T. II. — 334 p. 4 fnc. de table. — T. III. — 332 p. 4 fnc. de table.

* **Guyane française** et fleuve des Amazones, publié par le Service des Instructions, sous le ministère du vice-amiral Gicquel des Touches, ministre de la marine et des colonies. — *Paris, imp. nationale*, 1877, in-8°, 115 pages.

> Traite de la côte Nord du Brésil.
> Le faux titre porte : « Dépôt des cartes et plans de la marine. N° 574. Remplace les n°° 20, 100, 157 et 396. Guyane française et fleuve des Amazones. »

H

Hackel (Eduardus). — Andropogoneæ, Tristegineæ. — *Voyez* : Martius. Flora Brasiliensis, t. II, 3.

Halbout (J. F.). — *Voyez :* Macedo (Joaquim Manoel de). Notions de chorographie du Brésil.

Halévy (Ludovic). — *Voyez* : Meilhac. Le Brésilien.

Halloy (J. d'**Omalius** d'). — *Voyez* : Omalius d'Halloy (J. d').

* **Hamy** (E. T).— Nouveaux renseignements sur les Indiens Jivaros. — *Paris*, in-8°, 13 pages.

> Extrait de la *Revue d'Anthropologie*. — Les Indiens Jivaros habitent le nord du Maranhão.

* —. — Dr E. T. Hamy. Les races malaiques et américaines. Leçon d'ouverture du cours d'anthropologie du

Muséum d'histoire naturelle, 19 mars 1896. — *Paris, Masson*, 1896, in-8°, 18 pages.

Extrait de l'*Anthropologie*, t. VII, n° 2.

Hansen (Soren), — La race de Lagoa Santa. L'homme fossile de Pontimelo. *Voyez :* E museo Lundii, t. I.

Hanstein (Joannes). — Gemeraceæ. *Voyez :* Martius. Flora Brasiliensis. T. VIII 1.

* **Harrisse** (Henry). — Bibliotheca americana vetustissima. A Description of works relating to America published between 1492 and 1551. — *New-York, Geo. P. Philes*, 1866, grand in-8°, LIV, 519 pages.

Idem — ADDITIONS — *Paris, Tross*, 1872, in-4°, XL, 199 pages, 2 fnc.

* **Harting** (P.). — Description d'un diamant remarquable, contenant des cristaux, par P. Harting. Publiée par l'Académie royale des Sciences à Amsterdam. Avec une planche. — *Amsterdam, C. G. Van der Post*, 1858, in-4°, 15 pages.

Extrait des Wis. — *en natuurk. Verh. der Koninkl. Akademic.*
Diamant trouvé à Bahia. — Diamètre 11,1 millimètres. Épaisseur 5,3 millimètres. Poids 0,768 grammes.

* **Hatin** (L. E.). — Histoire pittoresque des voyages autour du monde, recueil des récits curieux, des scènes variées, des découvertes scientifiques, des mœurs et coutumes qui offrent un intérêt universel. Extrait de Magellan, Byron, Wallis, Bougainville, Surville, Marion, Cook, La Pérouse, d'Entrecasteaux, Peter, Dillon, Dumont d'Urville, etc., par L. E. Hatin. — *Paris et Limoges, C. Martial Ardant*, 1847, 2 vol. in-4° de 512 pages.

T. I. — Magellan. Relâche à Rio de Janeiro. — Détails sur les Brésiliens. — Cannibales.

* **Hauterive** (Cte d') et **F. de Cussy**. — Recueil des traités de commerce et de navigation de la France avec les puissances étrangères, depuis la paix de Westphalie, en 1648. Suivi du recueil des principaux traités de même nature con-

clus par les puissances étrangères entre elles depuis la même
époque; par M. le comte d'Hauterive et M. le chevalier
F. de Cussy. — *Paris, P. J. Rey*, 1834-1844, 10 vol. in-8°.

Parmi les nombreux documents relatifs à l'histoire du Brésil, nous
citerons :

Décret du 18 juin 1814, signé à Rio de Janeiro, pour la libre communication avec toutes les nations.

Ordre circulaire du ministre de la Marine de Portugal pour l'admis-
sion des bâtiments français dans les ports du Brésil.

Des 22 et 29 juillet 1814. Déclarations réciproques pour le rétablis-
sement des relations commerciales entre la France et le Portugal sur
le pied de la plus parfaite réciprocité.

Traité de commerce et de navigation, du 17 juin 1817 entre le Brésil
et l'Autriche.

Traité de commerce, du 20 décembre 1828, entre le Brésil et la Belgique.

Traité de commerce et de navigation, du 26 avril 1828, conclu à Rio
de Janeiro, entre le Brésil et le Danemark.

Traité d'amitié, de navigation et de commerce, du 10 décembre 1828,
entre le Brésil et la Hollande.

Traité conclu le 29 août 1825, entre le Portugal et le Brésil, pour la
reconnaissance de l'Empire du Brésil.

Traité de paix, du 27 août 1828, signé à Rio de Janeiro entre le Brésil
et la République du Rio de la Plata.

Ukase, du 22 mai 1810, relatif au commerce avec le Brésil et le Portugal : le Traité de 1798 est maintenu en ce qui concerne le Brésil.

Déclaration réciproque, du 29 mars 1815, qui renouvelle le Traité de
1798.

Traité d'amitié, de navigation et de commerce, du 9 juillet 1827, signé
à Rio de Janeiro, entre le Brésil et la Prusse.

Douanes du Brésil. Tarif et règlements du 3 septembre 1833, en suite
des lois des 24 et 25 septembre 1828, etc.

* **Hautreux**. — De la Gironde à la Plata. Températures
de mer déduites des observations des paquebots des Messa-
geries, par Hautreux. — *Paris, Berger-Levrault*, 1878,
in-8°, 38 pages.

Donne les températures moyennes mensuelles de Pernambouc, Bahia,
Abrolhos, Rio de Janeiro, et des eaux de la côte du Brésil.

* **Hébert** (E.). — Rapport sur la partie géologique et
minéralogique du voyage de MM. Grandidier frères (Ernest et
Alfred) dans l'Amérique méridionale, lu à la section des
sciences du Comité des travaux historiques et des Sociétés
savantes le 21 mai 1860. Par E. Hébert. — *Paris, imp. Paul
Dupont*, (s. d.), in-8°, 5 pages.

Extrait de la *Revue des Sociétés savantes*, septembre 1860
Voyage à travers les Cordillères, le Pérou, la Bolivie, le Chili, les
provinces Argentines et le Brésil.

* Heck (Dᵣ Edouard). — Sur l'Araucaria Brasiliensis Rich., son rendement et son acclimatation en Europe et en Algérie, par M. le Dᵣ Edouard Heck. — *Paris, au siège de la Société nationale d'acclimatation de France*, 1892, in-8°, 20 pages avec figures.

> Extrait de la *Revue des Sciences naturelles appliquées*, nᵒ 17, 5 septembre 1892.

Hegelmaier (Fridericus). — Callitrichineæ. *Voyez :* Martius. Flora Brasiliensis, t. XIII, 2.

—. — Lemnaceæ. — *Voyez :* Martius. Flora Brasiliensis, t. III, 2.

* Henrion (baron). — Histoire générale des missions catholiques depuis le xiiiᵉ siècle jusqu'à nos jours, par M. le baron Henrion. — *Paris, Gaume frères*, 1847, 2 vol. in-4°, xiv, 624 et 688 pages.

> La couverture imprimée porte : « Histoire générale des missions catholiques, depuis le xiiiᵉ siècle jusqu'à nos jours, par M. le baron Henrion. Illustrée par 320 gravures sur acier, cartes géographiques, etc. — *Paris, Gaume,* 1846. »
> Missions des Jésuites au Brésil. — Essais infructueux des Calvinistes dans ce pays et dans la Floride. — Pierre Leitan, premier évêque du Brésil. — Missions de l'ordre de la Merci sur le fleuve des Amazones. — Missions des Franciscains, des Jésuites du Pérou, des Capucins et des Dominicains sur le fleuve des Amazones. — Missions des Capucins, des Philippins (Oratoriens) au Brésil.

Henschen (Salomon). — Études sur le genre Piperomia comprenant les espèces de Caldas, Brésil, par Salomon Henschen. — *Upsal, Ed. Berling,* 1873, in-4°, avec planches.

* Hérard (Louis). — Les droits de la France sur le territoire contesté, par Louis Hérard. (Extrait de la *Revue des colonies,* mai 1896). — *Paris, V. Giard et Brière,* 1896, in-12, 23 pages.

Herlinville (Paul-Marie-Gaston Balard d'). — *Voyez :* Balard d'Herlinville (Paul-Marie-Gaston).

Héros (Eugène). — *Voyez :* Marchand (Alfred). Le Brésil.

* Herpin (Gustave). — Le Brésil; précis historique en

vers, par Gustave Herpin. — *Paris, Jouaust*, 1866, in-4°, br., 47 pages.

Non mis dans le commerce.

* Herrera (Antoine de). — Description des Indes Occidentales qu'on appelle aujourdhuy le Nouveau Monde : par Antoine de Herrera Grand chroniqueur des Indes, et chroniqueur de Castille : Translatée d'Espagnol en François. A laquelle sont adjoustées quelques autres descriptions des mesmes pays, avec la Navigation du Capitaine de Mer Jaques le Maire, et de plusieurs autres. Le contenu de cest œuvre se veoit en la page suyvante. — *Amsterdam, chez Emanuel Colin de Thovoyon et on le vend, à Paris, chez Michel Soly*, 1622, in-folio, 4 ff., 354 pages. Cartes et titre gravés, planches :

Cet ouvrage est connu aussi sous le nom de Collection de Michel Collin, il comprend :

I. — Description des Indes Occidentales par Antoine de Herrera.

II. — Navigation australe de Jaques le Maire, translatée de Flamand en François.

III. — Recueil de tous ceux qui ont passé l'Estroit de Magellan.

IV. — Description de l'Inde Occidentale de Pedro Ordonnez de Cevallos.

V. — Description d'Amérique, ou du nouveau monde, tirée des *Tableaux géographiques* de Petrus Bertius.

A la page 75, chap. XXV, on lit : Des Provinces et terres de la Brésille.

* —. — Histoire generale des voyages et conquestes des Castillans, dans les isles et terre-ferme des Indes Occidentales. Traduite de l'espagnol d'Antoine d'Herrera, historiographe de Sa Majesté Catholique, tant des Indes, que des royaumes de Castille. Par N. de la Coste. Première decade, contenant les premières descouvertes du nouveau monde par Christofle Colon. Les divers combats qu'il eut contre les Indiens de Veragua, de Jamaïca, et autres lieux. Les mauvais traitemens qu'il reçut de ses gens dans les quatre voyages qu'il y fit, et les travaux qu'il souffrit. Les voyages d'Americ Vespuce. La Descouverte de la mer du Sud. Les divers succès des armées Castillanes dans ces nouvelles terres ; et les soins qu'eurent les Rois Catholiques pour y establir la police tant spirituelle que temporelle. — *A Paris, chez Nicolas et Jean de la Coste*, 1660, in-4°, 14 fnc. 776 p. et 12 fnc. de table des matières.

* —. — Histoire generale des voyages et conquestes des Castillans dans les isles et terre-ferme des Indes Occidentales.

Traduite de l'espagnol d'Antoine d'Herrera, historiographe de Sa Majesté Catholique, tant des Indes que des royaumes de Castille. Par N. de la Coste. Où l'on voit la prise de la grande ville de Mexique, et autres provinces par Fernand Cortès; sa fondation; les rois qui la gouvernèrent; le commencement et fin de cet Empire; leurs coutumes et céré_monies; les grandes revoltes qui y sont arrivez; les contestations qu'eurent les Castillans et les Portugais, sur l'assiette de la ligne de partage de leurs conquestes; la descouverte des Isles Philippines par Hernando de Magellan, sa mort et autres choses remarquables. Dediée à Monseigneur le premier Président. — *A Paris, chez la veuve Nicolas de la Coste, François Clouzier et Pierre Aubouin*, 1671, in-4°, 8 fnc., 790 pages et 6 fnc. de table des matières.

* **Herrera** (Antoine d'). — Novus orbis, sive descriptio Indiæ Occidentalis, auctore Antonio de Herrera,... Metaphraste C. Barlæo. Accesserunt et aliorum Indiæ Occidentalis descriptiones, et navigationis nuperæ Australis Jacobi Le Maire Historia, uti et navigationum omnium per Fretum Magellanicum succincta narratio. — *Amstelodami, apud Michaelem Colinium*, 1622, in-fol., 3 fnc., 81 feuillets, 17 cartes.

Se termine par : « Brevis ac succincta Americæ, sive novi orbis omnium que, quæ in eo sunt, regionum hactenus exploratarum descriptio. Excerpta e Tabulis geographicis P. Bertii. » 11 feuillets.

Hins (Eugène). — Un an au Brésil, par Eugène Hins. — *Mons, Hector Manceaux,* 1884, in-8°, 175 pages avec gravures.

Bibliothèque de la jeunesse belge.

* **Histoire de ce qui s'est passé** en Ethiopie, Malabar, Brasil, et ès Indes Orientales, tirée des lettres escrites ès années 1620 jusques à 1624 addressée au R. P. Mutio Vitelleschi, General de la Compagnie de Jésus. Traduite de l'Italien en François par un Père de la mesme Compagnie. — *Paris, chez Sebastien Cramoisy,* 1628, in-8°, 451 pages.

La partie concernant le Brésil occupe les pages 149-170 et a été écrite par le Père Michel Baraïio d'Araujo envoyé par Ferdinand Cardin. Traduit par le Père Jean Darde.

Histoire de Jean VI, roi de Portugal, depuis sa naissance jusqu'à sa mort, en 1826, avec des particularités sur sa vie privée et sur les principales circonstances de son règne. — *Paris,* 1827, in-8°, VIII. 130 pages.

Histoire de l'expédition de trois vaisseaux, envoyés par la Compagnie des Indes Occidentales des Provinces-Unies, aux Terres australes en 1721. Par M. de B***. — *La Haye,* 1739, 2 vol. in-12. Tome 1, 4 fnc., 244 pages tome II, 254 pages.

La première partie de ce voyage est consacrée aux côtes d'Amérique Brésil, etc.

Histoire des choses mémorables advenues en la terre du Brésil, partie de l'Amérique Australe, sous le gouvernement de M. de Villegagnon, depuis l'an 1555 jusqu'à l'an 1558. — (*s. l.*), 1561, petit in-8°, de 48 ff. chiffrés, lettres rondes.

C'est une critique de la conduite du chevalier. Elle a été réimprimée dans les *Nouvelles Annales des voyages,* 5° série, T. XL (1854).

Histoire des différents peuples du monde, contenant leurs cérémonies civiles et religieuses, avec l'origine et l'établissement des religions ; leurs sectes et superstitions, les mœurs et usages de chaque nation, etc., etc. — *Paris,* 1773, 6 vol. in-8°,

Par C. Derville. — Jolies vignettes à mi-pages.
Ouvrage curieux sur les mœurs des sauvages du Canada, de la Floride, du Brésil, etc.

* **Histoire des martyrs** persecutez et mis à mort pour la vérité de l'Evangile, depuis le temps des Apostres jusques a present. Comprinse en douze livres contenant les Actes memorables du Seigneur en l'infirmité des siens : non seulement contre les efforts du monde, mais aussi contre diverses sortes d'assauts et heresies monstrueuses, en la pluspart des provinces de l'Europe. Les prefaces monstrent une conformité de l'estat des eglises de ce dernier siecle avec celui de la primitive eglise de Jesus-Christ. Nouvelle et derniere édition, reveuë et augmentée de grand nombre d'histoires, et

choses remarquables omises es precedentes. Avec trois In-
dices; l'un des principaux points de la vraye et fausse Religion, amplement traittez, soutenus ou refutez; le Second des
principales matières; le Troisiesme, contenant les Noms
des Martyrs mentionnez en cette histoire. — *A Genève, imp.
par Pierre Aubert,* 1619, in-fol. 14 fnc., 861 pages, 9 fnc.

Par Jean Crespin, *Voyez* Gaffarel, Histoire du Brésil au xviᵉ siècle,
pages 431-492.

D'après Gaffarel la partie du livre de Crespin qui se réfère au
séjour des Français-Huguenots au Brésil et à la persécution qu'ils souf-
rirent de Villagaignon, a été composée par *Léry.*

* **Histoire** générale des cérémonies, mœurs et coutumes
religieuses de tous les peuples du monde représentées en
243 figures dessinées de la main de Bernard Picard, avec
des explications historiques par M. l'abbé Banier,... et par
M. l'abbé le Mascrier. — *Paris, Rollin fils,* 1741, 7 vol. in-
fol.

Le T. VII contient tout ce qui a trait au Brésil, à la religion et aux
diverses cérémonies de cette région.

* **Histoire generale** des voyages, ou nouvelle collection
de toutes les relations de voyages par mer et par terre qui
ont été publiées jusqu'a present dans les differentes langues
de toutes les nations connues : contenant ce qu'il y a de plus
remarquable, de plus utile et de mieux dans les pays où les
voyageurs ont pénétré, touchant leur situation, leur étendue,
leurs limites, leurs divisions, leur climat, leur terroir, leurs
productions, leurs lacs, leurs rivières, leurs montagnes, leurs
mines, leurs cités et leurs principales villes, leurs ports, leurs
rades, leurs édifices, etc. Avec les mœurs et les usages des
habitans, leur religion, leur gouvernement, leurs arts et
leurs sciences, leur commerce et leurs manufactures; pour
former un système complet d'histoire et de géographie modernes, qui représentera l'état actuel de toutes les nations;
enrichi de cartes géographiques nouvellement composées sur
les observations les plus autentiques, de plans et de perspectives; de figures d'animaux, de végétaux, habits, antiquités,
etc. — *Paris, chez Didot,* 1746-1761, 16 vol. in-4°.

Les volumes suivants ont pour titres :
« Suite de l'Histoire generale des voyages... T. XVII, pour servir de

Supplément à l'Edition de Paris. — *A Amsterdam, chez Arkstée et Merkus*, 1761. »
« Continuation de l'Histoire generale... T. XVIII — *Paris, Rozet*, 1768. »
« Continuation (id.) T. XIX — *Paris, Ch. Panckoucke*, 1770. »
« Continuation (id). T. XX. — *A. Bruxelles, de l'imp. de J. L. de Boubers*. — *A Paris, chez Moutardier*, an x. »
Et 1 vol. d'atlas.
Cet ouvrage contient de nombreux détails sur le Brésil.

Histoire véritable de ce qui s'est passé de nouveau entre les François et Portugais en l'Isle de Maragnan au pays des Toupinambous. — *A Paris, chez Nicolas Rousset*, 1615, in-8°, 12 pages.

Catalogue de la Vente du comte de Lignerolles. — Cet opuscule a été réimprimé à très petit nombre d'exemplaires par Perrin à Lyon en 1875.

Histoire véritable de ce qui s'est passé entre les François et les Portugais en l'isle de Maragnan. — *Paris*, 1616, in-8ᶜ.

Cité par Deschamps, Supplément du Brunet.

Hoffmansegg (de). — *Voyez :* Link. Voyage en Portugal.

Hooker (Josephus Dalton). — Rosaceæ. *Voyez :* Martius. Flora Brasiliensis. T. XIV, 2.

* **Horni** (Georgi) de originibus americanis libri quatuor. — *Hagæ Comitis, sumptibus Adriani Vlacq*, 1652, in-8°, 9 fnc., 282 pages.

Hornot. — *Voyez :* Anecdotes américaines.

Hornschuch (Christianus Fridericus). — Musci. *Voyez :* Martius. Flora Brasiliensi. T. I

* **Houssay** (F.). — De Rio de Janeiro à S. Paulo par F. Houssay. — *Paris, Gauthier-Villars*, 1877, in-8°, 86 p.

* **Humboldt** (Alexandre de). — Examen critique de l'histoire de la géographie du nouveau continent et des progrès de l'astronomie nautique aux XVᵉ et XVIᵉ siècles, par Alexandre de Humboldt. — *Paris, de Gide*, 1836, 5 vol. in-8°.

T. I, xxvii, 362 p. — T. II, 373 p. — T. III, 407 p. — T. IV, 336 p.
et T. V, 263 p., 4 cartes.

Le T. V a aussi cet autre titre : « Œuvres d'Alexandre de Humboldt.
Histoire de la géographie du nouveau continent et des progrès de
l'astronomie nautique aux XV⁰ et XVI⁰ siècles comprenant l'histoire de la
découverte de l'Amérique. Ouvrage écrit en français par A. de Humboldt,
publié en 1836-1839, et enrichi de deux cartes inédites de l'Amérique
dessinées par M. Vuillemin, gravées par M. Jacobs. T. V. — *Paris,
Morgand.* »

Humboldt (Alex. de). — Rapport verbal sur la Flore du
Brésil méridional, de M. Aug. de Saint-Hilaire, fait à l'Aca-
démie des sciences, dans sa séance du 19 Septembre 1825.
— *Paris, Belin,* 1825, in-4°, 4 pages.

*—. — Tableaux de la nature par Alexandre de Hum-
boldt, traduction de M. Ch. Galuski, la seule approuvée
par l'auteur. Nouvelle édition mise dans un meilleur ordre
que les précédentes, augmentée de notes biographiques et
ornée de 12 vues pittoresques et cartes. Editée par L. Guérin.— *Paris, Théodore Morgand,* 1866, in-4°, xvi, 720 p.

La préface est signée : L. Guérin.

*—. — Voyage aux régions équinoxiales du nouveau con-
tinent fait en 1799, 1800, 1801, 1802, 1803 et 1804, par Al. de
Humboldt et A. Bonpland ; rédigé par Alexandre de Humboldt. Avec un atlas géographique et physique. — *Paris,*
1816-1831, 13 vol. in-8°.

Hupé (H.). — Mollusques. *Voyez :* Castelnau. Expédition dans l'Amérique du Sud. 7ᵉ partie. T. III.

* **Hutchinson**. — Compte rendu d'une lecture faite au
Congrès scientifique de Norwich à propos de la guerre du
Paraguay, par M. Hutchinson, consul de S. M. B. à
Rosario. — *Marseille, typ. Vᵉ Marius Olive* (1868), in-4°,
15 pages à 2 colonnes.

* **Hygin-Furcy** (C.). — Guide universel de l'émigrant.
Amérique du Sud. Empire du Brésil. Le Brésil actuel.
Conseils aux émigrants, par C. Hygin-Furcy,... avec une
préface de G. Lennox. — *Bruxelles, Rozez,* 1885, in-8°,
48 pages et 1 carte du Brésil.

* **Hygin-Furcy** (C.). — L'émigration ouvrière au Brésil, suite du *Brésil actuel* (Guide de l'émigrant), par C. Hygin-Furcy.— *Bruxelles, Rozez,* 1888, in-8°, 46 p.

I

Institut Royal de France. Rapport fait à l'Académie des Beaux-Arts, sur un ouvrage intitulé : « Voyage pittoresque et historique au Brésil, depuis 1816 jusqu'à 1831, par J. B. Debret », lu à la séance du samedi 17 août 1839. — *Paris, Firmin Didot Frères,* 1839, in-folio.

Signé : Couderc, c^te de Clarac, et Leras rapporteur.

* **Instruction de Sa Majesté Très-fidèle** (Joseph Ier) à son ministre en cour de Rome. Du 8 octobre 1757. — (S. l. n. d.), in-12, 72 p.

Au sujet des désordres commis par les Jésuites, dans le Portugal et dans le Brésil.
En français et en portugais.

* **Irving** (Washington). — Bibliothèque des écoles et des familles. Voyages et découvertes des compagnons de Colomb d'après Washington Irving. Deuxième édition. — *Paris, Hachette,* 1889, in-8°, 206 pages.

* **Isabelle** (Arsène). — Voyage à Buénos-Ayres et à Porto-Alègre, par la Banda–Oriental, les missions d'Uruguay et la province de Rio-Grande do Sul (de 1830 à 1834), suivi de considérations sur l'état du commerce français à l'extérieur, et principalement au Brésil et au Rio-de-la-Plata. Dédié au commerce du Havre par Arsène Isabelle. — *Havre, imp. J. Morlent,* 1835, in-8°, 618 p. Vues et carte.

Itajubà (baron d'). — Protection de l'enfance. *Voyez :* Le Brésil en 1889.

Itinerarium Portugallēsiŭ e Lusitania in Indiā et inde in occidentem et demum ad aquilonem. (In fine): *Operi suprema manus imposita est Kalendis quintilibus, Ludovico galliarum rege hujus urbis înclite (Mediolani) sceptra regēte... anno salutis* 1508; petit in-folio de 10 fnc. et 88 ff. chiffrés.

Cet ouvrage est la traduction en latin, par Archangelo Madrignano, du recueil de voyages publié en italien par Montabboddo Francano, en 1507. Il est rare et d'un certain prix. (Brunet).

J

* **Jaguaribe** (Dᵣ Domingos). — Influence de l'esclavage et de la liberté. Par le Dᵣ Domingos Jaguaribe. — *Bruxelles, Gustave Fischlin*, 1893, in-8°, 111, 191 pages.

Le Brésil, son climat et ses richesses. — La Politique et les hommes politiques. — Émigration et Colonisation. — Développement du Brésil. — Règlement du service de l'immigration au Brésil, etc.

Janin (Jules). — *Voyez :* Arago (J.). Voyage autour du monde.

* **Janssonius** (Joannes). — Nouvel atlas ou théâtre du monde comprenant : les cartes et descriptions de l'Espagne, Italie, Grèce, Asie, Afrique et Amérique. — *Amstelodami, apud Joannem Janssonium,* 1603, in-folio.

Texte à deux colonnes, imprimé sur le verso; les cartes occupent le recto. — Pas de pagination.
L'Amérique méridionale, signature K.
La Guyane, ou pays des Amazones, signature O.
Description de Brasil, signature P.
La carte du Brésil contient deux cartouches : «Baya de todos os Santos. — Villa d'Olinda de Pernambuco. »

*Janssonius (Joannes).—Illustriorum Hispaniæ urbium tabulæ, cum appendice celebriorum alibi aut olim aut nunc parentium Hispanis, aut eorum civitatum commerciis florentium. — *Amstelodami, ex officina Joannis Janssonii,* (s. d.), in-folio.

Avec ce titre gravé : « Theatrum in quo visuntur illustriores Hispaniæ urbes, aliæque ad orientem et austrum civitates celebriores. »
Texte à deux colonnes, imprimé sur le verso ; les cartes occupent le recto. — Pas de pagination.
Contient : « Pharnambuco, » signature Z. — « Bahia de todos los Santos, » signature Aa.

Jay (A.). — *Voyez:* Koster. Voyages dans la partie septentrionale du Brésil.

Jenzsch (Gustave). — Considérations relatives à la partie minéralogique des instructions pour l'Expédition scientifique Brésilienne, par le Dr Gustave Jenzsch. Lettre adressée à M. le Chevalier de Sturz, Consul général de l'Empire du Brésil en Prusse. — *Dresde, CC. Meinhold,* (s. d.) in-folio, 3 pages.

*Jésuites (Les) chassés des états de Portugal. Édit de sa Majesté Très Fidèle. — *Lisbonæ,* (s. d.), in-8° plano.

Édit daté du 3 septembre 1759.

Jésus et **Mesmer.** — Propagande de magnothérapie du membre correspondant des Sociétés d'Europe, magnétiseur et professeur de magnétisme. Directeur Édouard A. Monteggia, journal scientifique mensuel. — *Rio de Janeiro, typ. do Correio Mercantil,* 1861, in-4°.

*Jomard. — Note sur les Botocudos, accompagnée d'un vocabulaire de leur langue et de quelques remarques, par Jomard. — *Paris, imp. L. Martinet,* (1847), in-8°, 13 pages.

Extrait du *Bulletin de la Société de Géographie.* Novembre et décembre 1846.

Jorissen (J.). — *Voyez:* Thomas. Matériel du Tram-Road de Nazareth.

*Jouffroy (marquis de). — Considérations sur le Portugal par M. le marquis de Jouffroy. — *Paris, imp. Pillet*, 1833, in-8°, 38 pages.

Journal d'un voyage sur les côtes d'Afrique et aux Indes d'Espagne, avec une description particulière de la rivière de la Plata, de Buenos-Ayres et autres lieux, commencé en 1702 et fini en 1706. — *Amsterdam, aux dépens de la Compagnie*, 1730, in-8°.

Aux pages 285 à 295 se trouve une description imparfaite et malveillante de la ville de Rio de Janeiro.

* **Juan** (don George) et don Antoine de **Ulloa**. — Voyage historique de l'Amérique méridionale fait par ordre du roi d'Espagne par don George Juan,... et par don Antoine de Ulloa,... Ouvrage orné des figures, plans et cartes nécessaires et qui contient une histoire des Yncas au Pérou et les observations astronomiques et physiques faites pour déterminer la figure et la grandeur de la Terre. — *Paris, Charles-Antoine Jombert*, 1752, 2 volumes in-4°.

Rivière des Amazones. — Sa découverte, son cours, rivières qui s'y jettent. — Navigations entreprises pour le reconnaître. — Conquêtes faites sur le Maranon. — Missions qui s'y sont établies. — Nations qui habitent sur les bords de ce fleuve.

* **Julien**. — Réponse à la lettre indécente et injurieuse que l'auteur de l'ouvrage intitulé : Des colonies et de la révolution actuelle de l'Amérique, par M. de Pradt, a fait insérer dans la *Gazette de France*, du 8 mars 1817. — *Paris, imp. de J. L. Scherff*, (s. d.), in-4°, 3 pages.

Signé : Julien.

Jussieu (Adrien de). — *Voyez :* Saint-Hilaire (A. de). Flora Brasiliæ meridionalis.

—. — *Voyez :* Rapport sur le voyage de M. Auguste de Saint-Hilaire dans le Brésil.

* **Juvencius** (Josephus). — Historiæ societatis Jesu pars quinta. Tomus posterior ab anno Christi M DXCI ad MDCXVI. Auctore Josepho Juvencio Societatis ejusdem sacerdote. — *Romæ, ex typographia Georgii Plachi Cælaturam et Characterum Fusioram Profitentis, apud S. Marcum*, 1710, in-folio, 974 pages.

K

Kanitz (Augustus). — Campanulaceæ. *Voyez :* Martius. Flora Brasiliensis. T. VI, 4.

—. — Halorageæ. *Voyez :* Martius. Flora Brasiliensis, T. XIII, 2.

—. — Lobeliaceæ. *Voyez :* Martius. Flora Brasiliensis. T. VI, 4.

* **Kelsch** (A.) et **Kiener** (P.-L.). — Traité des maladies des pays chauds, région prétropicale, par A. Kelsch et P.-L. Kiener. Avec 6 planches chromolithographiées et 36 figures intercalées dans le texte. — *Paris, J.-B. Baillière*, 1889, in-8°, 912 pages.

Traité des maladies de Rio de Janeiro et de celles du nord du Erésil.

* **Kerhallet** (Charles-Philippe de). — Instruction pour remonter la côte du Brésil depuis San-Luiz de Maranhão jusqu'au Para, pour descendre la rivière de ce nom et pour en débouquer, par Charles-Philippe de Kerhallet, lieutenant de vaisseau. D'après les notes recueillies dans une campagne au Brésil à bord de l'*Adonis*, en 1837, 1838, 1839 et 1840. — *Paris, imp. Royale*, 1841, in-8°, 82 pages et 2 plans.

Extrait des *Annales maritimes* de 1841.

* **Kieckens** (R. P. F.). — Extrait des *Bulletins de la Société royale de géographie d'Anvers*. Une sucrerie anversoise au Brésil à la fin du xviᵉ siècle. Le vén. P. Joseph

de Anchieta, S. J. et Gaspar Schetz, seigneur de Grob-
bendoncq, etc., par le R. P. F. Kieckens, S. J. — *Anvers,
imp. de Backer,* 1883, in-8°, 10 pages.

Kiener (P.-L.). — *Voyez :* Kelsch. Traité des maladies
des pays chauds.

Klatt (Fridericus Guilielmus). — Irideæ. *Voyez :*
Martius. Flora Brasiliensis. T. III, 1.

Klinsmann (Ernst Friedrich). — De Emetino et Cephaeli
Ipecacuanha, Psychotria emetica, Richardsonia brasiliensi.
Berolini, typ. Hayn, 1823, in-8°, 54 pages.

Kœhne (Bernardus Adalbertus Æmilius). — Lythraceæ.
Voyez : Martius. Flora Brasiliensis. T. XIII, 2.

Kœrnicke (Fridericus). — Eriecaulaceæ. *Voyez :* Martius. Flora Brasiliensis. T. III, 1.

* **Koster** (Henri).—Voyages dans la partie septentrionale
du Brésil depuis 1809 jusqu'en 1815, comprenant les pro-
vinces de Pernambuco (Fernambouc), Seara, Paraïba,
Maragnan, etc., par Henri Koster; traduits de l'anglais par
M. A. Jay. Ornés de 8 planches coloriées et de 2 cartes. —
Paris, Delaunay, 1818, 2 vol. in-8°, xlix-376 et 512 pages.
Vues et cartes.

—. — Voyages pittoresques, scientifiques et historiques
en Amérique, Brésil, les provinces de Pernambuco, Seara,
Paraïba, Maragnan, etc., traduits par A. Jay. — *Paris,*
1846, 2 vol. in-8°, avec carte et figures.

Krempelhuber (A. de). — Lichenes Brasilienses, collecti a D. A. Glaziou in provincia brasiliensi Rio de Janeiro.
Auctore Dr A. de Krempelhuber. — *Regensburg, Neu-
bauer'sche Buchdruckerei,* 1876, in-8°.

Kronfeld (Mauritius). — Typhaceæ. *Voyez :* Martius.
Flora Brasiliensis. T. III, 3.

Kuhn (Maximilianus). — Isoetaceæ, Marsiliaceæ, Salviniaceæ. — *Voyez :* Martius. Flora Brasiliensis. — T. I.

Kunth (Carol. Sigismund). — *Voyez :* Bompland. Nova genera plantarum.

L

L .. M... B... — *Voyez :* Voyage à la Guiane.

* **Labat**. — Voyage du chevalier Des Marchais en Guinée, Isles voisines et à Cayenne, fait en 1725, 1726 et 1727. Contenant une description très exacte et très étendue de ces Paiis et du commerce qui s'y fait. Enrichi d'un grand nombre de cartes et de figures en tailles douces, par le R. Père Labat de l'Ordre des Frères Prêcheurs. — *A Amsterdam, aux dépens de la Compagnie*, 1731, 4 vol. in-12.

T. I. XXII, fnc. préface; 4 fnc. table, 335 pages.— T. II. 6 fnc. 2ç2 pages. — T. III. 2 fnc. 22 ff. table, 330 pages. — T. IV. 2 fnc. 3ç2 pages.

—. — *Voyez :* Chesnelong. Protection des nationaux à l'étranger. Affaire Prieu.

—. — Mémoire. *Voyez :* Affaire Prieu.

La Beaumelle (Angliviel). — *Voyez :* Angliviel La Beaumelle.

* **Laborde** (Alexandre de). — Vœu de la justice et de l'humanité en faveur de l'expédition de D. Pedro, par Alexandre de Laborde. — *Paris, Bohaire*, 1832, in-8°, VII, 118 pages.

* Lacerda (J.-B. de). — Leçons sur le venin des serpents du Brésil, et sur la méthode de traitement des morsures venimeuses par le permanganate de potasse, publiées par le professeur Dr J.-B. de Lacerda. Avec trois planches chromo-lithographiées. — *Rio de Janeiro*, 1884, in-8°, xi-194 pages.

* Lacerda Werneck (L. P. de.). — République occidentale. Le Brésil, dangers de sa situation politique et économique, moyens de les conjurer. Lettre à son fils, par le Dr L. P. de Lacerda Werneck, ancien planteur Brésilien (né à Rio le 14 juillet 1824, mort à Cevio, Suisse, le 22 juillet 1885). Ouvrage Posthume revu par F. P. de Lacerda Werneck. — *Rio de Janeiro, imp. H. Lombaerts et Cie*, 1889, in-12, viii-133 pages.

* La Clède (de). — Histoire générale de Portugal, par M. de la Clède,... — *Paris, chez Rollin fils*, 1735, 2 vol. in-4°.

Contient, t. I. Découverte du Brésil. — Son premier nom, ses bornes, ses qualités, sa fertilité. — Caractère, mœurs, religion et prêtres des Brésiliens ; leurs loix sur le mariage, leur occupation, leurs armes et manière de combattre ; ce qu'ils font de leurs prisonniers de guerre ; leurs fêtes. Seul crime qu'ils punissent et comment.

* La Condamine (de). — Relation abrégée d'un voyage dans l'intérieur de l'Amérique méridionale. Depuis la côte de la mer du Sud, jusqu'aux côtes du Brésil et de la Guiane, en descendant la rivière des Amazones ; lue à l'Assemblée publique de l'Académie des sciences, le 28 avril 1745. Par M. de la Condamine,... Avec une carte du Maragnon, ou de la Rivière des Amazones, levée par le même. — *A Paris, chez la veuve Pissot*, 1745, in-8°. xvi-216 pages.

* —. — Relation abrégée d'un voyage fait dans l'intérieur de l'Amérique méridionale. Depuis la côte de la mer du Sud, jusqu'aux côtes du Brésil et de la Guiane, en descendant la rivière des Amazones ; lue à l'assemblée publique de l'Académie des sciences, le 28 avril 1745, par M. de la Condamine. Avec une carte du Maragnon ou de la rivière des Amazones levée par le même. — *Paris, V⁰ Pissot*, 1745, in-8°, 1 fnc., xvi et 216 pages 2 fnc.

A la suite on trouve : « Lettre à Mᵐᵉ ··· sur l'émeute populaire excitée en la ville de Cuenca au Pérou, le 29 d'août 1739, contre les académiciens des sciences. 1746, » 108 pages, 2 fnc., 1 figure.

* **La Condamine** (de). — Relation abrégée d'un voyage fait dans l'intérieur de l'Amérique méridionale, depuis la côte de la mer du Sud, jusqu'aux côtes du Brésil et de la Guyane, en descendant la Rivière des Amazones, par M. de la Condamine, de l'Académie des sciences. Avec une carte du Maragnon ou de la Rivière des Amazones levée par le même. Nouvelle édition, augmentée de la relation de l'émeute populaire de Cuenca au Pérou, et d'une lettre de M. Godin des Odonais, contenant la relation du voyage de Mᵐᵉ Godin, son épouse, etc. — *A Maestricht, Jean Edme Dufour et Philippe Roux*, 1778, in-8°, xvi-379 pages.

— *Voyez* : Lettre de M. D. L. C., à M*** sur le sort des astronomes.

Laerne (C. F. Van Delden). — *Voyez* : Van Delden Laerne.

* **Laet** (Jean de). — L'Histoire du nouveau monde ou description des Indes occidentales contenant dix-huict Livres par le sieur Iean de Laet d'Anuers ; enrichi de Nouuelles Tables geographiques et figures des Animaux, Plantes et Fruicts. — *Leyde, chez Bonaventure et Abraham Elseuiers, Imprimeurs ordinaires de l'Université*, 1640, in-fol. 13 feuillets de tables, 14 cartes, 632 pages.

Les livres quinzième et seizième traitent spécialement du Brésil depuis la page 473 jusqu'à la page 563. Description des gouvernements nommés :
Premier Gouvernement appellé S.-Vincent et de la ville de S.-Paul et Iles adiacentes.
Deuxième Gouvernement de la Rivière de Iauier, communément dite de Rio de Iennero.
Troisième Gouvernement Spiritu Sancto.
Quatrième Gouvernement Porto Seguro.
Cinquième Gouvernement Ilheos.
Sixième Gouvernement Baye de tous les Saincts.
Septième Gouvernement Pernambuco.

Huitième Gouvernement Tamaraca.
Neuvième Gouvernement Paraiba.
Dixième Gouvernement Rio Grande.
Description du Siara, Marannon, etc., 14 cartes. — Gravures dans le texte.
.Le volume se termine une seconde table de 6 feuillets non paginés.

Laet (J. de). — Johannis de Laet Notæ ad Hugonis Grotii dissertationem de origine gentium Americanarum. — *Ams- telodami, apud L. Elzevirium*, 1643, in-12.

—. — Joannis de Laet Antverpiani notæ ad dissertationem Hugonis Grotii de origine Gentium Americanarum : et observationes aliquot ad meliorem indaginem difficillimæ illius Quæstionis. — *Parisiis, apud viduam Guilielmi Pelé*, 1643, in-8°, 223 pages.

—. — Novus orbis seu descriptionis Indiæ occidentalis libri XVIII Authore Joanne de Laet Antuerp. novis Tabulis Geographicis et variis animantium, plantarum fructuumque iconibus illustrati. — *Lugd. Batav., apud Elzevirios*, 1633, in-fol., 14 fnc. 690 pages, 9 fnc.

Le livre XV traite spécialement du Brésil.

Lafenestre (G.). — Enseignement des arts du dessin au Brésil. — *Voyez :* Picard. Ministère du commerce... Exposition univ. internat. de 1889 à Paris. Rapports du jury international.

* **Lafitau** (Joseph François). — Histoire des découvertes et conquêtes des Portugais dans le Nouveau monde, avec des figures en taille douce par le R. P. Joseph François Lafitau de la Compagnie de Jésus. — *Paris, Saugrain père et Jean Baptiste, Coignard*, 2 vol. in-4°, xxiv-616 pages, 24 fnc. et 693 pages, 44 fnc.

* —. — Mœurs des Sauvages amériquains, comparées aux mœurs des premiers temps par le P. Lafitau, de la Compagnie de Jésus. Ouvrage enrichi de figures en taille douce. — *Paris, Saugrain l'ainé, Charles-Estienne Hochereau*, 1724, 4 vol., in-12, avec pl. hors texte.

T. I. 11 fnc., 256 pages. T. II, 3 fnc., 296 pages. T. III, 5 fnc., 248 pages. T. IV, 3 fnc., 196 pages et table 33 fnc.

* **Lafresnaye** (F. de). — Sur quelques nouvelles espèces d'oiseaux, par M. F. de Lafresnaye. — *Paris, typ. Simon Raçon* (s. d.), in-8°. 10 pages.

Extrait de la *Revue et Magasin de Zoologie* n° 2, 1853.
Oiseaux du Brésil et provenant de Bahia notamment.

* **Lagarrigue** (Jorge). — Religion de l'humanité. Vivre pour autrui. Ordre et progrès. Vivre au grand jour. Hommage à la sainte mémoire de Madame Héloise Guimarães Cordeiro. — *Paris, apostolat positiviste du Brésil*, 1888, in-8°. 13 pages.

Signé : Jorge Lagarrigue.
Mᵐᵉ H. Guimarães Cordeiro est née à Rio de Janeiro le 26 mai 1864.

— *Voyez :* Manifeste des républicains brésiliens.

* **La Grasserie** (Raoul de). — Etude des législations étrangères. Résumé analytique des principaux Codes civils de l'Europe et de l'Amérique. IV. Code civil du Vénézuéla. V. Lois civiles du Brésil, par Raoul de La Grasserie, Docteur en droit au Tribunal civil de Rennes. — *Paris, V. Girard et E. Brière*, 1897, in-8°, 328 pages.

* —. — Etudes linguistiques. Essai d'une grammaire et d'un vocabulaire de la langue baniva, par Raoul de la Grasserie,... Extrait du « Compte-rendu de la VIIIᵉ session du Congrès des Américanistes », tenue à Paris en 1890. — *Paris, E. Leroux*, 1892, in-8°.

Les Banivas ou Banibas habitent près de la frontière du Vénézuela.

* **Lagravère** (Auguste). — Auguste Lagravère. Aïguala ! Souvenirs de l'Amérique méridionale. — *Paris, Norbert Bonnefond*, 1883, in-16, 302 pages.

Fleuve des Amazones.

La Hure (V. L. Baril, comte de). — *Voyez :* Baril, comte de La Hure (V.L.)

* **La Landelle** (G. de). — G. de La Landelle. Aventures et embuscades. Histoire d'une colonisation au Brésil. — *Paris, René Haton*, 1883, in-12, VIII, 312 pages.

Lamarre (Clovis) et **Wiener** (Charles). — L'Amérique centrale et méridionale et l'Exposition de 1878, par Clovis Lamarre et Charles Wiener. — *Paris, Delagrave*, 1878, in-18, VIII, 316 pages.

* **Lambal** (C^le de). — Le Paraguay, par le comte de Lambal. — *Tours, A. Mame*, 1881, in-8°, 239 pages.

Jean de Solis à Rio-Janeiro. Les villages des Réductions détruits et leurs habitants conduits au Brésil pour être vendus comme esclaves. Démêlés du Paraguay avec la République Argentine, le Brésil, etc.

* **Lambertinis** (Prosper de). — Brasilien. canonizationis seù declarationis martyrii servorum Dei Ignatii Azevedi, et **XXXIX** sociorum martyrum Societatis Jesu. Animadversiones illustrissimi domini Fidei promotoris super dubio An constet de martyrio, et causa martyrii in casu, etc. — (*S. l. ni d.*), in-fol., 28 pages.

Signé : Prosper de Lambertinis sacri consistorii advocatus, et Fidei promotor.

* —. — Brasilien. canonizationis, seù declarationis martyrii servorum Dei Ignatii Azevedi, et **XXXIX** sociorum martyrum Societatis Jesu. Novæ animadversiones r. p. Fidei promotoris. Super dubio An constet de martyrio et causa martyrii, nec non de signis, seù miraculis in casu, etc. — (*S. l. ni d.*), in-fol., 9 pages.

Signé : Prosper de Lambertinis,...

* —. — Brasilien., seù Bahyen. beatificationis, et canonozationis ven. servi Dei P. Josephi de Anchieta sacerdotis professi Societatis Jesu. Animadversiones r. p. d. Fidei promotoris super dubio An constet de validitate processuum authoritate Apostolica in genere, et in specie, et ordinaria respective fabricatorum ; testes sint ritè, et rectè examinati ; et jura producta legitime compulsata in casu et ad affectum de quo agitur. — (*S. l. ni d.*), in-fol., 8 pages.

Signé : Prosper de Lambertinis, sac. consistorii advocatus, et Fidei promotor.

Lamy-Torrilhon (G.). — *Voyez* : Seeligmann. Le caoutchouc.

La Neufville (Lequien de). — *Voyez :* Lequien de la Neufville.

* **Langlet-Dufresnoy** (Mᵉ). — Quinze ans au Brésil, ou excursions à la Diamantine de Mᵉ Langlet-Dufresnoy avec préface, par M. Paul Le Gay. — *Bordeaux, imp. G. Chariol*, 1861, in-12, 18 pages.

* **Langsdorff** (G. de). — Mémoire sur le Brésil pour servir de guide à ceux qui désirent s'y établir, par le chevalier G. de Langsdorff, consul général de Russie au Brésil. — *Paris, imp. Denugon*, 1820, in-4°, 20 pages.

Lanoye (F. de). — *Voyez :* Catlin. La vie chez les Indiens.

* **Lapius** (Michael Angelus). — Brasilen. Beatificationis, et Canonizationis, seù declarationis martyrii Ignatii de Azevedo, et Sociorum Societatis Jesu in odium fidei interemptorum. Summarium. — (*S. l. ni d.*), in-fol., 140 pages.

Signé : Michael Angelus Lapius.

* —. — Congregatione sacrorum rituum sive eminentissimo, ac reverendissimo D. Card. Rospigliosio Brasilien. Canonizationis, sive declarationis martyrii servorum Dei Ignatii Azevedi, et trigenta octo sociorum è Societate Jesu, et alterius adaucti. In odium Fidei interemptorum. Propositio super dubio. An constet de martyrio, et causa martyrii, et an, et de quibus miraculis, seu signis supernaturalibus in casu, et ad effectum de quo agitur. — *Romæ, ex typographia Reverendæ Cameræ Apostolicæ*, 1671, in-fol., 70 pages.

Signé : Michael Angelus Lapius subpromotor Fidei.

* —. — De publico cultu erga 40 Martyres ante Decreta

Sa. mem. Urbani VIII. — *Romæ, typ. Nicolai Angeli Tinassii*, 1671, in-fol., 15 pages.

Sur Azevedo et les 40 martyrs du Brésil.
Signé : Michael Angelus Lapius subpromotor Fidei.

Lapius (M.-A.). — *Voyez aussi :* Bouillaud (Claudius). — Ginettus.

* La Poëpe (Claude de). — L'ouverture de l'Amazone et ses conséquences politiques et commerciales, par Claude de la Poëpe. — *Paris, Dentu*, 1867, in-8°, 60 pages.

* —. — La politique du Paraguay. Identité de cette politique avec celle de la France et de la Grande-Bretagne dans le Rio de la Plata, par Claude de la Poëpe. — *Paris, E. Dentu*, 1869, in-8°, 348 pages.

Les télégrammes brésiliens. Attitude nouvelle de la presse en France et en Angleterre. Provocations du Brésil. Marche incessante des Portugais et des Brésiliens vers la Plata. Programme arrêté à Rio-Janeiro. Lamas et le ministre des Affaires étrangères du Brésil relativement à l'offre de médiation faite par les États-Unis.

* La Popellinière (Lancelot Voisin de). — Les trois mondes, par le seigneur de la Popellinière. — *Paris, Pierre L'Huillier*, 1582, 3 parties en 1 vol. in-4°, 27 fnc., 55 feuillets, 56 feuillets, 50 feuillets.

La préface est signée : Lancelot Voisin, seigneur de la Popellinière.
Avant le premier feuillet du texte se trouve une mappemonde, double format, sur laquelle figure la *Noua Francia;* le Brésil y est nommé *France antertique.* Les pays situés au pôle Nord y sont aussi bien dénommés.
Cet ouvrage est divisé en trois livres : le premier traite de la navigation des anciens et des expéditions portugaises et espagnoles aux côtes d'Afrique. Le deuxième livre est consacré aux voyages de Colomb et de ses lieutenants. Le troisième livre parle des navigations de Villegagnon au Brésil, de celles de Vespuce et de Magellan.

La Richarderie (Boucher de). — *Voyez :* Boucher de la Richarderie.

La Roche Poncie (de). — Rapport sur la navigation de la Gironde au point de vue des Paquebots transatlantiques de la ligne du Brésil, par De La Roche Poncie, ingénieur hydrographe. — *Paris*, 1858, in-4°, avec cartes.

* **Lartigue**. — Instruction nautique sur les côtes de la Guiane française, rédigée, d'après les ordres du ministre de la Marine et des Colonies, par M. Lartigue, lieutenant de vaisseau. — *Paris, Imp. royale*, 1827, in-8°, 100 pages.

> Contient : « Carte des côtes de la Guyane et des côtes septentrionales du Brésil sur laquelle on a tracé les routes faites par les Bâtimens Français entre ces côtes et le 25° degré de longitude à l'occident du méridien de Paris; et indiqué les différentes directions et vitesses des courans qui ont été observées à bord de ces Bâtimens. Dressée pour être jointe à l'Instruction nautique sur les côtes de la Guyane, publiée en 1827 par M. Lartigue,... »

La Salle. — *Voyez :* Voyage autour du monde ...sur *la Bonite*.

* **La Teillais** (C. de). — Etude historique, économique et politique sur les colonies portugaises, leur passé, leur avenir, d'après les décrets de novembre et décembre 1869; par C. de la Teillais. — *Paris, imp. Dupont*, 1870, in-8°, 277 pages.

Launay (L. de). — *Voyez :* Fuchs (Ed.). Traité des gîtes minéraux et métallifères.

Laurencin (A.) — *Voyez :* Conteste franco-brésilien.

Laureys (L.). — *Voyez :* Doncker (F. de). Assainissement de Rio de Janeiro.

Laurich (J. T.). — De singulari quadam Indorum occidentalium dysenteria. — *Halœ*, 1752, in-4°.

* **Lavollée** (C.). — Voyage en Chine. Ténériffe. Rio de Janeiro. Le Cap. Ile Bourbon-Malacca. Singapore. Manille-Macao. Canton. Ports chinois. Cochinchine. Java. Par M. C. Lavollée. — *Paris, Just-Ranvier, A. Ledoyen*, 1852, in-8°, 466 pages.

Leandro do Sacramento (P. L.). — Nova plantarum genera e Brasilia. — *Monachii*, 1820, in-4°.
Extraits des *Münchner Denkschriften*, 1820, p. 229-244.

Leblond (J.-B.). — Voyage aux Antilles et à l'Amérique méridionale, commencé en 1767 et fini en 1802. Contenant le récit des maladies épidémiques particulières à chaque climat, par J. B. Leblond. — *Paris*, 1813, in-8°,

* **Le Bon Voisin** ; c'est à dire le Portugais. Rendez-luy, ainsi qu'il vous à fait, et luy payez au double, selon ses œuvres. — *Apoca*, 18. 6, 1846, in-4°, 10 fnc. titre compris.

Pièce fort rare relative au Brésil et non citée par Trömel.

* **Lebrun** (Henri). — Le Robertson de la jeunesse, abrégé de l'histoire d'Amérique depuis sa découverte jusqu'à nos jours, par Henri Lebrun. Orné de 4 gravures en taille-douce d'après les dessins de M. de Saison. Nouvelle édition revue et corrigée. — *Tours, Ad. Mame*, 1838, in-8°, 287 pages.

Le faux-titre porte : Bibliothèque des écoles chrétiennes approuvée par Monseigneur l'évêque de Tours.
Contient, p. 186-212 : Histoire du Brésil.

* **Le Cholleux** (R.). — R. Le Cholleux. A travers l'Amérique latine. République Argentine, Paraguay, Brésil. — *Paris, J. Brare*, 1889, in-12, 176 pages.

* **Leclerc** (Ch.). — Bibliotheca Americana. Catalogue raisonné d'une très précieuses collection de livres anciens et modernes sur l'Amérique et les Philippines, classés par ordre alphabétique des noms d'auteurs. Rédigé par Ch. Leclerc. — *Paris, Maisonneuve*, 1867, in-8°,

* —. — Bibliotheca americana. Histoire, Géographie, Voyages, Archéologie et Linguistique des deux Amériques et des îles Philippines, par Ch. Leclerc. — *Paris, Maisonneuve et Cie*, 1878, in-8°, xx et 737 pages, avec un Index alphabétique des auteurs.

Catalogue raisonné de 2638 ouvrages anciens et modernes relatifs à l'Amérique.

* **Leclerc** (Max). — Lettres du Brésil. La Révolution. Les débuts de la République. La vie à Rio de Janeiro. Une excursion à l'intérieur. Saint-Paul et les Paulistes. Les mœurs et les institutions. Questions économiques. Extrait du *Journal des Débats*. — *Paris, E. Plon, Nourrit et Cie*, 1890, in–12, I-IV, 268 pp.

* **Le Cocq** (H. R.). — Le Brésil à Bourges. Notice sur la section brésilienne. Directeur M. H. R. Le Cocq. — *Paris, 14 rue de la Grange Batelière*, 1866, in–16, 63 p.

* **La Barre** (Le Febure de). — Description de la France Equinoctiale, cy-devant appellée Guyanne, et par les Espagnols, El Dorado, nouvellement remise sous l'obéissance du roi par le sieur Le Febure de La Barre, son lieutenant général dans ce pays ; avec la carte d'icelui faite et présentée à Sa Majesté par le dit sieur de La Barre; Et un Discours tres-utile et nécessaire pour ceux qui voudront établir des Colories dans ces Contrées. Qui les détrompera des Impostures dont tous Ceux qui en ont parlé ont remply leurs Ecrits ; Et leur fera connoistre la force, la nombre, et le naturel des Indiens de cette Coste, et ce qu'elle peut produire d'avantageux pour le Commerce de l'Europe. — *A Paris, chez Jean Ribou*, 1666, in-4°, 52 p. et I carte.

Le Gay (Paul). — *Voyez :* Langlet-Dufresnoy. Quinze ans au Brésil.

* **Le Gentil**. — Nouveau voyage autour du monde par M. Le Gentil. Enrichi de plusieurs plans, vûes et perspectives des principales villes du Pérou, Chily, Brésil et de la Chine, avec une description de l'Empire de la Chine, beaucoup plus ample et plus circonstanciée que celles qui ont paru jusqu'à présent, où il est traité des mœurs, religion, politique, éducation et commerce des peuples de cet Empire. — *Amsterdam, chez Pierre Mortier*, 1728, in-12, Cartes et figures.

T. I 2 fnc., 314 p. 5 fnc. T. II 5 fnc. 227 p. T. III 192 p. 12 fnc.
Il existe une autre édition de Paris, 1728.
L'auteur de cet ouvrage intéressant donne la description des lieux qu'il a vus et des mœurs qu'il a observées, son livre contient des particularités curieuses sur *Emouï;* et aussi sur plusieurs petites iles du détroit de la Sonde, ainsi que sur la colonie de l'*ile Bourbon*, alors nommée *Mascarin*, et qui était encore dans l'enfance. (*Biog. Univ.*)

* **Légitimité** portugaise. — *Paris, imp. de Pihan Delaforest (Morinval)*, 1830, in-4°, xxxiv, 752 pages.

> A la suite on trouve : « Actes des décisions des trois Etats du royaume de Portugal assemblés en Cortès dans la ville de Lisbonne, rédigés le 11 juillet 1828, fidèlement traduits de l'édition authentique portugaise par Antonio Ribeiro Saraïva. » 44 pages.
> Sur la légitimité de don Pèdre et les droits de don Miguel.

* **Le Gras** (A.). — Phares des côtes orientales de l'Amérique du Sud. Corrigés en mars 1866, par M. A. Le Gras,... Dépôt des cartes et plans de la marine. — *Paris, imp. Paul Dupont*, 1866, in-8°, 14 pages.

> Série H. n° 223.
> Les n°ˢ 12 à 40 sont consacrés aux phares du Brésil.

* —. — Phares des côtes orientales de l'Amérique du Sud. Corrigés en mars 1870, par M. A. Le Gras. Dépôt des cartes et plans de la marine. — *Paris, imp. Paul Dupont*, 1870, in-8°, 17 pages.

> Série H. N° 223.
> Les n°ˢ 12 à 49 sont consacrés aux phares du Brésil.

Leguay (Charles). — Note à consulter pour M. Maulaz (Auguste-François-Joseph), ancien agent vice-consul de France à Morro-Queimado... par M. Charles Leguay. — *Paris, imp. Parisienne Dupray de la Mahérie*, 1865, in-4°.

Leitão da Cunha (J.-M.). — Institutions agricoles. — *Voyez :* Le Brésil en 1889.

* **Lejeune** (Alphonse). — Bibliothèque d'enseignement commercial publiée sous la direction de M. Georges Paulet. Monnaies, poids et mesures des principaux pays du monde. Traité pratique des différents systèmes monétaires et des poids et mesures accompagné de renseignements sur les changes, les timbres d'effets de commerce, etc., par Alphonse Lejeune. — *Paris, Berger-Levrault*, 1894, in-8°, 552 p.

> Brésil. Rio-Janeiro. Rio-Grande. Bahia. Pará. Pernambuco.

Le Long (John). — L'alliance du Brésil et des républiques de la Plata contre le gouvernement du Paraguay, par John Le Long. — *Paris, imp. Schiller*, 1886, gr. in-8°, 80 pp.

Le Long (John). — Fragments de voyages dans l'Amérique du Sud. Le Brésil, Corrientes, etc. — *Paris*, 1855, gr. in-8°, 43 p.

* —. — Le Paraguay. La dynastie des Lopez avant et pendant la guerre actuelle, par John Le Long. Extrait de la *Revue contemporaine*. — *Paris, imp. de Dubuisson*, 1868, in-8°, 31 p.

* —. — Les républiques de la Plata et la guerre du Paraguay. Le Brésil, par John Le Long, ancien délégué de la population française de la Plata, ancien consul général de la République Orientale de l'Uruguay. Extrait de la *Revue contemporaine* (livraison du 15 février 1869). — *Paris, bureaux de la Revue contemporaine et E. Dentu*, 1869, in-8°, 96 pages.

Le Maire (Jacob). — *Voyez :* Spilbergen et Le Maire.

Le Mascrier. — *Voyez :* Histoire générale des cérémonies de tous les peuples.

* **Lemay** (Gaston). — A bord de la *Junon*. Gibraltar. Madère. Les îles du Cap Vert. Rio de Janeiro. Montevideo. Buenos-Ayres. Le détroit de Magellan. Les canaux latéraux des côtes de Patagonie. Valparaiso et Santiago. Le Callao et Lima. L'isthme de Panama. New-York, par Gaston Lemay. Deuxième édition. — *Paris, G. Charpentier*, 1879, in-16, xiv, 363 p.

* —. — À bord de la *Junon*. Gibraltar. Madère. Les îles du Cap Vert. Rio de Janeiro. Montevideo. Buenos-Ayres. Le détroit de Magellan. Les canaux latéraux de Patagonie. Valparaiso et Santiago. Le Callao et Lima. L'isthme de Panama. New-York, par Gaston Lemay. Ouvrage illustré de cent cinquante dessins inédits, par MM. H. Scott, G. de Saint-Clair, A. Brun, G. Bigot. — *Paris, G. Charpentier*, 1881, gr. in-8°, x, 406 pages.

*__Lemos__ (Miguel).** — Religion de l'humanité. République occidentale. L'apostolat positiviste au Brésil. Rapport pour l'année 1883, par Miguel Lemos. — *Rio de Janeiro, au siège de la Société positiviste*, 1885, in-16, 216 pages.

* —. — Religion de l'humanité. République occidentale. Vivre pour autrui. Vivre au grand jour. L'apostolat positiviste au Brésil. Rapport pour l'année 1884, par Miguel Lemos, président du centre positiviste du Brésil. — *Rio de Janeiro, au siège du centre positiviste Travessa do Ouvidor n° 7*, 1886, in-12, 110 p.

* —. — L'apostolat positiviste au Brésil. Rapport de l'année 1885, par Miguel Lemos. — *Rio de Janeiro, au siège central de l'Apostolat positiviste du Brésil*, 1887, in-18, 34 p.

* —. — Religion de l'humanité. République occidentale. L'apostolat positiviste au Brésil. Rapport pour l'année 1886, par Miguel Lemos. — *Rio de Janeiro, au siège central de l'Apostolat*, 1887, in-12.

* —. — Religion de l'humanité. République occidentale. L'apostolat positiviste au Brésil. Rapport pour l'année 1887. — *Rio de Janeiro, Apostolat positiviste du Brésil*, 1888, in-16, 35 p.

* —. — Religion de l'humanité. N° 107. L'amour pour principe, et l'ordre pour base; le progrès pour but. Vivre pour autrui. Vivre au grand jour. L'apostolat positiviste au Brésil. Neuvième circulaire annuelle adressée à chaque coopérateur du subside positiviste brésilien (année 1889),

par Miguel Lemos, directeur. — *Rio de Janeiro, au siège central de l'apostolat positiviste du Brésil, chapelle de l'humanité, rue Benjamin-Constant,* 3o (Gloria), 1891, in-12, 116 p.

* **Lemos**. — Apostolat positiviste du Brésil. Ordre et progrès. Vivre pour autrui. Vivre au grand jour. N° 113. I. Le positivisme et l'école de Le Play. Lettre à M. Alexis Delaire, secrétaire général de la Société d'économie sociale à Paris, par Lemos. — *Le Mans, typ. Ed. Monnoyer,* avril 1891, in-12, 11 pages.

* —. — N° 122 *bis*. Religion de l'humanité. L'amour pour principe et l'ordre pour base; le progrès pour but. Vivre pour autrui. Vivre au grand jour. L'apostolat positiviste au Brésil. Dixième circulaire annuelle adressée aux coopérateurs du subside positiviste brésilien (année 1890), par Miguel Lemos, directeur. — *Rio de Janeiro, au siège central de l'église positiviste du Brésil, Chapelle de l'Humanité, rue Benjamin-Constant,* 3o (Gloria), 1892, in-12, 70 p.

* **Le Preux** (E. F.). — Monument érigé à Lisbonne à la gloire immortelle de Sa Majesté don Pedro IV, roi de Portugal, empereur du Brésil. Résumé historique du concours international ouvert pour ce monument; reproduction des remarquables projets qui y furent présentés et portrait de ce souverain d'après les documents officiels du gouvernement portugais. Texte et dessins par E. F. Le Preux, architecte. Notice biographique sur Sa Majesté Impériale don Pedro IV, par le baron Edouard de Septenville. — *Paris, Monrocq,* 1875, in-fol. 8 fnc.

* **Lequien de la Neufville**. — Histoire générale de Portugal, par M. Lequien de la Neufville. — *A Paris, chez Anisson,* 1700, 2 vol. in-4°.

L'histoire du Brésil se trouve dans le t. II.

Leras. — *Voyez :* Institut royal de France. Rapport... sur le « Voyage pittoresque et historique au Brésil, par J. Debret. »

Leroy (Arnould). — Le maté, thé du Paraguay, par
Arnould Leroy. — *Versailles, imp. Cerf*, 1890, in-8°,
11 pages.

Extrait de la *Revue des sciences naturelles appliquées* (n° 2, 20 janvier 1890).

***Leroy-Beaulieu** (Paul).— Economistes et publicistes
contemporains. De la colonisation chez les peuples modernes, par Paul Leroy-Beaulieu. Deuxième édition, revue,
corrigée et augmentée. — *Paris, Guillaumin*, 1882, in-8°,
xvi-659 pages.

Traite de la colonisation portugaise et du Brésil.

Léry. — Histoire d'vn voyage faict en la terre dv
Bresil, avtrement dite Amerique, contenant la nauigation et
choses remarquables, veües sur mer par l'aucteur : Le
comportement de Villegagnon en ce païs là ; les mœurs et
façons de viùre estranges des Sauuages amériquains ; avec
un colloque de leur langage. Ensemble la description de
plusieurs animaux, arbres, herbes et autres choses singulières, et du tout inconnues par deça, dont on verra les sommaires des chapitres au commencement du livre. Non
encore mis en lumière, pour les causes contenues en la préface. Le tout recueilli sur les lieux par Iean de Léry, natif de
la Margelle, terre de Sainct-Sene au duché de Bourgogne.
— *La Rochelle, Antoine Chuppin*, 1578, in-8°, fig. sur bois.

Il y a des exemplaires, dit Brunet, où le nom de la Rochelle est sur
le titre, et d'autres où il ne s'y trouve pas. M. Ternaux cite une
édition de Rouen, 1578, petit in-8°.
La seconde édition a été revue, corrigée, et bien augmentée, tant de
figures, qu'autres choses notables sur le sujet de l'auteur. Elle a été
donnée à *Geneve par Antoine Chuppin*, 1580, petit in-8°, de 22 ff. prélim.,
382 p., 6 ff. pour la table des matières et 1 f. pour l'errata ; elle a 8 pl.
parmi lesquelles une est répétée. L'épitre dédicatoire au comte de Coligny y a été conservée.

—. — Histoire d'un voyage faict en la terre du Brésil,
avtrement dite Amérique. Contenant la navigation et
choses remarquables, veües sur mer par l'aucteur. Le
comportement de Villegagnon en ce pays-là. Les mœurs
et façons de vivre estranges des sauvages ameriquains :
avec un colloque de leur langage. Ensemble la des-

cription de plusieurs animaux, arbres, herbes, et autres
choses singulières et du tout inconues pardeçà : dont on
verra les sommaires des chapitres au commencement du
livre.Reveve, corrigée, et bien augmentée en cette seconde
édition, tant de figures, qu'autres choses notables sur le
suiet de l'auteur. Le tout recueilli sur les lieux par Iean de
Lery, natif de Margelle, terre de Sainct Sene, au duché de
Bourgogne. — *A Genève, pour Antoine Chuppin*, 1580, in-8°.

4 pag. de dédicace, 2 pag. de sonnets adressés à Iean Léry, 30 pag.
de préface, 5 pag. de sommaire, 382 pag. de texte, 12 pag. de table,
1 pag. d'errata, 8 figures dans le texte.
Id. — Une autre édition semblable à la précédente, mais sur le
titre de laquelle ne figure pas le lieu d'impression.

* —. — Histoire d'vn voyage faict en la terre dv Brésil,
autrement dite Amérique. Contenant la navigation et choses
remarquables, veües sur mer par l'auteur. Le comportement de Villegagnon en ce pays-là. Les mœurs et façons de
viure estranges des sauvages Brésiliens, avec un colloque
de leur langage. Ensemble la description de plusieurs
animaux, arbres, herbes et autres choses singulières, et
du tout inconnues par-deçà : dont on verra les sommaires
des chapitres au commencement du liure. Avec les figures,
revue corrigée et bien augmentée de discours notables
en ceste troisième édition. Le tout recueilli sur les lieux
par Jean de Lery, natif de la Margelle, terre de Sainct Sene,
au duché de Bourgongne.—(S. l.), *pour Antoine Chuppin*,
1585, in-8°.

68 pag. de titre, indice et préface, 427 p. de texte, 15 de table et
errata.

* —. — Historia navigationis in Brasiliam, qvæ et America dicitvr. Qva describitvr avtoris nauigatio, quæqúe in
mari vidit memoriæ prodenda : Villagagnonis in America gesta : Brasiliensium victus et mores, à nostris admodum alieni, cum eorum linguæ dialogo : animalia
etiam, arbores, atque herbæ, reliquáque singularia et nobis
penitus incognita. A Joanne Lerio Bvrgvndo Gallicè scripta.
Nunc vero primum latinitate donata, et variis figuris illustrata. — (Genevæ) *Excvdebat Evstathivs Vignon, Anno*
1586, in-8°.

30 fnc., 1 f. blanc, 341 p. 8 fnc., fig. aux p. 90, 186, 193, 207, 218, 252, 266.

Entre les p. 178, 179, se trouve une grande pl., pliée représentant le combat des *Tououpinambaoult* et des *Margaias*. A partir de la p. 224, la pagination est marquée 206 à 341. Cette traduction latine, dit M. Brunet, est plus rare que l'original français. Sous le titre de « *Colloquium* » p. 271-297, commence une série de phrases en brésilien et en latin.

Catalogue Leclerc.

Lery (J. de). — Histoire d'un voyage fait en la terre du Brésil... le tout recueilli par J. de Lery. Revue, corrigée et bien augmentée en ceste troisième édition, tant de figures que de choses notables sur le sujet de l'autheur.—(*Genève*) *pour les héritiers d'Eustache Vignon*, 1594, in-8°, 22 ff. prélim., 382 p. de texte et 6 fnc. pour la table.

Édition qui, malgré ce que porte le titre, doit être au moins la quatrième. Outre plusieurs figures en bois imprimées avec le texte, il doit se trouver une grande planche séparée après le f. Oiiij. entre les pages 204 et 205.

La 4e édition est dédiée à Mme la princesse d'Orange. *Pour les héritiers d'Eustache Vignon*, 1599, in-8°, 36 f. prélim. et 478 p. Cette édition doit être la répétition de la précédente dont elle reproduit la grande planche intitulée. *Pourtrait du combat entre les sauvages Tououpinambaoult et Margaias ameriquains*. En la comparant avec l'édition de 1580, on voit qu'on y a ajouté un avertissement de l'auteur qu'on a changé la dédicace, et retouché la préface, mais, qu'on n'y a pas réimprimé la table des matières.

La réimpression faite à *Geneve par les mêmes héritiers d'Eustache Vignon*, en 1600, petit in-8°, a été vendue 12 fr. 50. *Langlès*. Celle de *Geneve, Jean Vignon*, 1611, in-8°, annoncée cinquième, a 40 ff. préliminaires, 489 p. plus la table des matières, en 15 p. à deux colonnes, comme dans l'édition de 1580. La grande planche s'y trouve aussi. *Brunet*.

* —. — Histoire d'un voyage faict en la terre du Brésil. Nouvelle édition avec une introduction et des notes par Paul Gaffarel, professeur à la Faculté des lettres de Dijon. — *Paris, Alphonse Lemerre*, 1880, 2 vol. in-18, XVIII-432, 214 pages.

* **Lescarbot** (Marc). — Histoire de la Nouvelle France contenant les navigations, découvertes, et habitations faites par les François és Indes Occidentales et Nouvelle France souz l'avœu et authorité de noz Roys Tres-Chréstiens, et les diverses fortunes d'iceux en l'exécution de ces choses, depuis cent ans jusqu'à hui. En quoy est comprise l'Histoire

Morale, Naturele et Geographique de ladite province ; avec les tables et figures d'icelle. Par Marc Lescarbot, advocat en Parlement, Témoin oculaire d'une partie des choses ici recitées. Seconde édition, reveuë, corrigée et augmentée par l'Autheur. — *A Paris, chez Jean Millot*, 1612, in-8°, xviii, 1 fnc., 851 pages en 3 tomes et carte.

> A cet autre titre : « Histoire de la Nouvelle France par Marc Lescarbot, suivie des muses de la Nouvelle France. Nouvelle édition publiée par Edwin Tross avec 4 cartes géographiques. — Paris, Tross, 1866, » 3 volumes in-8°.
>
> « Cet auteur a ramassé avec beaucoup de soin tout ce qui avait été écrit avant lui touchant les premières découvertes des François dans l'Amérique : tout ce qui s'est passé dans la Floride Françoise, l'expédition du Chevalier de Villegagnon au Brésil, et le premier établissement de l'Acadie par M. de Monts. Il paroit sincéré, bien instruit, censé et impartial. » *Charlevoix.*

* **Lesson** (R. P.). — Histoire naturelle des colibris, suivie d'un supplément à l'Histoire naturelle des oiseaux-mouches ; ouvrage orné de planches dessinées et gravées par les meilleurs artistes, et dédié à M. le Baron Cuvier par R. P. Lesson. — *Paris, Arthus Bertrand*, (1847), in-8°, 196 pages, 39 planches.

Lesson et Garnot. — Zoologie. — *Voyez :* Duperrey. Voyage autour du monde.

* **Lettre de M. D. L. C.** à M*** sur le sort des astronomes qui ont eu part aux dernières mesures de la terre, depuis 1735. Lettre de M. Godin des Odonais et l'aventure tragique de Madame Godin dans son voyage de la province de Quito, à Cayenne, par le fleuve des Amazones. — *A Éïouilly, près Ham, en Picardie*, 20 octobre 1773 ; in-8°, 30 pages.

> Pièces fort rares et non citées dans Brunet, ni dans les catalogues spéciaux sur l'Amérique.
> La première lettre est de M. de la Condamine.

* **Lettre** de Sa Majesté Très-Fidèle le roi de Portugal à Pierre Gonzalvez Cordeiro Pereira,... pour faire exécuter ses ordres touchant les Jésuites de Portugal, confisquer tous leurs biens, etc. Traduit sur l'original portugais. — *Lisbonne, imp de M. Rodriguez*, 1759, in-12, 17 pages.

* **Lettre** du roi de Portugal qui ordonne le séquestre de tous les biens des Jésuites de ses royaumes (19 janvier 1759). — *Lisbonne, M. Rodriguez*, 1759, in-12, 20 p.

Suivie du texte portugais.

* [**Lettre** sur l'Empereur et la prospérité du Brésil; elle commence par ces mots :] Rio-Janeiro, ce 16 décembre 1824. Monsieur et cher ami. Mon intention était de m'établir dans cette capitale... — *Paris, imp. Gaultier-Laguionie*, (s. d.), in-4°, 3 pages.

* **Lettres** à M. l'abbé de Pradt par un indigène de l'Amérique du Sud. — *Paris, Rodriguez*, 1818, in-8°. VII-223 pages.

Lettres dv Jappon, Perv et Brasil, Enuoyees au R. P. General de la Societe de Iesvs, par ceux de ladicte Societe, qui s'employent en ces Regions, à la conuersion des Gentils. Desdiees à Monsieur Chartier, seigneur d'Aleinville. — *Lyon, Benoist Rigaud*, 1580, in-8°.

Contient : Lettre du Père François Gabriel, supérieur de la mission du Japon, envoyée en 1565. — Quelques principaux poincts des Annales du Peru... Lima, 1575 (par le P. Portilio, provincial). — Aucuns points tirez des lettres du Brasil... 1577 (par le P. Luis Fonseca).
(Catalogue de la vente du Dʳ Court, par Ch. Leclerc.)

Une autre édit. — *Paris, Thomas Brumen*, 1578, in-8°, 110 pages.

* **Lettres édifiantes** et curieuses concernant l'Asie, l'Afrique et l'Amérique, avec quelques relations nouvelles des missions et des notes géographiques et historiques. Publiées sous la direction de M. L. Aimé-Martin. — *Paris, Auguste Desrez et Société du Panthéon littéraire*, 1838-1843, 4 vol. in-8° :

T. I. XII-820 pages. — T. II, 807 pages. — T. III, 844 pages. — T. IV, 723 pages.
Le T. II contient des lettres sur les missions du Paraná, du Maragnon, de l'Oyapock, de l'Amazone, etc.

Lettres édifiantes et curieuses, écrites des missions étrangères par quelques missionnaires de la Cⁱᵉ de Jésus (recueillies par les PP. Le Gobien, du Halde, Incoult, La Neuville, Patoillet et autres). — *Paris, Nicolas Clerc, H. L. Guérin et L. F. Delatour*, 1717-1758, 26 volumes, in-12.

* **Lettres** en forme de bref, de N. S. P. le pape Benoist XIV, par lesquelles de son propre mouvement, il établit et constitue... François de Saldanha,... cardinal... Visiteur et Réformateur des Clercs Réguliers de la Compagnie de Jésus, dans les royaumes de Portugal et des Algarves, et dans tous les pays des Indes Orientales et Occidentales, soumis à la domination du Roi Très-Fidèle. (1 avril 1756.) — *Lisbonne, imp. de Michel Rodriques*, 1758, in-12, 25 pages.

Lettres et négociations entre Jean de Witt et les plénipotentiaires des provinces unies des Pais-Bas aux cours de France, d'Angleterre, de Suède, de Danemarc, de Pologne etc. depuis 1652 jusqu'à 1669. Traduites du hollandais (par Rousset). — *Amsterdam*, 1725, 4 volumes in-8°.

Contient des références diverses au Portugal et Brézil vol. I, p. 207, 208; vol. II p. 113, 114, 121, 122, 125, 132, 142, 148, 152, 208.

* **Lettres** et pièces concernant les changements actuels du Portugal, à l'égard des Jésuites, envoyées par le nonce résident à Lisbonne à la Secrétairerie de l'Etat ecclésiastique et distribuées aux Cardinaux de la congrégation du Saint-Office, avec le Mémorial présenté par le Père Général des Jésuites, le 31 juillet 1758 à Sa Sainteté le Pape Clément XIII. — (S. l. ni. d.), in-12, 28 pages.

* **Lettres** pastorales, l'une du chapitre de l'église d'Elvas ; l'autre du collège de la sainte église de Lisbonne, en exécution de la Lettre Royale du 19 janvier 1759, pour détruire et anéantir les erreurs impies et séditieuses que les Jésuites ont voulu semer dans ces royaumes. Avec un coup d'œil de leur usurpation dans l'Amérique Espagnole et Portugaise. — (S. l.), 1759, in-12, 24 pages.

* **Lettres** royales de Sa Majesté Très-Fidèle le roi de Portugal (Joseph Ier) portant (après un court exposé des crimes

dont les Jésuites de ses royaumes se sont rendus coupables)
que tous les biens meubles et immeubles qu'ils y possé-
daient, seront mis en séquestre et que tous ces religieux
seront enfermés dans leurs principales maisons, sans aucune
communication avec les autres sujets du roi, nourris et
entretenus à raison de douze sols par tête chaque jour,
jusqu'à ce qu'il en soit autrement ordonné. — *Lisbonne,
imp. de M. Rodriguez*, 1759, in-12, 24 pages.

Texte portugais en regard.

*   **Lettres** sur l'administration du Brésil; par un négociant
français établi dans cet empire. Première lettre; sur la
Douane de Rio de Janeiro. — *Paris, chez Mongie et Béchet
aîné*, 1826, in-8°, 31 pages.

Lettres sur le Brésil; réponse au *Times*. — *Paris,
A. Hennuyer*, 1881, in-8°, 28 pages.

Lettres sur le Portugal, écrites à l'occasion de la
guerre actuelle, par un Français établi à Lisbonne, avec des
observations sur le voyage du Duc du Châtelet, et des détails sur les finances de ce Royaume, publiées par H. Ranque.
— *Paris, Desenne*, (s. d.), in-8°, XXXVIII, 125 pages.

Les *Observations* donnent des détails sur les revenus du Brésil.

Lettres traduites du *Times* sur l'expédition de Monte-
Vidéo et l'insurrection à Fernambouc. — *Paris, Bossange,*
1817, in-8°.

Leuchtenberg et Cobourg. — *Paris, imp. de G. A.
Dentu*, (1836), in-8°, 45 pages.

Le Brésil et la question portugaise.

Levacher (G.). — Guide médical des Antilles et des régions intertropicales, à l'usage de tous les habitants de ces
contrées renfermant des études spéciales sur les maladies
des colonies en général et en particulier sur celles qui sont
propres à la race noire avec le traitement qui convient à
chacune de ces affections et un formulaire approprié à la

médecine pratique de ces pays par M. G. Levacher...
Troisième édition revue, corrigée dans toutes ses parties et
considérablement augmentée. — *Paris, l'auteur, rue de la
Monnaie*, 1847, in-8°, xii-468 pages.

Traité du Tunga des Brésiliens, etc.

* **Levasseur** (E). — L'abolition de l'esclavage au Brésil,
communication faite à l'Académie des sciences morales et
politiques dans la séance du 9 juin 1888, par E. Levasseur.
— *Paris, A. Picard*, 1888, in-8°, 17 pages.

Extrait du *Compte rendu de l'Académie des sciences morales et politiques*.

* —. — Le Brésil par E. Levasseur, membre de l'Institut,
professeur au Collège de France et au Conservatoire des
Arts et Métiers avec la collaboration de MM. de Rio Branco,
Éduardo Prado, d'Ourém, Henri Gorceix, Paul Maury,
E. Trouessart et Zaborowski. (Extrait de la Grande Encyclopédie). Deuxième édition illustrée de gravures, cartes
et graphiques, accompagnée d'un appendice par *** et
M. Glasson, membre de l'Institut, et d'un album de vues
du Brésil exécuté sous la direction de M. de Rio-Branco.
Publié par le Syndicat Franco-Brésilien pour l'Exposition
universelle de Paris en 1889. — *Paris, H. Lamirault*, 1889,
in-4°, viii-101 pages à 2 col.

L'Appendice a été rédigé par l'empereur Don Pedro et M. Glason.
L'album composé de 94 vues exécutées en phototypie a pour titre :
« Album de vues du Brésil exécuté sous la direction de J. M. da Silva-
Paranhos baron de Rio-Branco,... — *Paris, imp. Lahure*, 1889. » In-4°.

* —. — Coup d'œil sur les forces productives de l'Amérique du Sud. Conférence faite à la Société philomathique
le 1ᵉʳ septembre 1882, par M. Levasseur. — *Bordeaux,
imp. G. Gounouilhou*, 1882, in-8°, 19 pages.

Leybold (Frid.). — Salicineæ. *Voyez :* Martius, Flora
Brasiliensis, t. IV, 1.

* **Liais** (Emmanuel). — L'espace céleste et la nature tropicale; description physique de l'univers d'après des observations personnelles faites dans les deux hémisphères. Préface

de M. Babinet. Dessins de Yan Dargent. — *Paris, Garnier frères*, (s. d.), in-8°.

> Description du voyage. — Nature du Brésil. — Contient un certain nombre de vues prises dans les provinces de Rio de Janeiro, Pernambuco, Minas-Geraes, etc.

* Liais (Emm.).— Climats, géologie, faune et géographie botanique du Brésil par Emmanuel Liais. — *Paris, Garnier frères*, 1872, gr. in-8°, VIII, 640 pages et 1 carte.

* —. — Explorations scientifiques au Brésil. Hydrographie du haut San Francisco et Rio das Velhas, ou résultats au point de vue hydrographique d'un voyage effectué dans la Province de Minas-Geraes par Emm. Liais. Ouvrage publié par ordre du gouvernement impérial du Brésil et accompagné de cartes levées par l'auteur avec la collaboration de MM. Eduardo José de Moraes et Ladislão de Souza Mello Netto. — *Paris, Garnier frères*, 1865, in-fol., 26 pages et planches.

—. — Explorations scientifiques au Brésil. Traité d'astronomie appliquée et de géodésie pratique comprenant l'exposé des méthodes suivies dans l'exploration du Rio San-Francisco et précédé d'un rapport au gouvernement impérial du Brésil par Emm. Liais. — *Paris, Garnier*, 1867, in-8°.

—. — *Voyez* : Annales de l'Observatoire Impérial de Rio de Janeiro.

Liancourt (Godde de). — *Voyez* : Godde de Liancourt.

*Libre navigation (La) platonique des fleuves du Brésil et leurs cascades. Extrait de la *Gazette de France*. — *Paris, imp. Dubuisson*, 1867, in-16, 15 pages.

* Liévin Coppin. — L'Empire du Brésil au point de vue de l'émigration, par Liévin Coppin, vice-consul du gouvernement de S. M. l'Empereur du Brésil. — *Charleroi, imp. R. Greuse*, 1888, in-8°, 65 pages.

Sol, climat, monnaies, chemins de fer, commerce, douanes, colonisation.

* **Linden** (Lucien). — Les orchidées exotiques et leur culture en Europe. Classification botanique, physiologie, habitat naturel, culture en serre, importations, hybridation, utilisations industrielles. Avec 141 gravures. — *Bruxelles, chez l'auteur, Paris, Octave Doin,* 1894, in-4°, xiv, 1019 pages.

* **Lindley** (Thomas). — Voyage au Brésil, où l'on trouve la description du pays, de ses productions, de ses habitans et de la ville et des provinces de San-Salvador et Porto-Seguro. Avec une table correcte des latitudes et longitudes des ports de la côte du Brésil; ainsi qu'un tableau du change, etc., par Thomas Lindley. Traduit de l'anglais par François Soulès. — *Paris, chez Leopold Collin,* 1806, in-8°, vi et 215 pages.

> Contient beaucoup d'informations concernant la police, le commerce, l'état domestique des Brésiliens et quelques notices sur l'histoire naturelle de cette contrée. L'édition originale a été imprimée à Londres en 1805, in-8°.

* **Link** et de **Hoffmansegg**. — Voyage en Portugal, fait depuis 1797 jusqu'en 1799, par M. Link et le comte de Hoffmansegg; contenant une foule de détails neufs et intéressans sur la situation actuelle de ce royaume, sur l'histoire naturelle et civile, la géographie, le gouvernement, les habitans, les mœurs, usages, productions, commerce et colonies du Portugal, spécialement le Brésil. Traduit de l'allemand, et accompagné de la carte générale du Portugal. — *Paris, Dentu,* 1808, 3 vol in-8°.

> T. I xvi, 431 pages. Errata. T. ii, 395 pages. iv. T. III, viii, 337 pages. Le T. II, p. 227-338 traite des « Avantages que le Portugal peut retirer de ses colonies au Brésil. »

Linschot (Hvgo). — Navigatio ac itenerarivm Johannis Hvgonis Linscotani in Orientalem sive Lvsitanorvm Indiam. Descriptiones eivsdem terræ ac tractvvm littoralivm. Præcipuorvm, portuum, fluminum, capitum, locorumque, Lusitanorum hactenus navigationibus detec-

torum, signa et notæ... Collecta omnia ac descripta per
eundem Belgicè; nunc vero Latinè reddita, in vsum com-
modum ac voluptatem, studiosi lectoris novarum memo-
riâque dignarum rerum, diligenti studio ac operâ. —
*Hagæ-Comitis, ex officina Alberti Henrici, Impensis
authoris et Cornelii Nicolai, anno 1599, in-fol.*

« Préface au lecteur » 1 page (au verso le portrait de Linschot avec
cette légende *Sovfrir pour parvenir*). « Dédicace à Maurice de Lant-
grave » 2 pp., plus 1 f. avec ses armes. » Texte « 124 pp., 9 grandes
cartes et 29 grandes planches.

* Linschot (J.-H. de). — Histoire de la navigation de
Jean Hugues de Linschot Hollandois, aux Indes Orientales.
Contenant diverses descriptions des lieux jusques à present
descouverts par les Portugais. Observations des coustumes
et singularitez de delà, et autres declarations. Avec annotations de B. Paludanus,... Deuxième édition augmentée.—
A Amsterdam, chez Jean Evertsz Cloppenburch, 1619,
in-fol., 4 fnc., 205 pages, 5 cartes et plans.

—. — Le grand routier de mer, de Jean Hugues de
Linschot Hollandois. Contenant une instruction des
routes et cours qu'il convient tenir en la navigation des
Indes orientales, et au voyage de la coste du Brésil, des
Antilles et du Cap de Lopo Gonsalves. Avec description des
Costes, Havres, Isles, Vents et courants d'eaux et autres
particularitez d'icelle Navigation. Le tout fidelement
recueilli des memoires et observations des Pilotes Espagnols
et Portugais. Et nouvellement traduit de Flameng en François. — *A Amsterdam, chez Jean Evertsz Cloppenburch,...*
1619, in-fol , 2 fnc., 181 pages, titre gravé.

N° 73 de Trömel.

—. — Histoire de la navigation de Jean Hugues de
Linschot Hollandois : Aux Indes Orientales contenant diverses descriptions des lieux jusques a present descouverts
par les Portugais : Observations des coustumes et singularitez de delà, et autres declarations. Avec annotations de
B. Paludanus,... sur la matière des plantes et espiceries :
item quelques cartes geographiques et autres figures.

Troixiesme edition augmentée. — *A Paris, chez Evert Cloppenburgh*, 1638, in-fol., 4 fnc. 206 pages, 12 cartes et plans, 30 gravures, titre gravé.

La seconde partie a pour titre :

Le grand routier de mer, de Jean Hugues, de Linschot Hollandois. Continant une instruction des routes et cours qu'il convient tenir en la navigation des Indes Orientales, et au voyage de la coste du Brésil, des Antilles et du Cap de Lopo Gonsalves. Avec description des costes, havres, isles, vents et courants d'eaux et autres particularitez d'icelle navigation. Le tout fidelement recueilli des memoires et observations des Pilotes Espagnols et Portugais. Et nouvellement traduit de Flameng en François. — *A Amsterdam, chez Evert Cloppenburgh*, 1638, in-fol, 2 fnc., 181 p, titre gravé.

Les chapitres LIX à LXII traitent du Brésil.
N° 164 de Trömel.

Linschot (J.-H. de). — Description de l'Amerique et des parties d'icelle, comme de la Nouvelle France, Floride, des Antilles, Iucaya, Cuba, Jamaica, etc. Item de l'estendue et distance des lieux, de la fertilité et abondance du pays, religion et coustumes des habitans, et autres particularitez. Avec une Carte geographique de l'Amerique Australe, qui doit estre inseree en la page suivante. — *A Amsterdam, chez Evert Cloppenburch*, 1638, in-fol., 1 fnc., 86 p.

Liouville (Henry). — *Voyez :* Voisin (A.). Etudes sur le curare.

* **Lisle du Dreneuc** (P. de). — Nouvelles découvertes d'idoles de l'Amazone, par P. de Lisle du Dreneuc. — *Paris, E. Lechevalier*, 1889, in-4°, 20 pages.

* **Litteræ quadrimestres** ex universis præter Indiam et Brasiliam locis in quibus aliqui de Societate Jesu versabantur Romam missæ. — *Matriti, A. Avrial*, 1894-1896, in-8°.

T. I (1546-1552), 786 pages. T. II (1552-1554), 738 pages.
Fait partie des : *Monumenta historica Societatis Jesu nunc primum edita a patribus ejusdem Societatis.*

Litteræ Societatis Iesv dvorvm annorvm MDXC et MDXCI, ad patres et fratres eiusdem Societatis. — *Romæ, in collegio eiusdem Societatis*, 1594, in-8°

Cet ouvrage donne une courte notice de l'état des collèges de la Compagnie de Jésus au Brésil en 1591.

* **Loiseau-Bourcier** (A). — Guide international d'Europe au Brésil et à la Plata contenant les renseignements les plus utiles pour les voyageurs ainsi que les statistiques les plus récentes sur les divers pays parcourus, orné de nombreuses gravures et de cartes à l'appui du texte. Publié par A. Loiseau-Bourcier. — *Paris, A. Loiseau-Bourcier*, (1888), in-8°.

Lostalot-Bachoué (E. de). — *Voyez :* Le monde.

* **Louis** (Mᵐᵉ Ed.). — France et Brésil, poésie par Mᵐᵉ Ed. Louis, née Amélie Pilliet. — *La Flèche, imp. Besnier-Jourdain*, 1874, in-8°, x-55 pages.

* **Lourdelet** (Ernest). — Chambre de commerce de Paris. Exposition de Chicago. Rapport de M. Ernest Lourdelet. Novembre 1893. — *Paris, librairies réunies*, 1893, in-8°, 635 pages.

Page 139 et suiv., Exposition du Brésil.

Lucas (H.). — Entomologie. *Voyez:* Castelnau. Expédition dans l'Amérique du Sud. 7ᵉ partie. T. III.

* —. — Histoire naturelle des lépidoptères exotiques, par H. Lucas,... Ouvrage orné de 200 figures peintes d'après nature par Pauquet et gravées sur acier. — *Paris, Pauquet*, 1835, in-8°, 1 fnc., 156 p.

* **Lucet** (Émile). — Produits alimentaires exotiques. Le tapioca, origine, préparation, caractères, composition, falsifications, par M. Émile Lucet,... Extrait du *Bulletin de la Société libre d'émulation du commerce et de l'industrie de la Seine-Inférieure*, exercice 1895-1896. — *Rouen, imp. de L. Gy*, 1897, in-8° p.

Ludwig (Ernest). — *Voyez* : Teixeira (Dr Carlos). Le café du Brésil.

Lütken (Chr. Fr.). — Remarques sur les ossements humains des cavernes du Brésil et les collections de M. Lund. *Voyez* : E museo Lundii. T. I.

—. — Sur quelques-uns des crânes et des autres ossements humains de Minas Geraes. *Voyez* : Congrès international des Américanistes... Copenhague.

* **Luna** (Joseph). — Brasilien. Beatificationis, et canonizationis ven. servorum Dei Ignatii Azevedi et xxxix sociorum martyrum Societatis Jesu. Responsio ad difficultatem ab uno reverendissimo consultore excitatam in causam martyrii prædictorum ven. servorum Dei Ignatii Azevedi, et xxxix sociorum. — (*S. l. ni d.*), in-fol., 19 p.

Signé : Joseph Luna. — Revisa. Jo. Prunettus sub-promotor Fidei.

* —. — Brasilien. beatificationis et canonizationis ven. servi Dei P. Josephi de Anchieta sacerdotis professi Societatis Jesu. Responsio ad animadversiones r. p. d. Fidei promotoris super dubio An constet de validitate processuum authoritate apostolica in genere, et in specie, et ordinaria respective fabricatorum; testes sint ritè, et rectè examinati; ac jura producta legitime compulsata in casu, et ad effectum, etc. — (*S. l. ni d.*), in-fol., 40 p.

Signé : Joseph de Luna. — Revisa. Joannes Zuccherinius subpromotor Fidei.

* —. — Sac. rituum congreg emo, et rmo dño cardinali Brasilien., seu Bahyen. beatificationis, et canonizationis v. servi Dei p. Josephi de Anchieta sacerdotis professi Societatis Jesu. Positio super dubio. An constet de validitate processuum in civitate Bahya, S. Sebastiani fluminis Januarii, et Olindæ de anno 1708. Authoritate apostolica constructorum super novis miraculis per intercessionem dicti servi Dei ab altissimo patratis; ac testes sint ritè, et rectè examinati in casu, etc. — *Romæ, typ. Rev. Cam. Apost.*, 1726, in-fol., 10 pages.

*Luna (Joseph).— Brasilien., seu Bahyen. beatificationis
et canonizationis v. servi Dei p. Josephi de Anchieta sacerdotis professi Societatis Jesu. Responsio ad animadversiones
r. p. d. Fidei Promotoris. Super dubio An constet de validitate processuum in civitate Bahyæ, S. Sebastiani Fluminis
Januarii, et Olindæ de anno 1708. Authoritate apostolica
constructorum super novis miraculis per intercessionem
dicti servi Dei ab Altissimo patratis ; ac testes sint ritè, et
rectè examinati in casu, etc. — (*S. l. ni d.*), in-fol., 15 pages,

Signé : Joseph Luna. — Revisa. Joannes Zuccherinius subpromotor
Fidei.

* —. — Brasilien., seu Bahyen. beatificationis, et canonizationis ven. servi Dei p. Josephi de Anchieta sacerdotis
professi Societatis Jesu. Responsio ad Animadversiones rm̃i
p. d. Fidei promotoris super dubio An constet de Virtutibus Theologalibus, Fide, Spe, et Charitate erga Deum et
proximum ; et de Cardinalibus, Prudentia, Justitia, Fortitudine, et Temperantia, earumque annexis in gradu heroico
in casu, et ad effectum de quo agitur. — (*S. l. ni d.*), in-
fol., 119 pages.

Signé : Joseph Luna. — Revisa. Jo : Prunettus subpromotor Fidei.

* —. — Sacra rituum congregatione em̃o, et rm̃o d. card.
Imperiali Brasilien., seu Bahyen. beatificationis, et canonizationis ven. servi Dei p. Josephi de Anchieta sacerdotis
professi Societatis Jesu. Positio super dubio. An constet
de virtutibus theologalibus, Fide, Spe, et Charitate erga
Deum, et Proximum ; et de Cardinalibus, Prudentia, Justitia, Fortitudine, et Temperantia, earumque annexis in
gradu heroico, in casu, et ad effectum de quo agitur. —
Romæ, ex typographia Reverendæ Cameræ Apostolicæ,
1738, in-fol., 71 pages et un portrait d'Anchieta.

Signé : Joseph Luna. — Revisa. Jo. Zuccherinius subpromotor Fidei.

* —. — Brasilien. canonizationis, seu declarationis martyrii
ven. servorum Dei Ignatii Azevedi et xxxix sociorum

martyrum Societatis Jesu. Responsio ad novas animadversiones r. p. Fidei promotoris super dubio An constet de
martyrio, et causa martyrii in casu, et ad effectum, etc. —
(*S. l. ni d.*), in-fol., 56 pages.

Signé : Joseph Luna. — Revisa. Joannes Prunetus sub-promotor
Fidei.

* **Luna** (Joseph de). — Brasilien., seù Bahyen. beatificationis, et canonizationis ven. servi Dei. P. Josephi de Anchieta sacerdotis professi Societatis Jesu. Novæ animadversiones r. p. d. Fidei promotoris super dubio validitatis
processuum. — (*S. l.*), *Typis Zinghi et Monaldi*, 1721,
in-fol., 7 pages.

Signé : Joseph de Luna.

Lyon (Max). — Etude géographique sur l'Etat de Rio
Grande do Sul, par Max Lyon. (Extrait du *Bulletin de la
Société de géographie*). — *Paris, au siège de la Société*,
1891, in-8°, 12 pages.

* —. — Notes sur le Brésil. Budget des dépenses et des
recettes de l'Etat. Commerce extérieur. Chemins de fer et
Navigation. Banques d'émission. Valeurs brésiliennes placées en Europe, par Max Lyon, ingénieur. — *Paris, imp.
Nouvelle*, 1890, in-8°, 72 pages.

N'a pas été mis dans le commerce.

—. — Notes sur les chemins de fer du Brésil, par Léon
Max. (Extrait de la *Revue générale des chemins de fer*). —
Paris, Vᵉ Ch. Dunod, 1885, in-4°, 36 pages et 1 carte.

* —. — La question sociale au Brésil. Etude sur l'esclavage et la colonisation au Brésil, par Max Lyon, ingénieur
civil. — *Paris, imp. E. Capiomont et V. Renault*, 1880,
in-8°, 45 pages.

M

* **Macartney** (Lord). — Voyage dans l'Intérieur de la Chine et en Tartarie, fait dans les années 1792, 1793 et 1794 par Lord Macartney, ambassadeur du roi d'Angleterre auprès de l'Empereur de Chine; avec la relation de cette ambassade, celle du voyage entrepris à cette occasion par les vaisseaux le *Lion* et l'*Indostan*, et des détails très curieux sur les colonies Espagnoles, Portugaises et Hollandaises, où ces vaisseaux ont relâché : rédigés sur les Papiers de Lord Macartney, sur ceux de sir Erasme Gower, commandant de l'expédition, et des autres personnes attachées à l'Ambassade, par sir George Staunton, de la Société Royale de Londres, secrétaire de l'Ambassade d'Angleterre, et Ministre plénipotentiaire auprès de l'Empereur de Chine : traduit de l'Anglais, avec des notes, par J. Castéra, avec des figures et cartes gravées en taille douce. — *Paris, F. Buisson,* 1798, 2 vol. in-8°, VIII, 514 et 412 pages.

Ville et pays de Rio de Janeiro. — Observations sur le port de Rio de Janeiro. — Boutiques remplies de marchandises anglaises. — Cause de l'insalubrité de la ville de Rio de Janeiro.— Gaieté des habitans. — Vêtements — Mœurs — Coutumes. — Promenades publiques. — Jardin botanique. Traite des nègres. — Situation et disposition des esclaves qu'on importe à Rio de Janeiro — Caractère des naturels du Brésil — Production de ce pays — Vallée de Tijouca — Division du pays en plusieurs gouvernements. Mécontentement des habitans — Conspiration formée par quelques-uns d'entre eux. — Vues d'indépendance. — Fausse politique du gouvernement portugais, etc., etc.

* **Macedo** (Mgr de). — Le Christophore. La civilisation dans l'Amazonie, conférence faite à Manaos (Brésil) par Mgr de Macedo. Deuxième édition. — *Paris, Frinzine, Klein et Cie*, 1885, in-8°, XII, 62 pages.

* Macedo (de). — La civilisation dans l'Amazonie. Conférence de Monseigneur de Macedo, Evêque du Pará et de l'Amazone. Extrait de la *Revue Générale* (N° du 1er mai 1884)... — *Bruxelles, Bureaux de la Revue, rue des Ursulines*, 35, 1884, in-8°, 32 p.

* Macedo (Antonio de). — Vita patris Johannis de Almeida, sociatis Jesus presbyteri provinciæ Brasiliensis. — *Patavii*, 1669, in-8°.

N° 872 de Ternaux.

Macedo (Dr F. Ferraz de). *Voyez :* Ferraz de Macedo.

* Macedo (Joaquim Manoel de). — Notions de chorographie du Brésil, par Joaquim Manoel de Macedo. Traduction de J.-F. Halbout. — *Leipzig, F.-A. Brockhaus*, 1873, in-8°, 504 pages et 5 tableaux de statistique.

* Macedo (M. A. de). — Notice sur le palmier Carnauba, par M. A. de Macedo. — *Paris, typ. de Henri Plon*, 1867, in-8°, 46 pages.

* Macedo (S. de). — Note adressée par l'Envoyé extraordinaire et Ministre plénipotentiaire de Sa Majesté l'Empereur du Brésil à Son Excellence M. le Marquis de Moustier, Ministre Secrétaire d'État de S. M. l'Empereur des Français au département des Affaires étrangères. Légation impériale du Brésil. Paris, le 12 juin 1867. — (*S. l. ni d.*), in-4°, 5 feuillets non chiffrés.

Signé : S. de Macedo. — Au sujet du rejet, par le Brésil, des bons offices des États-Unis pour l'arbitrage dans la guerre du Paraguay.

* Macedo (Sousa de). — Propositions cathegoriques, et derniere resolution de Monsieur de Sousa de Macedo, ambassadeur de Portugal, touchant les differens du Bresil. — *Imprimé* l'an 1651, in-4°, 4 fnc.

N° 267 de Trömel.

* Magalhanes de Gandavo (Pero da). — Voyages, relations et mémoires originaux pour servir à l'histoire de la découverte de l'Amérique, publiés pour la première fois en français par Henri Ternaux. Histoire de la province de Sancta-Cruz, par Pero da Magalhanes de Gandavo. Lisbonne 1576. — *Paris, Arthus Bertrand*, 1837, in-8°, 162 pages.

* **Magaud d'Aubusson** (L.). — Le nandou et ses produits, par L. Magaud d'Aubusson. — *Versailles, imp. Cerf* (s. d.), in-8°, 7 pages.

Extrait de la *Revue des sciences naturelles appliquées*. N° 17, 5 septembre 1889.
Le nandou est l'autruche du Brésil.

Magin (Antoine). — *Voyez :* Wytfliet : Histoire universelle des Indes.

* **Magnin** (Charles). — Causeries et méditations littéraires, par Charles Magnin. — *Paris, Benjamin Duprat*, 1843, 2 vol. in-8°.

T. I. 505 p. Partie française. — T. II 538 p. Partie étrangère. Dans ce dernier volume : Antonio Vieyra. — Littérature brésilienne. — Romans Portugais et Brésiliens.

* **Magré** (P.). — Renseignemens sur la partie de côte comprise entre l'île Sainte-Catherine et Buenos-Ayres, traduits du Pilote américain de Blunt; par P. Magré, lieutenant de vaisseau. Insérés dans les *Annales maritimes et coloniales*, 1827. — *Paris, de l'Imprimerie Royale*, 1827, in-8°, 45 p.

* —. — Renseignemens sur la partie de côte comprise entre la Trinité espagnole et Maranham, traduits du Pilote américain de Blunt; par P. Magré, lieutenant de vaisseau. Insérés dans les *Annales maritimes et coloniales* 1827. — *Paris, de l'Imprimerie Royale*, 1827, in-8°, 39 p.

* **Mahé** (Dr J.). — Programme de séméiotique et d'étiologie pour l'étude des maladies des pays chauds par le Dr J. Mahé. — *Paris, J.-B. Baillière*, 1880, in-8° VII-428 p.

* **Mainguet** (Louis). — Le gloxinia, soins de culture, par Louis Mainguet. Lu en séance de la Société d'horticulture, le 5 octobre 1890. — *(Paris), imp. V° Camille Mellinet,* (1890), in-8°, 11 pages.

Le gloxinia est originaire du Brésil.

* **Maisonneuve** (Dʳ P.). — Congrès scientifique d'Angers 1895. Observations sur une nouvelle espèce de papillon qui se développe dans une galle ligneuse, d'origine américaine, par le Dʳ P. Maissonneuve. — *Angers, Germain et G. Grassin,* 1895, in-8°, 12 pages.

Cette galle était fixée sur une orchidée que le jardinier de l'Empereur don Pedro avait envoyée au jardinier de l'Université catholique d'Angers.

* **Maius** (Angelus). — Laudatio funebris in Johannem VI Lusitaniæ regem fidellissimum et Brasiliæ imperatorem habita in sacello Vaticano V kal. Julias an. 1827 Ab Angelo Maio sanctissimi domini prælato domestico Vaticanæ Basilicæ canonico et bibliothecæ præfecto. — *Romæ, typis vaticanis,* 1827, in-fol. 2 fnc., 50 p.

Avec portraits de Jean VI, de Pierre I et d'Isabella Maria.

Mallet (A. Manesson).— Description de l'Univers, contenant les différents systèmes du monde, les cartes générales et particulières de la geographie ancienne et moderne... — *Paris, Denys Thierry,* 1683, 5 vol. in-4.

Vol. I. 8 fnc., 302 pp., 5 fnc., front. gravé, portr. de Louis XIV et de l'auteur, cxii pl. — Vol. II. 2 fnc., 299 pp., 10 fnc., front. gravé, cxxxii pl. — Vol. III. 2 fnc., 256 pp., 8 fnc., front. gravé, ci pl. — Vol. IV. 3 fnc., 328 pp., 22 fnc., cxlvii pl. — Vol. V. 4 fnc., 400 pp., 22 fnc., clxx pl.

Les pp. 243-263, du vol. V, contiennent la description des Terres Australes et 9 pl. numérotées cvii-cxv. Les pp. 265-400, du même vol., contiennent la description de l'Amérique avec 54 pl. et cartes numérotées cxvi-clxx, parmi lesquelles on remarque les cartes du Canada, de la Virginie, de la Floride, du Mexique, de Cuba, de la Jamaïque, de Puerto Rico, du Nouveau Mexique, de la Californie, de la Guiane, du Brésil, du Chili, du détroit de Magellan, du Pérou, des Amazones, etc., etc. Parmi les vues, nous citerons celles de Québec, de S. Augustin de Floride, de S. Salvador, de Mexico, de Hoxana, de Carthagène, etc., etc.

Toutes les pl. qui ornent cet ouvrage sont, pour la plupart, assez bien exécutées. (Catalogue Leclerc.)

Malte-Brun. — *Voyez :* Barrow. Voyage à la Cochin-chine.

***Mangin** (Arthur).—Le cacao et le chocolat considérés aux points de vue botanique, chimique, physiologique, agricole, commercial, industriel et économique, par Arthur Mangin, suivi de la légende du Cacahualt, par Ferdinand Denis. — *Paris, Guillaumin*, 1860, in-12, 331 pages.

> Le cacaoyer au Brésil et dans la vallée de l'Amazone.

* —. — Le désert et le monde sauvage, par Arthur Mangin. Illustrations par MM. Yan'Dargent, Foulquier et W. Freeman. Deuxième édition. — *Tours, Alfred Mame*, 1870, in-8°, 509 pages.

> Déserts, forêts, singes, etc., du Brésil.

* —. — Pierres et métaux, par Arthur Mangin. Illustration par Clerget, Yan'Dargent et Garlier. — *Tours, Alfred Mame*, 1871, in-8°, 388 pages.

> Topazes, diamants, etc., du Brésil.

* —. — Les plantes utiles, par Arthur Mangin. Illustration par Yan'Dargent et W. Freeman. Deuxième édition. — *Tours, Alfred Mame*, 1874, in-8°, 384 pages.

> Nombreuses plantes du Brésil.

* —. — Voyages et découvertes au xix° siècle, par Arthur Mangin. Illustrations par Durand-Brager. Quatrième édition. — *Tours, Mame*, 1883, gr. in-8°, 400 pages.

> Voyage de Freycinet dans l'Océanie (1817-1820). — Le Brésil, ses li-mites, son étendue, sa population. — Les Bohémiens ou Ciganos. — Aspect et monuments de Rio-Janeiro. — Les Indiens du Brésil. — Vengeance de femme. — Richesse du Brésil. — De Rio-Janeiro à l'île de France. Voyage de circumnavigation de Wullerstof-Urtair (1857-1859). — Re-lâche à Rio-Janeiro.

Manifeste de la Société Brésilienne pour l'Abolition de l'Esclavage. — *Rio de Janeiro, typ. de la Gazeta de Noti-cias*, 1880, in-8°.

***Manifeste des républicains** brésiliens à l'occasion des honneurs funèbres rendus à l'ex-empereur dom Pedro II. A l'Occident et spécialement à la France, les républicains bré-

siliens. — *Le Mans, typ. Edmond Monnoyer* (s. d.), in-8°,
8 pages.

> Signé : Montenegro Cordeiro, né à Rio le 31 juillet 1861. — Jorge
> Lagarrigue, né à Valparaiso le 21 septembre 1854.

* **Manifeste** des royalistes portugais. 1838. — *Paris,
G. A. Dentu,* in-8°, 154 pages.

> Les royalistes ne sont pas coupables pour avoir résisté à l'empereur
> brésilien don Pedro qui avait renoncé au trône de Portugal. — La re-
> nonciation de l'empereur du Brésil don Pedro n'a point été révoquée par
> le traité de la séparation du Brésil. — La renonciation de l'empereur
> don Pedro n'a point été révoquée par le décret du 15 novembre 1825. —
> Nullité de l'abdication de don Pedro. — Nullité de la charte constitu-
> tionnelle de don Pedro. — Les royalistes portugais ne sont pas coupa-
> bles pour avoir proclamé roi don Miguel, lequel n'avait point renoncé ni
> perdu ses droits au trône. — Les droits des royalistes n'ont pas été
> anéantis par les armes de don Pedro, etc.

Manifeste du Prince Régent du Brézil aux gouvernemens, et nations amies. — *Rio de Janeiro, typ. Nationale,*
1822, in-fol., 7 pages.

* **Manifeste** du roi de Portugal (Joseph Ier), contenant les
erreurs impies et séditieuses que les religieux de la Compagnie de Jésus ont enseignées aux criminels qui ont été punis,
et qu'ils se sont efforcés de répandre parmi les peuples de
ce royaume. — *Lisbonne, imp. de Miguel Rodrigues* (s. d.),
in-12, 81 pages.

> Précédé d'une lettre du même roi à l'archevêque de Brague, datée du
> 16 janvier 1759, et suivi de la traduction portugaise : Erros impios.
> — Id. — Une autre édition, sans la traduction, 47 pages.

* **Mannequin** (Th.). — A propos de la guerre contre le
Paraguay, par la Confédération Argentine, l'Uruguay et le
Brésil, par Th. Mannequin. — *Paris, Guillaumin,* 1866,
in-8°, 31 pages.

* —. — Préface de l'édition française de la brochure publiée
sous ce titre : Intereses, peligros y garantias de los estados
del Pacifico en las regiones orientales de la America del
Sud. — *Paris, Dentu,* 1866, in-8°, LIX pages.

> Signé : Th. Mannequin.

—. — *Voyez :* Antagonisme et solidarité des états orientaux et des états occidentaux de l'Amérique du Sud.

Mannevillette (d'Après de). — *Voyez* : Après de Mannevillette (d').

Manouvrier. — Sur les Galibis du Jardin d'acclimatation, par Manouvrier. — *Paris, Hennuyer*, 1882, in-4°, 40 pages.

Extrait du *Bulletin de la Société d'anthropologie.* 1882.

* **Marancour** (L.-M. de). — L. M. de Marancour. Guide pratique d'Europe au Rio de la Plata. Madère. Ténériffe. San-Vicente. Dakar. Pernambuco. Bahia. Rio-de-Janeiro. Montevideo. Buenos-Aires. Avec un plan de Buenos-Aires et une carte océanique. Longitudes. Latitudes. Distances. Édition française. — *Paris, Buenos-Aires*, 1883, in-18 carré.

* **Marc** (Alfred). — Le Brésil. Excursion à travers ses 20 provinces, par Alfred Marc, rédacteur du journal *Le Brésil*, vice-président de la 3ᵉ section de la Société de géographie commerciale de Paris. Édité par M. J. G. d'Argollo-Ferrão. — *Paris, au journal Le Brésil*, 1890, 2 vol. in-12, VII-473 et 617 pages.

Les couvertures imprimées portent la date 1889.

—. — *Voyez* : Bianconi. Collection des études générales géographiques.

* —. — L'exposition de 1889. La province de Minas-Geraes à la section brésilienne, par Alfred Marc. Extrait du journal *le Brésil*, n° 236 et suivants. — *Paris, au journal le Brésil*, 1889, in-18, 36 pages.

* —. — Un explorateur Brésilien. Deux mille kilomètres de navigation en canot dans un fleuve inexploré et complètement dominé par des sauvages féroces et indomptables. Extrait du Journal du capitaine de frégate baron de Teffé, par Alfred Marc, membre de la Société de géographie. Préface par le vice-amiral Jurien de la Gravière. — *Paris, Alcan-Levy*, 1889, in-8°, XIII-57 pages.

Marçay (De). — Histoire des découvertes et conquêtes de l'Amérique, par M. de Marçay. — *Limoges, imp. Eugène Ardant* (s. d.), in-8°, 144 pages.

Marchal (Élias). — Hederaceæ. *Voyez* : Martius Flora Brasiliensis. T. XI 1.

***Marchand** (A.) et **Heros** (E.). — Alfred Marchand et Eugène Heros. Le Brésil à l'Exposition universelle de 1889. Couverture illustrée de A. Sorel. — *Paris, A. Taride*, 1889, in-8°, 79 pages.

Marchand (Léon). — Recherches organographiques et organogéniques sur le Coffea arabica L.— *Paris, J.-B. Baillière et fils*, 1864, gr. in-8°, avec 4 planches.

Marcgrav de Liebstadt (Georg.). — *Voyez* : Pison. Historia naturalis Brasiliæ.

***Marcoy** (Paul).—Voyage à travers l'Amérique du Sud, de l'Océan Pacifique à l'Océan Atlantique, par Paul Marcoy. Illustré de 626 vues, types et paysages par E. Riou et accompagné de 20 cartes gravées sur les dessins de l'auteur. — *Paris, L. Hachette*, 1869, 2 vol, gr. in-4°, t, I, 704 pages, t. II, 519 pages.

Mare (Aristide). — *Voyez* : Biet. Les Galibis.

***Margry** (Pierre).— Les navigations françaises et la révolution maritime du xive au xvie siècle, d'après les documents inédits tirés de France, d'Angleterre, d'Espagne et d'Italie, par Pierre Margry. — *Paris, Tross*, 1867, in-8°, 443 pages.

> Examen de la tradition des Dieppois sur les découvertes du capitaine Cousin au Brésil, etc.

***Mariano de Oliveira** (J.).—Église positiviste du Brésil n° 115. Notice sur la fête d'inauguration de la chapelle de l'humanité à Rio-de-Janeiro, par J. Mariano de Oliveira. — *Rio de Janeiro, au siège de l'Apostolat positiviste du Brésil*, 1891, in-12, 24 pages.

* **Marlès** (de). — Merveilles de la nature et de l'art dans les cinq parties du monde ou description des objets les plus curieux, tant sous le rapport de l'histoire naturelle, comme grottes, cascades, sources, montagnes, rochers, torrens, vues pittoresques, etc., que sous celui de l'art comme antiquités, monumens, constructions singulières ou gigantesques, etc... par M. de Marlès. Amérique. — *Paris, d'Eymery, Fruger et Cie*, 1830, 2 vol. in-8°. T. I x, 372 p. — T. II, 356 p.

Contient : T. I : Le caiman ou le tigre de Maragnon. — Canots des sauvages du Maragnon. — Les balses ou radeaux de la rivière des Amazones. — Rivière des Amazones. — Les Topinambous. — Moustiques du Maragnon. — Sources de l'île Sainte-Catherine. — Radeau Brésilien. — Le Cipo du Brésil.
T. II : Arbres des bords du Maragnon. — Rade de Sainte-Catherine. — Instinct particulier des Indiens du Brésil. — L'éma ou autruche brésilienne. — Fourmis rouges de Fernambuco. — Le temple et les corbeaux de l'île Sainte-Catherine.

* **Marmier** (Xavier). — Lettre sur l'Amérique, par Xavier Marmier. Canada. Etats-Unis. Havane. Rio de la Plata. Nouvelle édition. — *Paris, E. Plon*, 1881, 2 vol. in-16, VIII, 367 et 369 p.

T. II, p. 269-307 : La Bande orientale.

* **Marques** (R. P. Simon). — Brasilia Pontificia, sive speciales facultates pontificiæ, quae Brasiliæ episcopis conceduntur, et singulis decenniis renovantur, cum notationibus evulgatæ, et in IV libros distributæ... Accessit Appendix pro casibus in Brasilia reservatis cum desiderata eorum expositione. — *Ulyssipone, Michalis Rodrigues*, 1749, in-fol.

16 fnc. 486 et 69 pp. — Ouvrage précieux pour l'histoire ecclésiastique du Brésil. Le P. Simon Marques, né à Coimbra en 1684, entra dans la Compagnie de Jésus à l'âge de 17 ans. En 1702, il passa au Brésil et enseigna les belles-lettres à Rio-de-Janeiro. (Catalogue Dufossé.)

— Id. — ...nova editio. — *Ulyssipone, ex prælo Antonii Vincentii da Silva*, 1758, fol. 13 fnc.

* **Martel** (Henri). — Guide général des émigrants, par Henri Martel. — *Bruxelles, imp. Th. Lombaerts*, 1889, in-16, 321 pages.

* **Martin de Moussy** (V.). — Mémoire historique sur la décadence et la ruine des missions des Jésuites dans le bassin de la Plata, leur état actuel, par V. Martin de Moussy. — *Paris, Charles Douniol*, 1864, in-8°, 88 p. et 2 gr. cartes.

* **Martin de Nantes.**— Relation | succinte | et | sincère | de la mission du Père Martin | de Nantes, prédicateur | ca | pucin, missionnaire apostoli | que dans le Brezil parmy les | Indiens appellés Cariris. | *A Quimper,* | *chés Jean Périer, imprimeur* | *du Roy, du Clergé et du Collège.* | Petit in-12, 7 fnc., 233 pp., 3 pp., n.

> Ce volume a été imprimé en 1706, ainsi que l'indique l'approbation qui se trouve au dernier feuillet.

* —. — Relation succincte et sincère de la mission du Père Martin de Nantes, prédicateur capucin, missionnaire apostolique dans le Brésil, parmi les Indiens appelés Cariris. — *A Quimper, chez Jean Périer, imprimeur du Roi, du Clergé et du Collège* (1706), in-12, 183 pp.

> Même ouvrage que le suivant, le titre a été enlevé et l'on a effacé le lieu d'impression.

* —. — Histoire de la mission du P. Martin de Nantes, capucin de la province de Bretagne, chez les Cariris, tribu sauvage du Brésil, 1671-1688. Réimpression exécutée par les soins du R. P. Apollinaire de Valence. — *Rome, Archives générales de l'ordre des capucins,* 1888, in-12, 183 p.

* **Martius** (Carolus-Fridericus-Philippus de). — Dictionnaire Galibi. Dictionarium gallice, latine et galibi. Digestum e libro : Dictionnaire galibi, présenté sous deux formes, 1° commençant par le mot français ; 2° par le mot galibi, précédé d'un essai de grammaire, par M. D. L. S. G., à Paris, 1763, 8° (Suite de la *Maison rustique de Cayenne*). Auctum sermone latino, edidit Car. Fr. Ph. de Martius. — (*S. l. ni d.*), in-8°, 48 pages.

—. — Agaveæ. *Voyez :* Martius. Flora Brasil. T. III, 1.

—. — Anonaceæ. — *Voyez :* Martius. Flora Brasiliensis. T. XIII 1.

Martius (**C.**-F.-Ph. de). — Flora Brasiliensis. Enumeratio plantarum in Brasilia hactenus detectarum quas suis
aliorumque botanicorum studiis descriptas et methodo naturali digestas partim icone illustratas edidit Carolus Fridericus Philippus de Martius... — *Lipsiæ, apud Frid. Fleis-*
cher, 1840-1897, 15 vol. in–fol.

Se compose des travaux suivants :

T. I. Tabulæ physiognomicæ Brasiliæ regiones iconibus expressas
descripsit deque vegetatione illius terræ uberius exposuit Carol. Frid.
Phil. de Martius. — Lipsiæ, 1840, cviii, 31 pages, 55 pl., 1 carte.
Musci exposuit Christianus Fridericus Hornschuch,... Lycopodineæ
exposuit Antonius Fridericus Spring,... Ophiglosseæ, Marattiaceæ, Osmundaceæ, Schizæaceæ, Gleicheuiaceæ, Hymenophylleæ exposuit dʳ Joannes Guilielmus Sturm,... Cyatheaceæ, Polypodiaceæ exposuit Joannes
Gilbertus Baker,... Equisetaceæ exposuit Julius Milde,... Isoëtaceæ,
Marsiliaceæ, Salviniaceæ exposuit Maximilianus Kuhn,... — Monachii,
1840-1884, 711 p., 82 pl.

T. II, 1. Cyperaceæ exposuit Christianus Godofredus Nees ab Esenbeck,... — Monachii, 1842, 226 p., 30 pl.

T. II, 2. Gramineæ I. Oryzeæ, Phalaridcæ, Paniceæ exposuit Joannes
Christophorus Dœll,... — Monachii, 1871-1877, 358 pages, 49 pl.

T. II, 3. Gramineæ II. Stipaceæ, Agrostideæ, Arundinaceæ, Pappo-
phoreæ, Chlorideæ, Avenaceæ, Festucaceæ, Bambusaceæ, Hordeaceæ
exposuit Joannes Christophorus Doell,... Andropogoneæ, Tristegineæ
exposuit Eduardus Hackel,... — Monachii, 1878-1883, 342 p., 74 pl.

T. III, 1. Smilaceæ, Dioscoreaceæ exposuit Henricus Augustus Gri-
sebach,... Hypoxideæ, Burmanniaceæ, Hæmodoraceæ, Vellosieæ, Ponte-
deriaceæ, Hydrocharideæ, Alismaceæ, Butomaceæ, Juncaceæ, Rapateaceæ
Liliaceæ, Amaryllideæ, Xyrideæ, Mayacaceæ, Commelinaceæ exposuit
Mauritius Seubert,... Alstroemeriaceæ exposuit Augustus Schenk,...
Agaveæ exposuit Carolus Fridericus Philippus de Martius,... Eriacaulaceæ
exposuit Fridericus Kœrnicke,... Irideæ exposuit Fridericus Guilielmus
Klatt,... — Monachii, 1842-1871, 566 p., 71 pl.

T. III, 2. Lemnaceæ exposuit Fridericus Hegelmaier,... Araceæ exposuit Adolphus Engler,... Cyclanthaceæ, Palmæ, exposuit Oscar Drude,...
— Monachii, 1878-1882, 610 p., 134 pl.

T. III, 4. — Orchidaceæ. Tribus I Cypripedilinæ. Tribus II Ophry-
dinæ. Tribus III Neottiinæ. Tribus IV Liparidineæ. Tribus V Polysta-
chyinæ. Iribus VI Pleurothallidinæ exposuit Alfredus Cogniaux. —
Monachii, 1893-1896, 672 p., 133 pl.

T. III, 3. Musaceæ, Zingiberaceæ, Cannaceæ, Marantaceæ exposuit
Otto Georgius Petersen,... Bromeliaceæ exposuit Carolus Mez,... Typhaceæ exposuit Mauritius Kronfcid,... Triuridaceæ, Liliæaceæ, Potomogetonaceæ, Zannichelliaceæ, Najadaceæ, Ceratophyllaceæ, Batidaceæ,
Goodenoughiaceæ, Cornaceæ exposuit Carolus Schumann,... — Monachii,
1840-1844, 816 p., 128 pl.

T. IV, 1. Chloranthaceæ, Piperaceæ, Urticineæ exposuit F. A. Guil.
Miquel,... Salicineæ exposuit Fridericus Leybold,... Podostemaceæ, Mo-
nimiaceæ, Antidesmeæ, Gnetaceæ exposuit Ludovicus Renatus Tulasne,...
Lancistcmaceæ exposuit Adalbertus Schnizlein,... Begoniaceæ exposuit
Alphonsus de Candolle,... Cycadeæ, Coniferæ exposuit Augustus Gui-
lielmus Eichler,... — Monachii, 1852-1863, 471 p., 115 pl.

T. IV, 2. Balanophoreæ exposuit Augustus Guilielmus Eichler,...
Aristolochiaceæ exposuit Maxwell T. Masters,... Rafflesiaceæ exposuit
Hermannus comes a Solms-Laubach,... Nymphaeaceæ exposuit Robertus

Caspary,... Cactaceæ exposuit Carolus Schumann,... — Monachii, 1869-1890, 334 p., 63 pl.

T. V, 1. Polygonaceæ, Thymelæaceæ, Proteaceæ, exposuit Carolus' Fridericus Meissner,... Santalaceæ, Myristicaceæ exposuit Alphonsus de Candolle,... Salsolaceæ exposuit Eduardus Fenzl,... Amarantaceæ exposuit Mauritius Seubert,... — Monachii, 1855-1875, 263 p., 75 pl.

T. V, 2. Loranthaceæ exposuit Augustus Guilielmus Eichler,... Lauraceæ, Hernandiaceæ exposuit Carolus Fridericus Meissner,... — Monachii, 1866-1868, 335 p., 107 pl.

T. VI, 1. Apocynaceæ exposuit Joannes Müller,... Gentianaceæ, Loganiaceæ exposuit Augustus Progel,... Oleaceæ, Jasmineæ exposuit Augustus Guilielmus Eichler,... — Monachii, 1860-1868, 340 p., 85 pl.

T. VI, 2. Compositæ. I. Vernoniaceæ, II. Eupatoriaceæ exposuit Joannes Gilbertus Baker. — Monachii, 1873-1876, 398 p., 101 pl.

T. VI, 3. Compositæ. III. Asteroideæ, Inuloideæ, IV. Helianthoideæ, Helenioideæ, Anthemideæ, Senecionideæ, Cynaroideæ, Ligulatæ, Mutisiaceæ, exposuit Joannes Gilbertus Baker,... — Monachii, 1882-1884, 442 p., 108 pl.

T. VI, 4. Cucurbitaceæ exposuit Alfredus Cogniaux,... Lobeliaceæ exposuit Augustus Kanitz,... Plumbagineæ et Plantagineæ exposuit Joannes Antonius Schmidt,... Campanulaceæ exposuit Augustus Kanitz,... Asclepiadaceæ exposuit Eugenius Fournier,... Caprifoliaceæ, Valerianaceæ Calyceraceæ exposuit Carolus Alfredus Müller,... — Monachii, 1878-1885, 378 p., 104 pl.

T. VI, 5. Rubiaceæ. Tribus I Retiniphylleæ, Tribus II Guettardeæ, Tribus III Chiococceæ, Tribus IV Ixoreæ, Tribus V Coussareæ, Tribus VI Psychotrieæ exposuit Joannes Müller,... — Monachii, 1881-1888, 470 p., 67 pl.

T. VI, 6. Rubiaceæ. Tribus VII Pæderieæ, Tribus VIII Spermacoceæ, Tribus IX Stellatæ, Tribus X Naucleeæ, Tribus XI Henriquezieæ, Tribus XII Chinconeæ, Tribus XIII Rondeleticeæ, Tribus XIV Condamineeæ, Tribus XV Hedyotideæ, Tribus XVI Mussaendeæ, Tribus XVII Castesbreeæ, Tribus XVIII Hamelieæ, Tribus XIX Gardenieæ exposuit Carolus Schumann,... — Monachii, 1888-1889, 466 p., pl. 68-151.

T. VII. Ebenaceæ, Symplocaceæ, Sapotaceæ exposuit F. A. Guil. Miquel,... Ericaceæ, Convolvulaceæ exposuit Carolus Fridericus Meissner,... Styraceæ exposuit Mauritius Seubert,... Cuscutaceæ exposuit Augustus Progel,... Hydroleaceæ, Pedalineæ exposuit Alfredus Guilielmus Bennett,... — Monachii, 1856-1871, 424 p., 131 pl.

T. VIII, 1. Cordiaceæ Heliotropieæ, Borragineæ exposuit Georgius Fresenius,... Labiatæ exposuit Joannes Antonius Schmidt,... Serophularinæ exposuit Joannes Antonius Schmidt,... Gesneraceæ exposuit Joannes Hanstein,,..— Lipsiæ, 1857-1864, 448 p., 68 pl.

T. VIII, 2. Bignoniaceæ exposuerunt Eduardus Bureau,... et Carolus Schumann. — Lipsiæ, Frid. Fleischer, 1886 — 1887 452 pages, pl. 69-121.

T. IX. Acanthaceæ exposuit Christianus Godofredus Nees ab Esenbeck,... Verbenaceæ exposuit Joannes Conradus Schauer,... — Monachii, 1847-1851, 322 p., 50 pl.

T. X. Solanaceæ, Cestrineæ exposuit Otto Sendtner,... Utriculariæ exposuit Ludovicus Benjamin,... Primulaceæ, Myrsineæ, exposuit F. A. Guil. Miquel,... — Monachii, 1846-1856, 338 p., 59 pl.

T. XI, 1. Celastrineæ, Ilicineæ, Rhamneæ exposuit Sigofredus Reissek,... Hippocrateaceæ exposuit Joannes Peyritsch,... Meliaceæ exposuit Casimir de Candolle,... Hederaceæ exposuit Elias Marchal,... Umbelliferæ exposuit Ignatius Urban,.,. — Monachii, 1861-1879, 370 p., 90 pl.

T. XI, 2. Euphorbiaceæ exposuit Joannes Müller,... — Monachii, 1873-1874, 752 p., 104 pl.

T. XII, 1. Malpighiaceæ exposuit Augustus Henricus Rudolphus Grisebach,... Erythroxylaceæ exposuit Joannes Peyritsch,... Hypericaceæ exposuit Henricus Guilielmus Reichardt,... Marcgraviaceæ exposuit Ludovicus Wittmack,... Ternstroemiaceæ exposuit Henricus Wawra eq. de Fernsce,... Rhizoboleæ exposuit Ludovicus Wittmack,... Dichapetaleæ exposuit Henricus Baillon,... Guttiferæ et Quiinaceæ exposuit Adolphus Engler,... Moringaceæ exposuit Ignatius Urban,... Napoleonaceæ exposuit Augustus Guilielmus Eichler,... — Monachii, 1858-1879, 522 p., 112 pl.

T. XII, 2. Olacineæ, Icacineæ, Zygophylleæ, Rutaceæ, Simarubaceæ, Burseraceæ, Ochnaceæ, Anacardiaceæ, Sabiaceæ, Rhizophoraceæ exposuit Adolphus Engler,... Humiriaceæ et Lineæ exposuit Ignatius Urban,... Oxalideæ, Geraniaceæ, Vivianiaceæ exposuit Augustus Piogel,... — Monachii, 1872-1877, 548 p., 118 pl.

T. XII, 3. Sterculiaceæ, Tiliaceæ, Bombaceæ, Malvaceæ I exposuit Carolus Schumann,... Malvaceæ II exposuit Maximilianus Gürke,... — Monachii, 1886-1892, 624 p., 114 pl.

T. XIII. 1. Anonaceæ exposuit Carolus Fridericus Philippus de Martius,... Dilleniaceæ, Magnoliaceæ, Winteraceæ, Ranunculaceæ Menispermaceæ, Berberideæ, Capparideæ, Cruciferæ, Papaveraceæ, Fumariaceæ, Violaceæ, Sauvagesiaceæ, Bixaceæ, Cistaceæ, Canellaceæ exposuit Augustus Guilielmus Eichler,... Passifloraceæ exposuit Maxwell T. Masters,... — Monachii, 1841-1872, 654 p., 128 pl.

T. XIII. 2. Callitrichineæ exposuit Fridericus Hegelmaier,... Vochysiaceæ et Trigoniaceæ exposuit Eugenius Warming,... Onagraceæ exposuit Marcus Micheli,... Lythraceæ exposuit Bernardus Adalbertus Æmilius Kœhne,... Halorageæ exposuit Augustus Kanitz,... — Monachii, 1875-1882, 395 p., 69 pl.

T. XIV, 1. Myrtaceæ exposuit Otto Berg,... — Monachii, 1857-1859, 656 p., 82 pl.

Cette partie a un troisième titre : « Floræ Brasiliensis Myrtographia sive descriptio Myrtacearum in Brasilia provenientium auctore Ottone Berg,... Accedunt tabulæ 85. — Leipzig, apud Fred. Fleischer, 1858. »

T. XIV, 2. Rosaceæ exposuit Josephus Dalton Hooker,... Combretaceæ, Crassulaceæ, Droseraceæ exposuit Augustus Guilielmus Eichler,... Escalloniaceæ, Cunoniaceæ exposuit Adolphus Engler,... Connaraceæ, Ampelideæ exposuit Joannes Gilbertus Baker,... Tropæolaceæ, Molluginaceæ, Alsinaceæ, Silenaceæ, Portubacaceæ, Ficoidaceæ, Elatinaceæ exposuit Paulus Rohrbach,... Phytolacaceæ, Nyctagineæ exposuit Joannes Antonius Schmidt,... — Monachii, 1867-1872, 418 p., 91 pl.

T. XIV, 3. Melastomaceæ. Tribus I Microliciceæ et Tribus II Tibouchineæ exposuit Alfredus Cogniaux. — Monachii, 1883-1885, 510 p., 108 pl.

T. XIV, 4. Melastomaceæ. Tribus III Rhenieæ, Tribus IV Merianeæ, Tribus V Bertolonieæ, Tribus VI Miconieæ, Tribus VII Blakeæ, Tribus VIII Memecyleæ exposuit Alfredus Cogniaux,... — Monachii, 1886-1888, 656 p., 130 pl.

T. XV, 1. Papilionaceæ exposuit Georgius Bentham,... — Monachii, 1859-1862, 350 p., 127 pl.

T. XV, 2. Leguminosæ II et III. Swartziceæ, Cæsalpineæ, Mimoseæ exposuit Georgius Bentham. — Monachii, 1870-1876, 528 p., 138 pl.

Martius (C.-F.-Ph. de). — Flora Brasiliensis seu enumeratio plantarum in Brasilia tam sponte quam cultura provenientium quas... collegit, partim descripsit... C.-F.-P. de Martius. Algæ, Lichenes, Hepaticæ. Gramineæ. — *Stuttgartiæ et Tubingæ, J.-C. Cotta*, 1829-1833, 2 vol. in-8°.

*—. — Genera et species palmarum quas in itinere per

Brasiliam annis 1817-1820 jussu et auspiciis Maximiliani
Josephi I Bavariæ regis augustissimi suscepto collegit, descripsit et iconibus illustravit Dʳ C. F. P. de Martius... — *Monachii, typis Lentnerianis*, 1823, gr. in-fol. en 3 volumes.

Cet ouvrage a les autres titres suivants :
1° Historia naturalis palmarum. Opus tripartitum cujus volumen primum palmas generatim tractat. Volumen secundum **Brasiliæ** palmas
singulatim descriptione et icone illustrat. Volumen tertium ordinis familiarum generum characteres recenset, species selectas describit et figuris
adumbrat, adjecta omnium synopsi. Accedunt tabulæ ccxlv. Auctor
Carol. Frid. Phil. de Martius,... — *Monachii, impensis auctoris, Lipsiæ, apud Frid. Fleischer*, 1823-1850.
2° Historia naturalis palmarum. Volumen primum de palmis generatim. Scripserunt de palmarum structura Hugo a Mohl. de palmis
fossilibus Franc. Unger.-de palmarum formatione et rationibus geographicis Carol. Frid. Phil. de Martius. Accedunt tabulæ lv. — *Monachii,
impensis auctoris, Lipsiæ apud Frid. Fleischer*, 1823-1850, 2 fnc., v,
cxcviii pages.
3° Historia naturalis palmarum. Volumen tertium. Expositio systema-
tica. Characteres ordinis familiarum generum recensuit species selectas
descriptionibus partim figuris illustravit omnium hoc tempore notarum
synopsin adjectis plurium definitionibus, composuit Carol. Frid. Phil.
de Martius. Accedunt tabulæ lxxix. — *Monachii, impensis aucto ris,
Lipsiæ, apud Frid. Fleischer*, 1823-1850.
Paginé 153-350 avec 1 fnc. d'Errata.

*— **Martius** (C.-F.-Ph. de).—Icones plantarum cryptogamicarum quas in itinere annis 1817-1820 per Brasiliam
jussu et auspiciis Maximiliani Josephi I Bavariæ regis augustissimi instituto collegit et descripsit Carol. Frideric.
Philip. de Martius. — *Monachii, impensis auctoris*, 1828-
1834, in-fol., 138 pages, 76 planches.

* —. — Nova genera et species plantarum quas in itinere annis 1817-1820 per Brasiliam annis 1817-1820 jussu
et auspiciis Maximiliani Josephi I Bavariæ regis augustissimi instituto collegit et descripsit Carol. Frideric. Philip
de Martius, pingendas curavit et secundum auctoris
schedulas digessit Dʳ J. G. Zuccarini. — *Monachii, typis
Lindaueri*, 1824, in-fol.

T. I. iv, 2 fnc., ii, 158 pages et 97 planches. — T. II. 148 pages,
130 planches. — T. III. 198 pages, 100 planches.

—. — Systema materiæ medicæ vegetabilis Brasiliensis. — *Lipsiæ, Friedr. Fleischer*, 1843, in-8°, xxvi-155 pages.

—. — *Voyez* : Spix (J. B. de). Selecta genera et species
piscium.

Martius (F.-C.-Ph. de). — *Voyez* : Spix (J. B. de). Testacea fluviatilia. — *Idem*. Delectus animalium articulatorum.

Masters (Maxwell T.). — Aristolochiaceæ. — *Voyez* : Martius. Flora Brasiliensis, t. IV, 2.

—. — Passifloraceæ. — *Voyez* : Martius, Flora Brasiliensis, t. XIII, 1.

* **Matériaux** pour servir à l'histoire de l'expédition de Don Pedro en Portugal et de la guerre actuelle en Espagne. — *Paris, G. A. Dentu*, 1836, in-8°, iii-89 pages.

* **Matthey** (A.).—La Brésilienne, par A. Matthey. Arthur Arnould. — *Paris, G. Charpentier*, 1882, in-8°, 378 pages.

* —. — La Brésilienne, par A. Matthey. — *Paris, Périnet*, 1879, gr, in-8°, 302 pages.

La couverture imprimée porte : A. Matthey.« La Brésilienne. Édition illustrée. — Paris, Périnet. »

* **Maurel** (Dʳ E.).— Histoire de la Guyane française, par le Dʳ E. Maurel. — *Paris, Challamel*, 1889, in-8°, 58 pages.

Traite du contesté.

* **Maury**. — La Guyane française. Ses limites du côté du Brésil. État actuel de la question, par Maury. — *Paris*, 1859, in-8°, 62 pages.

Extrait de la *Revue coloniale*, novembre et décembre 1858.

* **Mavignier** (S. A.). — Du climat de Pernambuco, par S. A. Mavignier,... — *Paris, imp. Didot le jeune*, 1829, in-4°, 66 pages.

Thèse de médecine, n° 87.

* **Mawe** (Jean).— Voyages dans l'intérieur du Brésil, particulièrement dans les districts de l'or et du diamant, faits avec l'autorisation du Prince Régent de Portugal, en 1809 et 1810, contenant aussi un voyage au Rio de la Plata et un essai historique sur la révolution de Buenos-Ayres, par Jean Mawe. Traduits de l'anglais par J.-B. B. Eyriès. Enrichis de figures. — *Paris, Gide fils,* 1816, 2 vol. in-8°, XLII-358-381 pages.

Max-Dowell (S.W.). — Organisation judiciaire. *Voyez :* le Brésil en 1889.

* **Maximilien** (Prince) de Wied-Neuwied. —Voyage au Brésil, dans les années 1815, 1816 et 1817 par S. A. S. Maximilien, prince de Wied-Neuwied; traduit de l'allemand par J.-B. B. Eyriès. Ouvrage enrichi d'un superbe atlas, composé de 41 planches gravées en taille-douce et de trois cartes. — *Paris, Arthur Bertrand,* 1822, 3 in-8°, avec atlas grand in-folio.

T. I, XVI-399 pages. T. II, 400 pages. T. III, 384 pages.

Meilhac (Henri) et Ludovic **Halévy**. — Le Brésilien, comédie en un acte mêlée de chant, par Henri Meilhac et Ludovic Halévy. — *Paris, Michel Lévy,* 1863, gr. in-18, 47 pages.

Théâtre du Palais-Royal. Première représentation le 9 mai 1863.

Meissner (Carolus Fridericus). — Ericaceæ, Convolvulaceæ. *Voyez :* Martius. Flora Brasiliensis, t, VII.

—. — Lauraceæ, Hernandiaceæ. *Voyez :* Martius. Flora Brasiliensis, t. V, 2.

—. — Polygonaceæ, Thymelæaceæ, Proteaceæ. *Voyez :* Martius. Flora Brasiliensis, t, V, 1.

Mello (J. R. de). — De rusticis Brasiliæ rebus carminum libri IV acc. Prudentii Amaralii Brasiliensis de sacchari Opificio Carmen. — *Romæ, Fratrum Pucinelliorum imp.,* 1781, in-4° VII-206 pp. avec planches.

* **Mello Barreto** (Docteur). — La fièvre jaune. Sa pathogénie et son traitement, par le Docteur Mello Barreto.

Brésil. — *Saint-Paul, typ. do « Diario Official »*, 1896, in-8°, 23 pages.

Mello Moraes (Fils). — Poëmes de l'esclavage et légendes des Indiens. — *Rio de Janeiro, B. L. Garnier*, 1884, in-12, xxviii, 87 pages.

****Mémoires** historiques, généalogiques et chronologiques concernant les ascendances de José, Constantin, Marquès, Mouthino, Borgues, de Araujo, Coutinho, Banha, Sequeira, Magalhaens, Teixeira, Bacelar et Lacerda, Lopez, Mesquita, Pinto, Coelho, Pereyra, Leyte de Sampayo et Mello. — *Paris, chez l'auteur*, 1854, in-4°.

****Mémoires** touchant l'etablissement d'une mission chrestienne dans le troisième monde, autrement appellé la Terre Australe, Meridionale, Antarctique et Inconnuë. Par un Ecclésiastique Originaire de cette mesme Terre.— *A Paris, chez Claude Cramoisy*, 1663, in-8°, 17 fnc., 215 p.

Voyez : Paulmier.

****Mendes Pinto** (Fernand). — Les voyages adventureux de Fernand Mendes Pinto, fidellement traduits de Portugais en Français par le sieur Bernard Figuier Gentilhomme Portugais. Dédiez à Monseigneur le Cardinal de Richelieu. — *A Paris, chez Arnould Cottinet, rue des Carmes et chez Jean Roger, rue des Amandiers*, 1645, in-4°, 8 fnc. 1020 p., 12 p. de Table.

Mendes (Teixeira). — *Voyez :* Teixeira Mendes.

****Menier**.— Exposition universelle de 1867 à Paris. Rapports du jury international publiés sous la direction de M. Michel Chevalier. Café, succédanés du café. Cacao et chocolat. Coca et thé maté, par M. Menier. — *Paris, imp. Paul Dupont*, 1867, in-8°, 24 pages.

****Merault** (A. J.). — Résumé de l'histoire des établissemens européens dans les Indes occidentales depuis le

premier voyage de Christophe Colomb jusqu'à nos jours, par A. J. Merault. — *Paris, Lecointe et Durey*, 1826, in-12, 409 pages.

Messager du Brésil (Le). Journal français. — *Rio de Janeiro, typ. da Gazeta de Noticias*, 1878, in-fol.

Messager (Le), journal politique et littéraire. — *Rio de Janeiro, Gueffier*, 1831-1834, in-fol.

Meunier (F.). — Description d'une nouvelle espèce d'Euménides du Brésil, par F. Meunier. — (*S. l.*), 1888, in-8°, 4 p.

Extrait du *Naturalista Siciliano* de Palerme, 1888, T. VII.

Meyer (A. E.). — *Voyez :* Baird. Histoire des réfugiés huguenots en Amérique.

* **Meylan** (A.). — Vie de Gaspard de Coligny, amiral de France, par A. Meylan. — *Paris, Ch. Meyrueis*, 1862, in-8°.

Aide que donne Coligny à Villegagnon dans l'expédition au Brésil et à Rio-Janeiro.

* **Meyners d'Estrey.** — La maladie des caféiers au Brésil, par M. le Dʳ Meyners d'Estrey. — *Versailles, imp. Cerf* (s. d.), in-8°, 6 p.

Extraits de la *Revue des Sciences naturelles appliquées*. Nº 10, 20 mai 1889 (*Bulletin bimensuel de la Société nationale d'acclimatation.*)

Mez (Carolus). — Bromeliaceæ. *Voyez* : Martius, Flora Brasiliensis. T. III, 3.

* **Michaux-Bellaire** (L.). — Considérations sur l'abolition de l'esclavage et sur la colonisation au Brésil, par L. Michaux-Bellaire, Docteur en droit, Avocat au conseil d'État et à la Cour de Cassation. — *Paris, Guillaumin et Cⁱᵉ*, 1876, in-8°, 69 p.

Michel (Ernest). — A travers l'hémisphère Sud ou mon second voyage autour du monde. Portugal, Sénégal, Brésil, Uruguay, République Argentine, Chili, Pérou, par Ernest Michel. — *Paris, Victor Palmé*, 1887, in-8°, xi-388 pages.

> Nombreuses gravures. Les pages 25 à 119 sont consacrées au Brésil. Pernambuco, Bahia, Rio de Janeiro, etc.

Micheli (Marcus). — Onagraceæ. *Voyez :* Martius. Flora Brasiliensis. T. XIII, 2.

Mielle. — *Voyez :* Fortia- d'Urban. Histoire générale de Portugal.

* **Miguel I**er (Dom). — Manifeste de Sa Majesté Très-Fidèle le roi de Portugal Dom Miguel Ier (28 mars 1832). — *Paris, imp. de Pihan-Delaforest*, 1832, in-8°, 49 pages.

> En portugais et en français.
> Réponse au manifeste de Dom Pedro.

* **Mikan** (J. C.). — Delectus floræ et faunæ brasiliensis jussu et auspiciis Francisci I Austriæ imperatoris investigatæ, auctore J. C. Mikan. — *Vindobonæ, sumtibus auctoris, typis Antonii Strauss*, 1820, gr. in-fol. 26 fnc. et 24 planches coloriées.

Milcent (Gaston). — Portugal et Bragance, par Gaston Milcent. — *Paris, Édouard Vert*, 1872, in-12, 180 pages.

Milde (Julius). — Equisetaceæ. *Voyez :* Martius. Flora Brasiliensis. T. I.

* **Milet** (Henrique Augusto). — Le Brésil pendant la guerre du Paraguay (1865 à 1870). Mémoire lu au Congrès du Havre (section d'économie politique, 24 avril 1877). Par Henrique Augusto Milet, ingénieur civil à Pernambuco (Brésil). — *Paris, Guillaumin et Cie*, 1877, in-8°, 47 pages.

Milhaud (Albert). — *Voyez :* Deberle. Histoire de l'Amérique du Sud.

Ministère des affaires étrangères. Conférence internationale pour la protection de la propriété industrielle. — *Paris, imp. nationale*, 1883, in-fol., 63 pages.

Le Brésil était représenté à cette conférence par le comte de Villeneuve.

Ministère des affaires étrangères. Conférences internationales pour la protection des câbles sous-marins, 16 octobre — 2 novembre 1882. Procès-verbaux. — *Paris, imp. nationale*, 1882, in-fol.

A la 10ᵉ séance, le représentant du Brésil déclare que « le Cabinet de Rio-de-Janeiro ne croit pas pouvoir s'associer au vœu émis par la conférence au sujet du placement sur les côtes de balises indiquant la direction des câbles et désire conserver sur ce point sa liberté d'action. »

Miquel (F. A. Guil.), — Chloranthaceæ, Piperaceæ, Urticineæ. *Voyez :* Martius. Flora Brasiliensis. T. IV, 1.

—. — Ebenaceæ, Symplocaceæ, Sapotaceæ. *Voyez :* Martius. Flora Brasiliensis. T. VII.

—. — Primulaceæ, Myrsineæ. *Voyez :* Martius. Flora Brasiliensis. T. X.

Miroir Oost et West-Indical, auquel sont descriptes les deux dernières Navigations, faictes es Années 1614, 1615, 1616, 1617 et 1618, l'une par le renommé Guerrier de Mer, George de Spilbergen, par le Destroict de Magellan, et ainsi tout autour de toute la terre, avec toutes les Batailles données tant par terre que par eau... L'autre faicte par Jacob Le Maire, lequel au costé du Sud du Destroict de Magellan, a découvert un nouveau Destroict. Avec la description de tous Pays, Gens et Nations, etc. — *Amstelredam, Jan Jansz,* 1621, 4 vol. in-fol.

Mirval (C. H. de). — L'ermite du Chimboraço, ou les jeunes voyageurs Colombiens. Voyage dans les deux Amériques, par C. H. de Mirval. Avec gravures. — *Lehuby* 1850, in-12, VIII-280 pages.

Brésil, p. 207-242.

Missæ propriæ sanctorum pro regnis Portugalliæ, Algarbiæ et Brasiliæ. — *Tournai, Desclée Lefebvre et Cie* 1892 in-8°, 26 pages.

* Mocquet (Jean). — Voyages en Afrique, Asie, Indes Orientales et Occidendales, faits par Jean Mocquet, garde du Cabinet des singularités du Roi, aux Tuileries. Divisés en six livres. — *Paris, imprimé aux frais du Gouvernement*, août 1830, in-8°, 381 pages.

> Le livre II est intitulé : « Des voyages de Jean Mocquet aux Indes occidentales : comme en la Rivière des Amazones, Pays des Caripous et Caribes, et autres terres et îles d'occident. »
> Les premières éditions remontent à 1616, 1617, 1645, 1665.
> L'Édition de Paris, chez Jean de Heuqueville, rue Saint-Jacques à la Paix, 1617, contient des gravures.

Mohl (Hugo a). — De palmarum structura. — *Voyez :* Martius. Genera et species palmarum. T. II.

Monard (Nicolas). — *Voyez :* Colin. Histoire des drogues.

* Monchot (Charles). — Gisements aurifères du district d'Ouro–Preto, province de Minas Geraes (Brésil), par Charles Monchot. Extrait des *Mémoires de la Société des ingénieurs civils.* — *Paris, E. Capiomont et V. Renault*, 1884, in-8°, 26 pages, 1 planche.

* —. — Rapport sur les mines de Rapozos, Espirito-Santo, Borges e Passagem, district d'Ouro-Preto. Province de Minas Geraes (Brésil), par Ch. Monchot. — *Paris, imp. E. Capiomont et V. Renault*, 1884, in-4°, 11 pages.

* Monde (Le). Histoire de tous les peuples depuis les temps les plus reculés jusqu'à nos jours par MM. Saint-Prosper, de Saurigny, Duponchel, le baron Korff Belloc et l'abbé Martin, revue et continuée par M. E. de Lostalot-Bachoué. Édition illustrée de 340 belles gravures sur acier. — *Paris, Lebigre-Duquesne*, 1858, in-8°, T. X.

> Contient, p. 203-265 : Histoire du Brésil.

Monglave (Eugène de). — *Voyez :* Pèdre Ier (Dom). Correspondance.

—. — *Voyez :* Santa Rita Durão. Caramurú.

* **Monnier** (Marcel). — Des Andes au Pará. Equateur, Pérou, Amazone, par Marcel Monnier. Dessins de G. Profit, d'après les croquis et photographies de l'auteur. — *Paris, E. Plon, Nourrit et Cie*, 1890, petit in-4°, iv, 443 pages et 4 cartes.

Montagne (C.). — Cryptogamæ brasilienses seu plantæ cellulares quas in itinere per Brasiliam à celeb. Auguste de Saint-Hilaire collectas recensuit, observationibus nonnullis illustravit C. Montagne. — *Paris, P. Renouard* (1839), in-8°.

Extrait des *Annales des Sciences naturelles*, 1839.

Montagne (J. F. Cam.). — Sylloge generum specierumque cryptogamarum quas in variis operibus descriptas iconibusque illustratas nunc ad diagnosim reductas nonnullasque novas interjectas ordine systematico disposuit J. F. Cam. Montagne. — *Parisiis, J.-B. Baillière*, 1856, in-8°, xxiv-498 pages.

* —. — Première (— neuvième) centurie des plantes cellulaires exotiques nouvelles, par C. Montagne. — *Paris, imp. Martinet* (s. d.), in-8°, 185 pages.

Extrait des *Annales des Sciences naturelles*.
Ce volume a une pagination générale, plus une pagination particulière pour chacune des centuries. Il signale beaucoup de plantes du Brésil.

* **Montecatinius** (Thomas) et Félix de **Grandis.** — Brasilien. canonizationis, seù declarationis martyrii servorum Dei Ignatii Azevedi, et XXXIX sociorum martyrum Societatis Jesu responsiones facti et juris ad animadversiones reverendissimi Fidei promotoris super dubio : an constet de martyrio, et causa martyrii. — (S. l. ni d.), in-fol., 85 pages.

Signé : Thomas Montecatinius,... — Félix de Grandis. — Revisa. Joannes Zuccherinius subpromotor Fidei.

* **Montecatinius** (Thomas) et Félix de **Grandis**.—Sac. rituum congregatione eminentiss., et reverendiss. d. card. Otthobono Brasilien. canonizationis, seù declarationis martyrii servorum Dei Ignatii Azevedi, et XXXIX, sociorum martyrum Societatis Jesu. Positio super dubio An constet de martyrio, et causa martyrii in casu, et ad effectum, de quo agitur. — *Romæ, typis Reverendæ Cameræ Apostolicæ*, 1713, in-fol., XII-107 pages, 1 planche.

Signé : Thomas Montecatinius,... — Félix de Grandis,... — Revisa Io. Zuccherinius subpromotor Fidei.

Monteggia (Edouard A.) — *Voyez :* Jesus et Mesmer.

* **Montémont** (Albert de). — Voyages en Amérique par Christophe Colomb, Fernand Cortez, Pizarre, Cabral, Humboldt, Basil-Hall, Mistress Trollope, Ross, Parry, Franklin, Bulloch, Watterton, Head, Walsh, illustrés par Bocourt et Ch. Mettais, revus et traduits par M. Albert de Montémont. — *Paris, J. Bry*, 1854, in-4°.

Il y a une pagination spéciale pour chaque voyage. *Voyez* aussi: Albert-de-Montémont.

* **Montet** (Edouard). — Brésil et Argentine. Notes et impressions de voyage, par Edouard Montet, professeur à l'Université de Genève. Orné de 18 gravures. — *Genève, Ch. Eggimann et Cⁱᵉ, Paris, Fischbacher* (s. d.), in-8°, IX–280 pages.

* — — Édouard Montet. Religion et superstition dans l'Amérique du Sud. — *Paris, E. Leroux*, 1895, in-8°, 16 p.

Extrait des *Annales du Musée Guimet. Revue de l'Histoire des Religions*.

Moore (Michael). — De Indiæ occidentalis febribus. Dissertatio inauguralis. — *Edinburgh*, 1832, in-8°.

* **Moquin-Tandon** (A.). — Saint-Hilaire (Auguste Provençal de), par M. A. Moquin-Tandon. — *Paris, typ. Henri Plon* (s. d.), gr. in-8°, 3 pages.

Extrait de la Biographie universelle Michaud, publiée par M⁰ C. Desplaces, 38, rue Neuve-des-Mathurins, à Paris, t. 37.

* **Moraes** (Eduardo José de). — Rapport partiel sur le Haut San-Francisco, ou description topographique et statistique des parties de la province de Minas-Geraes, comprises dans le bassin du Haut San-Francisco (Brésil). Précédée de quelques aperçus généraux sur la même province, par Eduardo José de Moraes... — *Paris, imp. de A. Parent*, 1866, in-8°, 82 pages.

Moraes (Mello). — *Voyez* : Mello Moraes.

* **Moré** (Jean-Louis). — Le Brésil en 1852 et sa colonisation future. Notice écrite sur les documents communiqués par le Consulat Suisse à Rio de Janeiro, par J.-L. Moré. — *Genève et Paris*, 1852, in-8°, 318 pages.

* **Moré** (Jean-Charles). — De la colonisation dans la province de Saint-Pierre de Rio-Grande do Sul, Brésil, par Jean-Charles Moré, 1859. — *Hambourg, imp. Langhoff*, 1863, in-8°, VI-262 pages et carte.

* **Moreau** (Pierre). — Histoire des derniers troubles du Brésil. Entre les Hollandois et les Portugais. Par Pierre Moreau, natif de la ville de Parrey en Charollois. — *A Paris, chez Augustin Courbé*, 1651, in-4°, 9 fnc., 212 pages.

—. — Histoire des derniers troubles du Brésil. — *Voyez* : Relations véritables et curieuses de l'isle de Madagascar.

—. — Relations véritables et curieuses de l'Isle de Madagascar et du Brésil, avec l'Histoire de la dernière guerre faite au Brésil entre les Portugais et les Hollandais, par Pierre Moreau. — *Paris*, 1651, in-4°.

* **Morier** (Jacques). — Second voyage en Perse, en Ar-

ménie et dans l'Asie mineure, fait de 1810 à 1816, avec le
journal d'un voyage au golfe persique par le Brésil et Bom
bay, suivi du récit des opérations de S. E. Sir Gore Ouseley,
Ambassadeur de S. M. Britannique, par Jacques Morier,
ouvrage enrichi de gravures, traduit de l'Anglais par M***.
— *Paris, de Gide Fils*, 1818, 2 vol. in-8°, 926 pages.

* **Morin**. — Note sur diverses variétés de café et en particulier sur les cafés du Brésil, par le Général Morin. —
Paris, imp. E. Capiomont et V. Renault (s. d.), in-8°,
41 pages.

Extrait des *Annales du Conservatoire des Arts et Métiers* 1874.

* — Société centrale d'agriculture de France. Sur diverses
variétés de cafés, par M. le général Morin,... — *Paris,
imp. M* V° Bouchard-Huzard*, 1877, in-8°, 8 p.

Sur les cafés du Brésil.

Morize (H.). — Ebauche d'une climatologie du Brésil,
par H. Morize. — *Rio-de-Janeiro, H. Lombaerts*, 1891,
in-8°, 47 pages.

En portugais et en français.

—. — Climatologie. — *Voyez* : Le Brésil en 1889.

Morren (Ed.) et **H. Fonsny**. — Les broméliacées brésiliennes découvertes en 1879, pendant le voyage des princes
Auguste et Ferdinand de Saxe-Cobourg, et décrites par
M. le docteur Henri Wawra de Fernsee, précédé d'une
notice biographique et d'une relation de ses voyages, par
MM. Ed. Morren et H. Fonsny. — *Gand, imp. C. An-
noat-Braeckman; Liège, Boverie*, 1882, in-8°, 76 p.

Extrait du *Bulletin de la Fédération des sociétés d'horticulture de
Belgique*, 1880.

* **Mossé** (B.). — B. Mossé,... Dom Pedro II, Empereur
du Brésil, par B. Mossé. — *Paris, Firmin Didot*, 1889,
in-12, iv, 451 p. et 3 portraits hors texte.

* **Mouchez** (Ernest). — Les côtes du Brésil, description et
instructions nautiques par M. Ernest Mouchez,... Première

séction. Du Cap San Roque à Bahia. — *Paris, imp. Natio-nale*, 1874, in-8°, IX, 166 p.

N° 524. Dépôt des cartes et plans de la marine.

* **Mouchez** (Ernest). — Les côtes du Brésil, description et instructions nautiques, par M. Ernest Mouchez,... II° section, de Bahia à Rio-Janeiro. — *Paris, imp. Paul Dupont*, 1864, in-8°, XVIII, 372 pages.

Dépôt des cartes et plans de la marine, n° 367.
Une seconde édition, avec supplément, a paru : *Paris, Challamel aîné*, 1876, in-8°.

*—. — Les côtes du Brésil, description et instructions nau-tiques, par M. Ernest Mouchez,... IV° section, côte nord. Du cap San Roque à Maranhao. Publié sous le ministère de l'amiral Rigault de Genouilly, secrétaire d'Etat au minis-tère de la marine et des colonies. — *Paris, imp. Paul Dupont*, 1869, in-8°, VII, 154 p. et vues de côte.

Dépôt des cartes et plans de la marine. N° 455.

*—. — Hydrographie des côtes du Brésil, par M. Mouchez. — *Paris, imp. Paul Dupont* (s. d.), in-8°, 16 pages et 1 carte.

La couverture imprimée sert de titre. — La carte a pour titre « Croquis des côtes du Brésil indiquant les travaux hydrographiques exécutés pendant les trois stations successives des avisos à vapeur *le Bisson* (1856-1860), *le d'Entrecasteaux* (1861-1862) et *le Lamotte-Piquet* (1864-1866), par M. Ernest Mouchez. »

*—. — Instructions nautiques sur les côtes du Brésil (du Cap San Roque au Rio de la Plata) et le Rio de la Plata, par M. le contre-amiral Mouchez,... Troisième édition revue et complétée d'après les documents les plus récents, par M. de Roquemaurel,...— *Paris, imp. Nationale*, 1890, in-8°, XVII, 477 p.

Service hydrographique de la marine. N° 722.

—. — Longitudes chronométriques des principaux points de la côte du Brésil, rapportées au premier méridien de Rio de Janeiro ; par M. Mouchez. — *Paris, imp. Dupont*, 1863, in-8°.

Extrait des *Annales hydrographiques*, 1863.

* **Mouchez** (Ernest). — Nouveau manuel de la navigation dans le Rio de la Plata d'après les documents français et espagnols réunis par MM. Boucarut, lieutenant de vaisseau de la marine impériale ; Lobo et Ruidavets, officiers de la marine espagnole, et les travaux les plus récents, par Ernest Mouchez,... — *Paris, imp. Paul Dupont*, 1862, in-8°, xii, 204 pages.

Plusieurs parties ont trait au Brésil.

—. — Positions géographiques des principaux points de la côte orientale de l'Amérique du Sud, compris entre la Guyane française et le Paraguay d'après les travaux exécutés pendant les campagnes du *Bisson*, du *d'Entrecasteaux* et du *Lamotte-Piquet*, de 1856 à 1866, par M. Ernest Mouchez. — *Paris, imp. Paul Dupont*, 1868, in-8°, 35 p.

*—. — Recherches sur la longitude de la côte orientale de l'Amérique du Sud, par Ernest Mouchez. Extrait des *Annales hydrographiques*, 4° trimestre 1866. — *Paris, imp. Paul Dupont*, 1866, in-8°, 100 pages.

*—. — Rio de la Plata, description et instructions nautiques, édition de 1873 corrigée d'après les documents les plus récents, par Ernest Mouchez, capitaine de vaisseau. Publié sous le ministère du vice-amiral Pothuau,... — *Paris, imp. Nationale*, 1873, in-8°, 276 pages.

Plusieurs parties ont trait au Brésil.

* **Moura** (Joseph Marie de). — Exposé des motifs qui ont empêché le maréchal de camp Joseph Marie de Moura d'aller rejoindre à Porto l'armée de Sa Majesté Très Fidèle la reine de Portugal, sous le commandement de son auguste père S. M. I. le duc de Bragance. — *Dunkerque, imp. de C. Lallou*, 1833, in-8°, 48 p.

En Portugais et en Français.

* **Moure** (Amédée). — La rivière Paraguay depuis ses sources jusqu'à son embouchure dans le Parana (1851 à 1854), par le Dr Amédée Moure,... — *Paris, imp. Martinet* (s. d.), in-8°, 90 pages.

Extrait du *Bulletin de la Société de géographie de Paris*, avril et mai 1861.

* **Moure** (Amédée). — Les Indiens de la Province de Mato-Grosso (Brésil), observations par le Docteur Amédée Moure, membre de la Société de Géographie de Paris. — *Paris, Arthus Bertrand*, in-8°, 56 pages.

Extrait des *Nouvelles Annales des voyages*, d'avril, juin et juillet 1862.
La couverture imprimée sert de titre.

Moussy (V. Martin de). — *Voyez :* Martin de Moussy.

Moustier (Renaud de). — *Voyez :* Renaud de Moustier.

Mouton (Arthur du). — *Voyez :* Figaro-chroniqueur.

Müller (Carolus Alfredus). — Caprifoliaceæ, Valerianaceæ, Calyceraceæ. — *Voyez :* Martius. Flora Brasiliensis. T. VI, iv.

Müller (Fréderick). — Catalogue du précieux cabinet numismatique formé par feu M. J. A. Völcker. Première partie. Monnaies de nécessité. Vente à Amsterdam. — *Amsterdam, Fréderick Müller*, 1888, in-8°.

Contient les monnaies brésiliennes.

Muller (H. L.), négociant. — Le commerce du globe, comptes de revient de marchandises échangées entre toutes les principales places de commerce du monde. Zone du Brésil, Rio-Janeiro, Pernambuco, Bahia, Maragnan, Para, Céara, Santos, Parahyba, par H. L. Muller, négociant. — *Havre*, 1865, in-4 oblong.

Édition en français et en anglais.

Müller (Joannes). — Apocynaceæ. *Voyez :* Martius. Flora Brasiliensis. T. VI 1.

—. — Euphorbiaceæ. *Voyez :* Martius, Flora Brasiliensis. T. XI, 2.

Müller (Joannes). — Rubiaceæ. *Voyez :* Martius. Flora Brasiliensis T. VI, 5.

* **Mulsant** (E.). — Catalogue des oiseaux-mouches ou colibris, par E. Mulsant. — *Lyon, H. Georg, Paris, Deyrolle,* 1875, gr. in-8°, 32 p.

* **Mulsant** (E.), Jules et Edouard **Verreaux.** — Essai d'une classification méthodique des Trochilidés ou Oiseaux-mouches, par E. Mulsant,.. et Jules et Edouard Verreaux. — *Paris, F. Savy, Deyrolle* (1865), in-8°, 98 pages.

* **Mury** (Paul). — Histoire de Gabriel Malagrida de la Compagnie de Jésus, l'apôtre du Brésil au xviiie siècle, étranglé et brûlé sur la place publique de Lisbonne, le 21 septembre 1761, par le P. Paul Mury,... — *Paris, Charles Douniol,* 1865, in-18, iii–272 pages.

N

Nadailhac (Mis de). — Marquis de Nadailhac. L'Amérique préhistorique. Avec 219 figures dans le texte. — *Paris, G. Masson,* 1883, in-8°, viii-588 pages.

> Brésil, sa découverte; époque glacière; ossements de Lagoa do Sumidouro; Sambaquis, sa situation; anciens monuments.

Nadasi (Joannes). — *Voyez :* Alegambe. Mortes illustres et gesta eorum de Societate Jesu.

Naudin (Ch.). — *Voyez :* Saint-Hilaire (A. de). Revue de la flore du Brésil méridional.

Naudin (Ch.). — *Voyez :* Netto. Remarques sur la destruction des plantes indigènes au Brésil.

* **Naufrage** d'Isabelle de Grandmaison y Bruño, épouse de M. Godin des Odonais, et de sa famille sur les bords du fleuve des Amazones. (Extrait de l'*Histoire générale des Naufrages.*) — *Paris, imp. Poussielgue,* 1835, in-8°, 16 p.

* **Naufrage** d'Isabelle de Grandmaison y Bruno, épouse de M. Godin des Odonais et de sa famille, sur les bords du fleuve des Amazones. — *Paris, imp. Auguste Delalain,* 1827, in-8°, 16 pages.

Neave (D. J. J.). — Rapport sur l'État de Saint-Paul (Brésil), par M. D. J. J. Neave, consul de Belgique à Saint-Paul. — *Bruxelles, P. Weissenbruch,* 1891, in-8°, 30 pages.

Extrait du *Recueil consulaire.*

—. — Rapport sur l'État de Saint-Paul (Brésil), par M. J. J. Neave, consul de Belgique à Saint-Paul. — *Bruxelles, P. Weissenbruch,* 1892, in-8°, 22 p.

Extrait du *Recueil consulaire.*

* **Nectoux.** — Emigration pour le Brésil et tous les pays américains. — *Autun, imp. L. Duployer* (1874), in-4°, 4 pages.

Signé Nectoux.

* **Neesius** ab Esenbeck (C. G.). — Agrostologia Brasiliensis Seu descriptio graminum in Imperio Brasiliensi huc usque detectorum, auctore C. G. Neesio ab Esenbeck. Prof. Bonn. Acad. C. L. C. N. C. Praeside ord. Bor. Aqu. Rub. Equite rel. —*Stuttgartiae et Tubingae, Sumptibus J. C. Cottæ,* 1829, in-8°, 608 pages.

Avec une préface du Dr C. F. Ph. de Martius.

—. — Acanthaceæ. *Voyez :* Martius. Flora Brasiliensis. T. IX.

Neesius ab Esenbeck (C. G.) — Cyperaceæ. *Voyez :* Martius. Flora Brasiliensis. T. II, 1.

Nerciat (L.-A.)— *Voyez :* Le Nouvelliste de Rio de Janeiro.

Netscher (P.-M.).— Les Hollandais au Brésil, notice historique sur les Pays-Bas et le Brésil au xviiᵉ siècle, par P.-M. Netscher, lieutenant de grenadiers dans l'armée royale des Pays-Bas. (Avec portrait, fac-similés et carte.) — *La Haye, Belinfante frères*, 1853, in-8°, xxxii, 209 p.

—. — Les Hollandais au Brésil. Un mot de réplique à M. Varnhagen, par le lieutenant-colonel P.-M. Netscher.— *La Haye, Belinfante frères*, 1873, in-8°, 19 pages.

Netto (Ladisláu). — Résumé des recherches de l'archéologie brésilienne. Conférence par M. Netto. — *Rio de Janeiro, imprimerie de Machado*, 1885, in-8°.

* —. — Remarque sur la destruction des plantes indigènes au Brésil et sur le moyen de les en préserver, par Ladisláu Netto, directeur de la Section de Botanique et d'Agriculture au Muséum Impérial de Rio de Janeiro. Suivi d'une note sur le même sujet, par M. Naudin, membre de l'Institut. Lues à la Société botanique de France, dans la séance du 11 février 1865. — *Paris, imp. A. Parent*, 1865, in-8°, 16 pages.

La couverture imprimée sert de titre.

—. — Additions à la flore brésilienne. Itinéraire botanique dans la province de Minas Geraes, par Ladisláu Netto. —*Paris, typ. Simon Raçon et Comp*, 1866, in-8°, 42 pages.

* —. — Conférence faite au Muséum national en présence de LL. MM. Impériales le 4 novembre 1884 par le Dʳ Ladisláu Netto. — *Rio de Janeiro, imp. de Machado*, 1885, in-8°, 28 pages.

Résumé des recherches sur l'archéologie brésilienne publiées par le
même auteur dans les *Archivos do museu nacional*, T. VI.

Netto (Ladisláu). — Conférence sur le 6ᵉ volume des
Archives du Muséum national, par Ladisláu Netto. — *Rio
de Janeiro, Machado,* 1885, in-8°, 28 pages.

—. — Discours. *Voyez :* Congrès international des Américanistes. Berlin.

*—. — Lettre à M. Ernest Renan à propos de l'inscription phénicienne apocryphe soumise en 1872 à l'Institut
historique, géographique et lithographique du Brésil, par
M. Ladisláu Netto. — *Rio de Janeiro, imp. Lombaerts,*
1885, gr. in-8°, 39 pages.

*—. — Exposition universelle de 1889. Exposition archéologique et ethnographique brésilienne sous les auspices
du commissariat général du Brésil. Directeur, le professeur
Ladisláu Netto, directeur du Muséum d'histoire naturelle
de Rio de Janeiro. — *Paris, imp. Chaix,* 1889, in-8°,
xxi pages.

Le faux titre porte : Annexe.
Doit accompagner : « Exposition universelle de Paris 1889. Empire
du Brésil. Catalogue officiel. »

*—. — Le Muséum national de Rio de Janeiro et son
influence sur les sciences naturelles au Brésil, par Ladisláu
Netto, directeur général du Muséum national. — *Paris,
Ch. Delagrave,* 1889, in-8°, vi, 87 pages.

—. — Quelques vérités sur un diffamateur, par Ladisláu
Netto. — *Paris, Goupy,* 1889, in-8°, 24 pages.

—. — Sciences. *Voyez :* Le Brésil en 1889.

—. — *Voyez :* Freire Allemão. Breve noticia sobre a
collecção das madeiras do Brasil.

*****Neukomm** (Edmond). — Les dompteurs de la mer. Les
Normands en Amérique depuis le xᵉ jusqu'au xvᵉ siècle,

par Edmond Neukomm. — *Paris, J. Hetzel et C*^{ie} (s. d.),
in-12, 360 pages.

Quatrième partie : Les Dieppois au Brésil quatre ans avant l'expédition de Christophe Colomb, pages 291 à 349.

* **Nielly** (Dr Maurice). — Éléments de pathologie exotique, par le Dr Maurice Nielly,... 1° maladies infectieuses;
2° maladies des organes et des appareils; 3° animaux et
végétaux nuisibles. 29 figures dans le texte. — *Paris,
Adrien Delahaye et Émile Lecrosnier*, 1881, in-12, xii,
791 pages.

* **Noel** (Octave). — Histoire du commerce du monde
depuis les temps les plus reculés, par Octave Noel. —
Paris, E. Plon, Nourrit et Cie, 1889-1894, 2 vol. gr. in-8°.

T. II, depuis les découvertes maritimes du xve siècle jusqu'à la
révolution de 1782. Ouvrage enrichi de planches et de cartes hors texte.
— 446 pages.
Découverte du Brésil. Le Brésil demeure soumis à la couronne de
Bragance. San Salvador ou Bahia. Mines d'or et de diamants. Le
commerce du Portugal avec le Brésil s'effectue par caravanes régulières.
Les colonies françaises de la Floride et du Brésil.

* **Noël** (S.-B.-I.). — L'Amérique espagnole, ou lettres
civiques à M. de Pradt, par S. B. I. Noël. — *Paris, E.
Gide fils*, nov. 1817, in-8°, iv, 187 pages.

Nogueira (E.-T. Alvesius). — De Americanarum gentium origine illustranda commentarium scripsit E. T. Alvesius Nogueira. — *Rio de Janeiro, Pinheiro*, 1865, in-4°,
10 pages.

Nordstedt (O.). — Nonnulæ algæ aquæ dulcis brasilienses, auctore O. Nordstedt. — *Stockholm*, 1877, in-8°,
planches.

Extrait des *Œrfversigt af Kongl. Vet. Akad. Förh.* 1877.

* **Note** sur l'installation d'un abattoir frigorifique pour la
congélation et la conservation des viandes dans l'état de
Minas–Geraes (Brésil). — *Paris, imp. A. Maulde*, 1892,
in-8°, 60 pages.

* **Note** sur les affaires de la Plata. Documents officiels. — *(Paris), imp. de Schiller, rue du Croissant 12*, (s. d.), gr. in-fol. plano.

> Ces documents sont signés Pacheco y Obes, et datés 1849-1850. — Les accords faits avec le gouvernement de Buenos Ayres seront placés sous la garantie de la France, et, à son défaut, du Brésil.

* **Noter** (Raphael de). — Arbres fruitiers et plantes officinales exotiques à acclimater en Algérie par Raphael de Noter. — *Alger, chez tous les libraires*, 1883, in-8°, 39 pages.

> L'auteur fournit des renseignements sur les arbres et plantes qu'il conseille d'emprunter au Brésil : Cephaelis Ipecacuanha. — Genipa Bræsiliensis. — Bertholettia excelsa. — Eugenia variabilis, Depauperata, Bræsiliensis. — Dalbergia latifolia et Sissow. — Luhea grandiflorà, Helictères sacarola. — Sterculia chicha et lasiantha. — Ticorea febrifuga. — Esenbeckia febrifuga. — Gomphya Jabotapita. — Cochlospermum insigne. — Ocotea Puchery major, etc. etc.

* **Notice** et justification du tiltre, et bonne foy avec laquelle on a estably la nouvelle Colonie du Sacrement de S. Vincent en la Situation appellée de S. Gabriel, sur les bords du Rio de la Pratta. Traité Provisionel sur le nouvel incident, causé par le gouverneur de Buenos Ayres, ajusté en cette cour de Lisbonne par le Duc de Jovenase, Prince de Chelemar, ambassadeur extraordinaire du Roy Catholique, avec les plénipotentiaires de Son Altesse, approuvé, ratifié et confirmé, par les deux Princes. — *Suivant la copie de Lisbonne, à l'imp. d'Antoine Craesbeck de Mello*, 1681, in-12, 129 pages.

* **Notice** et justification du Titre, et bonne foy, avec laquelle on a estably la nouvelle Colonie du Sacrement de S. Vincent en la situation appellée de S. Gabriel, sur les bords du Rio da Prata. Avec le Traitté provisionel sur le nouvel incident, causé par le gouverneur de Buenos Ayres, ajusté en cette cour de Lisbonne par le Duc de Jovenaso, Prince de Chelemar, Ambassadeur extraordinaire du Roy Catholique avec les Plénipotentiaires de Son Altesse, approuvé, ratifié et confirmé par les deux Princes. Suivant la copie de Lisbonne. — *A la Haye, chez Adrien Moetjens*, 1713, in-12, 104 pages.

* Notice sur Don Pedro, Empereur du Brésil. — *Parıs, chez tous les marchands de nouveautés*, 1826, in-8°, 24 pp.

Notice sur Don Pedro Jᵉʳ, empereur constitutionnel du Brésil. Par M. G..., avocat. — *Paris, imp. Le Normant fils*, 1831, in-8°, 32 pages.

* Notice sur la situation générale de la Compagnie générale des chemins de fer Brésiliens. Société anonyme, capital social : dix millions, divisé en 20,000 actions de 500 Francs chacune entièrement libérées. — *Paris, imp. E. Buttner-Thierry*, 1893, in-8°, 10 pages.

Avec une carte du Réseau.

Nouvelliste (Le) — *Rio de Janeiro, imp. française*, 1837-1848, in-fol.

Nouvelliste (Le) de Rio de Janeiro. Journal politique, littéraire et commercial. Seul propriétaire H. Rautenfeld, Rédacteur en chef L.-A. Nerciat. — *Rio de Janeiro, typ. univ. de Laemmert*, 1863, in-fol.

* Nouvion (Victor de). — Extraits des auteurs et voyageurs qui ont écrit sur la Guyane, suivis d'un catalogue bibliographique de la Guyane, par Victor Nouvion. — *Paris, imp. de Béthune et Plon*, 1844, in-8°, XCII-616 pages.

Publications de la Société d'études pour la colonisation de la Guyane française n° 4.
Traite aussi de Pernambuco et du Brésil.

* Nul n'est Prophète en son pays. Nouvelle brésilienne. Avec un aperçu sur le climat, la géographie, les mines aurifères, le commerce, les colons, les mœurs, etc. du Brésil et particulièrement sur la colonie de Dona Francisca. — *Paris, imp. Renault*, 1857, in-18, 72 pages.

O

* **Observations** d'un Américain sur les ouvrages de M. de Pradt, sur l'état actuel de l'Amérique. — *Paris, Desray*, 1817, in-8°, 80 pages.

* **Observations** sur quelques articles calomnieux insérés dans plusieurs journaux de l'Europe contre le gouvernement du Brésil. — *Paris, imp. P. N. Rougeron*, juin 1820, in-8°, 21 pages.

* **Observations** sur quelques articles calomnieux insérés dans plusieurs journaux de l'Europe contre le gouvernement du Brésil et réfutés par le C... de S... — *Paris, imp. Lefebure*, février 1820, in-8°, 24 pages.

* **Océan Atlantique** sud. Brésil. Supplément n° V à l'Instruction n° 346. — *Parıs, typ. Georges Chamerot*, 1883, in-8°, 7 pages.

> Dépôt des cartes et plans de la marine. Notice hydrographique n° 10. 1883.

* **O'Kelly** et **Villeneuve**. — Paraguassu ; chronique brésilienne. Poème lyrique en trois parties, mis en musique par O'Kelly et J. Villeneuve. Exécuté pour la première fois sur le Théâtre-Lyrique à Paris, le 2 août 1855. — *Paris, chez Bolle–Lassalle*, 1855, in-8°.

Oliveira (A. de). — Le Cachangá. Article publié dans *la Sylphide* par M. A. de Oliveira. — *Paris, imp. Pommeret et Guénot*, (1845), in-8°, 7 pages.

Oliveira (J. Mariano de). — *Voyez* : Mariano de Oliveira (J.).

* **Oliveira** (Luiz Rodriguez d'). — A exposição do club da Lavoura em França em 1878. Relatorio apresentado á directoria do club da Lavoura pelo seu commissario Luiz Rodriguez d'Oliveira. —*Paris, typ. Georges Chamerot*, 1878, in-8°, 50 pages.

> Contient, p. 37-50 : « Influence des chemins de fer et de la navigation à vapeur au Brésil sur le développement des richesses du pays. Progrès rapides de la province de São-Paulo. Exposition de café du club da Lavoura, par Luiz Rodriguez d'Oliveira. »

* —. — Le Brésil. Ses débuts, son développement, sa situation économique, ses échanges commerciaux, ses plantations de café. — *Beauvais, imp. du Moniteur de l'Oise. C. Moisand,* 1884, in-8°, 77 pages.

> Le faux titre porte : « Le Brésil, conférences faites à Paris, à l'Hôtel des Chambres syndicales, par L. R. d'Oliveira. »

—. — Banques et institutions de crédit. *Voyez :* Le Brésil en 1889.

* **Oliveyra** (d'). — Mémoires historiques, politiques et littéraires concernant le Portugal et toutes ses dépendances, avec la bibliothèque des écrivains et des historiens de ces états, par M. le Chevalier d'Oliveyra,... — *A la Haye, chez Adrien Moetjens,* 1743, 2 vol. in-16.

> T. I., x, 11 fnc., 384 pages. T. II, 7 fnc., 384 pages.

* **Omalius d'Halloy** (J.-J. d'). — Des races humaines, ou éléments d'ethnographie, par J.-J. d'Omalius d'Halloy. — *Paris, P. Bertrand,* 1845, in-8°, vii-208 pages.

> La partie relative au rameau méridional de la race rouge occupe les pages 158-166.

* **Onffroy de Thoron** (don Enrique). — Antiquité de la navigation de l'Océan. Voyages des vaisseaux de Salomon au fleuve des Amazones, Ophir, Tarschich et Parvaïm, par don Enrique Onffroy de Thoron. Extrait du journal géographique *le Globe*, viie et viiie livraisons, novembre-

décembre 1869. — *Genève, imp. Carey*, 1869, in-8°, 41 pages et 1 carte de l'Amérique équatoriale.

* **Onffroy de Thoron**. — Les Phéniciens à l'île d'Haïti et sur le continent américain. Les vaisseaux d'Hiram et de Salomon au fleuve des Amazones (Ophir, Tarschich, Parvaïm), par le vicomte Onffroy de Thoron ou don Enrique. — *Louvain, imp de C. Peeters*, 1889, in-8°, 141 pages et 1 carte.

* —. — Voyages des flottes de Salomon et d'Hiram en Amérique. Position géographique de Parvaïm, Ophir et Tarschisch. — *Paris, imp. internationale de G. Towne*, (s. d.), gr. in-4°, 23 pages.

Signé : Vicomte Onffroy de Thoron. — Imprimé à 2 colonnes.

* **Orbigny** (Alcide d'). — Fragment d'un voyage au centre de l'Amérique Méridionale, contenant des considérations sur la navigation de l'Amazone et de la Plata, et sur les anciennes missions des provinces de Chiquitos et de Moxos (Bolivia), par Alcide d'Orbigny. Extrait de son *Voyage dans l'Amérique méridionale*, publié sous les auspices du Gouvernement. — *Paris, P. Bertrand*, 1845, in-8°, 584 pages et carte.

* —. — L'homme américain (de l'Amérique méridionale), considéré sous ses rapports physiologiques et moraux ; par Alcide d'Orbigny,... — *Paris, chez F.-G. Levrault*, 1839, 2 volumes in-8°, xxviii, 425 et 372 pages.

Atlas, in-folio, 15 planches.
Brasilio Guaranienne. — Cette race comprend : Les Guaraniens. — Les Guarayos. — Les Chiriguanos. — Les Serionos. — Les Tupys. — Les Guyanas. — Les Botocudos, etc.

* —. — Notice analytique sur les travaux de zoologie de M. Alcide d'Orbigny. — *Corbeil, imp. de L.-S. Creté*, 1850, in-4°, 47 pages.

* —. — Notice analytique sur les travaux zoologiques et paléontologiques de M. Alcide d'Orbigny. — *Paris, imp. de Cosson*, 1844, in-4°, 48 pages.

* **Orbigny** (Alcide d'). — Notice analytique sur les travaux de M. Alcide d'Orbigny, auteur d'un voyage dans l'Amérique méridionale. — *Paris, imp. de Félix Locquin*, (s. d.), in-4°, 28 pages.

* —. — Voyage dans les deux Amériques publié sous la direction de M. Alcide d'Orbigny. Nouvelle édition revue et corrigée. — *Paris, Furne, Jouvet et Cie*, 1867, gr. in-8°, iv, 615 pages, avec gravures hors texte et 2 cartes.

> * — Id. — Voyage dans les deux Amériques. Nouvelle édition annotée, publiée par Ch. Vanderauvera. Édition diamant. — *Bruxelles*, 1854, 4 volumes in-32.

* —. — Voyage pittoresque dans les deux Amériques. Résumé général de tous les voyages de Colomb, de Las-Casas, Oviedo, Gomara, Garcilazo de la Vega, Acosta, Dutertre, Labat, Stedman, la Condamine, Ulloa, Humboldt, Hamilton, Cochrane, Mawe, Auguste de Saint-Hilaire, Max. de Neuwied, Spix et Martius, Rengger et Lonchamp, Azara, Presier, Molina, Miers, Pœppig, Antonio del Rio, Beltrami, Pike, Long, Adair, Chastellux, Bartram, Collot, Lewis et Clarke, Bradbury, Ellis, Mackenzie, Franklin, Parry, Back, Phipps, etc. etc.; par les rédacteurs du Voyage pittoresque autour du monde; publié sous la direction de M. Alcide d'Orbigny,... Accompagné de cartes et de nombreuses gravures en taille douce sur acier d'après les dessins de MM. de Sainson, dessinateur du Voyage de l'*Astrolabe*, et Jules Boilly. — *A Paris, chez L. Tenré et chez Henri Dupuy*, 1836, in-4°, xvi, 568 pages à 2 colonnes.

> La partie relative au Brésil occupe les pages 113-209.

—. — Voyage dans l'Amérique méridionale pendant les années 1826 à 1833. — *Paris, Bertrand; Strasbourg, Levrault*, 7 vol. gr. in-4° et 2 atlas in-fol. coloriés, publiés de 1834 à 1847, en 90 livraisons contenant ensemble 620 feuille de texte sur gr. jésus vélin in-4°; 415 pl. du même format noires et coloriées, et 18 cartes sur grand-aigle.

> T. I et II. — Historique, 1835-43.
> T. III. — Histoire, Géographie, Géologie, Paléontologie, 1844.
> T. IV. — Homme américain, 1838-39. — Mammifères, 1847. — Oiseaux, 1835-1844.

T. V. — Reptiles, Poissons, 1847. — Mollusques, Polypiers, 1839 à 1846. — Foraminifères, 1839.
T. VI. — Crustacés, 1843. — Insectes, 1837 à 1843.
T. VII. — Cryptogames, 1839. — Palmiers, 1847.
T. VIII. — Atlas historique, Géographie, Géologie, Paléontologie, Botanique.
T. IX. — Atlas : Mammifères, Oiseaux, Reptiles, Poissons, Mollusques, Polypiers, Foraminifères, Crustacés et Insectes.

* **Ordinaire** (Olivier). — Du Pacifique à l'Atlantique par les Andes Péruviennes et l'Amazone. Une exploration des montagnes du Yanachaga et du Rio Palcazu. Les sauvages du Pérou ; par Olivier Ordinaire. Ouvrage accompagné de gravures et d'une carte. — *Paris, E. Plon, Nourrit et Cie*, 1892, in-12, 291 pages.

* **Organisation** de la carte géographique et de l'histoire physique et politique du Brésil. — *Rio de Janeiro, typ nacional*, 1877, in-8°, 24 pages.

* **Orlandinus** (Nicolaus). — Historia societatis Jesu authore Nicolao Orlandino societatis ejusdem sacerdote nunc primum in Germania in lucem edita. Accessit index rerum memorabilium locupletissimus. — *Coloniæ Agrippinæ, sumptibus Antonii Hierat*, 1615, in-4°, 3 fnc., 578 p. 21 fnc.

* —. — Historiæ societatis Jesu prima pars autore Nicolao Orlandino societatis ejusdem sacerdote. — *Romæ, apud Bartholomæum Zannettū*, 1615, in-fol. 3 fnc., 578 p., 19 fnc.

Jean de Azpilcueta, mort à Bahia 17 janvier 1555. — Antoine Pirès, supérieur de tout le Brésil, mort à Bahia, 27 mars 1572. — Emmanuel de Nobrega, 1ᵉʳ apôtre du Brésil, mort à Rio de Janeiro le 18 octobre 1570. — Ignace de Azevedo. — Pierre Correa et Jean de Souza.

* —. — Historiæ societatis Jesu pars prima sive Ignatius. Auctore Nicolao Orlandino societatis ejusdem sacerdote. — *Antverpiæ, apud Filio Martini Nutij*, 1620, in-fol. 7 fnc., 340 p., 14 fnc.

Ornano (baron d'). — Lettre. *Voyez :* Prieu. Affaire Prieu.

Osery (Eugène d'). — Géographie de l'Amérique du Sud. *Voyez* : Castelnau (Francis de). Expédition dans l'Amérique du Sud. 4° et 5° parties.

Osorio (Hieronymo), De rebvs Emmanvelis regis Lvsitaniæ invictissimi virtvte et avspicio gestis libri duodecim. — *Olysippone, Apud Antonium Gondisaluū*, 1571, infol.

481 pages, 1 fnc. Édition originale d'un ouvrage écrit avec élégance. Les contemporains de ce savant historien l'ont surnommé le Cicéron portugais. (Cf. la *Bibl. Lusitana*).

Cette histoire du roi Emmanuel traite de la découverte du Brésil ; on y trouve un certain nombre de narrations de célèbres navigateurs, tels que Cabral, Gaspar de Lemos et Magellan. (Catalogue Leclerc.)

Oultreman (P. Pierre d') — Tableavx des personnages signalés de la Compagnie de Jesvs, exposés en la solennité de la canonization des SS. PP. Ignace et François Xavier par un Père de la mesme Compagnie. — *A Dovay, chez Balt. Bell*, 1623, in-8°.

7 fnc., 521 pages, 21 fnc., titre gravé.

Parmi les biographies contenues dans ce volume rare, nous citerons les suivantes ayant rapport à l'Amérique.

Jean Carrera, missionnaire en la Floride et au Mexique, mort au xvi° siècle. — Emmanuel Nobrega, nommé en 1549 supérieur des missions de la Compagnie au Brésil. — Antoine Sedennio, pendant plusieurs années missionnaire à la Floride, passa à la Nouvelle Espagne et aux Philippines dont il devint le vice provincial ; il mourut en 1596. — Joseph Anchieta, né à Teneriffe en 1533, l'un des plus célèbres missionnaires du Brésil, mort en 1597. — Alphonse Barzena, l'apôtre du Pérou, mort en 1598. — Pierre d'Anasco, qui passa la plus grande partie de sa vie dans les missions des Tucumans, mort en 1603, à l'âge de 55 ans. — Fernand Suarez de la Concha, mort au Mexique en 1607. — Balthazar Pinna, mort en 1611, recteur des collèges de la Compagnie au Pérou. — André Ortiz, né en 1551, entra dans la Compagnie à l'âge de 17 ans ; il passa sa vie parmi les indiens Chiquitos et mourut en 1617. — Pierre Correa et Jean Sousa, martyrs au Brésil en 1554. — J. B. Segvra, supérieur des religieux envoyés à la Floride à la demande du Cacique, fut martyrisé ainsi que ses compagnons au nombre de huit en 1568. — Ignace Azevedo, martyrisé avec 39 religieux en allant au Brésil. — Gonzale de Tapia, fut le premier prédicateur chez les indiens de Cinaloa où il commença à prêcher en 1591 et fut martyrisé trois ans plus tard. — François Pinto fut envoyé avec le P. Figueira pour prêcher l'évangile aux Indiens qui habitaient les rives du Maragnon ; il fut martyrisé en 1607. — Aux pages 513-518, une relation du martyr de 8 religieux dans la province de Cinaloa. — L'épitre dédicatoire est signée : Pierre d'Oultreman. (Catalogue Leclerc n° 431.)

* Ourém (Baron d'). — Brésil. Notice générale sur les sessions parlementaires de 1877 par le baron d'Ourém. Extrait de l'*Annuaire de législation étrangère, publié par la Société de législation comparée*, t. VII, 1878. — *Pau, typ. Veronese*, 1879, in-8°, 36 pages.

> Sur la couverture imprimée on lit en outre : « Finances. — Affaires étrangères. — Cultes. — Instruction publique. — Travaux préparatoires du Code civil. — Liberté de l'anonymat. »

* —. — Brésil. Notice générale sur la session parlementaire de 1878, par le baron d'Ourém. Extrait de l'*Annuaire de législation étrangère publié par la Société de législation comparée*, t. VIII, 1879. — *Paris, imp. Arnous de Rivière*, 1879, in-8°, 36 pages.

> La couverture imprimée porte en outre : « Réforme électorale. — Finances. — Enquête agricole. — Affaires étrangères. — Exécution des jugements étrangers. — Notice sur le règlement du 27 juillet 1878 concernant cette matière. »

* —. — Brésil. Notice générale sur les sessions parlementaires de 1878-1879, par le baron d'Ourém. Réforme constitutionnelle par l'élection directe. Codification des lois militaires. Finances. Crédit foncier et agricole. L'Église et l'État. Registre de l'état civil. Mariage civil. Cimetières. Instruction publique. Extradition. Organisation judiciaire. Action de nullité des jugements. Sociétés anonymes. Louage des services agricoles; notice sur la loi du 15 mars 1879. Origines du Code d'instruction criminelle; observations sur l'article 322 du même Code. Extrait de l'*Annuaire de législation étrangère publié par la Société de législation comparée*, t. IX, 1880. — *Paris, imp. Arnous de Rivière*, 1880, in-8°, 115 pages.

* —. — Brésil. Notice générale sur les sessions parlementaires de 1880, par le baron d'Ourém. Réforme électorale. Terres du domaine de l'État. Cimetières. Territorialité des bâtiments. Crédit foncier et agricole. Jésuites. Inamovibilité de la magistrature. Ordre des avocats. Dérogation de l'article 332 du Code d'instruction criminelle. Légitimation par mariage subséquent. Brevets d'invention. Sociétés anonymes. Extrait de l'*Annuaire de législation étrangère pu-*

blié par la Société de législation comparée, t. X, 1881. — *Paris, imp. Marpon et Flammarion*, 1881, in-8°, 20 pages.

* **Ourém** (Baron d'). — Brésil. Notice générale sur la session parlementaire de 1881, par le baron d'Ourém. Loi électorale du 9 janvier 1881, notice et notes. Constitution de l'Empire, articles 6, 7, 8, 91 et 92. Notes. Extrait de l'*Annuaire de législation comparée*, t. XI, 1882. — *Paris, imp. de la Société anonyme de publications périodiques*, 1882, in-8°, 57 pages.

* —. — Brésil. Notice générale sur les sessions parlementaires de 1882, par le baron d'Ourém. Compétence du pouvoir exécutif pour la création d'ordres honorifiques. Exemption de tout impôt en faveur des lettres de naturalisation. Décentralisation administrative. Finances. Affaires étrangères. Interprétation de l'article 28 de la Constitution. Projet de code civil. Loi sur les brevets d'invention. Loi sur les concordats. Loi sur les sociétés anonymes. Extrait de l'*Annuaire de législation comparée*, t. XII, 1883. — *Paris, imp. de la Société anonyme des publications périodiques*, 1883, in-8°, 51 pages.

* —. — Brésil. Notice générale sur la session parlementaire de 1883. Par le baron d'Ourém. Réforme du Sénat. Naturalisation. Réformes électorales. Chemin de fer du Madeira. Caisses d'épargne et de retraites et pensions. Impôts provinciaux. Code disciplinaire et pénal pour la marine. Prêts hypothécaires. Exposition pédagogique. Expropriation en matière civile et commerciale. Organisation judiciaire. Élément servile. Louage de services domestiques. Délit de vol de produits agricoles. Extrait de l'*Annuaire de législation étrangère publié par la Société de législation comparée*, t. XIII, 1884. — *Paris, imp. de la Société anonyme de publications périodiques*, 1885, in-8°, 29 pages.

* —. — Brésil. Notice générale sur la session parlementaire de 1884 par le baron d'Ourém. Incidents parlementaires : Congrès ; dissolution de la Chambre. Naturalisation. Vote cumulatif. Réforme de la loi communale. Finances ; conver-

sion de la rente 6 o/o. Conventions consulaires. Sécularisa-
tion des biens des ordres religieux. Règlement des facultés
de médecine. Expropriation forcée civile et commerciale et
régime hypothécaire. Loteries étrangères. Légitimation par
le mariage subséquent. Mariage civil. Élément servile.
Louage de services. Brevets d'invention et marques de
fabrique et de commerce. Compagnies d'assurances. Industrie extractive du fer. Extrait de l'*Annuaire de législation
étrangère publié par la Société de législation comparée*,
t. XIV, 1885. — *Paris, imp. de la Société anonyme de publications périodiques*, 1886, in-8°, 24 pages.

* **Ourém** (Baron d'). — Brésil. Notice générale sur les
sessions parlementaires de 1885, par le baron d'Ourém.
Incidents parlementaires : avènement des conservateurs au
pouvoir; dissolution de la Chambre. Interprétation de l'Acte
additionnel. Système des élections municipales. Abolition
du ballotage. Administration provinciale : conseils provinciaux. Caisses d'épargne et monts de piété. Caisses de
retraites et pensions. Service sanitaire. Prisons de Fernando
de Noronha. Avances aux banques. Frontière avec la République Argentine. Provision des bénéfices ecclésiastiques.
Statuts des facultés de droit. Retraites des magistrats. Expropriation forcée. Actions hypothécaires. Crime de destruction
et dommages. Abolition de la peine du fouet. Légitimation
per subsequens des enfants illégitimes. Mariage civil. Marques de fabrique. Réformes du régime hypothécaire : inscription des hypothèques légales. Extinction graduelle de
l'élément servile. Gage agricole ou à domicile. (Extrait de
l'*Annuaire de législation étrangère publié par la Société de
législation comparée*, t. XV, 1886. — *Paris, imp. de la Société
anonyme des publications périodiques*, 1887, in-8°, 40 pages.

* — Brésil. Notice générale sur la session parlementaire de
1887, par le baron d'Ourém. Incidents parlementaires. Réformes électorales. Naturalisation. Consentement à l'Empereur pour sortir de l'Empire. Administration locale. Sécula-
risation des cimetières. Aliénation des terres de l'État.
Rachat du papier monnaie. Concession des terres du

domaine public. Actes internationaux. Réorganisation de l'armée de terre. Liberté des cultes. Concours pour les bénéfices curiaux. Industrie sucrière. Réformes dans l'instruction publique. Décentralisation administrative. *Habeas corpus*. Réunions publiques. Délit de port d'armes. Droits d'auteur. Mariage civil. Proposition pour l'adoption de la loi Torrens. Louage de services. Responsabilité des Compagnies de transport à traction. Loi sur les marques d'industrie. Règlement portant réforme des lois électorales. — Extrait de l'*Annuaire de législation étrangère publié par la Société de législation comparee*, t. XVII, 1888. — *Paris, imp. de la Société anonyme de publications périodiques*, 1889, in-8°, 35 pages.

* **Ourém** (Baron d'). — Brésil. Notice générale sur la session parlementaire de 1888, par le vicomte d'Ourém. Extrait de l'*Annuaire de législation étrangère publié par la Société de législation comparée*, t. XVIII, 1889. — *Paris, Société anonyme de publications périodiques*, 1890, in-8°, 37 p.

Sur la couverture imprimée on lit en outre : « Réformes constitutionnelles et mouvement républicain. — Réformes électorales. — Serment politique. — Législation sur les mines. — Chemins de fer. — Tramways. — Réforme des postes. — Emprunt. — Impôts pour l'Assistance publique. — École navale. — Liberté des cultes. — Crédit foncier et agricole. — Subventions dans l'intérêt de l'agriculture. — Faveurs à l'immigration. — École normale. — Peine de mort. — Registre général de l'état civil. — Loi abolissant l'esclavage. — Loi sur les pensions de retraite des magistrats. — Loi sur l'expropriation des eaux pour l'alimentation des villes. — Loi sur les banques d'émission.

* —. — Brésil. Notice générale sur la session parlementaire de 1889 et sur la proclamation de la République Fédérale, par le vicomte d'Ourém. Extrait de l'*Annuaire de législation etrangère publié par la Société de législation comparée*, t. XIX, 1890. — *Paris, Société anonyme de publications périodiques*, 1891, in-8°, 41 pages.

Sur la couverture imprimée on lit : « Dernière session parlementaire de l'ancien régime. — Proclamation de la République des États-Unis du Brésil. — Gouvernement provisoire. — Organisation des États. — Abolition du Sénat à vie, du Conseil d'État, des Assemblées provinciales et des Conseils municipaux. — Drapeau de la République. — Projet de Constitution. — Réforme électorale. — Naturalisation. — Finances ; question des banques d'émission ; opérations importantes. — Congrès de Montevideo et traités de droit international privé. — Réformes dans l'armée et dans la marine. — Cultes ; question des capucins. — Usines centrales et secours à l'agriculture. — Formulaire pour les actes de justice ; vacances judiciaires. — Code pénal. — Code civil. — Caractère immobilier du droit des concessionnaires de chemins de fer.

* Ourém (Baron d'). — Étude sur la puissance paternelle dans le droit brésilien, mémoire présenté à la Société de législation comparée lors de la célébration du 20ᵉ anniversaire de sa fondation (session extraordinaire de 1889) par le baron d'Ourém. (Extrait du « *Compte rendu de la session extraordinaire*, publié par la Société de législation comparée, 1889). — *Pau, imp. de Aréas*, (1896), in-8°, 72 pages.

* —. — Quelques notes sur les institutions de prévoyance au Brésil. Communication faite au Congrès scientifique international des Institutions de Prévoyance tenu à Paris en 1878. par le baron d'Ourém, membre de la Société de Législation comparée. — *Pau, imp. Vignancour*, 1878, in-8°, 45 pages et Errata.

* —. — Notice sur les institutions de prévoyance au Brésil, communication faite au Congrès scientifique universel des Institutions de Prévoyance lors de la deuxième session quinquennale en 1883 par le baron d'Ourém. — *Pau, imp. Garet*, 1883, in-8°, 174 pages.

Caisses d'épargne. — Monts de Piété. — Sociétés de Secours mutuels. — Assurances sur la vie. — Caisses de retraites et pensions. — Pensions civiles et militaires. — Renseignements statistiques.

* —. — Quelques notes sur les bureaux de statistisque au Brésil. Communication faite à la Société de Statistique de Paris lors de la réunion tenue pour célébrer la vingt-cinquième année de sa fondation, par le baron d'Ourém. — *Pau, imp. Aréas*, 1885, in-8°, 53 pages.

* —. — Étude sur la représentation proportionnelle au Brésil, par le baron d'Ourém, du Conseil de S. M. l'Empereur du Brésil... Extrait du *Bulletin de la Société de législation comparée*. — *Paris, C. Marpon et Flammarion*, 1887, in-8°, 84 pages.

* —. — Notice sur le mouvement législatif au Brésil en 1886, par le baron d'Ourém. Incidents parlementaires. Rejet

de la réforme constitutionnelle. Système des élections municipales. Conseils municipaux. Caisses d'épargne et monts
de piété. Concession des terres de l'État. Chemins de fer
de l'Etat et industrie privée. Finances : emprunts, conversion du 6 o/o et rachat du papier-monnaie. Projet de
réorganisation du corps diplomatique. Législation pénale
militaire. Oblations et droit curiaux. Enseignement se-
condaire. *Habeas corpus.* Abolition de la peine du fouet.
Vagabondage. Duel. Droits d'auteur. La question des
statuliberi. Gage agricole. Retraite des magistrats. Délits
de destruction et incendie. Extrait de *l'Annuaire de législation étrangère, publié par la Société de législation comparée,* t. XVI, 1887. — *Paris, de la Société anonyme de
publications périodiques,* 1888, in-8°, 47 pages.

La couverture imprimée sert de titre.

* **Ouro** (The) **Preto** Gold mines of Brazil, limited. Avis
de la seconde assemblée générale ordinaire, qui aura lieu le
18 décembre 1893. Rapports, bilan et comptes, au 30 juin
1893. — *Londres, imp. Blundell et Cie,* (s. d.), 40 pages, et
plan de la mine.

* **Ouro** (The) **Preto** Gold mines of Brazil, limited. Avis
de la troisième assemblée générale ordinaire, qui aura lieu
le 30 novembre 1894. Rapports, bilan et comptes, au 30 juin
1894. — *Londres, imp. Blundell et Cie,* (s. d.), in-8°
47 pages

Signé : Henry Ward, secrétaire.

* **Ouro** (The) **Preto** Gold Mines of Brazil, limited. Avis
de la cinquième assemblée générale ordinaire, qui aura lieu
le 28 janvier 1897. Rapports, bilan et comptes, au 30 juin
1896. — *Londres, imp. Blundell* (s. d.), in-8°, 41 pages.

Signé : Henry Ward secrétaire.

P

Pacheco y Obes. — *Voyez* : Note sur les affaires de la Plata.

—. — *Voyez :* Publication officielle faite par la Légation orientale à Paris. Rupture du général Urquiza.

—. — *Voyez:* Document pour servir à l'histoire de l'intervention européenne dans la Plata.

* **Pagan** (le comte Blaise-François de). — Relation historiqve et geographiqve de la grande Riviere des Amazones dans l'Ameriqve, par le comte de Pagan. Extraicte de diuers autheurs, et reduitte en meilleure forme. Auec la carte de la mesme Riuiere, et de ses prouinces. — *A Paris, chez Gardin Besongne*, 1656, in-8°.

> 4 fnc., 190 pp., carte. « *Magni Amaʒoni flvvii in America Meridionali, noua delineatio*. 1655, N. *Bes. delin. Mattheus fc.* »
> Cette relation, composée en grande partie d'après l'ouvrage d'Acuña est dédiée au Cᵃˡ Mazarin. Non cité par Ternaux ; il y a des exemplaires avec la date de 1655. — Catalogue Leclerc.

Paludanus (B.). — *Voyez :* Linschot. — Histoire de la navigation de Jean Hugues de Linschot.

Paranhos (José Maria da Silva). — *Voyez :* Silva Paranhos (José Maria da).

Paridant (Ladislas). — Des lignes de navigation entre l'Europe et le Brésil par M. Ladislas Paridant. — *Liège, Desoer*, 1855, in-8°, 61 pages.

Paridant (Ladilas).— Du Système commercial à Rio de Janeiro. Commerce d'importation, par Ladislas Paridant. — *Liège, imp. de J. Desoer*, 1856, in-8°.

***Parlatore** (Philippe). — Note sur l'Araucaria Brasiliensis et sur une nouvelle espèce d'Araucaria d'Amérique, par M. Philippe Parlatore. Extrait du *Bulletin de la Société botanique de France* (séance du 22 février 1861). — *Paris, imp. Martinet*, (s. d.), in-8°, 8 pages.

Passos (Joseph et Manoel da **Silva**). — *Voyez :* Silva Passos (Joseph et Manoel da).

***Patrocinio** (José do). — L'Affranchissement des esclaves de la province de Ceará, au Brésil, notes par José do Patrocinio, directeur de la *Gazeta da Tarde* de Rio de Janeiro. — *Paris, imp. Balitout, Questroy et Cie*, 1884, in-8°, 20 pages.

***Paulmier de Gonneville**. — Memoires tovchant l'etablissement d'vne mission chrestienne dans le troisieme monde autrement appellé la Terre Australe, Méridionale. Antartique et Inconnue. Dediez à Nostre S. Pere le Pape Alexandre VII, par un Ecclesiastique originaire de cette mesme Terre. — *Paris, Clavde Cramoisy*, 1663, in-8°, 17 fnc., 215 p.

> Une deuxième édition sous cette date contient en plus de la précédente un « *Advertissement touchant la publication de cet ouvrage* » 5 fnc; errata 1 fnc; une mappemonde gravée par De Fer. L'épître à Alexandre VII n'est signée que des initiales de l'auteur J. P. D. G. (Jean Paulmier de Gonneville).
> La relation du voyage de Paulmier de Gonneville n'est plus mise en doute, pour sa véracité, depuis la publication de M. d'Avezac (*Campagne du navire l'*Espoir *de Honfleur*). Ce que nous pouvons affirmer maintenant c'est que le capitaine de Gonneville est, après Cousin, celui dont la navigation au Brésil ait laissé des traces certaines dans l'histoire des navigations normandes au Nouveau Monde. Il séjourna au Brésil de janvier à juillet 1504. Cf. l'ouvrage de P. Gaffarel, *Le Brésil français* (pp. 30-54). (Catalogue de la vente du docteur Court n° 262. Ch. Leclerc.)

***Pauquet**. — Histoire naturelle des oiseaux exotiques, 1 vol. in-8°, grand raisin, orné de 80 planches contenant un choix des plus belles espèces d'oiseaux exotiques peints d'après nature par Pauquet. — *Paris, Pauquet,* 1834, in-8°, 8 p., 4 pl.

Il n'a paru que la 1re livraison.

* **Pèdre I**^{er} (Don). — Correspondance de Don Pèdre Ier, Empereur constitutionnel du Brésil, avec le feu Roi de Portugal Don Jean VI, son père, durant les troubles du Brésil ; traduite sur les lettres originales ; précédée de la vie de cet Empereur et suivie de pièces justificatives, par Eugène de Monglave. — *Paris, Tenon,* 1827, in-8°, 360 pages.

* —. — Manifeste de dom Pedro, duc de Bragance. — *Paris, imp. de Casimir,* in-4°, 8 pages.

Donné à bord de la frégate *Rainha de Portugal* le 2 février 1832. — Pour soutenir les droits de sa fille Dona Maria II au trône de Portugal.

* **Peixoto** (Floriano). — Message adressé au Congrès National par le maréchal Floriano Peixoto, Vice-Président de la République du Brésil, le 4 octobre 1894. — *Rio de Janeiro, imp. Nacional,* 1894, gr. in-8°, 10 pages.

* —. — Message adressé au Congrès National par le maréchal Floriano Peixoto, Vice-Président de la République des États-Unis du Brésil, à l'occasion de l'ouverture de la première session ordinaire de la deuxième législature. — *Rio de Janeiro, imp. Leuzinger,* 1894, in-8°, 27 pages

* **Pelleprat** (Pierre). — Relation des missions des Pères de la Compagnie de Jésus dans les isles et dans la terre ferme de l'Amérique méridionale divisée en deux parties : avec une introduction à la langue des Galibis sauvages de la terre ferme de l'Amérique par le père Pierre Pelleprat. — *Paris, chez Sebastien Cramoisy,* 1655, in-8°.

Trois paginations, 1re partie, 7 fnc.,93 pages. — 2° partie, 121 pages. — Introduction, 30 pages.

* **Penedo** (de). — Mission spéciale à Rome en 1873, par le baron de Penedo. — *Londres, imp. d'A. Kingdon,* 1883, in-8°, VII-177 pages.

Pour discuter avec le Pape le droit impérial du *Placet* ou obtenir la reconnaissance de cette prérogative de la couronne.

* **Percheron** (Gaston). — Le perroquet. Histoire naturelle, hygiène, maladies, par Gaston Percheron. Avec 20 planches coloriées. — *Paris, P. Asselin*, 1878, in-8°, xı-208 pages.

* **Pereira da Silva** (J. M.). — Situation sociale, politique et économique de l'Empire du Brésil, par J. M. Pereira da Silva. — *Rio de Janeiro, B. L. Garnier, Paris, Auguste Durand*, 1865, in-18, 248 pages.

* **Pernety** (Dom). — Journal historique d'un voyage fait aux îles Malouines en 1763 et 1764 pour les reconnoître et y former un établissement et de deux voyages au détroit de Magellan avec une relation sur les Patagons, par dom Pernety. — *Berlin, Étienne de Bourdeaux*, 1769, in-12, xvı-704 pages en 2 tomes.

Perrey (A.). — Sur les tremblements de terre au Pérou, dans la Colombie et dans le bassin de l'Amazone. — (*Bruxelles*), 1858, in-8°, 134 pages.

* **Perty** (Maximilianus). — Delectus animalium articulatorum, quæ in itinere per Brasiliam annis 1817–1820 collegerunt, Dr J. B. de Spix et Dr C. F. Ph. de Martius. Digessit, descripsit, pingenda curavit Dr Maximilianus Perty; præfatus est et edidit Carol. Frideric. Phil. de Martius. — *Monachii impensis editoris*, 1830-1834, in-4°.

Petersen (Otto-Georgius). — Musaceæ, Zingiberaceæ, Cannaceæ, Marantaceæ. — *Voyez :* Martius. Flora Brasiliensis. T. III, 3.

* **Petit recueil** d'aucuns hommes illustres et des plus signalés martyrs de la Compagnie de Jésus à l'occasion de leurs pourtraicts qui ont esté exposés à Douay lorsqu'on faisoit la feste de la canonization de sainct Ignace, fondateur d'icelle et de S. François Xavier son compagnon. — *A*

Douay, chez Laurent Kellam, 1622, in-8°, 103 pages et supplément 31 pages.

Détails sur les Jésuites qui ont été au Brésil.

* **Peuvrier** (Ach.). — Société d'ethnographie... Cours et conférences. L'ethnographie de l'Amérique du Sud, par Ach. Peuvrier. Leçon faite au siège de l'Alliance des sciences universelles le 28 mai 1885. — *Paris, Maisonneuve et Charles Leclerc*, 1885, in-8°, paginé 191-212.

Extrait des *Actes de la Société d'ethnographie*, 1885.

Peyritsch (Joannes). — Erythroxylaceæ. — *Voyez :* Martius. Flora Brasiliensis. T. XII, 1.

— Hippocrateaceæ. — *Voyez :* Martius. Flora Brasiliensis, T. XI 1.

* **Pfeiffer** (Mme Ida). — Voyage d'une femme autour du monde, par Mme Ida Pfeiffer. Traduit de l'allemand avec l'autorisation de l'auteur par W. de Suckau. Deuxième édition. — *Paris, L. Hachette*, 1859, in-8°, xii-612 pages, 1 carte.

Rio-Janeiro et ses environs.

* **Pfrimmer** (Ch.). — De quelques arbres exotiques à cultiver en Algérie, par Ch. Pfrimmer. — *Alger, imp. Pierre Fontana*, 1896, in-8°, 48 pages.

Abricotier du Brésil (Phyllocalix edulis). — Abacaxis du Brésil. — Platonia insignis du Brésil.

* **Phalanstère** du Brésil. Voyage dans l'Amérique méridionale. — (S. l.), *chez tous les libraires et à l'agence coloniale du Brésil*, 1842, in-8°, 20 pages.

* **Phares** de l'Océan Atlantique, îles éparses, côte occidentale d'Afrique... les deux Amériques... collationnés et corrigés au 1er mars 1887 (— au 1er mars 1890) par le service

des Instructions nautiques. — *Paris, imp. nationale*, 1887
(— 1890), 4 vol. in-8°.

> Marine et colonies. État-major général. Service hydrographique.
> Série E. N° 220.
> Chacun de ces volumes donne, sous les n°ˢ 1209 à 1270, la liste des
> phares du Brésil.

* **Phares**. N° 223. Série II. Côtes orientales de l'Amérique du Sud. Corrigé en octobre 1856. Dépôt des cartes et
plans de la marine. — *Paris, imp. Paul Dupont*, 1856, in-8°,
9 pages.

> Les n°ˢ 9-22 sont consacrés aux phares du Brésil.

* **Picard** (Alfred). — Ministère du commerce, de l'industrie et des colonies. Exposition universelle internationale
de 1889 à Paris. Rapports du jury international publiés
sous la direction de M. Alfred Picard. — *Paris, imp. nationale*, 1890-1896, 9 vol. gr. in-8°.

> Ces volumes contiennent nombre de renseignements sur l'exposition
> brésilienne et les récompenses qu'elle a obtenues. Nous citons en parti-
> culier : 1° Rapport de G. Lafenestre (Groupe I. Œuvres d'art, classes 1-
> 5 *bis*), p. 188 : L'enseignement des arts du dessin au Brésil. — 2° Rap-
> port de B. Buisson, p. 802 (Groupe II, 1ʳᵉ partie. Éducation et enseigne-
> ment, classes 6, 7, 8). L'enseignement technique au Brésil. — 3° Rapport
> de Faucher (Groupe VII. Produits alimentaires, 1ʳᵉ partie), p. 386 : la
> vigne au Brésil — 2ᵉ partie, p. 217-218 : Vin du Brésil. — Id. — p. 480 :
> Boissons fermentées du Brésil.

* —. — Ministère du commerce, de l'industrie et des colonies. Exposition universelle internationale de 1889 à Paris.
Rapport général par M. Alfred Picard. — *Paris, imp. nationale*, 1891, gr. in-8°.

> Le t. II, p. 215-218, contient une notice sur l'exposition du Brésil,
> avec une vue du pavillon brésilien.

Picard (Bernard). — *Voyez :* Histoire générale des cérémonies.

* **Picard** (Edmond et Emile). — Agence générale des brevets d'invention belges et étrangers. Emile Picard, ingénieur
civil.... Tableaux synoptiques et comparatifs de toutes les
lois régissant la propriété industrielle dans les différents pays

du globe. Convention internationale du 6 juillet 1884 pour la protection de la propriété industrielle. Circulaire ministérielle du 20 juin 1854 relative à l'exploitation des inventions brevetées en Belgique, par Edmond Picard et Émile Picard. — *Bruxelles*, 1885, in-18, 18 pages et 3 grands tableaux pliés in-18.

* Pierius. — Brasilien. canonizationis, seù declarationis martyrii servorum dei Ignatii Azevedo, et triginta novem sociorum martyrum Societatis Jesu super dubio An constet de martyrio, et causa martyrii in casu &c. Summarium Decerptum in totum è duobus summariis impressis de anno 1670 et anno 1671 : nunc coordinatum pro faciliori studio : Indiculus... — (*S. l. ni d.*), in-fol., 198 pages.

A la fin on lit : « Revisa. Andreas Pierius subpromotor Fidei.» — Une seconde partie, paginée 1-39, commence par ces mots : « Indiculus contentorum in præsenti summario additionali. »

* —. — Brasilien. seu Bahien. beatificationis, et canonizationis ven. servi Dei p. Josephi Anchietæ sacerdotis professi societatis Jesu. Summarium super dubio An Sententia d. vicarii capitularis judicis delegati super non cultu, et paritione Decretis fel. rec. Urbani VIII. lata de anno 1664 sit confirmanda. In casu &c. — (*S. l. ni d.*), in-fol., 42 pages.

Signé : Andreas Pierius subpromotor Fidei.

* —. — Sacra rituum congregatione eminentiss., et reverendiss. D. card. Gabriellio Brasilien., seu Bahyen. beatificationis, et canonizationis ven. servi Dei p. Josephi de Anchieta Sacerdotis professi Societatis Jesu. Memoriale super dubio An sententia eminentiss. d. card. vicarii judicis á Sac. rituum congregatione delegati super non cultu, et paritione Decretis fel. rec. Urbani VIII sit confirmanda, vel infirmanda in casu &c. — *Romæ, typis Reverendæ Cameræ apostolicæ*, 1705, in-fol., 5 pages.

Signé : Andreas Pierius.

* —. — Sac. rituum congregatione eminentiss., et reverendiss. d. card. Gabriellio Brasilien., seu Bahyen. beatifi-

cationis, et canonizationis vener. servi Dei patris Josephi
de Anchieta sacerdotis professi Soc. Jesu. Responsio ad animadversiones reverendissimi domini Fidei promothoris.
Super dubio An sententia D. Vicarii capitularis judicis
delegati super non cultu, et paritione Decretis fœl. rec.
Urbani VIII. lata de anno 1664 sit confirmanda, et successivè àn à dicto anno 1665 citra constet de paritione dictis
Decretis in casù &c. — (S.l. ni d.) 6 pages in-fol.

Signé : Andreas Pierius subpromotor Fidei.

—. — *Voyez :* Grandis (Félix de).

***Pigafetta.** — Premier voyage autour du monde, par le
chevalier Pigafetta sur l'Escadre de Magellan, pendant les
années 1519, 20, 21 et 22 ; suivi de l'extrait du Traité de
navigation du même auteur; et d'une notice sur le chevalier
Martin Behaim, avec la description de son globe terrestre.
— *Paris, chez H. J. Jansen,* l'an IX (1801), in-8°, LXIV-
415 p., cartes et figures.

Extrait de la table des matières : Brésiliens, leur longévité et leurs
mœurs. — Maisons. — Barques. — Tatouage. — Vêtements. — Orne-
ments de leurs lèvres. — Teint. — Leur roi Pain. — Libertinage des
filles. — Chasteté conjugale. — Armes. — Crédulité, etc.

*—. — Le voyage et navigation, faict par les Espanholz
es isles de Mollucques (de 1519 à 1522) et isles quilz ont
trouvé au dict voyage, des roys dicelles, de leur gouvernement et manière de viure, auec plusieurs aultres choses.
— *On les vend à Paris, en la maison de Simon de Colines,
libraire demourât en la rue Sainct-Jehan de Bauluais, a
lenseigne du Soleil d'or,* petit in-8° goth.

« Tel est le titre exact de ce petit volume beaucoup plus rare qu'inté-
ressant. Le nom de Pigafetta n'y est point, mais il se lit au commence-
ment de l'ouvrage, lequel se compose de 76 ff. y compris le frontispice.
On trouve de plus, à la fin, 4 ff. imp. en caractères ronds et renfermant :
Aucuns mots des peuples de lisle de Brésil, et la table. »
Brunet, Manuel du Libraire, t. IV, p. 650.

Pilliet (Amélie). — *Voyez :* Louis (M° Ed.).

Pimpeterre (Évariste). — Le comte d'Eu et la France

nouvelle dans l'Amérique du Sud, par Évariste Pimpeterre. — *Paris, E. Dentu*, 1869, in-8°, 31 pp.

Pinheiro (Fernandes). — Chemins de fer. *Voyez :* Le Brésil en 1889.

Pinheiro (P.). — Résultats des essais de compteurs d'eau faits à Rio de Janeiro, par P. Pinheiro. — *Paris*, 1887, in-4°, 12 pages.

Pinto (Fernand Mendes). — *Voyez :* Mendes Pinto (Fernand).

Pison. — Historia medica Brasiliæ. Novam editionem curavit et præfatus est Josephus Eques de Vering. — *Vindobonæ, typ. congreg. Armenorum*, 1817, in-8°, 157 pages.

—. — De aeribus, aquis et locis in Brasilia. — *Voyez :* Barlæus. Rerum per octennium in Brasilia gestarum.

*__Pison__ (Guil.) et **Marcgrav de Liebstadt** (Georg.). — Historia natvralis Brasiliæ, auspicio et beneficio Illustriss. J. Mavritii Com. Nassav. illivs. provinciæ et maris svmmi præfecti adornata. In qua non tantum plantæ et animalia, sed et indigenarum morbi, ingenia et mores describuntur et iconibus supra quingentas illustrantur. — *Lvgdvn. Batavorum apud Franciscum Hackium, et Amstelodami, apud Lud. Elzevirium*, 1648, in-fol.

5 fnc., 112 pp., 1 fnc., 4 fnc., 293 pp., 7 fnc., figures dans le texte, titre gravé.
Recueil estimé, publié par Jean de Laet; il comprend les deux traités suivants :
1° PISONIS (Guil.). De medicina Brasiliensi libri qvatvor.
2° MARCGRAVI DE LIEBSTAD (Georg.). Historiæ rervm natvralivm Brasiliæ, libri octo.
Dans ce dernier traité, les chapitres VIII et IX du huitième livre pp. 274-277, donnent un extrait de la grammaire Brésilienne du P. JOSEPH DE ANCHIETA, et un vocabulaire Brésilien latin, par Em. DE MORAES. Catalogue Leclerc, n° 1634.)
Sur le premier feuillet on lit : Gulielmi Pisonis M. D. Lugduno-Batavi, De medicina Brasiliensi libri quatuor : I. De Aere, aquis et locis.— II. De morbis endemiis. — III. De venenatis et antidotis. — IV. De facultatibus simplicium et Georgi Marcgravi de Liebstad, Misnici Germani, Historiæ rerum naturalium Brasiliæ libri octo : quorum tres priores agunt de

plantis. — Quartus de piscibus. — Quintus de avibus. — Sextus de qua-
drupedibus et serpentibus. — Septimus de Insectis. — Octavus de ipsa
regione et illius incolis cum appendice de Tapuyis et Chilensibus,
Joannes de Laet, Antverpiensis, in ordinem digessit et annotationes
addidit, et varia ab auctore omissa supplevit et illustravit.

Pison (Guillaume). — Gulielmi Pisonis medici Amstelæ-
damensis de Indiæ utriusque re naturali et medica, libri
quatuordecim. Quorum contenta pagina sequens exhibet. —
Amstelædami, apud Ludovicum et Danielem Elzevirios,
1658, in-fol.

> Seconde édition de l'ouvrage de Piso.
> Titre gravé; 11 fnc. « G. Pisonis historiæ Naturalis et Medicæ Indiæ
> Occidentalis, libri V. » pp. 1-327; 5 pnc., fig. — « G. Marcgravii Trac-
> tatus topographicus et meteorologicus Brasiliæ, cum Eclipsi Solari; etc. »
> 39 pp., fig. — « J. Bontii Historiæ naturalis et medicæ Indiæ Orientalis,
> libri VI. » 160 pp., fig. — « G. Pisonis Mantissa Aromatica, etc. »
> pp. 161-226, 1 fnc., fig. (Catalogue Leclerc.)

Pissis (A.). — Mémoire sur la position géologique des
terrains de la partie australe du Brésil et sur les soulève-
ments qui, à diverses époques, ont changé le relief de cette
contrée, par A. Pissis. — *Paris, imp. nationale*, 1842, in-4°,
60 p., 2 cartes et 5 pl.

> Extrait des *Mémoires présentés par divers savants à l'Académie des
> sciences*, t. X (1848).

Plante. — Francisci Plante brugensis Mavritiados libri
XII, hoc est : Rerum ab illustrissimo heroe Joanne Mau-
ritio, comite Nassaviæ, etc. In occidentali Indiã gestarum
descriptio poetica. — *Lugduni Batavorum, Joannes Maire*,
1647, in fol..

> 7 fnc., 196 pp., 1 fnc. — « Ant. Thysii *Discursus oratorius* » 12 pp.
> Poème épique dans lequel sont célébrées les vertus guerrières et ad-
> ministratives du prince Maurice de Nassau, pendant son gouvernement
> des possessions hollandaises au Brésil. Il est écrit par son chapelain.
> Les exemplaires complets doivent avoir deux portraits (celui de l'au-
> teur et celui du prince), 4 cartes et 22 pl. reproduites d'après Barlæus.
> (Catalogue Maisonneuve.)

Platzmann (Julius). — *Voyez :* Eckart. Specimen linguæ Brasilicæ.

*****Plumier** (Charles). — Description des plantes de l'Amé-
rique avec leurs figures, par le r. p. Charles Plumier,...

— *A Paris, de l'Imprimerie Royale*, 1893, in-fol. 2 fnc., 94 pages, 5 fnc., 108 planches.

Plumier (Charles). — Nova plantarum americanarum genera. (Accedit catalogus plantarum americanarum, quarum genera in Institutionibus rei herbariæ jam nota sunt, quasque descripsit et delineavit in insulis americanis.) — *Parisiis, Boudot*, 1703, in-4°, 52, 21 pages, 40 pl.

Pœppig (Eduardus) et Stephanus **Endlicher**. — Nova genera ac species plantarum, quas in regno Chilensi, Peruviano et in terra Amazonica annis 1827-1832 legit Eduardus Pœppig et cum Stephano Endlicher descripsit iconibusque illustravit. — *Lipsiæ, Friedrich Hofmeister*, 1835-1845, 3 vol. in-fol.

T. I. iv-62 p., 100 pl. — T. II. 74 p., pl. 101-200 — T. III. iv 91, p. pl. 201-300

****Pohl** (Joh. Ehrenfried). — Plantarum Brasiliæ icones et descriptiones hactenus ineditæ. Jussu et auspiciis Francisci primi, imperatoris et regis augustissimi, auctore Joanne Emanuele Pohl, med. doct. cœs. reg. musei aulici et Brasiliani rer. natur. custode... — *Vindobonæ, Wallishauser*, 1827-1831, 2 vol. gr. in-folio.

T. I. — xvii-36 p., 100 pl. T. II. — 1-152 p., 100 pl.
Il paraissait, en 1832, 2 vol. avec 200 pl. en huit fascicules. Chaque fascicule composé de 25 pl. et d'un texte, coûte environ 100 francs, avec les figures coloriées et Gr. Pap. fig. col. 125 francs. (Brunet T. IV, 773.)

** **Pointel** (Paul). — Rio-Janeiro. Extrait de l'*Union des deux Villes* des 4, 8 et 11 mai 1867. — *Saint-Servan, imp. Le Bien*, 1867, in-18, 19 pages.
Signé : Paul Pointel.

** **Politique** du Brésil (La) ou la fermeture des fleuves sous prétexte de l'ouverture de l'Amazone. Avec une carte coloriée. Traduit de l'espagnol. — *Paris, Dentu*, 1867, in-8°, 30 pages.

** **Pontifex** (Edmund A.). — L'Ouro Preto mines d'or du Brésil. Rapport de la huitième assemblée générale au bureau

n° 6, Queen Street Place, Londres, lundi, le 21 décembre 1891. Edmund A. Pontifex, esq. (Président de l'Assemblée.) — *Londres*, « *Mining World* » *Bureaux*, 234, 235, 236 *Gresham House, Old Broad St.*, (s. d.), in-12, 13 pages.

* **Porto Seguro** (baron de). -- Les Hollandais au Brésil. Un mot de réponse à M. Netscher, par le baron de Porto-Seguro. — *Vienne, imp. Charles Gerold, fils*, 1874, in-8°, 11 pages.

* —. — L'origine touranienne des Américains Tupis-Caribes et des anciens Égyptiens montrée principalement par la philologie comparée : et notice d'une émigration en Amérique effectuée à travers l'Atlantique plusieurs siècles avant notre ère. — *Vienne d'Autriche, I. et R. de Faesy et Frick*, 1876, in-8°, xvii et 157 pages.

La préface est signée : Porto-Seguro.

* —. — Quelques renseignements statistiques sur le Brésil, tirés de sources officielles par le délégué au congrès de Bude-Pesth, vicomte de Porto Seguro.— *Vienne, imp. de la cour impériale et royale*, 1876, gr. in-8°, 23 pages.

* **Portugal** (Le) **et le Brésil**. Conflit diplomatique. I. Le Capitaine de frégate Auguste de Castilho commandant supérieur des forces navales portugaises dans l'Amérique du Sud. II. Le conseil de guerre. Acte d'accusation. Réponse au nom du commandant Castilho. III. Documents mentionnés dans le texte. — *Lisboa, typ. Christovão A. Rodrigues*, 1894, gr. in-8°, vi-144 pages et portrait.

Possinus (Petrus). — De vita et morte P. Ignatii Azevedo et sociorum ejus e societate Jesu Libri IV. — *Romæ, ex typographia Varesii*, 1679, in-4°, 5 fnc., 611 pages.

N° 1636 de Leclerc, Bibliotheca Americana.

* **Post-scriptum**. Notes sur les prétendus droits de la princesse du Gran-Pará à la succession portugaise. —

(S. l.), *imp. de Pihan Delaforest (Morinval)*, (s. d.), in-8°, paginé 57 à 67.

Dona Maria da Gloria est-elle héritière du trône de Portugal ou du Brésil ?

*Poucel (Benjamin). — Des émigrations dans l'Amérique du Sud. Mémoire lu à la Société d'ethnologie le 22 février 1850, par Benjamin Poucel. — *Paris, Arthus Bertrand*, 1850, in-8°, 44 pages.

Extrait des *Nouvelles Annales des voyages*, 1850.

* —. — Le Paraguay moderne et l'intérêt général du commerce fondé sur les lois de la géographie et sur les enseignements de l'histoire de la statistique et d'une saine économie politique. Avec une carte du Paraguay nouvellement publiée par Benjamin Poucel, texte et documents. — *Marseille, typ. Marius Olive*, 1867, in-8°, 336 et ccxiii pages.

Conflit du Paraguay et du Brésil. — Les origines du conflit. — Rupture diplomatique. — Les faits de guerre, phase agressive. — Les faits de guerre, phase défensive.

*Poulain (M. J. Abbé). — La Course au xviiᵉ siècle. Duguay-Trouin et Saint-Malo, la cité corsaire, d'après des documents inédits, par l'abbé M.-J. Poulain. — *Paris, Didier et Cⁱᵉ*, 1882, in-8°, 400 pages.

La partie concernant la conquête de Rio de Janeiro comprend les pages de 143 à 186.

*Pradez (Charles). — Nouvelles études sur le Brésil, par Charles Pradez. — *Paris, Ernest Thorin*, 1872, in-18, 268 pages.

*Prado (Eduardo). — [Lettre rendant compte d'une visite faite à M.G. Berger pour obtenir qu'il n'y ait pas de solution de continuité entre les bâtiments et le jardin de la Section brésilienne à l'Exposition de 1889. Elle commence ainsi :] Comité franco-brésilien pour l'Exposition de 1889. Paris, le 5 juin 1888. Messieurs, Le 4 courant... — *Paris, imp. Noailles*, 1888, in-4° plano.

* **Pradt** (de). — Des colonies et de la révolution actuelle de l'Amérique, par M. de Pradt. — *Paris, Béchet*, février 1817, 2 vol. in-8°, xxxii, 403 et 394 pages.

* — — Des trois derniers mois de l'Amérique méridionale et du Brésil, suivis des personnalités et incivilités de *la Quotidienne* et du *Journal des Débats*, par M. de Pradt, ancien archevêque de Malines... — *Paris, F. Béchet*, juillet 1817, in-8°, 1 fnc., 160 pages.

    2ᵉ Édition, revue corrigée et augmentée. — *Paris, F. Béchet*, août 1817, in-8°, 166 pages.
    3ᵉ Édition. — *Id.* 1825, in-8°, VI, 173 pages.

* — — Les six derniers mois de l'Amérique et du Brésil, par M. de Pradt, ancien archevêque de Malines, faisant suite aux ouvrages du même auteur sur les Colonies. — *Paris, F. Béchet*, et à *Bruxelles, chez Le Charlier*, février 1818, in-8°, 267 pages.

Prévost (Abbé). — Histoire générale des voyages, ou nouvelle collection de toutes les relations par mer et par terre qui ont été publiées jusqu'à présent dans les différentes langues de toutes les nations connues, par l'abbé Prévost. — *Paris, Didot*, 1746-89, 21 vol. in-4°.

    Dans les volumes xiv et xx se trouvent les voyages au Brésil.

* **Prieu** (P.-M.). — Affaire Prieu. Appendice aux deux dernières brochures remises à MM. les députés. Renseignements sur la transaction de 35 millions faite en 1867. — *Versailles, imp. Crété fils*, 1874, in-8°, 4 pages.

    Signé : P. M. Prieu. — 16 janvier 1874.

* —. — Documents relatifs aux deux affaires d'Itaqui et d'Uruguayana, avec les pièces justificatives. Rapport de M. le comte de Béarn au Sénat. Consultation des jurisconsultes. Réfutation au discours de M. le ministre des Affaires étrangères. (Séance du 10 juillet 1868. Pièce n° 12. Mémoire de MM. Chesnelong et Labat du 28 septembre 1869. Extrait du *Journal officiel* du 11 février 1872.) — *Paris, imp. Lecomte*, 1874, in-8°, 67 pages.

* **Prieu** (P.-M.). — Affaire Prieu. Lettre de M. le baron d'Ornano du 30 décembre 1873. — *Paris, imp. Lecomte,* 1874, in-8°, 4 pages.

> Signé : P. M. Prieu.

* —. — Affaire Prieu. Mémoire adressé à MM. les membres de l'Assemblée nationale. — *Versailles, imp. Crété fils,* 1874, in-8°, 22 pages.

> Signé : P. M. Prieu.
> Le titre de départ porte : « A Messieurs les membres de l'Assemblée nationale. »

* —. — Affaire Prieu. Pétition à la commission du budget de 1874. — *Paris, imp. Balitout, Questroy et Cⁱᵉ,* 1873, in-8°, 8 pages.

> Signé : P.-M. Prieu.
> Le titre de départ porte : « A Messieurs les président et députés à l'Assemblée nationale composant la Commission du Budget pour l'année 1874. »

* —. — De la protection des nationaux à l'étranger. Affaire Prieu contre le gouvernement du Brésil. — *Paris, imp. Félix Malteste,* 1868, in-8°, 70 pages.

> L'Avant-propos est signé : P.-M. Prieu. 25 avril 1868.
> Exposé des faits.— Examen détaillé des faits. — Démarches. — Faits concernant d'autres Français.— Pièces justificatives.

* —. — De la protection des nationaux à l'étranger. Affaire Prieu contre le gouvernement du Brésil. Deuxième partie. Documents complémentaires. Avis des jurisconsultes. — *Paris, imp. de Félix Malteste,* 1869, in-8°, 47 pages.

> L'Avant-propos est signé : P. M. Prieu.

* —. — [Lettre au Sénat et à la Chambre signée : P.-M. Prieu, 30 octobre 1876; au sujet de l'affaire Prieu. Elle commence par cet mots] : « Messieurs les sénateurs, Messieurs les députés, la nouvelle brochure que j'ai l'honneur de vous remettre contient les pièces authentiques et justificatives de mes réclamations contre le gouvernement du

Brésil... — *Paris, imp. Félix Malleste* (s. d.), in-4°,
3 pages.

* **Prieu** (P.-M.). — Un déni de justice. Affaire Prieu. —
Paris, imp. Balitout, Questroy et Cie, 1875, in-8°, 24 pages.

> Signé : P.-M. Prieu. 2 novembre 1875.
> Extrait du *Journal officiel* du 11 février 1872. Lettre à M. de Rému-
> sat, publiée par le journal *L'Événement*. — Lettres à M. le duc Decazes. —
> Lettre publiée par *la République Française*. Lettre à M. le Président de
> la République. — Lettres publiées par la *Gazette de France*. — Requête
> présentée par Me Lacomme, avoué, à M. Président du Tribunal civil de la
> Seine.

* **Prince** (Amédée). — Le Congrès des trois Amériques
1889-1890. Avant le Congrès d'après la presse des États-Unis.
Le Congrès d'après la presse européenne. Le Congrès d'après
la presse des États-Unis. Rapports officiels, traduction
d'après les documents officiels, avec une carte de l'Amérique, par M. Amédée Prince. — *Paris, Guillaumin*, 1891,
gr. in-8°.

> Le Brésil, pages 201-215, 543-557, et Rapport de J. G. do Amaral Va-
> lente, délégué du Brésil (relativement à une ligne de chemin de fer inter-
> continental), pages 317 et suivantes.

Progel (Augustus). — Cuscutaceæ. *Voyez :* Martius
Flora Brasiliensis. T. VII.

—. — Gentianaceæ, Loganiaceæ. *Voyez :* Martius. Flora
Brasiliensis. T. VI 1.

—. — Oxalideæ, Geraniaceæ, Vivianiaceæ. *Voyez :* Martius. Flora Brasiliensis. T. XII 2.

Projet d'instruction sur une maladie convulsive, fré-
quente dans les colonies de l'Amérique, connue sous le nom
de tétanos, demandé par le ministre de la marine à la
Société royale de médecine. — *Paris, imp. royale*, 1786,
in-8°.

* **Projet de Constitution** pour l'Empire du Brésil, éla-
boré dans le conseil d'état sur les bases présentées par S.

M. I. don Pedro Ier, empereur constitutionnel et défenseur
perpétuel du Brésil. — (*Paris*), *imp*. *Pillet aîné*, (s. d.),
in-8°, 19 pages.

****Projet de reconstruction territoriale** et dynastique
de l'Empire du Brésil aux dépens des Républiques américaines. — *Paris, imp. A. C. Rochette et Cie*, 1869, in-8°,
96 pages.

Proposition de la ligue et union d'entre les royaumes
et provinces du Roy Catholique [Philippe IV]. — in-4°.

> Pièce très curieuse, sans titre, lieu, ni date (1635), composée de 12 fnc.
> plus 2 ff. blancs. — Ordre du roi Philippe IV aux princes des royaumes
> et provinces composant la monarchie espagnole, leur demandant de lever
> 140,000 hommes d'infanterie et de s'unir afin de mieux résister aux ennemis
> de leur pays. Ce qui parait avoir provoqué cet ordre, c'est l'attaque de
> San Salvador par les Hollandais, d'après le passage suivant contenu
> dans cette pièce : « Les habitants de St-Salvador en la Baja de tous les
> Sainct, nous en fournissent trop d'exemple, lesquels esloignez de deux
> mille lieuës de terre ferme, sans avoir a peine cognoissance des rebelles
> d'Hollande, vivoyent en oysiveté, pleine paix, et trop grande confiance,
> lorsque tout à coup ils se trouverent surpris et oppressez inopinement,
> par un ramas d'ennemis de la religion catholique, et de S. M., lesquels
> saccagèrent leur ville et profanerent leurs églises, captivant les Ministres
> de Dieu et du Roy, iusques à les conduire prisonniers en Hollande... »
> Cette pièce a certainement paru au moment du plus fort de la lutte des
> Hollandais et des Espagnols-Portugais au Brésil vers 1635. — (Chadenat.
> Le Bibliophile américain, oct.-nov. 1897, n° 20998.)

Protestations du Pérou et des Républiques du Paci-
fique contre les tendances de la guerre que le Brésil, la
Confédération Argentine et Uruguay font au Paraguay.
Texte du Traité secret des Alliés et commentaire de ce traité.
— *Paris, Denlu*, (s. d.), gr. in-8°, 38 pages.

****Prunettus** (Joannes), — Brasilien., seu Bahyen. beatificationis, et canonizationis ven. servi Dei p. Josephi de Anchieta sacerdotis professi Societatis Jesu. Summarium additionale super dubio An constet de Virtutibus Theologalibus
Fide, Spe, et Charitate erga Deum, et proximum; et de
Cardinalibus, Prudentia, Justitia, Fortitudine, et Temperantia, earumque annexis in gradu heroico in casu, et ad
effectum de quo agitur. Brasiliens. beatificationis et cano-

nizationis servi Dei Josephi de Anchieta Sacerdotis professi Societatis Jesu. — (*S. l. ni d.*), in-fol. 5 pages.

Signé : Joannes Prunettus sub-promotor Fidei.

—. — *Voyez* : Ceparius (Virgilius) *et* Luna (Joseph).

* **Publication** de l'Institut homéopathique du Brésil, Doctrine de l'École de Rio de Janeiro et pathogénésie Brésiliennne, contenant une exposition méthodique de l'homéopathie, de la loi fondamentale du dynamisme vital, la théorie des doses et des maladies chroniques, les machines pharmaceutiques l'algèbre symptomatologique, la classification philosophique des espèces médicinales et trente-six expériences pures. — *Paris, à l'Institut homéopathique*, 1840, in-12, LX, 367 pages.

Commence par une lettre signée B. Mure et adressée à M. J.-V. Martins.

* **Publication** officielle faite par la Légation Orientale à Paris. Rupture du général Urquiza avec le gouverneur de Buenos-Ayres. Décision prise par le Brésil de défendre l'indépendance de l'Etat Oriental. — *Paris, imp. Napoleon Chaix,* 1851, in-4°, 25 pages.

L'*Avant-propos* est signé: Pacheco y Obes.

Putte (Hubert van de). — *Voyez* : Van de Putte (Hubert).

Pyrard (François), de Laval. — Discovrs dv voyage des françois avx Indes Orientales, ensemble des divers accidens, aduentures et dangers de l'Auteur en plusieurs Royavmes des Indes, et du seiovr qu'il y a fait par dix ans, depuis l'an 1601, iusques en ceste année 1611, etc. — *Paris, David Le Clerc,* 1611, in-8°.

4 fnc., 372 pp. ÉDITION ORIGINALE de la curieuse Relation des voyages de PIRARD. D'après une note rapportée dans le Manuel de M. BRUNET, on attribue ce volume à P. BERGERON, qui l'aurait écrit d'après les récits de PIRARD; ainsi qu'à JÉRÔME BIGNON.
Le chapitre XII est le seul qui soit relatif à l'Amérique; l'auteur y fait la *description de Brésil, et les façons de viure de ses habitants.*

Cette édition, de même que les suivantes, contient le *Traité et description des animaux, arbres et fruits des Indes Orientales ;* on y trouve aussi l'*Avis pour ceux qui entreprennent le voyage des Indes Orientales.* (Catalogue Leclerc.)

Pyrard de Laval (François). — Voyage contenant sa navigation aux Indes Orientales, Maldiues, Moluques, Brésil ; les diuers accidens, aduentures et dangers qui lui sont arriuez en ce voyage, tant en allant et retournant, que pendant son séjour de dix ans en ce païs là. Avec la description des pays, mœurs, loix, façons de faire, police et gouuernement ; du trafic et commerce qui s'y fait ; des animaux, arbres, fruicts et autres singularitez, divisé en devx parties ; troisième et dernière édition, reveve, corrigée et augmentée de beaucoup outre les précédentes, auec un petit Dictionnaire de la langue des Maldives. — *Paris, Thiboust,* 1619, 2 vol. in-8°.

* —. — Voyage de François Pyrard de Laval, contenant sa navigation aux Indes Orientales, Maldives. Moluques et au Brésil : et les divers accidens qui luy sont arrivez en ce voyage pendant son séjour de dix ans dans ces païs. Avec vne description exacte des mœvrs, loix, façons de faire, police et gouvernement ; du trafic et commerce qui s'y fait des animaux, arbres, fruits et autres singularitez qui s'y rencontrent. Divisé en trois parties. Nouvelle édition, reveue, corrigée et augmentée de divers Traitez et relations curieuses. Avec des observations geographiques sur le présent Voyage, qui contiennent, entr'autres l'état présent des Indes, ce que les Européens y possèdent, les diverses routes dont ils se servent pour y arriver, et autres matières par le sieur Duval, géographe ordinaire du Roy. — *Paris, Louis Billaine,* 1679, 3 parties en 1 vol. in-4°, 327, 218, 144 pages et 12 feuillets de table non paginés.

Q

* **Quatre** (Les) coïncidences de dates. — *Paris, imp. Fir-min–Didot*, 1819, in-8°, 23 pages.

> Sur les difficultés qui surgirent entre Napoléon et le Portugal et qui amenèrent le départ du roi pour le Brésil.

Quatrefages (de). — L'homme fossile de Lagoa-Santa et ses descendants actuels, par M. de Quatrefages. — *Paris*, 1881, in-4°, 19 pages.

> Extrait des *Comptes rendus de l'Académie des Sciences*, 1881, T. 93, pp. 882-884.

— L'homme fossile de Lagoa-Santa, au Brésil et ses des-cendants actuels. — *Moscou*, 1881, in-4°, 17 pages.

> Extrait du *Compte rendu du Congrès d'Anthropologie.*

—. — Note sur l'état des sciences naturelles et de l'an-thropologie au Brésil. — *Paris*, 1883, in-4°.

> Extrait des *Comptes rendus de l'Académie des Sciences*, 1883, T. 96 pp. 308-313.

—. — Recherches sur les populations actuelles et préhis-toriques du Brésil, par M. de Quatrefages. — *Paris*, 1885, in-4°.

> Extrait des *Comptes rendus de l'Académie des Sciences*, 1885, T. 101 pp. 467-470.

Quelques corrections indispensables à la traduction française de la description d'un voyage au Brésil, par le prince Maximilien de Wied-Neuwied. — *Francfort-sur-le-Mein, H. L. Bronner*, 1854, in-8°, 109 pages.

* **Quelques détails** sur la position des étrangers au Brésil. — *Rio de Janeiro, imp. Lombaerts et Comp.*, 1877, in-8°, vi, 92 pages.

* **Quentin** (Ch.). — Ch. Quentin. Le Paraguay. — *Paris, Garnier*, 1865, in–8°, 104 pages.

Question (La) du café. — *Voyez* : Santa Anna Nery (F. J. de).

* **Question** portugaise. De la succession à la couronne de Portugal dans le cas où la reine Dona Maria II ne laisserait pas de postérité. — *Paris, F. Didot frères*, 1836, in-8°, 36 pages.

R

* **Raczynski** (Comte A.). — Dictionnaire historico-artistique du Portugal pour faire suite à l'ouvrage ayant pour titre : Les arts en Portugal, Lettres adressées à la Société artistique et scientifique de Berlin et accompagnées de documents, par le comte A. Raczynski. — *Paris, Jules Renouard*, 1847, in-8°, xii-306 pages.

Raddius (Josephus). — Agrostographia brasiliensis, sive enumeratio plantarum ad familias naturales graminum et cyperoidarum spectantium quas in Brasilia collegit et descripsit. — *Lucca, della tipografia ducale*, 1823, in-8°, 58 p., 1 pl.

* —. — Plantarum brasiliensium nova genera et species novæ, vel minus cognitæ. Collegit, et descripsit Josephus Raddius. Ex XL. Viris societatis italicæ scientiarum, academiarum georgophiiorum, helveticæ, linneanæ et philomathiceæ Paris, aliarumque sodalis.— *Florentiæ ex typographia Aloisii Pezzati*, 1825, in-fol., 101 p. et 84 pl.

Pars. I. Filices.

—. — Synopsis Filicum brasiliensium. — *Bononiæ, typ. Nobili*, 1819, in-4°, 19 p. 2 pl.

***Radiguet** (Max). — Souvenirs de l'Amérique espagnole. Chili, Pérou, Brésil, par Max Radiguet. Nouvelle édition revue et corrigée. — *Paris, Michel Lévy*, 1874, in-18, xvi-308 p.

1ʳᵉ édition. *Paris, Michel Lévy*, 1856, in-18.

Raffard (Henri). — La colonie suisse de Nova Friburgo et la Société philanthropique suisse de Rio de Janeiro, par Henri Raffard. — *Rio de Janeiro, typ. Leutzinger*, 1877, in-8°.

Raisons fort puissantes pour faire voir l'obligation qu'a la France d'appuyer l'intérêt du Portugal dans le traité de la Paix. — *Paris*, 1659, in-4°, 38 pages.

Raisons (Les) qui obligent le roy de France d'assister le roy de Portugal si le roy d'Espagne continue de luy faire la guerre. — (*Paris*), 1659, in-4°, 14 pages.

* **Raleigh** (G.).— Brevis et admiranda descriptio regni Guianæ, auri abundantissimi in America, seu novo orbe, sub linea æquinoctilia siti ; quod nuper admodum, annis nimirum 1594, 1595 et 1596 per generosum dominum Dn. Gualtherum Ralegh, equitem anglum detectum est : paulo post jussu ejus duobus libellis comprehensa ex quibus Judocus Hondius tabulam geographicam adornavit, addita explicatione Belgico sermone scripta : nunc vero in latinum sermonem translata et ex variis authoribus hinc inde declarata. — *Noribergæ, impensis Levini Hulsii*, 1599, in-4°, 2 fnc., 12 p., 1 fnc.

—. — Relation de la Guiane. *Voyez :* Recueil de voyages dans l'Amérique méridionale, t. II.

Ranque (H.). — *Voyez :* Lettres sur le Portugal, écrites à l'occasion de la guerre actuelle.

Rapport sur la mission confiée par le Conseil d'administration de la Compagnie générale des Diamants du Brésil à M. G. R. Blot pour aller à Salobro dans les mines de diamants dites « Cannavieiras ». — *Paris, Schiller*, 1892, petit in-4°, 24 p. et 1 pl.

* **Rapport** sur le voyage de M. Auguste de Saint-Hilaire dans le Brésil et les missions du Paraguay, lu à l'Institut de France, Académie royale des Sciences. — *Paris, imp. de J. Smith*, 1823, in-4°, 8 pages.

Signé : de Jussieu, rapporteur.

Rapports du comité de la Société philantropique suisse à Rio de Janeiro, 1872, [1874, 1875, 1879 et 1880]. — *Rio de Janeiro, G. Leuzinger*, 1873-1881, 5 vol. in-4°.

Rautenfeld (H.) — *Voyez :* Le Nouvelliste de Rio de Janeiro.

* **Raveret-Wattel**. — Rapport sur les mélipones, par

M. Raveret-Wattel. —, *Paris, imp. E. Martinet* (s. d.), in-8°, 28 pages.

* **Raynal** (Guillaume-Thomas). — Histoire philosophique et politique des établissements et du commerce des Européens dans les deux Indes. — *A Genève, chez Jean-Leonard Pellet*, 1780, 4 vol. in-8°, et 1 atlas in-4°.

Avec portrait de l'abbé Raynal dessiné par C.-N. Cochin, et 4 gravures de Moreau-le-Jeune. L'atlas se compose de 49 cartes.

Extrait de quelques chapitres concernant le Brésil : Livre neuvième du tome II. Quels furent les premiers habitants que le Portugal donna au Brésil. — Caractères et usages des peuples qu'on voulait assujettir à la domination portugaise. — Ascendant des missionnaires sur les naturels du Brésil. — Irruption des François dans le Brésil. — Conquêtes des Hollandais dans le Brésil. — Établissements des Portugais sur la rivière des Amazones. — Gouvernement civil, militaire et religieux établi dans le Brésil. — Quel a été, quel est au Brésil le sort des Indiens soumis au Portugal.

État du gouvernement de Pará. État du gouvernement de Maragnan. État du gouvernement de Pernambuc. État du gouvernement de Bahia. État du gouvernement de Rio-Janeiro. État du gouvernement de Saint-Paul. Histoire des mines d'or trouvées dans le Brésil. Histoire des mines de diamants découvertes dans le Brésil. Situation actuelle du Brésil. Liaisons extérieures du Brésil, etc., etc.

Rebouças (André). — Les zones agricoles. *Voyez :* Le Brésil en 1889.

***Réception** des ingénieurs espagnols, russes, portugais, brésiliens et chiliens du 17 au 20 septembre 1889 par la Société des Ingénieurs civils de France. — *Paris, Chaix*, 1890, in-8°, 29 p. 1 pl.

* **Reclus** (Élisée). — Etude sur les fleuves, par M. Élisée Reclus. — *Paris, imp. L. Martinet* (s. d.), in-8°, 36 pages.

Extrait du *Bulletin de la Société de géographie* (août 1859).

* —. — Nouvelle Géographie universelle. La terre et les hommes, par Élisée Reclus. T. XIX. Amérique du Sud. L'Amazonie et la Plata. Guyanes, Brésil, Paraguay, Uruguay, République Argentine. Contenant 5 cartes en couleur tirées à part, 169 cartes intercalées dans le texte et 62 vues ou types gravés sur bois. — *Paris, Hachette*, 1894, in-4 , 821 pages.

La partie concernant le Brésil est très développée, elle comprend 11 chapitres formant un ensemble suivi de 410 pages.

Recueil de pièces pour servir d'addition et de preuve à la relation abrégée concernant la République établie par les Jésuites dans les domaines d'outre-mer des rois d'Espagne et de Portugal, et la guerre qu'ils y soutiennent contre les armées de ces deux monarques. — (S. l.), 1758, in-12.

* **Recueil** de voyages dans l'Amérique Méridionale, contenant diverses observations remarquables touchant le Pérou, la Guiane, le Brésil, etc. Traduits de l'espagnol et de l'anglois. — *A Amsterdam, chez J. Frédéric Bernard*, 1738, 3 vol. in-12.

Vol. I. RELATION des voyages de FRANÇOIS CORÉAL aux Indes Occidentales, contenant une description exacte de ce qu'il y a vu de plus remarquable pendant son séjour, depuis 1666 jusques en 1697, 332 pp., 2 fnc., 12 cartes et fig.
Vol. II. Voyages de CORÉAL. Troisieme partie. pp. 1-150. — RELATION de la Guiane, du lac de Parimé, et des provinces d'Emeria, d'Arromaia et d'Amapaia découvertes par le CHEV. WALTER RALEIGH. Traduites de l'original anglois. pp. 153-260. — RELATION de la Guiane, traduite de l'anglois du Capitaine KEYMIS, pp. 261-288. — RELATION en forme de journal, de la découverte des îles de Palaos, ou Nouvelles Philippines. pp. 291-302, 1 fnc., 5 fig. et cartes.
Vol. III. JOURNAL du voyage du capitaine NARBROUGH, à la mer du Sud, par ordre de Charles II. pp. 1-200. — RELATION d'un voyage aux Terres Australes inconnues, tirée du journal du capitaine ABEL JANSEN TASMAN. pp. 203-223. — Lettre du P. NYEL sur la mission des Moxes, peuples de l'Amérique Méridionale. pp. 224-235. — RELATION espagnole de la mission des Moxes dans le Pérou. Imprimée à Lima par ordre de Mgr. Urbain de Matha, évêque de la ville de la Paix. (Par le P. NYEL). pp. 236-278, 1 fnc., 1 carte. (Catalogue Leclerc n° 507)

* **Recueil** des décrets apostoliques et des ordonnances du roi de Portugal concernant la conduite des Jésuites dans le Paraguai, etc., les moyens employés pour en procurer la réforme de la part du Saint-Siège, l'attentat du 3 septembre 1758; les suites de cet attentat; la communication qui en a été faite au Saint-Père; la punition des coupables. Le tout traduit conformément à la Collection imprimée en 1759, à la Secrétairerie d'Etat, par ordre spécial de Sa Majesté Très-Fidèle, et déposée chez Benjamin Phaff, notaire à

Amsterdam. Avec les mandemens des évêques de Portugal, traduits sur les originaux imprimés en ce royaume et autres pièces authentiques relatives à la même affaire. — *Amsterdam, M. Rey*, 1760-1761, 3 vol. in-12.

La 3ᵉ partie a pour titre : « Suite du Recueil des décrets aposto-liques et des ordonnances du roi de Portugal; au sujet des crimes com-mis par les religieux de la Compagnie dite de Jésus, dans le royaume de Portugal et ses dépendances... Traduit du Supplément... »

* **Recueil** des combats de Duguay-Trouin. — *Se vend à Paris chez le sʳ le Gouaz*,... (s. d.), in-fol., 1 portrait, 12 pages, 2 p. d'index, 15 planches.

N. Ozenne delineavit. — Jⁿᵃ Fᶜᵒ Ozanne sculpsit.
Le faux titre porte : « Les Campagnes de Duguay-Trouin. »
Comme Brunet ne mentionne pas cet ouvrage, en voici la description : 2 beaux frontisp. grav. dont un par J.-F. Ozanne, d'après N. Ozanne, un superbe portr. de Duguay-Trouin, 2 planches avec vignette, cul-de-lampe et texte gravé, une carte avec un joli cartouche gravé par Drouet, 9 planches avec 18 jolies vignettes représentant des combats maritimes, une carte avec la prise de Rio-Janeiro par Drouet et 7 feuillets de texte gravé avec une fig.

Réduction dans laquelle on voit les objets des perni-cieuses transgressions du dernier Traité pratiquées par la Cour de Madrid se trouvant encore intruse dans la pos-session de la Rivière de la Plata et de tout le Sud du Brésil. Traduite de l'original Portugais pour le faire com-prendre à l'ambassadeur d'Angleterre à Madrid le mois de décembre 1764. — (*S. l. ni d.*), in-8°.

* **Réfutation** du monstrueux et révolutionnaire écrit im-primé à Londres intitulé : « Quel est le roi légitime de Portugal? Question portugaise soumise au jugement des hommes impartiaux. Londres, 1828, par Joze Agostinho de Macedo. Traduit du portugais par le colonel Fort, marquis de Guarany. » — *Paris, imp. de Renouard*, 1829, in-8°, 132 pages.

Regnault (Robert). — *Voyez :* Acosta (José de). His-toire des Indes.

Reichardt (Henricus Guilielmus). — Hypericaceæ. *Voyez :* Martius. Flora Brasiliensis. T. XII 1.

Reichenbach (H. G. Ludovicus). — Iconographia botanica exotica sive hortus botanicus, imagines plantarum imprimis extra Europam inventarum colligens; cum commentario succincto editus. Auctore H. G. Ludovico Reichenbach. — *Lipsiæ, apud Friedericum Hofmeister*, 1827-1830, 3 vol. in-4°.

Reissek (Sigofredus). — Celastrineæ, Ilicineæ, Rhamneæ. — *Voyez :* Martius. Flora Brasiliensis T. XI 1.

Relandi (Hadriani). Dissertationum Miscellanearum Editio secunda. — *Trajecti ad Rhenum*, 1713, 3 vol. in-12.

Vol. I. 3 fnc., 232 pp., 12 fnc. — Vol. II. 1707. 3 fnc., 324 pp., 23 fnc. — Vol. III. 1708. 3 fnc., 250 pp., 15 fnc., 5 pl. et 1 carte de Ceylan.

Cet ouvrage a été publié en 1706-08; les exemplaires avec la date de 1713 n'ont que le titre de changé. Il se compose de 13 dissertations intéressantes pour l'histoire et la philologie de l'Orient et de l'Inde. La deuxième dissertation (vol. III, p. 141-229) « *de linguis Americanis* » contient un vocabulaire Brésilien, d'après celui qui se trouve dans l'histoire naturelle du Brésil par Piso ; des dialogues et des éléments de grammaire brésilienne extraits de Léry et du P. Anchieta. (Catalogue Leclerc).

* **Relation** abrégée, concernant la république que les religieux, nommés jésuites, des provinces de Portugal et d'Espagne, ont établie dans les pays et domaines d'outre-mer de ces deux monarchies, et de la guerre qu'ils y ont excitée et soutenue contre les armées espagnoles et portugaises. Dressée sur les registres de secrétariat des deux commissaires respectifs principaux et plénipotentiaires de deux couronnes et sur d'autres pièces authentiques. — *En Portugal* (s. l. ni d.), in-12, 104 pages.

Relation de ce qui s'est passé pendant la campagne de Rio de Janeiro, faite par l'Escadre des Vaisseaux du Roy, commandée par le sieur du Guay-Trouin. — *Paris, au bureau d'adresse, aux Galleries du Louvre, devant la rue S. Thomas, le 22 février* 1712, in-4° de 6 ff.

* **Relation** du grand Voyageur, de ce qu'il a veu de plus remarquable dans les principales parties de l'Amérique,

avec les portraits des roys et des sujets de diverses contrées.
— *A Rouen, de l'imprimerie du dit Jean Oursel,* (s. d.),
3o fnc., in-8° carré.

Portraits des Brasiliens quand ils vont à la guerre. Portraits des
femmes du Brasil allant travailler au labourage.

Relation veritable de la prinse de la Baya de todos los
santos et de la uille de S. Sauueur au Brasil. Par la flotte
Hollandoise, 1624. — (*S. l., n. d.*) in-8° de 6 ff.

Voyez Archives des voyages de T. Compans, 1, pag. 452.

* **Relations** veritables et cvrievses de l'isle de Madagascar,
et dv Bresil. Auec l'histoire de la derniere guerre faite au
Bresil, entre les Portugais et les Hollandois. Trois Relations
d'Egypte et vne du Royaume de Perse. — *A Paris,
Avgvstin Covrbé*, 1651, in-4°.

Cette collection due au libraire A. Courbé a été jusqu'à présent peu
connue et décrite imparfaitement. Elle est rédigée en partie par Morisot, de Dijon, d'après des matériaux qu'il avait reçus des frères
Dupuy, auxquels l'ouvrage est dédié. Elle contient les pièces suivantes :
Dédicace; avis au lecteur; table des relations, 6 fnc. — Relation dv
voyage qve François Cavche de Roven a fait à Madagascar, Isles adja-
centes, et coste d'Afrique. Recueilly par le sieur Morisot, Auec des
notes en marges. (pp. 1-194, carte). Les pp. 175-194 sont occupées par
des dialogues et un vocabulaire malgache-français. — Relation dv
voyage de Rovlox Baro, interprete et ambassadeur ordinaire de la Compagnie des Indes d'Occident, de la part des illustrissimes seigneurs
des Prouinces-Vnies au pays des Tapuies dans la terre ferme du
Brasil. Commencé le 3 avril 1647 et finy le 14 juillet de la mesme
année. Traduict d'hollandois en françois par Pierre Moreav de Paray
en Charolois. (pp. 195-307). — Histoire des derniers trovbles dv Brésil.
Entre les Hollandois et les Portvgais. Par P. Moreav. *Paris, Avgvstin
Covrbé*, 1651, 9 fnc. (y compris la description de Récif, partie de la ville
de Pernambouc), 212 pp., plan de Récif, etc. (Catalogue Leclerc n° 1642.)
Voir numéro 262 de Trömel.

* **Remarques** d'un voyageur sur la Hollande, l'Allemagne,
l'Italie, l'Espagne, le Portugal, l'Afrique, le Brésil et quelques
Isles de la Méditerranée. Contenant une idée exacte de leur
gouvernement, de leur commerce, de leurs forces et de leurs
mœurs, et les caractères de plusieurs personnes illustres qui
vivent actuellement. — *A la Haye, chez M. G. de Mer-
ville*, 1728, in-12, 5 fnc., 398 p. et 5 fnc. de table.

* **Remarques** sur la déclaration du Marquis de Barbacena relativement au retour de la Princesse du Gram-Pará à Rio Janeiro. — *Paris, chez Delaforest*, 1830, in-8°, 48 pages.

* **Remontrances** des négocians du Brésil, contre les insultes faites au pavillon portugais, et contre la saisie violente et tyrannique de plusieurs de leurs navires, par les officiers de la marine anglaise, accompagnées d'autres pièces intéressantes; traduites du Portugais et de l'Anglais, par F. S. Constancio, d. m., etc.— *Paris, chez Mme Goullet*, 1814, in-8°, 80 pages.

* **Renaud de Moustier** (Cte). — Une étape à Rio de Janeiro, par le Cte Renaud de Moustier. Extrait du *Correspondant*. — *Paris, Jules Gervais*, 1885, in-8°, 22 pages.

* **Rendu** (Alp. D.). — Etudes topographiques médicales et agronomiques sur le Brésil, par le docteur Alp. Rendu. — *Paris, J.-B. Baillière*, 1848, in-8°, VII, 248 pages.

Rennefort (Souchu de). — *Voyez :* Souchu de Rennefort.

* **Rentschler** (Hermann). — Contribution à la psychologie comparée des peuples avec une statistique intellectuelle. Introduction par Dr Hermann Rentschler. — *Cannstatt, imp. Louis Bosheuyer* (s. d.), in-8°, 14 pages.

Opuscule concernant spécialement le Brésil.—La préface est datée 1880.

Response (La) aux lettres de Nicolas Durant, dict le Chevalier de Villegaignon, addressées à la Reyne mère du Roy. Ensemble la confutation d'une hérésie mise en auant par le dit Villegaignon contre la souveraine puissance et authorité des rois. (Epigraphe) *Proverb.* 27. Le Fol qui se remet à sa follie est comme le chien retournant à son vomissement. — (*Sans lieu ni date*), in-8° de 46 ff.

Il y a au commencement une ode contenant une *Briefve description du voyage de Villegaignon au Brésil et des cruautez qu'il y a exercées,* et à la fin des vers latins *ad Nicolaum Durant.* (Manuel du Libraire, par Brunet, Tome V, page 1237.)

Réponse pour M. Brémond, Consul-Général du Portugal (et du Brésil) en Suisse à l'Exposé des Grieffes et Moyens de M. Frédéric Frey.—*Fribourg en Suisse*, (1821), in-4°, 60 pp.

Ce petit volume se rapporte à l'établissement d'une colonie suisse au Brésil.

* **République Brésilienne** (La). Situation financière et économique, 1889-1893, par un Brésilien. — *Paris, Guillaumin et C*^ie^, 1894, in-8°, 283 pages.

Cet ouvrage, qui contient des tableaux graphiques, des cartes et des diagrammes, est attribué à M. Alcide Guanabara.

Restivo. — Linguæ Guarani grammatica hispanice a R. P. Jesuita Paulo Restivo secundum libros Antonii Ruiz de Montoya, Simonis Bandini aliorumque adjecto particularum lexico anno MDCCXXXIV in civitate Sanctæ Mariæ maioris edita et Arte de la lengua guarani inscripta... redimpressa necnon præfatione notisque instructa opera et studiis L. F. Seybold.—*Stuttgardiæ*, 1892, pet. in-4°, xiv et 330 pages.

Non mis dans le commerce.

—. — Lexicon Hispano-Guaranicum « Vocabulario de la lengua Guarani, inscriptum a R. P. Jesuita Paulo Restivo secundum Vocabularium A. Ruiz de Montoya anno 1722 in civitate S. Mariæ Majoris denuo editum et adactum opera et studiis C. F. Seybold.— *Stuttgardiæ*, 1893, 1 vol. pet. in–4°, xi-548 pages.

Résumé du Catalogue de la section Brésilienne à l'Exposition Internationale à Vienne en 1873. — *Vienne*, 1873, in-8°, 32 pages.

* **Réville** (A.). — Histoire des religions. I. Les religions des peuples non civilisés, par A. Réville. — *Paris, Fischbacher*, 1883, in-8°. T. I, vii-412 pages.

Les pages 356-380 sont relatives aux Tribus Brésiliennes. — Délimitation géographique. — Difficultés de la recherche. — Toupi-Guaranis. — Indiens *Manos* et *do matto*. — Type physique des Toupi-Guaranis.

— Cannibalisme sentimental. — Mœurs et coutumes des Botocudos. — Leur état misérable. — Prépondérance du culte de la Lune. — Le méchant Aygnan. — Le Soleil. — Culte des animaux. — Culte des Esprits. — La calebasse magique. — Le Dieu suprême Toupan. — Mythe diluvien. — Mythe d'un incendie primitif. — Le mythe d'Ule, de Tiri, et de Carou. — Le Tsume des Botocudos. — L'homme de feu. — Sorciers brésiliens. — Sacrifices.

* **Révolution** (la) et l'armée du Brésil. Extrait de la *Revue d'infanterie*. — *Paris, Henri-Charles Lavauzelle*, 1890, in-8°, 16 pages.

* **Révolutions** de l'Amérique espagnole, ou récit de l'origine, des progrès et de l'état actuel de la guerre entre l'Espagne et l'Amérique méridionale; par un citoyen de l'Amérique espagnole; traduit de l'anglais. Deuxième édition revue, corrigée et augmentée du Précis des événements survenus en Amérique depuis la fin de 1816 jusqu'à ce jour; et de la Constitution des Provinces-Unies de l'Amérique du Sud; de notices biographiques sur les principaux chefs des indépendants et ornée d'une belle carte générale de l'Amérique, tracée d'après les dernières divisions, par M. Delamarche. — *Paris, P. de Mongie l'aîné*, nov. 1819, VIII-430 pages.

Révolution de Pernambouc, etc.

Revue Brésilienne, ou recueil de morceaux originaux sur les affaires intérieures de l'empire, la politique, et sur la statistique locale, par les rédacteurs du *Moderador*. — — *Rio de Janeiro, Gueffier et Cie*, 1830, in-4°.

Revue de France et du Brésil. — *Rio de Janeiro*, imp. *du Messager du Brésil*, 1884, gr. in-8°, T. I.

Première livraison contient :

1° Le vicomte Rio de Branco, ébauche biographique, par M. d'Escragnolle Taunay;

2° Les Sauvages, les Français au Brésil, deux chapitres du Brésil pittoresque de Ribeyrolles;

3° Le café, sa culture, sa préparation, ses échanges, ses usages, par le Dr Louis Couty;

4° La situation de l'enseignement primaire à Rio de Janeiro, par le Dr Souza Bandeira;

5° Mes cousines de Sapucaya, nouvelle par Machado de Assiz;

6° La colonie française du Brésil, par X.;

7° La chronique mensuelle par le Dr Ferreira d'Araujo.

* **Revue du Brésil.** Directeur propriétaire A. d'Atri. — *Paris, Rue Saint-Georges,* 56, 1896-1897, in-fol. Bimensuel, 16 pages à 3 col. par n°.

Texte français et italien. Contient de nombreuses reproductions de clichés photographiques, monuments, paysages, sites, portraits des célébrités politiques et littéraires, etc. du Brésil.

Revue française de la province de S. Paul (Brésil). — *S. Paulo, typ. et lith. Compagnie industrielle S. Paulo,* 1887-1888, in-8°.

Revue médico-chirurgicale du Brésil. — *Rio de Janeiro,* 124 *rua de Rosario,* 1894, in-8°.

Rey (Dr H.) — Contributions à la géographie médicale. L'Ile de Sainte-Catherine (Brésil), par le Dr H. Rey. — *Paris, Lahure,* in-8°.

Extrait des *Archives de Médecine navale.* Tome XXVII, Janvier 1877.

* —. — Notes sur la fièvre jaune au Brésil d'après les publications récentes des médecins brésiliens, par le Dr H. Rey. — *Paris, typ. Lahure,* 1877, in-8°, 47 pages.

Extrait des *Archives de Médecine navale,* T. XXVIII, octobre, novembre et décembre 1877.

—. — *Voyez :* Caminhoa. Catalogue des plantes toxiques du Brésil.

* **Rey** (Dr Philippe-Marius). — Étude anthropologique sur les Botocudos, par le Dr Philippe Marius Rey, ancien interne des Asiles d'aliénés de la Seine. Avec 10 figures dans le texte et une planche lithographique hors texte. — *Paris, Octave Doin,* 1880, in-8°, 80 pages.

* **Reybaud** (Charles). — Le Brésil, par Charles Reybaud. — *Paris, Guillaumin et Cie,* 1856, in-8°, 244 pages.

* —. — La colonisation du Brésil, par M. Charles Reybaud. Documents officiels. — *Paris, Guillaumin et Cie,* 1858, in-8°, 162 pages.

* Reyes (Rafael). — Le fleuve des Amazones et ses affluents, par Rafael Reyes. — *Paris, imp. E. Martinet,* (1876), in-8°, 12 pages.

Extrait du *Bulletin de la Société de géographie* (août 1876).

Reynoso (Alvaro). — De l'embaumement chez les Indiens Américains, par Alvaro Reynoso. — *Paris, imp. Remquet,* 1857, in-8°, 4 pages.

Ribeiro d'Andrada. — Voyez : Andrada (d').

* Ribeiro dos Guimaraens Peixoto (Domingos). — Dissertation sur les médicamens brésiliens que l'on peut substituer aux médicamens exotiques dans la pratique de la médecine au Brésil, et sur les sympathies considérées sous les rapports physiologique et médical, par Domingos Ribeiro dos Guimaraens Peixoto. — *Paris, typ. Didot,* 1830, in-4°, 152 pages.

Thèse n° 75.

* Ribeyrolles (Charles). — Brazil pittoresco. Historia. Descripções. Viagens. Instituições. Colonisação. Por Charles Ribeyrolles. Acompanhado de um album de vistas, panoramas, paísagens, costumes, etc., etc., por Victor Frond. — *Rio de Janeiro, typographia nacional,* 1859, 3 vol. gr. in-4°, 133, 190 et 286 pages.

Imprimé à deux colonnes avec texte français dans l'une, et texte portugais dans l'autre. L'album a pour titre : « Brazil pittoresco. Album de vistas, panoramas, paisagens, monumentos, costumes, etc., com os retratos de sua majestade imperador don Pedro II et da familia imperial, photographiados por Victor Frond, lithographiados pelos primeiros artistas de Paris, MM. Léon Noël, Fanoli, Desmaisons, Ciceri, Sabatier, Tirpenne, Philippe Benoit, Jaime, Jacottet, Clerget, Laurens, Sorrieu, Champagne, Bachelier, Aubrun, Deroy, Fichot, V. Adam, Duruy, Charpentier, Lebreton, etc.. e accompanhados de tres volumes in-4° sobre a historia, as instituções, as cidades, as fazendas, a cultura, a colonisação, etc., do Brazil, por Charles Ribeyrolles. — Paris, imp. Lemercier, 1861. » gr. in-fol. 69 pl.
Les premières voiles. — Les sauvages. — Les Français. — Les Hollandais. — La conspiration des mines. — L'indépendance. — Le gouvernement constitutionnel. — La mer. — La baie. — La ville. — A travers les terres. — Pétropolis. — Campos dos Goitacazes. — São-Fidelis. — La terre. — La population. — Le gouvernement. — Les pouvoirs. — Le parlement brésilien. — La presse. — Historique des colonies. — Les moyens. — Conclusion générale.

Ribeyrolles. — Les sauvages, les Français au Brésil. — *Voyez* : Revue de France et du Brésil (2).

* **Riccous**. — Le Bougainville de la jeunesse ou nouvel abrégé des voyages dans l'Amérique. Contenant la description des mœurs et coutumes des peuples de ce continent et les aventures les plus remarquables des voyageurs qui l'ont parcouru, extraits des voyages de Bougainville, Cook, le père Labat et autres voyageurs célèbres, par Riccous. — *Paris, D. Belin*, 1828, in-8°, iv-364 p.

> Découverte, climat, productions, mœurs, mines d'or et de diamants du Brésil.

Richemond (De). — *Voyez :* Histoire des réfugiés huguenots en Amérique.

* **Rio-Branco**. — Discours sur l'élément servile prononcé par M. le comte Rio-Branco, président du conseil des ministres à la Chambre des députés dans la séance du 14 juillet 1871. — *Rio-Janeiro, typ. Nationale*, 1871, in-8°, 56 pages.

> Contient aussi la Proposition du gouvernement pour la réforme de l'état servile.

Rio-Branco (Baron de). — Esquisse de l'histoire du Brésil. — *Voyez :* Le Brésil en 1889.

* **Robertson** (Le) de la jeunesse, abrégé de l'histoire de l'Amérique depuis sa découverte jusqu'à nos jours. Nouvelle édition revue et corrigée. — *Tours, A. Mame*, 1843, in-8°, 287 pages.

> Le faux titre porte : Bibliothèque des écoles chrétiennes approuvée par Mgr l'Évêque de Nevers. Contient, p. 186-212 : Histoire du Brésil.

* **Robiano** (Comte Eugène de). — Dix-huit mois dans l'Amérique du Sud, le Brésil, l'Uruguay, la République Argentine, les Pampas et le voyage au Chili par la Cordillère des Andes, par le comte Eugène de Robiano. Deuxième édition. — *Paris, E. Plon*, 1879, in-18, 271 pages.

— Id. — 3ᵉ édition. — *Paris, Plon*, 1886, in-18.

> La 1ʳᵉ édition est de 1878.

Rocha (Antonio da Silva Lopes). — *Voyez* : Silva Lopes Rocha (Antonio da).

* **Rochefort** (A. de). — La guerre de la Plata et l'avenir du Brésil, par A. de Rochefort. — *Saint-Étienne, Benevent,* 1867, in-8°, 20 pages.

* **Rocoles** (Jean-Baptiste de). — Description... générale du monde avec tous ses empires, royaumes, États et républiques où sont deduits et traitez par ordre leurs noms, assiettes, confins, mœurs, richesses, forces, gouvernement et religion, et la généalogie des empereurs, roys et princes souverains, lesquels y ont dominé jusques à présent. Composé premièrement par Pierre Davity,... et dans cette nouvelle édition reveu, corrigé et augmenté tant pour les descriptions géographiques que pour l'histoire jusques à notre temps, par Jean-Baptiste de Rocoles,... — *Paris, Denys Bechet et Louis Billaine,* 1660, in-fol.

Dans l'*Amérique*, paginée 1-208, le Brésil occupe les pages 120-150.

Rodrigues (A. Coelho). — *Voyez* : Coelho Rodrigues.

Rodrigues (J. Barbosa). — *Voyez* : Barbosa Rodrigues (J.).

Rodriguez d'Oliveira (Luiz). — *Voyez* : Oliveira (Luiz Rodriguez).

Roest (Th. M.). — Monnaies portugaises qui font partie du cabinet numismatique de l'université de Leyde, par Th. M. Roest. Extrait de la *Revue belge de numismatique.* — *Bruxelles,* 1885, in-8°.

Rogers (Woodes). — Voyage autour du monde, commencé en 1708 et fini en 1711, par le capitaine Woodes Rogers. Traduit de l'anglois. Où l'on a joint quelques pièces

curieuses touchant la rivière des Amazones et la Guiane. —
A Amsterdam, chez la veuve de Paul Marret, 1716, 2 vol.
in-12.

Vol. I. 4 fnc., 415 pp., 29 pnc., front. gravé, 1 mappemonde, 8 fig. —
Vol. II. 162 pp., front. gravé, 6 fig. — « SUPPLÉMENT ou description des
côtes, rades, havres, etc., depuis Acapulco jusques à l'Isle de Chiloé.
Tirée de bons mss. espagnols trouvez à bord de quelques vaisseaux pris
dans la mer du Sud. *Amsterdam, veuve P. Marret*, 1716 » 75 pp.,
12 fnc., 3 cartes. « RELATION de la rivière des Amazones, traduite par
GOMBERVILLE... sur la copie imprimée à Paris en 1682. » 255 pp., 24 pnc.,
(réimpression de la traduction de l'ouvrage du P. ACUÑA.)
  Ce voyage d'abord paru à Londres en 1712, in-8°, a été réimprimé
en 1718 et 1726. La traduction française, beaucoup plus complète, est
préférable à cause dès pièces ajoutées (la description des côtes, et la
relation des Amazones) qui ne sont pas dans l'original.
  C'est aussi dans ce livre qu'on trouve le récit de la rencontre d'un
matelot écossais, nommé Selkirk, dans l'île de J. Fernandez, qui a fourni
le sujet au livre si populaire de « *Robinson Crusoé* ». (Catalogue Leclerc, n° 518.)

Rohrbach (Paulus). — Tropæolaceæ, Molluginaceæ.
Alsinaceæ, Silenaceæ, Portubacaceæ, Ficoidaceæ, Elatinaceæ. *Voyez* : Martius. Flora Brasiliensis. T. XIV, 2.

Roi (Le) et la famille royale de Bragance doivent-ils,
dans les circonstances présentes, retourner en Portugal, ou
bien rester au Brésil? — *Rio de Janeiro, imp. Royale*, 1820,
in-8°.

Roquemaurel. — *Voyez* : Mouchez. Instructions nautiques sur les côtes du Brésil.

* **Roulox Baro**.—Relation du voyage de Roulox Baro,
interprète et ambassadeur ordinaire de la Compagnie des
Indes d'occident, de la part des illustrissimes Seigneurs des
Provinces-Unies au pays des Tapuies dans la terre ferme
du Brasil. Commencé le troisiesme avril 1647, et fini le qua-
torziesme juillet de la mesme année traduict d'Hollandais
en François, par Pierre Moreau de Paray en Charolois.
— (*S. l. ni d.*) in-4°, paginé 197-307.

Cet ouvrage se trouve aussi dans le volume de Cauche : Relations véritables et curieuses de l'isle de Madagascar, etc. Collection dûe au libraire
Augustin Courbé. 1651.

* Roussin (Baron).— Navigation aux côtes du Brésil, par M. le baron Roussin. — *Paris, imp. Royale*, 1821, in-8°, 69 pp.

* —. — Le pilote du Brésil, ou description des côtes de l'Amérique méridionale comprises entre l'île de Santa-Catarina et celle de Maranão, avec les instructions nécessaires pour attérir et naviguer sur ces côtes; par M. le baron Roussin, contre-amiral, membre du conseil d'amirauté, commandeur de l'ordre royal de la légion d'honneur, chevalier de Saint-Louis et de Saint-Wólodimir de Russie, commandant l'expédition hydrographique entreprise par ordre du roi et exécutée en 1819 et 1820, sur la corvette la *Bayadère* et le brig le *Favori* publié sous le ministère de M. le comte de Chabrol de Crouzol, pair de France, ministre de la marine et des colonies. — *Paris, imp. Royale*, 1827, in-8°, 244 pages.

* —.— Le Pilote du Brésil, ou description des côtes de l'Amérique méridionale, comprises entre l'île Santa-Catharina et celle de Maranhão, avec les instructions nécessaires pour atterrir et naviguer sur ces côtes; par le baron Roussin, contre-amiral, membre du conseil d'amirauté, commandeur de l'ordre royal de la légion d'honneur, chevalier de Saint-Louis et de Saint-Wolodimir de Russie, commandant l'expédition hydrographique entreprise par ordre du roi et exécutée en 1819 et 1820 sur la corvette la *Bayadère* et le brick le *Favori*; publié en 1837 sous le ministère de M. le comte de Chabrol de Crouzol, pair de France, ministre de la marine et des colonies. Seconde édition. — *Paris, imp. Royale*, 1845, in-8°, XL-269 pages.

* Roux (de Brignoles) fils.— Des affections lépreuses dans les régions intertropicales, par Roux (de Brignoles) fils. Lu à la Société de médecine de Marseille. — *Marseille, typ. Barlatier–Feissat et Demonchy*, 1858, in-8°, 16 pages.

P. 10-11. Expérience de guérison de la lèpre, au Brésil, par la morsure du crotale.

* Rouzy (Henri).—Le Brésil, sa constitution politique et

économique, par Henry Rouzy. — *Toulouse, Armaing.*
Paris, Guillaumin, 1875, in-8°, 20 pages.

Extrait des *Mémoires de l'Académie des sciences, inscriptions et
belles-lettres de Toulouse*, 7ᵉ série. T. 6, pages 703-715.

*** Roy** (Alexandre). — La maison de Bragance, par
Alexandre Roy. — *Paris, imp. Édouard Vert*, 1867, in-8°,
29 pages.

*** Roy** (J. J. E.). — L'empire du Brésil, souvenirs de
voyage par N. X., recueillis et publiés par J. J. E. Roy.
Nouvelle édition. — *Tours, Alfred Mame et fils*, 1875,
in-8°, 192 pages.

*** Rubeis** (Petrus Franciscus de). — Brasiliẽ. canonizationis servorum Dei Ignatii de Azevedo, et sociorum Societatis Jesu in odium Fidei interemptorum. Oppositiones r.
p. d. Fidei Promotoris. Super dubio. An constet de martyrio,
et causa Martyrii prædictorum servorum Dei, in casu, etc.
Petrus Franciscus de Rubeis promotor Fidei — (*S. l. ni d.*),
in-fol., 5 pages.

*** Ruelle-Pomponne.** — Une épopée au Brésil, par Ruelle
Pomponne. — *Paris, A. Lacroix, Verboeckhoven et Cⁱᵉ*,
1869, in-18, vii-406 pages.

*** Rugendas** (Maurice). — Voyage pittoresque dans le
Brésil, par Maurice Rugendas, traduit de l'allemand par
M. de Golbery, conseiller à la cour Royale de Colmar, cor-
respondant de l'Institut, membre de plusieurs Sociétés
savantes, Chevalier de la Légion d'Honneur. Publié par
Engelmann et Cⁱᵉ. — *Paris et Mulhouse*, 1835, gr. in-fol.

A paru en 20 livraisons. Cet ouvrage contient 100 planches lithogr.,
qui sont accompagnées d'un texte explicatif, lequel a diverses paginations.

S

* **Sabatier** (J.). — Rapport sur la collection royale des monnaies portugaises figurant à l'Exposition universelle de 1867, présenté à la Société française de numismatique et d'archéologie par M. J. Sabatier. — *Paris, Soc. de numismatique et d'archéologie,* 1867, in-8°, 55 p.

Extrait de l'*Annuaire de la Société française de numismatique.* — Monnaies du Brésil.

Saboia (baron de). — Instruction publique. *Voyez :* Le Brésil en 1889.

* **Sacchinus** (Franciscus). — Historiæ Societatis Jesu pars quinta sive Everardus, auctore r. p. Francisco Sacchino Societatis ejusdem sacerdote. — *Romæ, typis Dominici Manelphii,* 1652, in-fol., 289 p., 7 fnc.

* —. — Historiæ Societatis Jesu pars quinta sive Claudius tomus prior autore Francisco Sacchino ejusdem societatis sacerdote. Res extra Europam gestas et alia quædam supplevit Petrus Possinus ex eadem societate. — *Romæ, ex typographia Veresii,* 1661, in-fol., 5 fnc., 550 p., 8 fnc.

In Brasiliâ feliciter a. patribus laboratum. — Nova superstitio veræ religionis imitatione formata et nostrorum labores in ea collenda. — Fructus ministeriorum societatis.

* —. — Historiæ Societatis Jesu pars tertia sive Borgia. Auctore r. p. Francisco Sacchino Societatis ejusdem sacerdote. — *Romæ, typis Manelfii,* 1640, in-fol. 432 p., 20 fnc.

* **Sac. rituum** congregatione eminentiss. et reverendiss. d. card. Gabriello Brasilien, seu Bahyen. beatificationis, et canonizationis ven. servi dei P. Josephi de Anchieta Sacerdotis professi Soc. Jesu. Positio super dubio An sententia d. vicarii capitularis judicis delegati super non cultu, et paritione Decretis fel. rec. Urbani VIII lata de anno 1664, sit confirmanda, et successivè an à dicto anno 1664 citra constet de paritione dictis Decretis. In casu etc. — *Romæ, typis Reverendæ Camer.æ Apostolicæ,* 1705, in-fol.

*__Sacra rituum__ congregatione Emo et Rmo Dño card. Imperiali Brasilien., seu Bahyen. beatificationis, et canonizationis ven. servi dei P. Josephi de Anchieta sacerdotis professi Societatis Jesu. Responsiones facti, et juris ad novissimas animadversiones super dubio An constet de virtutibus theologalibus Fide, Spe, et Charitate erga deum, et Proximum ; nec non de Cardinalibus Prudentia, Justitia, Fortitudine et Temperantia, earumque annexis in gradu heroico, in casu, et ad effectum, de quo agitur. — *Romæ, typis Reverendæ Cameræ Apostolicæ,* 1786, in-fol., 116 pages.

* **Sacra rituum** congregatione Emo, et Rmo Dño card. Alexandro Albano, Brasilien. canonizationis, seu declarationis martyrii ven. servorum Dei Ignatii Azevedi et XXXIX sociorum martyrum Societatis Jesu. Responsio ad novas animadversiones r. p. Fidei Promotoris. Super dubio An constet de martyrio, et causa martyrii in casu, et ad effectum, etc. — *Romæ, ex typographia Reverendæ Cameræ Apostolicæ,* 1742, in-fol.

Saenz de **Zimaran**. — *Voyez :* Convention sanitaire entre la République orientale, le Brésil.

* **Sagot** (Dr). — Le bananier, par M. le Dr Sagot. — *Paris, imp. E. Donnaud,* (1872), in-8°, 19 p.

Extrait du *Journal de la Société centrale d'horticulture de France,* 2e série, T. VI, 1872, p. 226.

* Sagot. — Des végétaux fruitiers cultivés à la Guyane, par M. le D' Sagot,... (Extrait du *Journal de la Société centrale d'Horticulture de France*, 2ᵉ série T. VI, 1872, p. 347). — *Paris, imp. E. Donnaud*, (s. d.), in-8°, 18 p.

Signale un certain nombre d'arbres fruitiers qui sont originaires du Brésil, des vallées de l'Amazone et du Pará, et dont l'introduction à la Guyane serait utile.

* Saint-Hilaire (Auguste de). — Aperçu d'un voyage dans l'intérieur du Brésil, la Province Cisplatine et les Missions dites du Paraguay. Par M. Auguste de Saint-Hilaire... Extrait des *Mémoires du Museum d'Histoire Naturelle*, 5ᵉ année, T. IX. — *Paris, imp. de A. Belin*, 1823, in-4°, 73 pages.

*—. — Comparaison de la végétation d'un pays en partie extra-tropical avec celle d'une contrée limitrophe entièrement située entre les Tropiques, par M. Auguste de Saint-Hilaire. — *Paris, imp. L. Martinet*, (s. d.), in-8°, 23 pages.

Extrait des *Annales des sciences naturelles*, T. XIII, juillet 1850.

*—. — Conspectus Polygalaearum Brasiliæ meridionalis. *Orléans, typ. Danicourt-Huet*, 1828, in-8°, 18 p.

*—. — Histoire des plantes les plus remarquables du Brésil et du Paraguay ; comprenant leur description et les dissertations sur leurs rapports, leurs usages, etc. Avec des planches en parties coloriées. Par M. Auguste de Saint-Hilaire,... Dédiée à Sa Majesté Très-Fidèle. — *Paris, A. Belin*, 1824, in-4°, T. I. LXVII, 340 pages.

Les 6 premières livraisons ont seules paru.

* —. — Mémoire sur le système d'Agriculture adopté par les Brésiliens, et les résultats qu'il a eus dans la Province de Minas Geraes, par M. Auguste de Saint-Hilaire. — *Paris, imp. de Pihan de la Forest*, (s. d.), in-8°, 12 pages.

* —. — Mémoire sur les myrsinées, les sapotées et les embryons parallèles au plan de l'ombilic par M. Aug. de

Saint-Hilaire, présenté à l'Académie des sciences, le 18 avril
1837. — (*S. l. ni d.*), in-4°, 51 pages.

* Saint-Hilaire (Auguste de). — Observations sur les
diviseurs des eaux de quelques uns des grands fleuves
de l'Amérique du Sud, (Brésil) et la nomenclature qu'il
parait convenable de leur appliquer. Fragment par M. Auguste de Saint-Hilaire. — *Paris imp. Bachelier*, (s. d.),
in-4°, 6 pages.

Extrait des *Comptes rendus des séances de l'Académie des sciences*,
tome XXV, séance du 8 novembre 1847.

* —. — Plantes usuelles des Brésiliens, par M. Auguste
de Saint-Hilaire, correspondant de l'Académie des sciences.
— *Paris, Grimbert*, 1824, in-4°, 70 planches.

Chaque planche est accompagnée d'un texte qui a sa pagination
séparée.

* —. — Province de S. Pedro de Rio Grande do Sul au Brésil.
Rapport sur l'ouvrage intitulé : Annaes da Provincia de
S. Pedro, par M. José Feliciano Fernandez Pinheiro, Baron
de S. Leopoldo, ancien ministre de l'Empire du Brésil... par
M. Auguste de Saint-Hilaire. — *Paris, imp. de A. Pihan de
la Forest*, (s. d.), in-8°, 22 pages.

* —. — Société nationale et centrale d'agriculture. L'agriculture et l'élève du bétail dans les Campos-Geraes, fragment par M. Auguste de Saint-Hilaire. — *Paris, imp. Bouchard-Huzard* (1849), in-8°, 15 p.

Les campos sont les prairies naturelles du Brésil ; on peut les assi-
miler aux lanos de l'Amérique espagnole et aux savanes sèches de nos
colonies.

* —. — Les sources du Rio de S. Francisco par M. Auguste de Saint-Hilaire... (Fragment.) — *Paris, Arthus
Bertrand*, 1842, in-8°, 16 pages.

* —. — Tableau de la végétation primitive dans la pro-

vince de Minas Geraes, par M. Auguste de Saint-Hilaire.
— *Paris, A. Pihan de la Forest,* 1837, in-8°, 49 p.

Extrait des *Nouvelles Annales des voyages.*

* **Saint-Hilaire** (Auguste de). — Tableau général de la
province de Saint-Paul, par Auguste de Saint-Hilaire...
Extrait d'un Voyage dans les Provinces de Saint-Paul et de
Sainte-Catherine. — *Paris, Arthus Bertrand,* 1851, in-8°,
147 pages.

* —. — Voyage à Rio-Grande do Sul (Brésil), par Auguste de Saint-Hilaire,... — *Orléans, H. Herluison,* 1887,
in-8°, VIII, 645 pages.

Contient le portrait de Saint-Hilaire et une carte « Itinéraire des cinq
voyages accomplis dans l'intérieur du Brésil, 1816-1822, par Aug. de
Saint-Hilaire. »
Ouvrage publié par R. de Dreuzy d'après les dernières volontés de
l'auteur mort en 1853.

* —. — Voyage aux Sources de Rio de S. Francisco et
dans la Province de Goyaz par M. Auguste de Saint-Hilaire,... — *Paris, Arthus Bertrand,* 1847-1848, 2 vol.
in-8°, 347-380 pages.

Le faux titre porte : Voyages dans l'intérieur du Brésil. Troisième
partie.

* —. — Voyage dans l'intérieur du Brésil, par Auguste
de Saint-Hilaire,... — *Ixelles lez Bruxelles, Delevingne et
Callewaert,* 1850, 2 vol. in-12, 212, 308 pages, 3 gravures.

Le T. II a pour adresse : Bruxelles, Méline, Cans et Compagnie.

* —. — Voyage dans le district des diamans et sur le littoral
du Brésil, suivi de notes sur quelques plantes caractéristiques et d'un précis de l'histoire des révolutions de l'Empire Brésilien, depuis le commencement du règne de
Jean VI jusqu'à l'abdication de D. Pedro par Auguste de
Saint-Hilaire,... — *Paris, Gide,* 1833, 2 vol. in-8°, xx,
402-456 pages.

Le faux titre porte : Voyages dans l'intérieur du Brésil. Seconde
partie.

*Saint-Hilaire (Auguste de). — Voyage dans les Provinces de Rio de Janeiro et de Minas Geraes; par Auguste de Saint-Hilaire. — *Paris, Grimbert et Dorez,* 1830, 2 vol. in-8°, XIV-458-478 pages.

Le faux titre porte : Voyages dans l'intérieur du Brésil. Première partie.

*—. — Voyage dans les Provinces de Saint-Paul et de Sainte-Catherine par M. Auguste de Saint-Hilaire. — *Paris, Arthus Bertrand,* 1851, 2 vol, in-8° VI, 464, 423 pages.

Le faux titre porte: Voyages dans l'intérieur du Brésil. Quatrième partie.

Saint-Hilaire (Auguste de), **Adrien de Jussieu** et **Jacques Cambessedes.** — Flora Brasiliæ meridionalis. Accedunt tabulæ delineatæ a Turpinio ærique incisæ. — *Paris, Belin,* 1825-1833, 3 vol. in-fol.

* Saint-Hilaire (A. de) et **Frédéric de Girard.** — Monographie des primulacées et des lentibulariées du Brésil Méridional et de la République Argentine par MM. A. de Saint-Hilaire et Frédéric de Girard ; présentée à la Société royale des sciences, belles-lettres et arts d'Orléans, dans sa séance du 7 décembre 1838. Extrait du Tome II des Mémoires de cette Société. — *Orléans, imp. Danicourt-Huet,* 1840, in-8°, 48 pages et 2 planches.

* Saint-Hilaire (Auguste de) et **Ch. Naudin.** — Revue de la flore du Brésil par MM. Auguste de Saint-Hilaire et Ch. Naudin. Deuxième partie. — *Paris, imp. Paul Renouard,* (s. d.), in-8°, 32 pages.

Extrait des *Annales des Sciences naturelles* (Juillet, 1842.)

* Saint-Hilaire (Auguste de) et **L.-R. Tulasne.** — Revue de la flore du Brésil méridional par MM. Auguste de Saint-Hilaire et L.-R. Tulasne. — *Paris, imp. Paul Renouard,* (s. d.), in-8°, 16 pages, 2 planches.

Extrait des *Annales des Sciences naturelles* (Mars, 1842.)

* Saint-Hilaire (Is. Geoffroy). — Envoi d'une troupe de dromadaires fait au Gouvernement Brésilien sur sa demande par la Société Impériale d'Acclimatation. Compte rendu des mesures prises par le bureau, la commission spéciale et MM. les délégués à Marseille et à Alger. Par M. Is. Geoffroy Saint-Hilaire, président. Séance du Conseil du 8 juillet 1859. — *Paris, imp. L. Martinet*, 1859, in-8°, 8 pages.

Extrait du *Bulletin de la Société Impériale d'Acclimatation.*

* **Saint-Quantin** (A. de). — Guyane Française. Ses limites vers l'Amazone, par A. de Saint-Quantin. Avec huit cartes explicatives. Extrait de la *Revue coloniale* (août et septembre 1858.)—*Paris, imp. Paul Dupont*, 1858, in-8°, 112 pages.

* **Saint-Sauveur** (Madeleine de). — Don Pedro démasqué par M. Madeleine de Saint-Sauveur. — *Amiens, imp. de Ledien fils*, 1834, in-12, 48 pages.

* **Saint-Vel** (O.). — Traité des maladies des régions intertropicales par O. Saint-Vel. — *Paris, Adrien Delahaye*, 1868, in-8°, xi, 512 pages.

Traité des maladies du Brésil.

Sainte-Foi (Charles). — Vie du vénérable Joseph Anchieta de la Compagnie de Jésus; précédée de la vie du P. Emmanuel de Nobrega, de la même Compagnie, par Charles Sainte-Foi. — *Paris et Tournai, H. Casterman*, 1858, in-8°.

—. — Vie du Père Jean d'Almeida apôtre du Brésil, par Charles Sainte-Foi. — *Paris et Tournai, H. Casterman*, 1859, in-8°.

* **Saldanha da Gama** (Joseph de). — Coup d'œil philosophique et historique sur les affaires brésiliennes, avant, pendant et après la régénération... par Joseph de Saldanha da Gama. — *Rio de Janeiro, imp. Gueffier*, 1831, in-8°, 63 pages.

* **Saldanha da Gama** (José de). —Classement botanique

des plantes alimentaires du Brésil par José de Saldanha da Gama. — *Paris, imp. E. Martinet*, 1867, in-4°, 20 pages.

* Saldanha da Gama (José de).— Travaux au sujet des produits du Brésil qui sont à l'Exposition universelle de Paris, en 1867, par José de Saldanha da Gama. — *Paris, imp. de E. Briere*, 1867, in-8°, 29 pages.

—. — Quelques mots sur les bois du Brésil qui doivent figurer à l'Exposition universelle de 1867, par Saldanha da Gama. — *Paris, imp. de E. Martinet*, 1867, in-8°, 12 pages.

—. — Énumération des travaux jusqu'à l'année 1867 de José de Saldanha da Gama. — *Paris, Ernest Thorin*, 1868, in-4°.

—. — Discours prononcé au Congrès International des économes forestiers à Vienne, par José de Saldanha da Gama, délégué du Gouvernement Impérial du Brésil. — *Rio de Janeiro, typ. Laemmert*, 1874, in-8°, 11 pages.

*—. — Notice sur quelques végétaux séculaires du Brésil, par José de Saldanha da Gama. — *Paris, G. Masson*, 1874, in-8°, 13 pages.

Extrait des *Annales des sciences naturelles*, 5ᵉ série, T. XIX.
Donne la description des Cabralea cangerana, Erythroxylum utile, Aspidosperma olivaceum, Centrolobium robustum, et Cordia alliodora.

* —. — Tableau résumé des richesses de l'Empire du Brésil, par J. de Saldanha da Gama. — *Bruxelles, imp. de L. Hoffmann*, 1887, gr. in-8°, 20 pages.

* —. — Suite aux « Richesses de l'Empire du Brésil », par J. de Saldanha da Gama.— *Bruxelles, imp. de L. Hoffmann*, 1887, in-8°, 16 pages.

—. — *Voyez :* Freire Allemão. Breve noticia sobre a collecção das madeiras do Brasil.

* Saldanha da Gama (J. de) et Alfred **Cogniaux**. — Bouquet de mélastomées brésiliennes dédiées à Sa Majesté

Dom Pedro II, Empereur du Brésil, par J. de Saldanha da
Gama, consul général de l'Empire du Brésil en Belgique...
et Alfred Cogniaux, vice-consul de l'Empire du Brésil à
Verviers... Extrait du *Flora Brasiliensis*. — *Verviers, imp.
A. Remacle,* août 1887, gr. in-4°, 5 planches.

* Sampaio (L. J. de). — Question portugaise. Docu-
mens authentiques et officiels concernant les affaires de
Portugal, depuis 1824 jusqu'à 1829, traduits en français, par
L. J. de Sampaio, émigré portugais. — *A Brest, chez l'auteur,
rue Neuve-d'Aiguillon,* n° 32, juillet 1832, in-8°, XII,
204 pages.

> Lettre patente du 13 mai 1825 par laquelle le roi D. Jean VI a légi-
> timé l'indépendance politique de l'Empire du Brésil. — Note officielle du
> marquis de Palmella, adressée le 7 décembre 1825 à M. Canning. —
> Dépêche du ministre secrétaire d'État portugais adressée le 30 juin 1825
> au marquis de Palmella, ambassadeur de l'empereur du Brésil. — Dis-
> cours que prononça la députation envoyée à Rio de Janeiro par le gou-
> vernement de Lisbonne en présence de D. Pedro IV. — Lettre de l'In-
> fant D. Miguel à l'Infante régente, 6 avril 1826, dans laquelle S. A. re-
> connaît la légitimité de la succession de D. Pedro IV. — Lettre de D.
> Miguel à l'empereur du Brésil, 19 oct. 1827. — Déclaration du plénipo-
> tentiaire de S. M. l'empereur du Brésil, au moment du départ de D. Ma-
> ria II, pour Rio de Janeiro. Etc.

*Sanson d'Abbeville. — L'Amériqve en plvsievrs, cartes
et en divers traittés de géographie et d'histoire. Là où sont
descripts succintement, et avec vne belle méthode et facile
ses empires, ses pevples, ses colonies, levrs mœurs, langves,
religions, richesses, etc., et ce qu'il y a de plus beau, et
de plus rare dans toutes ses parties, et dans les isles. Dédiée
à Monseigneur Foveqvet conseiller du Roy en tovs ses conseils, et chancelier des ordres de Sa Majesté, par N. Sanson
d'Abbeville, Géographe ordinaire du Roy. — *Paris, chez
l'Authevr dans le cloistre de Saint-Germain-de-l'Auxerrois
joignant la grande Porte du Cloistre,* 1657, vol. in-4°,
non paginé.

* Sanson père et fils. — Description de tout l'univers, en
plusieurs cartes et en divers traitez de géographie et d'histoire ; où sont décrits succinctement et avec une méthode
belle et facile ses empires, ses peuples, ses colonies, leurs

mœurs, langues, religions, richesses, etc. Et ce qu'il y a de plus beau et de plus rare dans toutes ses parties et dans ses isles. Par Mrs. Sanson père et fils. L'on a ajouté à cette nouvelle édition plusieurs cartes très-exactes, qui ne se trouvent point dans les éditions précédentes ; comme aussi des tables géographiques pour l'intelligence des cartes ; et un Traité des globes célestes et terrestres. Le tout à l'usage de son Altesse Monseigneur le Prince Electoral de Brandebourg. — *A Amsterdam, chez François Halma*, 1700, in-4°.

> Chacune des parties du monde a sa pagination particulière. La description de l'Amérique compte 82 pages ; les pages 67 à 74 sont consacrées au Brésil.

* **Santa-Anna Néry** (F. J. de). — Aux Etats-Unis du Brésil. Voyages de M. T. Durand, avec illustrations par M. F. J. de Santa-Anna Néry..., — *Paris, Ch. Delagrave*, (s. d.), gr. in-8°, viii, 340 pages.

> La première partie de ce livre a été publiée sous le titre : *Le Pays du Café. Voyage de M. Durand au Brésil avec préface par Frederico-J. de Santa-Anna Néry. — Paris, 8, rue Nouvelle* 1882. L'auteur a refondu et modifié le texte primitif.

* —. — Salon de 1883. Combat naval de Riachuelo, tableau militaire de Victor Meirelles. Notes par F. J. de Santa-Anna Néry. — *Paris, C. Marpon et E. Flammarion*, 1883, in-8°, 24 pages.

* —. — La question du café. Le café du Brésil au Palais de l'Industrie. (Concours agricole, janvier 1883) par l'auteur du livre *Le Pays du Café*. — *Paris, Guillaumin*, 1883, in-8°, 67 pages.

> Par M. F. J. de Santa-Anna Néry.

* —. — Le Pays des Amazones. L'El-dorado. Les terres à caoutchouc, par F. J. de Santa-Anna Néry... Orné de 101 illustrations et de 2 cartes explicatives avec un portrait de l'auteur gravé à l'eau forte par Robert Kemp. Précédé d'une lettre de M. le baron de Hübner, membre associé étranger de l'Institut et d'une lettre préface de M. Emile Levasseur, de l'Institut. — *Paris, L. Frinzine*, 1885, gr. in-8°, xxxiv, 382 pages.

Il a été fait, sur japon impérial, un tirage de 150 exemplaires numérotés.

* **Santa-Anna Néry** (F. J. de). — Publication de la *France commerciale. Le* Brésil économique. Conférence donnée le 14 mars 1888 au boulevard des Capucines, par M. F. J. de Santa-Anna Néry. — *Paris, aux bureaux de la* France commerciale, 1888, in-8°, 14 pages.

Extrait de la *France commerciale*, n° 8, 20 avril 1888.

*—. — F. J. de Santa-Anna Néry. Folk-Lore Brésilien. Poésie populaire. Contes et légendes. Fables et mythes. Poésie, musique, danses et croyances des Indiens. Accompagné de douze morceaux de musique, préface du Prince Roland Bonaparte. — *Paris, Perrin et C*ie, 1889, in-8°, xII, 272 pages.

Il a été imprimé 100 exemplaires numérotés sur papier de Hollande.

* —. — Guide de l'émigrant au Brésil publié par les soins du syndicat du comité Franco-Brésilien pour l'Exposition universelle de 1889 et rédigé sous la direction de M. F. J. de Santa–Anna Néry. — *Paris, Charles Delagrave*, 1889, in–12, 176 pages.

* —. — Travail servile et travail libre. Commerce et navigation. Postes et téléphones. Instruction publique. Littérature. Propriété industrielle et littéraire. *Voyez :* Le Brésil en 1889.

* —. — L'Emigration et l'Immigration pendant les dernières années. Communication faite au premier Congrès géographique italien tenu à Gênes du 18 au 25 septembre 1892, par F. J. de Santa-Anna Néry. — *Paris, Guillaumin et C*ie, 1892, in-8°, 72 pages, 3 f. tables.

* **Santa Rita Durão** (José de) — Caramurú, ou la Découverte de Bahia, roman poème brésilien, par José de Santa Rita Durão. — *Paris, Eugène Renduel*, 1829, 2 vol. in-8°, 218 et 218 pages.

Le faux titre porte : « Romans portugais et brésiliens, traduits par Eugène de Monglave. 1re (2e) livraison.»

*Santarem (Vte de). — Analyse du Journal de la navigation de la flotte qui est allée à la terre du Brésil en 1530-32 par Pedro Lopes de Sousa, publié pour la première fois à Lisbonne par M. De Varnhagen. Par le Vte de Santarem. — *Paris, imp. Fain et Thunot*, 1840, in-8°.

Extrait des *Nouvelles Annales des Voyages*.

* —. — Mémoire sur la question de savoir à quelle époque l'Amérique méridionale a cessé d'être représentée dans les cartes géographiques comme une île d'une grande étendue, par le Vicomte de Santarem. Extrait du *Bulletin de la Société de Géographie* (mai 1847). — *Paris, imp. L. Martinet*, (s. d.), in-8°, 8 pages.

* —. — Notice sur la vie et les travaux de M. da Cunha Barbosa, secrétaire perpétuel de l'Institut historique et géographique du Brésil... par le Vicomte de Santarem. (Extrait du *Bulletin de la Société de géographie*, mars 1847). — *Paris, imp. L. Martinet*, (1847), in-8°.

* —. — Recherches historiques, critiques et bibliographiques sur Améric Vespuce et ses voyages, par le vicomte de Santarem. — *Paris, Arthus Bertrand*, 1842, in-8°.

Santeuil (Auguste de). — *Voyez :* Chaumel de Stella. Essai sur l'histoire du Portugal.

* Santiago Arcos. — La Plata. Etude historique. — *Paris, Michel Levy*, 1865, in-8°, 588 pages.

Le Brésil ; sa situation ; sa politique vis-à-vis de la Plata, etc.

Santos-Barreto (M. P. dos). — *Voyez :* Dos Santos-Barreto (M. P.).

* Saraiva (Antonio Ribeiro). — Injustice et mauvaise foi de la plupart des journaux de Londres et de Portugal au sujet de la question du Portugal, des droits de la nation portugaise et de ceux de don Miguel, par Antonio Ribeiro

Saraiva, émigré portugais. — *Paris, Delaforest*, 1828, in-8°, 80 pages.

* **Saraiva** (Antonio Ribeiro). — Moi, je ne suis pas un rebelle, ou la question du Portugal dans toute sa simplicité offerte aux politiques impartiaux et aux gens de bonne foi, par Antonio Ribeiro Saraiva. — *Paris, Delaforest*, 1828, in-8°, 37 pages.

—. — *Voyez* : Traduction d'une lettre d'un individu à son ami.

* **Sardinus** (Jacobus), Thomas **Montecatinius** et Félix de **Grandis**. — Brasilien. canonizationis, seu declarationis martyrii servorum Dei Ignatii Azevedi, et trigenta novem sociorum Martyrum societatis Jesu. Informatio facti et juris super dubio An constet de martyrio, et causa martyrii in casu etc. — (S. l. ni d.), in-fol. 92 pages.

> Signé : Jacobus Sardinus. Thomas Montecatinius advoc. — Félix de Grandis,... Revisa. Andreas Pierus subpromotor Fidei.
> Une seconde partie, paginée 1-40, commence par ces mots : « Indiculus contentorum in præsenti Summario Additionali. »

Sauvage (Louis). — *Voyez :* La Gazette du Brésil.

* **Sauvaigo** (Dr). — Les plantes exotiques introduites sur le littoral méditerranéen. Le dernier coin de France, par M. le Dr Sauvaigo,... — *Versailles, imp. Cerf et fils*, 1892, in-8°, 11 pages.

> Extrait de la *Revue des sciences naturelles appliquées* n° 12, 20 juin 1892.
> Ces plantes ont été cultivées à l'extrémité du territoire de Menton dans différentes villas. Les plantes originaires du Brésil sont : à la villa *La Chinsa* : Bignonia venusta *Ker*. — Blechnum brasiliense *Desv*. — Chamædorea elatior *Mart*. — Chrysophyllum imperiale *Benth*. — Cocos flexuosa *Mart*. — Passiflora edulis *Sims*.
> 2° A la villa *Riquet* : Thrinax chuco *Hort*.
> 3° A la villa *Chauvassaignes* : Passiflora racemosa *Brot*.

* —. — Les plantes exotiques introduites sur le littoral méditerranéen. Une visite à la villa Hutner à San Remo (30 mars 1891) par M. le Dr Sauvaigo... — *Versailles, imp. Cerf et fils*, 1891, in-8°, 11 pages.

Extrait de la *Revue des Sciences naturelles appliquées*, n° du 5 septembre 1891.
Les plantes brésiliennes d'origine sont : Bougainvillea spectabilis *Willd.* — Brunfelsia eximia *Dnce.* — Brunfelsia latifolia *Benth.*— Cocos australis *Mart.* — Cocos flexuosa *Mart.* — Psidium Goyava *Raddi.*

* Say (Horace).— Histoire des relations commerciales entre la France et le Brésil, et considérations générales sur les monnaies, les changes, les banques et le commerce extérieur, par Horace Say, membre de la Chambre de commerce de Paris et du Conseil général du Département de la Seine. — *Paris, Guillaumin,* 1839, in-8°, 333 pages.

Contient les plans de Rio de Janeiro, Bahia, Pernambouc et une carte du Brésil.

* Schæffer (Henri). — Histoire de Portugal depuis sa séparation de la Castille jusqu'à nos jours par M. Henri Schæffer. Traduite de l'allemand par M. Henri Soulange-Bodin... — *Paris, Adolphe Delahays,* 1840, gr. in-8°, 588 pages.

Schauer (Joannes Conradus). — Verbenaceæ. *Voyez :* Martius. Flora Brasiliensis. T. IX.

Schenk (Augustus). — Alstroemeriaceãe. *Voyez :* Martius. Flora Brasiliensis. T. III, 1.

Schmidel (Huldericus). — Vera historia, admirandæ cvivsdam nauigationis, quam H. Schmidel, Straubingensis, ab anno 1534, usque ad annum 1554 in Americam vel nouum Mundum, iuxta Brasiliam et Rio della Plata Confecit Huldericus Schmidel.— *Noribergæ, Levini Hulsii,* 1599, in-4°.

Portrait de l'auteur « Contrafactur Vlrichs Schmidels » 1 f., dédicace à l'évêque de Bamberg, avec ses armes; avis au lecteur par L. Hulsius et texte 101 pp., 19 pl.
Cette relation traduite par Hulsius, sur l'original allemand de 1567, forme la quatrième partie de sa collection.
L'ouvrage de H. Schmidel est un des plus intéressants volumes publiés sur l'Amérique. Ainsi que Hans Staden et Diaz de Castillo, Schmidt raconte avec simplicité et sans exagération. Dans quelques exempl. de cette relation se trouve jointe une pièce intitulée :
Brevis et admiranda descriptio regni Guianæ in America, quod ann. 1594-96, per D. G. Ralegh detectum est. *Norimbergæ,* 1599, in-4°, de 10 ff. avec 7 pl.

Cette pièce forme la Ve partie de la collection de Hulsius; c'est la seule, avec la relation de Schmidt, qui soit traduite en latin. (Catalogue Leclerc, n° 1942.)

Schmidel. — Histoire véritable d'un voyage curieux. — *Voyez* : Ternaux-Compans. Voyages, relations et mémoires originaux.

Schmidt (Joannes Antonius). — Phytolacaceāe, Nyctagineæ. *Voyez* : Martius. Flora Brasiliensis. T. XIV, 2.

—. — Labiatæ. Scrophularinæ. *Voyez* : Martius. Flora Brasiliensis. T. VIII 1.

—. — Plumbagineæ et Plantagineæ. *Voyez* : Martius, Flora Brasiliensis. T. VI 4.

Schnizlein (Adalbertus). — Lancistemaceæ. *Voyez* : Martius. Flora Brasiliensis. T. IV 1.

Schœlcher. — Lettre. *Voyez* : Couty. L'esclavage au Brésil.

Schoepf (Jo. David.). — Materia medica americana, potissimum regni vegetabilis. — *Erlangæ*, 1787, in-8°.

Schovten. — Jovrnal ou description du merveilleux voyage de Gvillavme Schovten, fait es années 1615, 1616 et 1617. Comme (en circumnavigeant le globe terrestre) il a descouvert vers le Zud du destroit de Magellan un nouveau passage, jusques à la grande mer de Zud. — *Amstredam, Guillaume Janson*, 1618, in-4.

3 fnc., 88 pp., 9 fig. et cartes. Seconde édition de la traduction française de cet ouvrage, et l'un des plus importants voyages exécutés au XVIIe siècle. (Catalogue Leclerc.)

—. — Jovrnal ov relation exacte dv voyage de Gvill. Schovten ; dans les Indes : Par un nouueau destroit et par les grandes Mers Australes qu'il a descouuert, vers le pole Antartique. Ensemble des novuelles Terres auparauant incognües, Isles, Fruicts, Peuples et Animaux estranges, qu'il a trouué en son chemin : et des rares obseruatiòns qu'il y a fait touchant la déclinaison de l'aymant. — *Paris*, *M. Gobert*, 1619, pet. in-8°.

6 fnc., 232 pp., 7 fig. et cartes. — (Catalogue Leclerc.)

Schrank (F. a Paula de). — *Voyez* : Spix (J. B. de). Testacea fluviatilia.

Schulman (J.). — Catalogue d'une collection remarquable de monnaies du Portugal et des colonies portugaises. Vente à Amsterdam. — *Amsterdam*, 1894, in-8°.

Schumann (Carolus). — Cactaceæ. — *Voyez* : Martius. Flora Brasiliensis. T. IV, 2.

—. — Rubiaceæ. *Voyez* : Martius, Flora Brasiliensis. T. VI. 6.

—. — Sterculiaceæ, Tiliaceæ, Bombaceæ, Malvaceæ I. *Voyez* : Martius. Flora Brasiliensis. T. XII, 3.

—. — Triuridaceæ, Liliæaceæ, Potomogetonaceæ, Zannichelliaceæ, Najadaceæ, Ceratophyllaceæ, Batidaceæ, Goodenoughiaceæ, Cornaceæ. — *Voyez* : Martius. Flora Brasiliensis. T. III, 3.

*Seeligmann(Th.), G. **Lamy-Torrilhon** et H. **Falconnet.** — Le caoutchouc et la gutta-percha, par Th. Seeligmann, G. Lamy-Torrilhon et H. Falconnet. Historique. Études botaniques, physiques, chimiques, et mécaniques. Variétés et classement des espèces commerciales. Succédanés. Méthodes d'analyse. Statistiques. Bibliographie. 86 figures dans le texte, 2 cartes et 1 graphique. — *Paris, Fritsch,* 1896, in-8°, III, 456 pages.

Caoutchouc du Pará, etc.

* Seigneuret (M. C.). — Le Brésil actuel. Conférence faite à la Société historique (Cercle Saint-Simon), par

M. C. Seigneuret, directeur de l'École d'agriculture de Juiz-de-Fora (État de Minas, Brésil). — *Paris, typ. de P. Dubreuil*, 1891, in-8°, 32 pages.

Seixas Barroso (Romualdo Maria de). — *Voyez :* Barroso (R. M. de Seixas).

* **Selys-Longchamps** (Walthère de). — Notes d'un voyage au Brésil, par Walthère de Selys-Longchamps. — *Bruxelles, C. Mucquardt*, 1875, in-8°, 102 pages.

Extrait de la *Revue de Belgique.*

* **Semelaigne.** — Dr Semelaigne. Yves d'Évreux ou essai de colonisation au Brésil chez les Topinambos de 1612 à 1614. — *Paris, Librairie des bibliophiles*, 1887, in-12, 47 pages.

Sendtner (Otto). — Solanaceæ, Cestrineæ. *Voyez :* Martius. Flora Brasiliensis. T. X.

***Septenville** (Baron Edouard de).— Découvertes et conquêtes du Portugal dans les deux mondes, par le baron Edouard de Septenville. — *Paris, E. Dentu*, 1863, in-16, xi, 181 pages.

Contient, p. 115-136 « les colonies sous la domination espagnole. » — p. 137-164 « le Brésil. »

* —. — Le Brésil sous la domination portugaise, par le Baron de Septenville. — *Paris, E. Dentu*, 1872, in-8°, 23 pages.

—. — Notice biographique sur Don Pedro IV. *Voyez :* Le Preux. Monument érigé à Lisbonne.

* **Séris** (H. L.). — A travers les provinces du Brésil, par H. L. Séris. — *Limoges, Marc Barbou*, (1881), in-8°, 194 p.

* —. — H. L. Séris. Le Brésil pittoresque d'après ses géographes et ses explorateurs. — *Limoges, Marc Barbou*, 1883, gr. in-8°, 220 pages.

Bibliothèque des voyages. gr. in-8°, 2ᵉ série.

Séris (H.-L.) — Le Brésil pittoresque d'après ses géographes et ses explorateurs, par H. L. Séris. — *Limoges, Marc Barbou*, 1881, in-8°, x, 151 pages.

Bibliothèque des voyages. in-8°, 2ᵉ série.

Serrão (Custodio Alves). — *Voyez :* Freire Allemão. Breve noticia sobre a collecção das madeiras do Brasil.

*** Service hydrographique** de la marine. Série E, n° 220. Phares de l'Océan Atlantique, îles éparses, côte occidentale d'Afrique (du détroit de Gibraltar au cap de Bonne Espérance). Les deux Amériques y compris la mer des Antilles et le golfe du Mexique (du Labrador au Cap Horn) collationnés et corrigés au 1ᵉʳ mars 1897 par le service des Instructions nautiques. — *Paris, imp. Nationale*, 1897, in-8°, 429 p.

Brésil, pages 384-398, nᵒˢ 2026 à 2110.

*** Sétier.** — Relation historique et descriptive d'un voyage de vingt ans dans l'Amérique du Sud, ou voyage en Araucanie, au Chili, au Pérou et dans la Colombie; suivie d'un précis des révolutions des colonies espagnoles de l'Amérique du Sud; traduite de l'anglais de W. B. Stevenson,... et augmentée de la suite des révolutions de ces colonies depuis 1823 jusqu'à ce jour, par Sétier. — *Paris, A. J. Kilian*, 1826, 3 vol. in-8°, 390, 496, 440 pages et cartes.

Décrets du Congrès du Rio de la Plata relatifs à la guerre avec le Brésil. — L'escadre brésilienne devant Buenos-Ayres. — Victoire de Fructuoso Ribeira sur les Brésiliens. — Lettre du secrétaire des affaires étrangères de Buenos-Ayres au ministre des affaires étrangères du Brésil. — Déclaration de guerre du Brésil, etc.

Seubert (Mauritius). — Amarantaceæ. *Voyez :* Martius. Flora Brasiliensis. T. V 1.

Seubert (Mauritius).—Hypoxideæ, Burmanniaceæ, Hæmodoraceæ. *Voyez:* Martius. Flora Brasiliensis. T. III 1.

—. — Styraceæ. *Voyez:* Martius. Flora Brasiliensis. T. VII.

Seybold (L. F.). — *Voyez:* Restivo. Linguæ Guarani grammatica.

* **Sigaud** (J. F. X.). — Du climat et des maladies du Brésil ou statistique médicale de cet empire, par J. F. X. Sigaud, D. M., médecin de Sa Majesté l'Empereur Dom Pedro II. — *Paris, Fortin, Masson et C*, 1844, in-8°, 591 pages.

Silva (d^r A. da).— Lettres sur l'Amérique méridionale. cccvi^e lettre. Nouvelle série, paraissant par livraison. Étude politique et sociale concernant toutes les questions de réciprocité internationale, surtout et principalement celles qui se rattachent à l'émigration et à la colonisation, par le docteur A. da Silva. — *Bruxelles, imp. Van de Weghe*, 1888, in-8°.

La 1re série des *Lettres sur l'Amérique* se compose d'articles disséminés dans plusieurs journaux de l'Europe occidentale, la Suisse, la France et la Belgique.

* **Silva** (Joaquim Caetano da). — L'Oyapoc et l'Amazone, question brésilienne et française, par Joaquim Caetano da Silva. — *Paris, imp. Martinet*, 1861, 2 vol. in-8°, xi, 532, 575 p.

* **Silva Araujo** (d^r A. J. P.). — La filaria immitis et la filaria sanguinolenta au Brésil, par le d^r A. J. P. Silva Araujo (de Bahia). — *Lyon, typ. C. Riotor*, (1878), in-8°, 16 pages.

Extrait du *Lyon médical*. — Traduit du Portugais par le d^r E. Bertherand (d'Alger). Il existe une autre édition 1878, in-8°, 18 p., 2 pl. Il s'agit de deux entozoaires du chien.

* **Silva Coutinho** (J. M. da). — Exposition universelle de 1867 à Paris. Rapports du jury international publiés sous la direction de M. Michel Chevalier. Gommes, résines, et gommes-résines, par M. J. M. da Silva Coutinho. — *Paris, imp. Paul Dupont*, 1867, in-8°, 36 pages.

* **Silva Lopes Rocha** (Antonio da). — Injuste acclamation du sérénissime infant Dom Miguel ou analyse et réfutation juridique de la décision des soi-disant trois états du royaume de Portugal du 11 juillet 1828. Dédiée à Sa Majesté T. F. Dona Maria II, par le desembargador Antonio da Silva Lopes Rocha. Traduit du portugais sous les yeux de l'auteur. — *Paris, imp. Didot*, décembre 1828, in-8°, 181 p.

Silva Paranhos (José Maria da). — La justification de la politique brésilienne dans la Plata. Examen de deux manifestes adressés aux gouvernements européens. — *Bruxelles*, 1865, gr. in-8°, 32 p.

—. — Allocution. — *Voyez :* Congrès international des Américanistes. Luxembourg, 1877.

* **Silva Passos** (Joseph et Manoel da). — Courtes remarques sur la brochure de M. Alexandre de Laborde intitulée : Vœu de la justice et de l'humanité en faveur de l'expédition de dom Pedro ; par Joseph et Manoel da Silva Passos (24 juillet 1832.). — *Paris, imp. de A. Mie* (s. d.), in-8°, 32 pages.

Silva-Prado (E. da). — Immigration. L'art. *Voyez :* Le Brésil en 1889.

* **Sinval** (A.). — Les voyageurs modernes. Le docteur Crevaux. Exploration du Maroni, par A. Sinval. — *Limoges, Marc Barbou*, 1884, in-8°, 191 pages.

Appendice : Bassin des Amazones.

* **Sky** (Juan). — Juan Sky. Une Brésilienne avec prologue : Cochet-Limace. — *Bordeaux, G. Gounouilhou, Paris, J Rouam et C*[io], 1891, in-12, 166 pages.

Société anonyme dite : Compagnie Belge-Brésilienne de colonisation. Approbation des statuts. — *Bruxelles, imp. du Moniteur Belge*, 1844, in-4°.

Société belge de bateaux à vapeur entre la Belgique et l'Amérique du Sud. Convention. Arrêté royal. Statuts. — *Anvers, imp. S. Mayer*, 1855, in-8°.

Société belge de bienfaisance, établie à Rio de Janeiro sous le patronage de S. M. le roi des Belges. Rapport et situation financière présentés par le comité-directeur en assemblée générale des membres. Novembre 1878. — *Rio de Janeiro, Lombaerts et C.*, in-8°.

Société française de bienfaisance à Rio de Janeiro. Rapport présenté en 1878 [1879, 1880 et 1881]. — *Rio de Janeiro*, 1878 [- 1881], 4 volumes in–8° et in–4°.

Société française de secours mutuels. 1874-1875 [et 1876-1877]. — *Rio de Janeiro, Brown et Evaristo*, 1875 [- 1877], 2 volumes in-8°.

Société française de secours mutuels de Rio de Janeiro. Compte rendu de l'Assemblée générale. Anniversaire du 18 septembre 1876. — *Rio de Janeiro, typ. Central de Brown et Evaristo*, 1876, in-8°, 15 pages.

Société Union Israélite du Brésil. Rapport de l'exercice 1877-1878 présenté à l'assemblée générale des sociétaires le 24 août 1879. — *Rio de Janeiro, typ. de Leuzinger et Filhos*, 1879, in-8°.

* **Sodré** (Dr Pedro de Castro Pereira). — Aperçu général sur la République des États-Unis du Brésil par le Dr Pedro de Castro Pereira Sodré consul général du Brésil en Suisse. — *Genève, imp. Paul Dubois*, 1893, in-8°, 61 pages.

* —. — Manuel pratique du droit consulaire brésilien, par le Dr Pedro de Castro Pereira Sodré, consul général de la

République des États-Unis du Brésil en Suisse. — *Genève,
imp. P Dubois*, 1896, in-12, 52 pages.

* **Sodré** (Pedro de Castro Pereira). — La vérité sur le
Brésil basée sur des documents incontestables par le Dr Pedro de Castro Pereira Sodré, consul général de la République des États-Unis du Brésil en Suisse. — *Genève, imp.
Paul Dubois*, 1897, in-8°, 36 p.

Solms-Laubach (Hermannus comes a). — Rafflesiaceæ.
— *Voyez*: Martius, Flora Brasiliensis, t. IV, 2

Solo (Charles). — La République de Counani, comédie
en trois actes, par Charles Solo. — *Liege, Demarteau*,
1889, in-8°, 52 pages.

* **Soubeiran** (J. L.) et Augustin **Delondre**. — Les produits végétaux du Brésil considérés au point de vue de
l'alimentation et de la matière médicale par M. le Dr J. L.
Soubeiran,... et M. Augustin Delondre,... Extrait de la
publication spéciale sur l'exposition universelle de 1867 par
la Société impériale zoologique d'acclimatation. — *Paris,
Victor Masson*, 1867, grand in-8°, 16 pages.

* **Souchu de Rennefort**. — Histoire des Indes Orientales. — *A Paris, chez Arnoul Seneuze*, 1688, in-4°, 7 fnc.,
402 p. 1 fnc.

La préface est signée: Souchu de Rennefort.
Le t. II contient : Arrivée de Mondevergue au Brésil. — Pernambouc.
— Olinde. — Les Brésiliens. — Présent fait au gouverneur du Brésil.
— Emprisonnement de celui-ci par les Portugais. — Émotion contre les
Français. — Départ du Récif. — Vue d'Olinde.

*—. — Mémoires pour servir à l'histoire des Indes Orien-
tales, contenant une description des Isles du Cap Verd, de
Sainte-Helène, du Cap de Bonne Espérance, de l'Isle de
Madagaskar, de l'Isle de Ceilon, et généralement de toutes
les Indes Orientales. Enrichie de figures (vues, etc.). —
Paris, 1702, in-4°.

II. Partie : Chap. III. Route jusqu'au Brésil. — Chap. IV. Arrivée de
M. de Mondevergue au Brésil. — Description de Pernambouc. —
Chap. V. Description d'Olinde. — Habitans du Bresil. — Chap. VI.

Présent fait au gouverneur du Brésil. — Son emprisonnement par les Portugais. — Émotion contre les François. — Chap. VII. Départ du Récif. — Avec vue de la ville d'Olinde.

Soulès (François). — *Voyez :* Lindley. Voyage au Brésil.

Souza Bandeira. — La situation de l'enseignement primaire à Rio de Janeiro. *Voyez :* Revue de France et du Brésil (4).

* **Souza Continho** (François de). — Propositio | facta celcis Præ | potentibus Dominis ordinibus Generalibus Confœderatarum Provinciarum Belgii in concessu | publico 16 Augusti 1647. | per | D. Franciscum de Souza Covtinho, Serenissimo Lusitaniæ Regi a consillis, illius Gubernatorem et Capitaneum Generalem in- | sularum quas Terceiras vocant, nec non status Brasiliæ jam | nominatum, atque in his confœderatis Provinciis Lega- | tum Ordinarium || [*Vignette*] || *Hagae-Comitis, excudebat Johannis Breeckevelt*, Typo- | graphus anno 1647, in- 4°, 12 pages.

(N° 222 de Trömel).

* **Spilbergen** (Georgius a) et Jacobus **le Maire**. — Speculum orientalis occidentalisque Indiæ navigationum; quarum una Georgii à Spilbergen classis cum potestate Præfecti, altera Jacobi Le Maire auspiciis imperioque directa, annis 1614, 15, 16, 17, 18. Exhibens Novi in mare Australe transitus, incognitarumque hactenus terrarum ac gentium inventionē : prælia aliquot terra marique commissa, expugnationesq; urbium : una cum duabus novis utriusque Indiæ historiis, catalogo munitionum Hollandicarum, ducum et reliqui bellici apparatus, fretisque quatuor : suis quæque figuris ac imaginibus illustrata. — *Lugduni Batavorum apud Nicolaum à Geelkercken*, an. 1619, in-8° oblong, 175 pages, avec cartes et plans.

Escale au Brésil. Vue de Saint-Vincent.

—. — Miroir Oost and West-Indical, auquel sont décrites les deux dernières navigations faites ès-années 1614-18, l'une par G. de Spilbergen, par le détroit de Magellan, et ainsi tout

autour de toute la terre, avec toutes les batailles données,
tant par terre que par eau : ici sont aussi adjoustées deux
histoires, l'une des Indes orientales, l'autre des Indes occidentales. L'autre faicte par Jacob le Maire, lequel au costé
du zud du destroict de Magellan a découvert un nouveau
destroict. — *Amsterdam, chez Jean Jansz*, 1621, in-4°
oblong, avec cartes et figures.

> Plus rare et plus recherché que le texte latin. Les planches sont,
> les mêmes dans les deux éditions. On indique ici la mort de Le Maire,
> 16 décembre 1616; et le Journal de ce navigateur qui, dans la 1re édition
> s'arrête au 2 novembre 1616, est continué dans celle-ci jusqu'au 1er juil-
> let 1617.

Spix (Jean de). — Simiarum et vespertilionum brasiliensium species novæ, ou Histoire naturelle des espèces nouvelles de singes et de chauves-souris observées et recueillies
pendant le voyage dans l'intérieur du Brésil publiée par
Jean de Spix. — *Monachii, typ. F. S. Hübschmanni*, 1823,
gr. in-fol. planches coloriées.

* —. — Serpentum Brasiliensium species novæ ou histoire
naturelle des espèces nouvelles de serpens recueillies et
observées pendant le voyage dans l'intérieur du Brésil dans
les années 1817, 1818, 1819 et 1820 exécuté par ordre de
S. M. le roi de Bavière publiée par Jean de Spix,... écrite
d'après les notes du voyageur par Jean Wagler. — *Monachii, typ. Franç. Seraph. Hübschmanni*, 1824, in-fol., VIII,
75 pages, 26 planches.

* —. — Animalia nova sive species novæ testitudinum et
ranarum quas in itinere per Brasiliam annis 1817-1820
jussu et auspiciis Maximiliani Josephi I Bavariæ regis suscepto collegit et descripsit Dr J. B. de Spix,... — *Monachii,
typ. Franc. Seraph. Hübschmanni*, 1824, in-fol., 53 pages,
37 planches.

* —. — Avium species novæ, quas in itinere per Brasiliam
annis 1817-1820 jussu et auspiciis Maximiliani Josephi I,
Bavariæ regis suscepto collegit et descripsit Dr J. B. de
Spix..., Tabulæ... a M. Schmidt monacensi depictæ. —

Monachii, typ. Franc. Seraph. Hübschmanni, 1824-1825, 2 vol. in-fol.

T. I, 4 fnc., 90 pages, 115 planches. —. T. II, 2 fnc., 85 pages, 118 planches.

* Spix (J.-B. de). — Animalia nova sive species novæ lacertarum quas in itinere per Brasiliam annis 1817-1820 jussu et auspiciis Maximiliani Josephi I, Bavariæ regis suscepto collegit et descripsit Dr J. B. de Spix. — *Monachii, typ. Franc. Seraph. Hübschmanni*, 1825, in-fol., 2 fnc., 26 pages et 28 planches.

* —. — Testacea fluviatilia quæ in itinere per Brasiliam annis MDCCCXVII-MDCCCXX jussu et auspiciis Maximiliani Josephi I. Bavariæ Regis Augustissimi Suscepto collegit et pingenda curavit Dr J. B. de Spix, Quondam Ordinis Regii Coronæ Bavaricæ Civilis Eques, Academiæ Scientiarum Bavaricæ Socius Ordinarius, Musei Regii zoologici, zootomici et ethnographici Conservator vel. Digessit, descripsit et observationibus illustravit Dr J. A. Wagner Ediderunt Dr F. a Paula de Schrank et Dr C. F. P. de Martius. — *Monachii, typis C. Wolf*, 1827, gr. in-4°, IV, 36 pages et 39 planches coloriées.

* —. — Selecta genera et species piscium quos in itinere per Brasiliam annis 1817-1820 jussu et auspiciis Maximiliani Josephi I Bavariæ regis augustissimi peracto collegit et pingendos curavit Dr J. B. de Spix,... digessit, descripsit et observationibus anatomicis illustravit Dr L. Agassiz, præfatus est et edidit itineris socius Dr F. C. Ph. de Martius. — *Monachii, typ, C. Wolf*, 1829, in-fol. XVI, II, 138 pages, 97 planches.

* Spix (J. B. de) et C. F. Ph. de **Martius**. — Delectus animalium articulatorum, quæ in itinere per Brasiliam annis 1817-1820 jussu et auspiciis Maximiliani Josephi I Bavariæ regis augustissimi peracto collegerunt J. B. de Spix..., et Dr C. F. Th. de Martius. Digessit, descripsit, pingenda curavit Dr Maximilianus Perty..., præfatus est et edidit Carol. Frideric. Philip de Martius. Accedit dissertatio de insectorum in America meridionali habitantium vitæ genere, moribus et distributione geographica. — *Monachii, impensis editoris*, 1830-1834, in-fol, III, 224, 44 pages et 40 planches.

* **Spont** (A.). — L'abolition de l'esclavage au Brésil par A. Spont. (Extrait de la *Revue du Monde latin*, août 1888.) — *Paris, aux bureaux de la Revue du Monde latin*, 1888, in-8°, 47 pages.

Spring (Anton Fr.). — Monographie de la famille des Lycopodiacées. (Extrait des T. XV, et XXIV des *Mémoires de l'Academie royale de Belgique*.) — *Bruxelles, typ. Hayez*, 1842-1849, in-4°, 110 et 358 pages.

L'auteur étudie cette famille dans la *Flora Brasiliensis* de Martius.

—. — Lycopodineæ. *Voyez* : Martius, Flora Brasiliensis. T. I.

* **Staden de Homberg** (Hans). — Véritable histoire et description d'un pays habité par des hommes sauvages nus, féroces et anthropophages, situé dans le nouveau monde nommé Amérique, inconnu dans le pays de Hesse, avant et depuis la naissance de Jésus-Christ jusqu'à l'année dernière. Hans Staden de Homberg, en Hesse, l'a connu par sa propre expérience et le fait connaître actuellement par le moyen de l'impression. — *Marbourg, chez André Kolben*, 1557, in-8°, 335 pages.

Publié pour la première fois en français par Henri Ternaux, et imprimé à *Paris, chez Fain*.
Le faux titre porte : « Voyages, relations et mémoires originaux pour servir à l'histoire de la découverte de l'Amérique. »

Statuts de la Société belge de Bienfaisance. — *Rio de Janeiro, typ. Perseverança*, 1872, in-8°, 19 pages.

Statuts de la Société française de Secours Mutuels. *Rio de Janeiro, typ. universelle de Laemmert*, (s. d.), in-8°, 8 pages.

Statuts du Cercle suisse de Rio de Janeiro. — *Rio de Janeiro, G. Leuzinger et Filhos*, 1877, in-8°, 11 pages.

Statuts et règlements du Cercle français de l'Union, à Rio de Janeiro. — *Rio de Janeiro, Cremiere*, 1844, in-8°.

Staunton (sir Georges). — *Voyez :* Macartney. Voyage dans l'intérieur de la Chine.

Stella (J^m **Chaumel** de). — *Voyez :* Chaumel de Stella (J^m).

Stennett (G. R.). — Dissertatio inauguralis de febribus Indiæ occidentalis... — *Edinburgi*, 1826, in-8°.

Sturm (Joannes Guilielmus). — Ophiglosseæ, Marattiaceæ, Osmundaceæ... *Voyez :* Martius. Flora Brasiliensis. T. I.

* **Suzannet** (Comte de). — Souvenirs de voyages. Les Provinces du Caucase. L'Empire du Brésil, par M. le comte de Suzannet. — *Paris, G. A. Dentu*, 1846, in-8°, IV-462 pages.

Rio de Janeiro. — Le Gouvernement. — Les Chambres. — La Société Brésilienne. — Administration. — Industrie. — Commerce, etc.

* **Suzor** (F.). — Choix des cafés composant les meilleurs mélanges, provenances, description, classification, mélanges. Présenté par E. Suzor, négociant en cafés. — *Paris, typ. Paul Schmidt*, (1887), in-8°, 11 pages et 1 planche double en couleurs.

Swartz (Olof). — Lichenes americani, quos partim in Flora Indiæ occidentalis descripsit, partim e regionibus diversis Americæ obtinuit Olof Swartz. Iconibus coloratis illustravit Jakob Sturm. — *Norimbergæ, Sturm*, (s. d.) in-8°, 25 p. et 18 pl.

* **Sylvio Dinarte** (Vicomte d'Escragnolle-Taunay). — Innocencia, par Sylvio Dinarte. Roman Brésilien traduit par Olivier du Chastel. — *Paris, Leon Chailley*, 1896, in-12, x-238 pages.

T

* **Tabac** (Le) dans la province de Bahia. — *Nancy, imp. Berger-Levrault*, 1889, in-8°.

> Paginé 88-105. — Le titre courant porte : Mémorial des manufactures de l'État.
> Daté: Paris, 21 janvier 1889.

Tanner. — Societas Jesu usque ad sanguinis et vitæ profusionem militans, in Europa, Africa, Asia et America, contra gentiles, mahometanos, judæos, hæreticos, impios pro Deo, fide, ecclesia etc. Auctore R. P. Mathia Tanner etc. — *Pragæ, typis universitatis Carolo Ferdinandeæ*, 1675. Front. allégorique. Gravures.

> Cet ouvrage contient le récit de la mort des RR. PP. Pedro Correa João de Souza et Francisco Pinto, Ignace de Azevedo, Pierre Dias, etc., martyrisés au Brésil.

* **Tardy de Montravel.** — Instructions pour naviguer sur la côte septentrionale du Brésil et dans le fleuve des Amazones, par M. L. Tardy de Montravel, capitaine de corvette commandant le brick *la Boulonnaise*, chargé en 1842 et 1843 de la reconnaissance hydrographique de ces parages. Pour faire suite au Pilote du Brésil. Extrait des *Annales maritimes et coloniales publiées par MM. Bajot et Poirré*. Avril 1847. — *Paris, imp. royale*, juillet 1847, in-8°, 111 pages.

Targe. — *Voyez* : Barrow. Abrégé chronologique des découvertes.

* Taunay. — Idylles Brésiliennes écrites en vers latins par Théodore Taunay, et traduites en vers Français par Félix Émile Taunay. — *Rio de Janeiro, imp. de Gueffier, rua da Quitanda*, 1830, petit in-4°, 1-131 pages.

Texte latin et traduction française en regard. — Chant de naissance de Pierre Ier. — Chant de naissance de l'Empire du Brésil. — A. S. E. I. B. d'Andrada sur la séance d'ouverture de l'Assemblée Constituante du Brésil, 3 mai 1823. — Le repos du soir, dialogue entre deux amis, auprès du Palais Impérial, dans le vallon d'Andarahy. — Plaintes d'un jeune Portugais. — Les femmes de Parahiba. — Récit d'un Français à un Brésilien. — Plaintes d'un Espagnol qui visite son ancienne demeure sur les bords de l'Uruguai. — Le cimetière anglais à Rio.

* Taunay (Hippolyte) et Ferdinand **Denis**. — Le Brésil, ou histoire, mœurs, usages et coutumes des habitans de ce royaume; par M. Hippolyte Taunay... et M. Ferdinand Denis,... Ouvrage orné de nombreuses gravures d'après les dessins faits dans le pays par M. H. Taunay. — *Paris, Nepveu*, 1822, 6 vol. in-12.

T. I. XVI-236 pages. — T. II. 276 pages. — T. III. 204 pages. — T. IV. 299 pages. — T. V. 337 pages. — T. VI. 281 pages.

* —. — Notice historique du panorama de Rio-Janeiro, par M. Hippolyte Taunay et M. Ferdinand Denis. — *Paris, Nepveu*, 1824, in-8°, VII-123 pages.

* Tavares (João-Fernandez). — Considérations d'hygiène publique et de police médicale applicables à la ville de Rio de Janeiro, capitale de l'Empire du Brésil. — *Paris, imp. Didot le jeune*, 1823, in-4°, 55 pages.

Thèse n° 162.

Teffé (baron de). — Hydrographie. Instruction publique. *Voyez :* Le Brésil en 1889.

* Teixeira (Dr Carlos). — Le café du Brésil, par le Dr Carlos Teixeira, contenant l'analyse chimique du café brésilien, comparé avec le café d'autres provenances, par le professeur Ernest Ludwig (de Vienne), traduction de l'ouvrage original allemand publié sous les auspices de la Société Centro da Lavoura e Commercio de Rio de Janeiro. —

Bruxelles, imp. Polleunis, Ceutherick et Lefebure, 1885, in-8°, 24 pages.

* Teixeira de Aragão (A. C.). — Exposition universelle de 1867 à Paris. Description des monnaies, médailles et autres objets d'art concernant l'histoire portugaise du travail, par A. C. Teixeira de Aragão. — *Paris, imp. Paul Dupont,* 1867, in-8°, 171 p. 5 pl.

> Monnaies pour le Brésil. — Ateliers monétaires du Brésil.

* Teixeira de Vasconcellos (A. A.). — Les contemporains portugais, espagnols et brésiliens, par A. A. Teixeira de Vasconcellos. — *Paris, chez tous les libraires de France et de l'étranger,* 1859, in-8°, VIII-660 pages, 1 carte et 4 gravures hors texte.

> T. I. (seul paru). — Le Portugal et la maison de Bragance.

* Teixeira Mendes. — Centre positiviste du Brésil... La philosophie chimique d'après Auguste Comte. Indications générales sur la théorie positiviste des phénomènes de composition et de décomposition suivies d'une appréciation sommaire de l'état actuel de la chimie. — *Rio de Janeiro, au siège du centre positiviste, travessa do ouvidor n° 7,* 1887, in-16, XX, 251 p.

Ten Kate (H.). — Sur la synonymie ethnique et la toponymie chez les Indiens de l'Amérique du Sud, par H. Ten Kate. — *Amsterdam, Muller,* 1884, in-8°, 11 pages.

* Tenré (L.). — Les États américains, leurs produits, leur commerce en vue de l'exposition universelle de Paris, par L. Tenré, consul de la République du Paraguay, commissaire délégué à l'exposition universelle. — *Paris, typ. de Henri Plon,* 1867, in-8°, VIII, 328 p.

* Ternaux-Compans. — Bibliothèque américaine ou catalogue des ouvrages relatifs à l'Amérique, qui ont paru

depuis sa découverte jusqu'en l'an 1700, par H. Ternaux. —
Paris, Art. Bertrand, 1837, in-8°, 191 p.

Il a été fait un tirage in-4° sur grand papier.

* **Ternaux-Compans**. — Voyages, relations et mémoires originaux pour servir à l'histoire de la découverte
de l'Amérique. Publiés pour la première fois en français,
par H. Ternaux-Compans. Histoire véritable d'un voyage
curieux, fait par Ulrich Schmidel de Straubing. Nurem-
berg, 1599. — *Paris, Arthus Bertrand*, 1837, in-8°, VIII,
264 pages.

—. — *Voyez:* Staden de Homberg (Hans). Véritable
histoire et description d'un pays habité par des hommes
sauvages nus.

* **Tétot**. — Répertoire des traités de paix, d'alliance, de
commerce, etc., conventions et autres actes conclus entre
toutes les puissances du globe, principalement depuis la paix
de Westphalie, jusqu'à nos jours. Table générale des recueils
de Dumont, Wenck, Martens, Murhard, Samwer, de
Clercq, Léonard, Angeberg, Lesur, Hertslet, Neumann,
Testa, Calvo, Elliot, Cantillo, Castro, Soutzo, State Pa-
pers, etc., etc. Ouvrage publié sous les auspices du département des Affaires étrangères, par M. Tétot,... 1493-1867.
— *Paris, Amyot*, (1873), in-8°, 595 pages.

Outre les nombreux documents relatifs au Portugal, quand le Brésil
lui appartenait, il faut citer:
1815. 16 décembre. — Charte du régent de Portugal qui érige le
Brésil en royaume.
1821. 31 juillet. — Incorporation au B. de la province orientale de la
Plata, sous le nom de Cis-Platine.
1822. 6 août. — Manifeste du prince régent du B. contre les Cortès
de Lisbonne. — 21 octobre. — Manifeste de l'Empereur du B. au sujet
de l'indépendance de ce pays et de l'élévation de Don Pedro au trône.
— 23 octobre. — Lettre de l'empereur du B. au roi de Portugal pour
lui faire part de son élévation à l'empire.
1823. 18 novembre. — Suspension d'armes entre les Portugais et les
Brésiliens dans l'Etat de Montevideo. — 11 décembre. — Constitution de
l'Empire du Brésil.
1825. 13 mai. — Décret de Jean VI qui convertit le royaume du B. en
empire. — 29 août. — Séparation du Portugal et du Brésil. — Deux
millions de sterling à payer par le Brésil. — 15 novembre. — Edit de
Jean VI qui reconnait Don Pedro comme empereur.
1826. 8 janvier. — Traité d'amitié avec la France. — 7 juin. — Ar-

ticle additionnel. — 4 octobre. — Ordonnance du roi de France pour l'exécution du traité de commerce avec le Brésil. — 23 novembre. — Abolition de la traite après trois ans.

1827. 24 mai. — Convention préliminaire de paix. Indépendance de Montevideo. — 17 juin. — Traité de commerce et navigation avec l'Autriche. — 2 juillet. — Acte du Parlement de la Grande Bretagne relatif à l'exécution de la convention avec le Brésil pour l'abolition de la traite. — 9 juillet. — Traité d'amitié avec la Prusse. — 17 novembre. — Traité de commerce et navigation avec les Villes libres.

1828. 26 avril. — Traité d'amitié avec le Danemark. — 21 août. — Article pour fixer le sens de l'article 21 du traité du 8 janvier 1826. Indemnités pour bâtiments saisis par les Brésiliens dans la Plata. Préliminaires de paix. Reconnaissance de l'indépendance de Montevideo. — 12 décembre. — Traité de paix, amitié avec les Etats-Unis. — 20 décembre. — Traité d'amitié avec les Pays-Bas. Arrangement pour créances anglaises. — 30 décembre. — Traité de mariage entre Don Pedro et la princesse de Leuchtenberg.

1831. 7 avril. — Abdication de l'empereur Don Pedro.

1834. 22 septembre. — Commerce et navigation avec la Belgique.

1835. 12 décembre. — Nouvelle loi de succession pour l'empire du Brésil.

1836. 19 mai. — Commerce et navigation avec le Portugal. — 22 juin. — Nouveau règlement de douanes pour l'empire du Brésil. — 6 juillet. — Article additionnel concernant les personnes impliquées dans les crimes politiques. — 20 octobre. — Arrangement relatif aux réclamations (Portugal).

1839. 27 mai. — Tarif d'évaluations pour la perception des droits de douane.

1840. 4 décembre. — Payement respectif des réclamations (Portugal).

1841. 18 mars. — Lettres rogatoires (Portugal).

1842. 22 juillet. — Dette du Brésil vis-à-vis du Portugal.

1843. 22 avril. — Traité de mariage du prince de Joinville avec une princesse brésilienne. — 21 novembre. — Convention pour un service de paquebots (France).

1845. 4 juin. — Documents sur l'expiration de la convention pour la répression de la traite. L'Angleterre décidée à continuer malgré la dénonciation de la convention du 28 juillet 1817. — 22 octobre. — Protestation contre un acte du Parlement anglais relatif à la traite.

1847. 11 juin. — Règlement pour les consulats dans le Brésil. — 1er octobre. — Décret brésilien sur les droits différentiels. — 29 décembre. — Assimilation des pavillons.

1848. 8 janvier. — Publication danoise relative au commerce danois au Brésil. — 31 janvier. — Abolition des droits différentiels. — 26 février. — Traitement du pavillon prussien au Brésil. — 18 mai. — Assimilation des pavillons (Portugal). — 26 juillet. — Abolition des droits différentiels (Sardaigne).

1849. 27 janvier. — Réclamations des États-Unis contre le Brésil.

1851. 29 mai. — Alliance contre Oribe. — 12 octobre. — Alliance perpétuelle (Uruguay). Commerce et navigation. Limites. Assistance pécuniaire à fournir par le Brésil. Extradition des déserteurs et des criminels. — 23 octobre. — Commerce et navigation du fleuve des Amazones. — 8 novembre. — Décret sur les attributions au Brésil des agents consulaires étrangers et sur leur intervention en matière de succession. — 18 novembre. — Attributions des consuls respectifs (Portugal).

1855. 12 janvier. — Répression de la falsification des monnaies (Portugal).

1856. 28 août. — Paquebots sardes transatlantiques.

1858. 12 février. — Amitié, commerce et navigation (Paraguay). —

18 mars. — Accession du Brésil à la déclaration du 16 avril 1856. —
2 juin. — Commission mixte pour des réclamations particulières non
payées (Grande Bretagne).
1859. 5 mai. — Limites et navigation (Venezuela).
1860. 7 juillet. — Convention postale (France). — 10 décembre. —
Convention consulaire.
1861. 17-22 juin. — Protocole des conférences pour le rachat du droit
de Stade.
1862. 28 juin. — Déclaration relative aux malfaiteurs réfugiés sur le
territoire de l'Oyapock. — Épaves du *Prince de Galles*. Officiers de la
frégate anglaise la *Porte*. — Arbitrage du roi des Belges.
1863. 18 juin. — Décision arbitrale du roi des Belges dans l'affaire
de la frégate la *Porte*. Décision favorable au Brésil. — 18 juillet. —
Rachat du péage de l'Escaut.
1864. 16 mai. — Établissement d'une ligne télégraphique internationale
entre l'Europe et l'Amérique.
1865. 20 février. — Protocole pour la paix entre les deux pays (Uruguay).

Thevet (E. André). — Les singvlaritez de la France
Antarctiqve, avtrement nommée Amerique, et de plusieurs
Terres et Isles decouvertes de nostre temps. — *Paris, chez
les héritiers de Maurice de la Porte*, 1557, in-4°.

L'ouvrage de André Thevet renferme une histoire abrégée du Nouveau-
Monde; mais son grand mérite consiste en ce qu'il forme la relation
historique et officielle de l'expédition de Villegagnon au Brésil et de
l'établissement formé dans cette contrée sous le nom de *France Antarctique.*
Un exemplaire avec la date 1557 a été vendu le 26 avril 1894 à la
vente du comte de Lignerolles (985 fr.). Un autre exemplaire figure dans
le catalogue n° 22 de M. Chadenat.
Une réimpression, publiée à Paris, porte la date 1558.

—. — Des singularitez de la France antarctique, autrement nommée Amérique, et de plusieurs Terres et Isles
découvertes de nostre temps, par F. André Thevet, natif
d'Angoulesme. —*A Anvers, de l'imprimerie de Christophle
Plantin à la licorne d'or*, 1558, in-8°, 7 fnc., 163 p.

Imprimé en italique, figures sur bois imprimées dans le texte.
En tête de ce livre rare se trouvent deux odes à la louange de Thevet,
l'une de Jodelle, l'autre plus longue de Belleforest.

—. — André Thevet. Les singularitez de la France antarctique. Nouvelle édition, avec des notes et commentaires,
par Paul Gaffarel. — *Paris, Maisonneuve et C*, 1878, petit
in-8°, LXII et 459 pages, avec figures sur bois.

Tirage à petit nombre, titre rouge et noir. Réimpression de l'édition
de Paris, 1558.

Thibaireng (L.). — Rapport sur la reconnaissance des gisements aurifères de la Palmella (province de Minas-Geraes), Brésil, par L. Thibaireng. — *Bruxelles, P. Weissenbruch*, 1891, in-8°, 20 p.

Thiré (A.). — Des moyens de développer l'industrie du fer dans la province de Minas-Geraes, par A. Thiré. — *Rio de Janeiro, Leuzinger et fils,* 1883, in-8°, 50 pages.

Thomas (E.) et J. **Jorissen**. — Matériel du Tram-Road de Nazareth, Brésil, par E. Thomas et J. Jorissen. — *Bruxelles, Thomas et Jorissen,* 1872, in-fol. 67 pl.

Thoron (don Enrique Onffroy de). — *Voyez :* Onffroy de Thoron (don Enrique).

Thunberg (Carl Pehr). — Plantarum Brasiliensium decas I-III. — *Upsaliæ, typ. Palmblad,* 1817-1821, in-4°, 38 p., 3 pl.

* **Tissot** (V.) et C. **Améro**. — Les peuples étranges de l'Amérique du Sud, par V. Tissot et C. Amero. Ouvrage orné de 48 gravures. — *Paris, Firmin Didot,* 1889, in-8°, 224 pages.

* —. — Victor Tissot et Constant Améro. Les contrées mystérieuses et les peuples inconnus. Ouvrage illustré de 6 grandes cartes et de 277 gravures dans le texte dont 54 grandes planches. — *Paris, Firmin Didot,* 1884, in-4°, 777 pages.

Etats de l'Amérique méridionale. — Mines d'or et d'argent. — Les « selvas » du Brésil. — L'Amazone, le Paraná. — Classement des tribus indiennes de l'Amérique du Sud.

* **Torres-Caïcedo**. — Colonisation des deux Amériques par Torres-Caïcedo. Mémoire lu à la séance solennelle du comité d'archéologie américaine le 30 août 1867. — *Paris, imp. Vᵉ Bouchard-Huzard,* 1868, in-8°, 18 pages.

Extrait du *Bulletin du comité d'archéologie américaine.*

* **Touron**. — Histoire générale de l'Amérique depuis sa découverte; qui comprend l'histoire naturelle, ecclésiastique, militaire, morale et civile des contrées de cette grande partie du monde, par le r. p. Touron, de l'ordre des Frères Prêcheurs. — *Paris, Jean-Thomas Hérissant*, 1768-1770, 14 vol. in-12.

* **Toussaint-Samson** (Mme). — Mme Toussaint-Samson. Une Parisienne au Brésil. Avec photographies originales. Deuxième édition. — *Paris, Paul Ollendorff*, 1889, in-16, xi, 233 p.

* **Traduction** d'une lettre d'un individu à son ami sur les affaires actuelles du Portugal, publiée par un ami de la légitimité et de la justice. — *Paris, Delaforest*, 1828, in-8°, xxxvi, 66 pages.

> La préface de l'Éditeur est signée : A. R. Saraiva.

* **Traduction** d'une lettre insérée dans le *Times* du 17 janvier 1817. Signée : Un Brésilien établi à Londres, 15 janvier 1817. — *Paris, imp. Rougeron*, 1817, in-8°, 6 pages.

> L'auteur demande que les journaux anglais attendent les nouvelles venant du Brésil pour juger la marche des troupes portugaises sur le territoire de Montevideo.

Traité d'alliance contre le Paraguay, signé le 1er mai 1865 par les plénipotentiaires de l'Uruguay, du Brésil et de la République Argentine. — *Paris*, 1866, in-8°.

* **Traité** d'amitié, de navigation et de commerce, conclu entre S. M. le roi de France et de Navarre et S. M. l'empereur du Brésil, (8 janvier 1826). — *Paris, imp. de Sétier*, (s. d.), in-8°, 15 pages.

Traité de paix entre la France et le Portugal. Conclu à Utrecht le 11 avril 1713. — *Paris, chez François Fournier*, 1713, in-4°, 20 pages.

Traité de paix entre Sa Majesté Très Chrétienne et Sa

Majesté Portugaise, conclu à Utrecht, le 11 avril 1713. —
(S. l. n. d.), in-4°, 14 pages.

Traité de paix entre les très Haut et très Puissant Prince
don Jean V par la grâce de Dieu Roy de Portugal et le
très Haut et très Puissant Prince don Philippe V par la
grâce de Dieu Roi catholique d'Espagne conclu à Utrecht
le 6 février 1715. — (S. l. n. d.), in-4°, 16 pages.

Traité de suspension d'armes entre la France et l'Espagne d'une part et le Portugal de l'autre. Conclu à Utrecht
le 7 novembre 1712. — *Utrecht, chez Guillaume vande
Water et Jaques van Poolsum*, 1712, in-4°, 7 pages.

Travassos Valdez (Louis). — Notice sur les poids, mesures et monnaies du Portugal, de ses possessions d'outre-
mer et du Brésil, système décimal, par Louis Travassos
Valdez. — *Lisbonne*, 1856, in-8°.

***Trömel** (Paul). — Bibliothèque Américaine. Catalogue
raisonné d'une Collection de livres précieux sur l'Amérique
parus depuis sa découverte jusqu'à l'an 1700, rédigé par
Paul Trömel. — *Leipzig, Brockhaus*, 1861, in-8°, xi et
133 pages.

Tulasne (Ludovicus Renatus). — Podostemaceæ, Moni-
miaceæ, Antidesmeæ, Gnetaceæ. *Voyez :* Martius, Flora
Brasiliensis. T. IV, 1.

—. — *Voyez :* Saint-Hilaire (A. de). Revue de la flore du
Brésil méridional.

* **Turenne** (Paul de). — L'immigration et la colonisation au Brésil, par Paul de Turenne. — *Paris, Bureaux de
la Revue Britannique*, 1879, in-8°, 27 p.

Extrait de la *Revue Britannique*, n° de février 1879.

U

Ulloa (don Antoine de). — *Voyez* : Juan (don George). Voyage historique de l'Amérique du Sud.

Un Brésilien à Bruxelles au correspondant de *La Gazette*, à Rio-de-Janeiro. — *Bruxelles, imp. de Toint-Scohier*, (1881), in-8°.

Au sujet de l'esclavage au Brésil.

* **Une mission** en Guyane. — *Amiens, typ. Delattre, Lenoel*, (1885), in-8°, 47 pages.

Contient des renseignements sur le contesté.

* **Une nouvelle** abdication ou encore un empereur et roi sans empire ni royauté. Sommaire. Les Souverains. Le Bonheur. La Terre de l'exil. Napoléon. Marie Louise et son fils. Don Pedro. La couronne. Le Portugal. Le Tyran don Miguel. Les ministres. Le château de Ham. L'abdication. L'arrivée à Paris. Les vœux des peuples et nations. Charles X, et Polignac. Peyronnet et Marmont. — *Paris, Maldau*, 1831, in-8°, 8 pages.

* **Une question** du droit des gens. M. Washburn ex-ministre des États-Unis à l'Assomption et la conspiration paraguayenne. — *Paris, imp. Dubuisson*, 1868, in-8°, 96 pages.

Le Brésil veut asservir le Paraguay et Washburn est l'agent principal de cette conspiration.

Unger (Franc.). — De palmis fossilibus. *Voyez* : Martius. Genera et species palmarum.

Union (L') franco-brésilienne. Alliance d'intérêts entre la France et le Brésil. — *Rio de Janeiro, typ. Laemmert*, 1863, in-4°.

Urban (Ignatius). — Humiriaceæ et Lineæ. *Voyez* : Martius. Flora Brasiliensis. T. XII, 2.
—. — Moringaceæ. *Voyez* : Martius. Flora Brasiliensis. T. XII, 1.

—. — Umbelliferæ. *Voyez* : Martius. Flora Brasiliensis. T. XI, 1.

* **Ursel** (Cᵗᵉ Charles d'). — Sud-Amérique. Séjours et voyages au Brésil, à la Plata, au Chili, en Bolivie et au Pérou, par le Cᵗᵉ Charles d'Ursel, secrétaire de légation. Ouvrage enrichi d'une carte et de gravures. — *Paris, E. Plon*, 1879, in-18, 307 pages.

> La partie relative au Brésil occupe les pages 1-111.
> Une seconde édition ayant même titre et même nombre de pages a paru en 1879.
> Id. — Troisième édition. — *Paris, E. Plon*, 1880, in-18, 307 pages.

V

Vaillant. — *Voyez* : Voyage autour du monde.

Valente (J. G. do Amaral). — *Voyez* : Le Congrès des trois Amériques.

*Van Beneden (Ed.). — Rapport sommaire sur les résultats d'un voyage au Brésil et à la Plata. — *Bruxelles, imp. F. Hayez*, 1873, in-8°, 20 pages.

*Van Delden Laèrne (C. F.). — Le Brésil et Java. Rapport sur la culture du café en Amérique, Asie et Afrique, présenté à S. E. le ministre des colonies par C. F. Van Delden Laèrne, Référendaire au département de l'Intérieur à Batavia (Java) chargé par le gouvernement des Pays-Bas d'une mission spéciale au Brésil, par rapport à la culture et au commerce du café dans les Indes-Néerlandaises. Avec cartes, planches et diagrammes. — *La Haye, Martinus Nijhoff, Paris, Challamel*, 1885, in-8°, 1, XIII–587 pages.

*Vandelli (Domingos). — Floræ lusitanicæ et brasiliensis specimen. Et epistolæ a Carolo a Linné et A. de Haen ad Dom. Vandelli scriptæ. — *Conimbricæ, Barneoud*, 1788, in-4°.

Van den Berghe. — *Voyez* : Grisard. Les bois industriels.

*Van de Putt (Hubert). — La Province de São Paulo du Brésil, par Hubert Van de Putte. — *Bruxelles*, 1890, in-8°, 76 pages. *Carte.*
Extrait du Bulletin de la Société royale belge de Géographie.

—. — Rapport présenté à l'assemblée de la Société civile pour l'exploitation de fazendas au Brésil, le 29 décembre 1890, par M. Hubert Van de Putte. — *Gand, A. Siffer*, 1891, in-4°, 18 pages.

Van de Putte (Hubert) et **Ladislas d'Almeida.** — L'exploitation caféière au Brésil, par Hubert Van de Putte et Ladislas d'Almeida, avocat à la Cour d'appel de Gand. — *Gand, imp. A. Siffer*, 1889, in-8°, 70 pages.

*Van der Aa (Pierre). — La galerie agréable du monde, où l'on voit un très grand nombre de cartes très exactes et de belles tailles-douces, les principaux empires, roïaumes, republiques, provinces, villes, bourgs et forteresses, avec leur situation, et ce qu'elles ont de plus remarquable ; les iles, côtes, rivières, ports de mer, et autres lieux considérables de l'ancienne et nouvelle geographie ; les antiquitez, les abbaies, eglises, academies, colleges, bibliotheques, palais, et autres édifices, tant publics que particuliers ; comme aussi les maisons de campagne, les habillemens et mœurs des peuples, leur religion, les jeux, les fêtes, les ceremonies, les pompes et les magnificences ; item les animaux, arbres, plantes, fleurs, quelques temples et idoles des païens et autres raretez dignes d'ètre vues, dans les quatre parties de l'univers ; divisée en LXVI tomes. Les estampes aiant été dessinées sur les lieux, et gravées exactement par les celèbres Luyken, Mulder, Gœrée, Baptist, Stopendaal, et par d'autres maîtres renomez, et même avec le sommaire sous chaque planche. Le tout recueilli avec beaucoup de soin, de travail et de dépense, pour l'utilité et pour le plaisir des amateurs de l'histoire et de la géographie. Le tout mis en ordre et exécuté à Leide, par Pierre Van der Aa.— *Leide*, (s. d.), in-fol.

Le t. 65 traite du Brésil.

* **Van der Straten-Ponthoz** (Cᵗᵉ Auguste).— Le Budget du Brésil, ou recherches sur les ressources de cet empire dans leurs rapports avec les intérêts européens du commerce et de l'émigration, par le comte Auguste Van der Straten-Ponthoz. — *Bruxelles, C. Muquardt*, 3 vol. in-8°, 307, 318, 362 pages.

Avec portrait de Don Pedro II et 4 cartes de l'empire du Brésil, de l'Amérique méridionale et des environs de la ville de Rio de Janeiro.

* **Van Langendonck** (Mᵐᵉ). — Une colonie au Brésil. Récits historiques, par Mᵐᵉ Van Langendonck. — *Anvers, imp. L. Gerritz*, 1862, in-18, 152 pages.

* **Van Lede** (Charles). — De la colonisation au Brésil. Mémoire historique, descriptif, statistique et commercial sur la province de Sainte-Catherine, formant le deuxième

rapport à la Société belge-brésilienne de colonisation ; contenant la constitution du Brésil, sa situation financière, etc.,
par Charles Van Lede, ancien officier supérieur du génie et
directeur des travaux hydrauliques au service du Chili. Première publication de la Société belge-brésilienne de colonisation. — *Bruxelles, Aug. Decq*, 1843, gr. in-8°, VIII-
427 pages, 1 tableau et 2 cartes.

Varnhagen (F. A. de). — Analyse du Journal de la navigation de la flotte qui est allée à la terre du Brésil, en
1530-1532, par Pedro Lopes de Souza, publié pour la première fois à Lisbonne, par M. de Varnhagen. — *Paris,
imp. de Fain et Thunot*, 1840, in-8°, 47 pages.

Extrait des *Nouvelles Annales des voyages*, mars 1840.

* —. — Examen de quelques points de l'histoire géographique du Brésil comprenant des éclaircissements nouveaux
sur le second voyage de Vespuce, sur les explorations des
côtes septentrionales du Brésil par Hojeda et par Pinzon
sur l'ouvrage de Navarrette, sur la véritable ligne de
démarcation de Tondesillas, sur l'Oyapoc ou Vincent Pinzon, sur le véritable point de vue où doit se placer tout
historien du Brésil, etc., ou analyse critique du rapport de
M. d'Avezac sur la récente Histoire générale du Brésil,
par M. F. A. de Varnhagen,... — *Paris, imp. de L. Martinet*, 1858, in-8°, 78 pages et une carte.

Extrait du *Bulletin de la Société de géographie* (mars et avril 1858).

—. — Amerigo Vespucci. Son caractère, ses écrits (même
les moins authentiques), sa vie et ses navigations, avec
une carte indiquant les routes, par F. A. de Varnhagen. —
Lima, imp. du Mercurio, 1865, in-fol.

* —. — L'origine touranienne des Américains Tupis-
Caraïbes et des anciens Égyptiens, indiquée principalement
par la philologie comparée : Traces d'une ancienne mi-
gration en Amérique, invasion du Brésil par les Tupis, par
F. de Varnhagen. — *Vienne, Faesy et Frick*, 1867, in-8°,
XII-158 pages.

* **Varnhagen** (F.-A. de). — Le premier voyage de Amerigo Vespucci définitivement expliqué dans ses détails par F. A. de Varnhagen.— *Vienne, imp. Charles Gerold*, 1869, 2 tomes, in-fol. 5o et 56 pages.

La seconde partie, où il est question du Brésil, a ce titre particulier : « Nouvelles recherches sur les derniers voyages du navigateur florentin, et le reste des documents et éclaircissements sur lui. Avec les textes dans les mêmes langues qu'ils ont été écrits. Par F. A. de Varnhagen.»

—. — Les Hollandais au Brésil. Un mot de réponse à M. Netscher, par F. A. de Varnhagen. — *Vienne,* 1874, in-8°, 11 pages.

Vasconcellos (Accioli de). — *Voyez :* Accioli de Vasconcellos.

Vasconcellos (A. A. Teixeira de). — *Voyez :* Teixeira de Vasconcellos.

* **Vavasseur**. — Note sur le Nandú ou autruche d'Amérique et sur les moyens de l'amener à l'état de domesticité et de l'acclimater en France, par M. le docteur Vavasseur. — *Paris, imp. L. Martinet* (s. d.), in-8°, 8 pages.

Extrait du *Bulletin de la Société impériale zoologique d'acclimatation*.

Veillées (Les) **Brésiliennes**, revue hebdomadaire. — *Rio de Janeiro*, 1857, in-4°.

* **Vélain** (Ch.). — Esquisse géologique de la Guyane française et des bassins du Parou et du Yari (affluents de l'Amazone d'après les explorations du Dr Crevaux par Ch. Vélain. Extrait du *Bulletin de la Société de géographie* (4° trimestre 1885). — *Paris, Société de géographie*, 1886, in-8°, 40 pages et 1 carte.

Figures dans le texte.

Velloso (José Marianno da Conceição). — Floræ fluminensis, seu descriptionum plantarum præfectura Fluminensi sponte nascentium liber primus ad systema sexuale concinnatus Augustissimæ Dominæ nostræ per

manus ill^{mi}ac exc^{mi} Aloysii de Vasconcellos et Souza sistit
Fr. Josephus Marianus a conceptione Vellozo.— *Fluminæ
Januario, ex typogr. nationali*, 1825, in-fol., 352 pages.

Velloso (Petr.). — Nomine ac imperio primo, brasiliensis imperii perpetuo defensore imo fundatore, scientiarum artium literarumque patrono et cultore jubente, Floræ
Fluminensis Icones nunc primo eduntur. Edidit Dom. Frat.
Antonius de Arrabida, episcopus de Anemuria, cæsareæ
Majestatis a consiliis nec non confessor, Cappellani maximi
coadjutor, studiorum principum ex imperiali stirpe moderator et imperialis publicæque bibliothecæ in urbe Fluminensi præfectus.— *Parisiis, ex officina lith. Senefelder,
curante E. Knecht*, 1827, gr. fol.

* **Verbrugghe** (Louis et Georges). — Forêts vierges.
Voyage dans l'Amérique du Sud et l'Amérique centrale. —
Paris, Calman Levy, 1880, in-16, 342 pages.

   Contient, p. 9-131 : L'Amazonie. — Manáos. — Côte brésilienne. —
Rio de Janeiro. — Indigènes et Brésiliens.

Verhæren (Albert). — Notes et souvenirs d'un voyage au
Brésil, par Albert Verhæren. — *Verviers*, (s. d.), in-8°,
96 pages.

   Fait partie de la Bibliothèque Gilon.

* **Vérissimo** (José). — Idoles de l'Amazone, par José
Vérissimo. — *Lyon, imp. de Pitrat aîné*, 1884, in-4°, 11
pages.

   Extrait des *Annales du Musée Guimet*. T. X.

* **Vérité** (La) sur la question Portugaise. — *Paris, chez
les principaux libraires*, 1834, in-8°, 16 pages.

* **Verne** (Jules). — Les voyages extraordinaires. La
Jangada. Huit cents lieues sur l'Amazone, par Jules Verne.
Dessins par Benett. De Rotterdam à Copenhague à bord du
yacht *Saint-Michel* par Paul Verne. Dessins par Riou.
— *Paris, Hetzel et Cie* (s. d.), gr. in-8°, 378 pages.

* **Verne** (Jules).— Les voyages extraordinaires. La Jangada. Huit cents lieues sur l'Amazone, par Jules Verne. — *Paris, J. Hetzel,* (s. d.), 2 vol. in-12, 284 et 301 pages.

* —. — Histoire des grands voyages et des grands voyageurs, par Jules Verne.— *Paris, Hetzel,* (s. d.), 6 vol. in-8°.

T. II : Améric Vespuce. — Magellan. — Rio de Janeiro.
T. IV : L'Amérique méridionale. Reconnaissance de l'Amazone par de la Condamine. Voyage de Humbold et de Bonpland. — L'Amazone et le Rio Negro.
T. V : Les recherches d'histoire naturelle au Brésil. Spix et Martius, le prince Maximilien de Neuwied. D'Orbigny et l'homme américain.

Verreaux (Jules et Edouard). — *Voyez :* Mulsant. Essai d'une classification méthodique des Trochilidés.

* **Verschuur** (G.). — G. Verschuur. Voyage aux trois Guyanes et aux Antilles. — *Paris, Hachette,* 1894, in-16.

Vertot. — Histoire des Révolutions de Portugal, par Vertot; enrichie de notes historiques et d'une description du Brésil, par L. de Boisgelin. — *Londres,* 1809, in-12.

Vespuce. — Sensuyt le nouveau mōde et navigations faictes par Emeric de Vespuce... translate de ytaliē en langue francoyse par Mathurin du redouer licencie es loys. xx. (au recto du dernier f.) : *Cy finist le livre intitule le nouveau mōde... Imprime nouvellement a Paris par Phelippe le Noir,* in-4°, goth. de iv et LXXXVIII ff. chiffrés, sign. a-v.

Edition rare de cet ouvrage curieux; on n'y trouve pas de privilège, mais, d'après le nom du libraire, elle ne peut être antérieure à 1521. — BRUNET.

—. — Sensuyt le nouveau monde et navigations : faictes par Emeric de Vespuce Florentin des pays et isles nouvellemet trouvez auparavāt a nó icongneuz Tāt en lethiope q̄ arabie, calichut et aultres plusieurs regiōs estrāges. XIX. On les vend a Paris, a lenseigne sainct jehan baptiste en la rue neufve nostre dame pres Saincte geneviesve des ardans. Jehan iannot: (au verso du dern. f.): *Cy finist le livre inti-*

*tule le nouveau mode et navigacios de Almeric de Vespuce...
Imprime nouvellement a Paris par Jehan Janot*, pet. in-4°,
goth. de 4 ff. prélim. et LXXXVII j ff. chiffrés.

Cette édition ne porte ni privilège, ni date, en sorte qu'il est difficile
de savoir si elle a précédé ou suivi celle de Galliot du Pré ; cependant
Jean Janot ne vivait plus en 1522. — (Brunet).

Vespuce. — Le nouveau monde et navigations faictes p.
Emeric de Vespuce florētin, des pays et isles nouvellemēt trouvez, auparavāt a nous incongneuz Tant en lethiope q̄ arabie
Calichut et aultres plusieurs regions estranges, Translate de
italien en Lāgue francoyse par Mathurin du redouer licencie es loix, cum privilegio regis. Imprime a Paris pour
Galiot du pre marchant libraire demourant sur le pont
nostre dame, a lenseigne de la gallee... (au verso du dernier
f.): *Cy finist le livre intitulé le nouveau monde et navigacions de Almeric de Vespue* (sic), *des navigacions faictes par
le roy de Portugal, es pays des mores et aultres regions et
divers pais. Imprime à Paris, pour Galliot du pre...* petit
in-4° goth. de 6 ff. prélim. et CXXXII de texte.

Le privilège, qui se trouve après le titre, est daté du 10 janvier 1516.
— Brunet.

—. — Sensuyt le nouveau Monde, et navigations faites par
Emeric de Vespuce florentin, des pays et isles nouvellement trouvez, auparavant a nous inconnuz, translate dyta-
lien en langue francoise, par Mathurin du Redouer. — *On
les vent a Paris en la rue neuve nostre dame, a l'enseigne de
lescu de France* (*chez Jean Trepperel ou sa veuve*), (*s. d.*),
in-4°, goth. de 4 ff. prélim. et XC ff. chiffrés. — Brunet.

*Viaud-Grand-Marais. — Quelques plantes américaines
employées contre les morsures des serpents venimeux, par
le dʳ Viaud-Grand-Marais. — (S. l.), *imp. Mᵉ Vᶜ C. Mellinet, place du Pilori* 5, (s. d.), in-8°, 12 pages.

Extrait du *Journal de médecine de l'Ouest*, 4ᵉ trimestre 1873.
Nombreux renseignements sur les plantes du Brésil.

Vieillot (L. P.). — *Voyez :* Audebert.

* **Vieira-Monteiro** (M. F.). — La colonisation au Brésil.
Notice présentée au Congrès international colonial de
Bruxelles en 1897, par M. F. Vieira–Monteiro, envoyé
extraordinaire et ministre plénipotentiaire, délégué du gouvernement brésilien. — *Bruxelles, Imprimerie des Travaux
publics*, (Société anonyme), 1897, gr. in-8°, 57 pages,
1 planche.

La planche donne le plan de la maison provisoire de colon selon le
type approuvé par le gouvernement.

* —. — Congrès international des habitations à bon
marché. Bruxelles, 1897. Rapports préparatoires des habitations à bon marché au Brésil, par M. F. Vieira-Monteiro,
envoyé extraordinaire et ministre plénipotentiaire, délégué
du gouvernement brésilien. — (*S. l. ni d.*), in-8°, 7 pages.

* **Vigneron-Jousselandière** (S. V.). — Manuel d'agriculture pratique des tropiques par S. V. Vigneron-Jousselandière, ancien propriétaire au Brésil. — *Paris, J. Louvier*,
1860, in-8°, iv-340 pages.

Cet ouvrage traite tout particulièrement de la culture au Brésil. —
Café. — Légumes. — Fruits. — Plantes et arbres propres aux manufactures et aux arts. — Arbres forestiers. — Fourrages, etc.

* **Villa Franca** (baron de). — Note sur les plantes utiles
du Brésil, par M. le baron de Villa-Franca. — *Paris,
Octave Doin*, 1879, in-8°, 40 pages.

Extrait du *Bulletin de Thérapeutique médicale et chirurgicale*. Numéro de juillet, 1879 et suivants.

* **Ville de Beauvais**. Exposition industrielle, agricole,
horticole, scolaire et artistique. 1885. Le Brésil à Beauvais.
— *Beauvais, imp. C. Moisand*, 1885, in-8°, 123 pages.

Villegagnon (Nicolas Durant, chevalier de). — Copie
de quelques lettres sur la navigation du chevalier de Villegaignon es terres d'Amérique oultre l'Æquinoxial iusques
soubz le tropique du Capricorne ; côtenant sommairement
les fortunes encourues en ce voyage, avec les mœurs et
façons de vivre des sauvages du païs, envoyees par un des

gens du dit seigneur. — *Paris ,chez Martin le Jeune*, 1558,
petit in-8° de 19 feuilles en lettres rondes (avec privilège en
date du 6 février 1556).

> Une première édition de cet opuscule avait déjà paru chez le même
> libraire, en 1557, in-8°. Elle est aussi portée sous la date de 1557 dans
> la *Biblioth. grenvil.*, p. 771. Les écrits relatifs à l'expédition de Ville-
> gagnon au Brésil sont curieux et méritent d'être conservés ; de ce
> nombre est la relation de J. de Léry ; mais il faut remarquer que ce
> dernier est peu favorable à Villegagnon qui, après avoir paru protéger
> les protestants, finit par les persécuter. — Brunet.

* —. — Réponse aux libelles d'injures publiés contre le
chevalier de Villegaignon. — *Paris, André Wechel*, 1561,
in-4°.

Villeneuve (J.). — *Voyez :* O'Kelly. Paraguassú.

* **Viscount de Rio-Branco.** Notices in « *The Times* »,
London, and in the « *New York Herald* », on the occasion
of his death. — (S. l. ni d.), in-4°, 33 pages.

> Tiré à 100 ex. numérotés. Portrait de « J. M. da Silva Paranhos
> Visconde do Rio Branco, 1871. N. na Bahia 16 de Março de 1819. †No
> Rio de Janeiro 1° de Nov° de 1880. » Les pages 21 et suiv. contiennent
> la traduction française de ces deux articles.

* **Visite** aux tribus sauvages de l'Amérique. Détails curieux sur les anthropophages ou mangeurs de chair humaine,
chasse aux alligators, scènes de cruautés, etc. retour en
Europe. — *Paris, R. Ruel*, 1852, in-16, 150 pages.

> Botocudos.

Visscher (Claes Jz). — S. Salvador conquise par les amiraux Piet Heyn et Jacob Willekes. Gravure par Claes Jz
Visscher, (s. d.), in-fol.

> Cette gravure est accompagnée d'un texte typographié qui contient
> une liste des prisonniers portugais.

* **Vita venerabilis** patris Emmanuelis Correæ e societatis Jesu in Brasiliam missionarii. Una cum adjectis animadversionibus historicis. — *In Fano S. Martini*, 1790, in-8°,
303 pages.

Le P. Emmanuel Correa, né en 1681, entra dans la Cie de Jésus en 1712. Il fut expulsé du Brésil lors de l'Édit royal et mourut à Rome en 1761.

* **Vogel** (Charles). — Le Portugal et ses colonies. Tableau politique et commercial de la monarchie portugaise dans son état actuel. Avec des annexes et des notes supplémentaires, par Charles Vogel, attaché à la direction du commerce extérieur. — *Paris, Guillaumin*, 1860, in-8°, xii, 644 pages.

Colonisation et histoire du Brésil. — L'esclavage au Brésil. — Commerce, etc.

Vogeli (F.). — *Voyez :* Agassiz (M^r et Mme). Voyage au Brésil.

* **Voisin** (d^r Auguste) et Henry **Liouville**. — Etudes sur le curare comprenant des recherches et expériences sur les animaux, la dosologie, les voies d'introduction, les propriétés physiologiques et thérapeutiques de cette substance chez l'homme, suivies de considérations pratiques et médico-légales, par les docteurs Auguste Voisin et Henry Liouville. — *Paris, Victor Masson*, 1866, in-8°.

Les Indiens du Brésil empoisonnent avec le curare la pointe de leurs flèches.

* **Voix de France**. A S. M. don Pedro II, empereur du Brésil. Poésie. — *Paris, Société anonyme de publications périodiques*, 1887, in-12, 10 pages.

* **Voyage à la Guiane** et à Cayenne, fait en 1789 et années suivantes ; contenant une description géographique de ces contrées, l'histoire de leur découverte ; les possessions et établissemens des Français, des Hollandais, des Espagnols et des Portugais dans cet immense pays. Le climat, les productions de la terre, les animaux, les noms des rivières, celui des différentes nations sauvages, leurs coutumes et le commerce le plus avantageux qu'on y peut faire. Les particularités les plus remarquables de l'Oréncque et du fleuve des Amazones. Des observations, 1° pour entrer dans le port de Cayenne et y bien mouiller; 2° pour en sortir en évitant tous les dangers ; 3° Les distances et les routes des principaux lieux de la Guiane, les vents qui règnent sur les côtes. Suivi d'un vocabulaire Français et Galibi des noms, verbes et adjectifs les plus usités dans notre langue comparée à celle des Indiens de la Guiane, pour se faire entendre relativement aux objets les plus nécessaires aux besoins de la vie. Par L.....M..... B..., Armateur. Ouvrage orné de cartes et de gravures. — *A Paris, chez l'éditeur*, *rue des Marais* n° 20, an VI, (1797 vieux style), in-8°, x, 400 pages.

Par Louis Prud'homme d'après Barbier.

* **Voyage** autour du monde exécuté pendant les années 1836 et 1837 sur la corvette *la Bonite* commandée par M. Vaillant. Publié par ordre du Roi sous les auspices du département de la marine. — *Paris, A. Bertrand*, 1840-1866, 14 vol. in-8° et 3 atlas in-fol.

Relation du voyage, par M. de la Salle. Le **T.** I contient des notes sur le Brésil.
Physique. Observations magnétiques, par M. B. Darondeau. Le T. I contient : Variations diurnes de l'aiguille aimantée horizontale à Santo-Domingo (baie de Rio-Janeiro) du 28 mars au 2 avril 1836.
Physique. Observations météorologiques, par M. B. Darondeau et E. Chevalier. — Observations météorologiques faites à bord. Traversée de Cadix à Rio-Janeiro et traversée de Rio-Janeiro à Montevideo. — Observations barométriques et thermométriques à Santo-Domingo.

* **Voyage** autour du monde, fait en 1764 et 1765, sur le vaisseau de guerre anglois *le Dauphin*, commandé par le chef d'escadre Byron ; dans lequel on trouve une description exacte du Détroit de Magellan, et des géans appellés Patagons, ainsi que de sept isles nouvellement découvertes dans la Mer du Sud. Traduit de l'anglois par M. R***. — *A Paris, chez Molini*, 1767, in-12, 1 fnc. LXVIII, 335 p.

Voyage autour du monde par les Mers de l'Inde et de Chine exécuté sur la Corvette de l'État la *Favorite* pendant les années 1830-31-32 sous le commandement de M. Laplace etc. — *Paris, A. Bertrand. Imprimerie Royale*, 1833-39, 5 vol. in-8° et 2 atlas in-folio.

Dans le tome IV, chap. XXIII, description du séjour à Rio de Janeiro.

Voyages des François aux Indes Orientales, Maldives, Moluques et Brasil, depuis 1601 jusqu'en 1610. — *Paris*, 1611, 2 vol. in-12.

Ternaux n° 342.

* **Vuillekens** (Jacques). — Relation de la prinse de la ville de Sainct Salvador, scituée dans la Baya de Todos los Santos au Brasil, par Jacques Vuillekens. — *A Paris, chez Melchior Tavernier, graveur et imprimeur du Roy pour les Tailles douces, demeurant en l'Isle du Palais, sur le Quay qui regarde la Megisserie à l'Espic d'Or,* (s.d.), gr. in-fol. plano.

Texte en 3 colonnes. En tête est une vue de S. Salvador.

W

Wagler (Jean). — *Voyez :* Spix (Jean de). Serpentum Brasiliensium species novæ.

Wagler (J.-A). — *Voyez :* Spix (J.-B. de). Testacea fluviatilia.

Walckenaer (C.-A.). — *Voyez :* Azara (F. de). Voyage dans l'Amérique méridionale.

* **Wallut** (C.). — Sur les rives de l'Amazone. Voyage d'une femme (Marthe Verdier), par C. Wallut. — *Paris,* *Ch. Delagrave,* 1882, in-8°, 217 pages.

Avec 14 illustrations hors texte par Lix et Bérard.

Walter (Richard). — *Voyez* : Anson. Voyage autour du monde.

Ward (Henry). — *Voyez* : Ouro (The) Preto gold mines of Brazil.

* **Warden** (David B.). — Histoire de l'Empire du Brésil depuis sa découverte jusqu'à nos jours, composée par M. David B. Warden. Extraite de l'*Art de vérifier les dates* publié par M. le Marquis de Fortia,... — *Paris, chez l'Éditeur, rue de la Rochefoucauld*, 12, 1832, 2 vol. in-8°, 462, 464 pages.

* **Warming** (Eugène). — Une excursion aux montagnes du Brésil. Esquisse de voyage par le Professeur Eugène Warming de Copenhague. Extrait de la *Belgique horticole*, 1883. — *Liège, Boverie*, 1883, gr. in-8°, 29 pages.

—. — Symbolæ ad floram Brasiliæ australis cognoscendam. — *Copenhague*, 1883-4, in-8° et pl. in-4°.

—. — Vochysiaceæ et Trigoniaceæ. *Voyez* : Martius, Flora Brasiliensis. T. XIII 2.

* **Washburn** (Charles A.). — Légation du Paraguay. Traduit d'une traduction espagnole du texte anglais. Légation des États-Unis. Assomption 19 mars 1867. A Son Excellence le marquis de Caxias, général en chef de l'armée alliée. (Signé Charles A. Washburn). — *Paris, typ. A. Parent* (s. d.), in-fol. 3 pages.

Au sujet du rejet de la médiation des États-Unis par le Brésil et ses alliés.

Wawra eq. de **Fernsee** (Henricus). — Ternstroemiaceæ. *Voyez* : Martius. Flora Brasiliensis. T. XII 1.

Weddel (H.-A.). — Histoire naturelle des quinquinas ou monographie du genre Chinchona suivie d'une description du genre Cascarilla et de quelques autres plantes de la même tribu; par H.-A. Weddel. — *Paris, Victor Masson,* 1849, in-fol.

Weddel (H. A.). — Chloris Andina. *Voyez :* Castelnau. Expédition dans l'Amérique du Sud. 6ᵉ partie.

* **Weill** (Léopold). — Léopold Weill. L'or. Propriétés physiques et chimiques. Gisements, extraction, applications, dosage. Introduction de M. U. Le Verrier. Avec 67 figures intercalées dans le texte... — *Paris, J.-B. Baillière,* 1896, in-16, 420 p.

> Le faux titre porte : *Encyclopédie de chimie industrielle et de métallurgie.*
> Gisements aurifères du Brésil (Minas Geraes) et cartes de la mine de Passagem.

* **Wiener** (Charles). — Actes de la Société philologique, tome IV, n° 8. Décembre 1874. Notice sur le Brésil, par Charles Wiener. — *Paris, Maisonneuve,* 1874, in-8°.

> Extrait paginé 289-306.

—. — *Voyez :* Lamarre. L'Amérique centrale et méridionale et l'Exposition de 1878.

—. — La main-d'œuvre dans l'Amérique méridionale. Communication adressée à la Société de géographie dans la séance du 2 mai 1879, par Ch. Wiener. — *Versailles, imp. Cerf* (1879), in-8°.

Winge (H.). — Chauves-souris fossiles et vivantes de Lagoa Santa, Minas Geraes. — Marsupiaux fossiles et vivants de Lagoa Santa. — Singes (primates) fossiles et vivants de Lagoa Santa. — Carnivores fossiles et vivants de Lagoa-Santa. *Voyez :* E museo Lundii. T. II.

—. — Rongeurs fossiles et vivants de Lagoa-Santa, Minas Geraes. — Sur les oiseaux des cavernes à ossements du Brésil. *Voyez :* E museo Lundii. T. 1.

Wittmack (Ludovicus). — Marcgraviaceæ. — Rhizo-boeæ. *Voyez :* Martius. Flora Brasiliensis. T. XII, 1.

* **Wolf** (Ferdinand). — Le Brésil littéraire. Histoire de la littérature brésilienne, suivie d'un choix de morceaux tirés des meilleurs auteurs brésiliens, par Ferdinand Wolf,... — *Berlin, A. Asher et Cie*, 1883, xvi-242 et 334 pages.

Il y a deux paginations.

Wytfliet (Cornelius). — Descriptionis Ptolemaicæ augmentum, sive occidentis notitia brevi commentario illustrata et hac secunda editione magna sui parte aucta. Cornelio Wytfliet autore. — *Duaci, apud Franciscum Fabri*, 1603, in-4°.

Contient une carte et une description du Brésil.

Wytfliet (Corneille) et Antoine **Magin**. — Histoire universelle des Indes occidentales et orientales, et de la conversion des Indiens. Divisée en trois parties, par Corneille Wytfliet et Anthoine Magin et autres historiens. Première partie. — *A Douay, chez François Fabri*, l'an 1611, in-fol. 8 fnc., 108 p., 19 cartes.

N° 67 de Trömel. Les 2° et 3° parties se rapportent exclusivement aux Indes orientales et au Japon.

Y

Yvan. — Voyages : Brésil, Ile Bourbon, Singapore, Macao, etc. — *Bruxelles, Méline*, 1853, 2 vol. in-12.

Yves d'Evreux. — Iues d'Evreux. capucin. Svite de | l'histoire | des choses plvs | memorables aduenues en Ma-

ragnan, ès | annees 1613 et | 1614. | Second traité. | *A
Paris*. | *De l'Imprimerie de François Huby, rüe Sainct* |
Jacques à la Bible d'Or, et en sa boutique | *au Palais, en la
galerie des* | *prisonniers*. | M. C. D. XV. (1615). | *Auec
priuilege du Roy*. | in-8°.

On lit dans le Catalogue de la vente du Dr Court, par Ch. Leclerc:
« Voici la collection de la *Suite de l'Histoire du Maragnan :* Le titre
tel que nous l'avons rapporté; Au Roy (dédicace signée François de
Rasilli, commençant ainsi : *Voicy ce que j'ay peu par subtils moyens
recouurir du liure du R. P. Yues d'Eureux supprimé par fraude et
impieté, moyennant certaine somme de deniers, entre les mains de
François Huby, Imprimeur. Que i'offre maintenant à V. M. deux ans
et demy apres sa premiere naissance aussitost estouffee qu'elle auoit
veu le iour...* » 2 fnc. signés à ij-iiij; Av Roy (dédicace du P. Ives
d'Évreux) 4 fnc., signés à ij-iiij; Advertissement au lecteur 1 fnc.; Préface; Suitte de l'histoire... 384 ff. chiffrés 364 (à partir de 361 les ff. sont
marqués 341-364; le f. 242 contient un titre pour la deuxième partie
de ce volume); 2 planches sur cuivre représentant les *vrais portraicts
des sauuagie de lisle de Maragnon appellez Topinambous amenez au
Roy de France par le Sr de Razilly en 1613...* gravées par Firens.
On trouve dans ce volume plusieurs chapitres dans lesquels l'auteur
cite des noms indiens et entre autres une doctrine chrétienne en langue
des *Topinambos et en François* (ff. 286 verso-290).
M. Ferdinand Denis, le savant conservateur de la bibliothèque
Sainte-Geneviève, a réimprimé à Paris, en 1864, l'ouvrage de P. Ives
d'Évreux, d'après *l'exemplaire unique de la Bibliothèque impériale.*
Nous possédons le DEUXIÈME EXEMPLAIRE de ce livre précieux, et il est
plus complet que celui de la Bibliothèque ; il contient les ff. 97-104; 113-
120; 297-304; 337-344 : en tout 4 feuilles de plus que celui de notre grand
dépôt. »

Avec un exemplaire de Claude d'Abbeville, Histoire de la mission des
pères Capucins, etc., ce livre a été vendu 1600 francs à la vente du
Dr Court.

*Yves d'Evreux. — Voyage dans le nord du Brésil fait
durant les années 1613 et 1614 par le père Yves d'Evreux.
Publié d'après l'exemplaire unique conservé à la Bibliothèque Impériale de Paris. Avec une introduction et des notes
par M. Ferdinand Denis,... — *Leipzig et Paris*, *A. Franck*,
1864, in-8°, XLVI, 456 pages et Index paginé III-X.

À cet autre titre : « Bibliotheca Americana, collection d'ouvrages inédits ou rares sur l'Amérique. — *Leipzig et Paris, A. Franck*, 1864. »

Z

Zuccarini (Dr J. G.). — *Voyez* : Martius. Nova genera et species plantarum quas... per Brasiliam... collegit C. F. Ph. de Martius.

*****Zuccherinius** (Joannes). —Brasilien. canonizationis, seù declarationis martyrii servorum Dei Ignatii Azevedo, et triginta novem sociorum martyrum Societatis Jesu super dubio An constet de martyrio, et causa martyrii in casu &c. Summarium decerptum in totum è duobus summariis impressis de anno 1670 et anno 1671 nunc coordinatum pro faciliori studio. — (*S. l. ni d.*), in-fol., 202 pages.

Signé : Joannes Zuccherinius, subpromotor Fidei. — Avec un supplément, paginé 1-8 : « Supplementum additionale reliquorum testium, qui extant in summariis 1670 et 1671, et prætermissi sunt in antecedenti novo summario. »

*—. — Brasilien. canonizationis, seu declarationis martyrii servorum Dei Ignatii Azevedo, et triginta novem sociorum martyrum Societatis Jesu. Summarium additionale super eodem martyrio et causa matyrii in casu etc. —(*S.l.ni d.*), in-fol., 56 pages.

Signé : Joannes Zuccherinius subpromotor Fidei.

* —. — Brasilien. canonizationis, seù declarationis martyrii servorum Dei Ignatii Azevedi et sociorum Societatis Jesu. Summarium responsionum ad animadversiones r. p. d. promotoris super dubio. An constet de martyrio, et causa martyrii in casu, etc. — (S. l. n. d.), in-fol., 10 pages.

Signé : Joannes Zuccherinius subpromotor Fidei.

* **Zuccherinius** (Jo.). — Brasilien. seu Bahyen. beatificationis, et canonizationis ven. servi Dei p. Josephi de Anchieta sacerdotis professi Societatis Jesu. Summarium super dubio. An constet de Virtutibus Theologalibus, Fide, Spe et Charitate erga Deum, et proximum; et Cardinalibus, Prudentia, Justitia, Fortitudine, et Temperantia, earumque annexis in gradu heroico, in casu, et ad effectum, etc. — (S. l. n. d.), in-fol., 346 pages.

Signé : Joannes Zuccherinius subpromotor Fidei.

* —. — Brasilien. beatificationis, et canonizationis ven. servi dei patris Josephi de Anchieta sacerdotis professi Societatis Jesu. Summarium responsium. — (S. l. n. d,), in-fol. 11 pages.

Signé : Jo. Zuccherinius.

* —. — Brasilien., seu Bahyen. beatificationis, et canonizationis ven. servi Dei P. Josephi de Anchieta sacerdotis professi Societatis Jesu summarium super dubio An constet de validitate novissimorum processum de annis 1708 et 1709 in civitatibus Bahyæ, Olindæ, et Fluminis Januarii, apostolica authoritate constructorum super novis miraculis per intercessionem dicti servi Dei ab altissimo patratis; ac testes sint ritè, et rectè examinati in casu, etc., etc., ad effectum, etc. — (S. l. n. d.), in-fol., 72 pages.

Signé : Joannes Zuccherinius.

* —. — Brasilien., seu Bahyen. beatificationis, et canonizationis ven. servi Dei patris Josephi de Anchieta sacerdotis professi Societatis Jesu. Summarium super dubio An constet de validitate processuum authoritate apostolica in genere, et in specie, et ordinaria respective fabricatorum; testes sint ritè, et rectè examinati, et jura producta legitime compulsata in casu, et ad effectum, de quo agitur. — (S. l. n. d.), in-fol., 68 pages.

Signé : Jo. Zuccherinius subpromotor Fidei.

* —. — Brasilien. beatificationis, seu declarationis martyrii ven. Ignatii Azevedi, ac sociorum. Memoriale additionale.

Revisa. Joannes Zuccherinius sub-promotor Fidei. — (S. l. n. d.), in-fol., 8 pages.

* **Zuccherinius** (Jo.). — Brasilien. canonizationis, seu declarationis martyrii servorum dei Ignatii de Azevedo et triginta novem sociorum martyrum Societatis Jesu. Super dubio An constet de miraculis, seu signis supernaturalibus in casu, et ad effectum etc. Summarium decerptum ex summariis impressis de anno 1670 et 1671. Revisa. Jo. Zuccherinius subpromotor Fidei. — (S. l. n. d.), in-fol. 11 pages.

—. — *Voyez aussi :* Galleratus. — Luna. — Montecatinus.

Zumaran (Antonio Saenz de). — *Voyez :* Convention sanitaire entre la République orientale de l'Uruguay...

ADDENDA

*Accarias de Serionne. — Le commerce de la Hollande ou tableau du commerce des Hollandais dans les quatre parties du monde. Contenant des observations sur les progrès et les décroissemens de leur commerce, sur les moyens de l'améliorer, sur les compagnies des Indes orientales et occidentales, sur les colonies, sur les lois et usages mercantils, sur le luxe, l'agriculture, l'impôt, etc., etc. Par l'auteur des *Intérêts des nations de l'Europe*, etc. — *A Amsterdam, Changuion*, 1768, 3 vol. in-8°.

Par Accarias de Serionne. — La partie qui traite du commerce avec le Brésil se trouve dans le t. I.

*Agostini de Hospedalez. — Navigation transatlantique. Précis à l'appui du rapport de MM. R. Agostini et J. Chauvet, présenté à la Commission d'enquête. — *Montmartre, imp. Pilloy frères*, 1853, in-4°, 18 pages.

Signé : Agostini de Hospedalez.
Fournit des renseignements sur la ligne de France au Brésil et à la Plata.

*Agostini de Hospedalez et **Chauvet** (J.). — Paquebots transatlantiques. Lignes des Etats-Unis, de la mer des Antilles et du Mexique, du Brésil et de la Plata. Mémoire de la Compagnie Raphaël Agostini et Jules Chauvet, à la Commission transatlantique près le ministère des Finances. — *Paris, typ. E. et V. Penaud frères*, 1853, in-4°, 31 p.

Le titre de départ porte : « Mémoire des deux compagnies réunies Agostini Bolivar et compagnie J. Chauvet, sous la raison Raphaël Agostini et Jules Chauvet pour obtenir la concession des trois lignes suivantes de navigation transatlantique de France : aux États-Unis, aux Antilles et au golfe du Mexique, au Brésil et à la Plata. »

* **Artistic-Brazil** (L'). Directeur : duc de Castelnita. Rédacteur en chef : L. de G. Guimaraes. — *Paris, rue des Sablons, 36*, 1897, gr. in-4°. 1ʳᵉ année.

* **Asseline** (David).— Bibliothèque Dieppoise. Les antiquitéz et chroniques de la ville de Dieppe, par David Asseline, publiées pour la première fois avec une introduction et des notes historiques par MM. Michel Hardy, Guérillon et l'abbé Sauvage. — *Dieppe, A. Marais*, 1874, 2 vol. gr. in-8°.

> Fournit des renseignements sur l'histoire de la marine et du commerce des Dieppois avec le Canada, les Antilles et le Brésil.

* **Banque française du Brésil.**— Société anonyme capital : 10,000,000 de francs. Siège social à Paris. Statuts établis suivant acte aux minutes de Mᵉ Portefin, notaire à Paris, du 14 septembre 1896. — *Paris, Chaix*, 1896, in-8°, 34 pages.

* **Bocquillon-Limousin** (Henri). — Les plantes Alexitères de l'Amérique, par Henri Bocquillon-Limousin. — *Paris, A. Hennuyer*, 1891, in-8°, 104 pages.

> Ces plantes servent de remède à la morsure des serpents et à la piqûre des insectes, scorpions, etc. Un certain nombre d'entre elles sont d'origine brésilienne.

* **Bréard** (Charles et Paul).— Documents relatifs à la marine normande et à ses armements aux xvıᵉ et xvııᵉ siècles, pour le Canada, l'Afrique, les Antilles, le Brésil et les Indes, recueillis et annotés par Charles et Paul Bréard. — *Rouen, A. Lestringant*, 1889, gr. in-8°, xııı, 289 pages.

* **Brésil républicain** (Le). Propriété de A.-F. Reynaud. Paraissant le mercredi et le samedi. — *Rio de Janeiro*, 1890-1897, in-folio.

Burck (William). — Histoire des colonies européennes dans l'Amérique, en six parties : colonies espagnoles, portugaises, françoises, hollandoises, danoises et angloises, contenant les mœurs et coutumes de ses premiers habitants, une description de chaque colonie, de son étendue, climat, productions, commerce, mœurs des habitants, intérêts et commerce des différentes puissances par rapport à ces colonies, et de leurs vues par rapport au commerce, par William Burck. Traduit de l'anglois. — *Paris*, 1767, 2 vol. in-12.

* **Café** (Le) du Brésil à l'Exposition industrielle de Marseille. Notice sur la collection de cafés du Brésil envoyée par le « *Centro da Lavoura e Commercio* » de Rio de Janeiro, et exposée par les soins de M. F. E. Angst, vice-consul de l'Empire du Brésil à Marseille, 1886. — *Marseille, typ. et lithog. Barlatier-Feissat*, 1886, in-8°, 43 pages.

* **Chadenat.**— Le bibliophile américain. Catalogue de livres, cartes et documents relatifs à l'Amérique et aussi à l'Asie, Afrique et Océanie. — *Paris, Chadenat*, 1889-1897, in-8°, 1,320 pages.

* **Choris** (Louis).— Voyage pittoresque autour du monde, avec des portraits de sauvages d'Amérique, d'Asie, d'Afrique et des îles du grand Océan ; des paysages, des vues maritimes, et plusieurs objets d'histoire naturelle ; accompagné de descriptions par M. le baron Cuvier et M. A. de Chamisso, et d'observations sur les crânes humains, par M. le Dr Gall. Par M. Louis Choris, peintre. — *Paris, imp. de Firmin-Didot*, 1822, in-fol., VI, 17 p.

> Contient 2 planches coloriées et un texte relatifs au Coqueiro du Brésil. (*Cocos Romanzoffiana, Cham.*)

Choris (L.). — Vues et paysages des régions équinoxiales, recueillis dans un voyage autour du monde, avec une introduction et un texte explicatif. — *Paris, A. Bertrand*, 1826, in-fol., avec 24 planches coloriées.

> Contient des vues du Brésil. — Vue dans l'intérieur de Sainte-Catherine (Brésil). — Vue de la côte du Brésil vis-à-vis de l'île de Sainte-Catherine.

* **Coulier.**— Atlas général des phares et fanaux à l'usage des navigateurs, par M. Coulier,... publié sous les auspices de S. A. R. Mgr le prince de Joinville. Brésil. — *Paris, chez l'auteur*, 1846, in-fol., 12 pages, 17 cartes.

> Le titre de départ porte : Instructions pour la navigation des côtes du Brésil.

* Cruls (L.).— Commission d'exploration du Plateau central du Brésil. Rapport présenté à son Exc. M. le Ministre de l'Industrie, de la Voirie et des Travaux publics, par L. Cruls, chef de la Commission.— *Rio de Janeiro, H. Lombaerts et C°*, 1894, in-fol., vii, viii, 2 fnc., 365 pages, 1 fnc., 27 héliogravures.

Publié en portugais et en français.
Cet ouvrage contient : 1° Rapport du Dʳ L. Cruls. — 2° Annexe 1. Rapport de Henri Morize. — 3° Annexe 2. Rapport de Tasso Fragoso. — 4° Annexe 3. Rapport de A. Cavalcanti. — 5° Annexe 4. Rapport du Dʳ Antonio Pimentel. Géologie du Plateau central du Brésil. Richesse minérale, forestière et botanique. Eaux médicinales. Description topographique. Météorologie. Climatologie. Pathologie. Observations météorologiques et diverses. — 6° Annexe 5. Rapport du Dʳ Eugène Hussak, géologue. Notice sur la faune par le Dʳ Cavalcanti de Albuquerque. — 7° Annexe 6. Rapport du Dʳ Ernest Ule, botaniste. Chapadas ou Campos. Les Queimadas. Printemps. Chapadas inférieures. Chapadas plus élevées. Sources. Vallées. Forêts. Lagôa Feia. Chaines de montagnes. Chaîne des Pyrénées. Chaînes aux sources du Tocantins. Serra Dourada. Goyaz et le versant occidental.

* —. — Commission d'exploration du Plateau central du Brésil. Atlas des itinéraires, des profils longitudinaux et de la zone démarquée, publié par L. Cruls, chef de la Commission.— *Rio de Janeiro, H. Lombaerts et C°*, 1894, in-fol., 7 pages, 84 planches.

Publié en portugais et en français.

Dufossé. — Americana. Bulletin du bouquiniste américain et colonial. — *Paris, E. Dufossé*, 1897, in-8°.

Édit du Roy, portant révocation de la Compagnie des Indes Occidentales, et union au Domaine de la Couronne, des Terres, Isles, Païs et Droits de ladite Compagnie, avec permissions à tous les sujets de S. M. d'y trafiquer, etc. Donné à Saint-Germain-en-Laye, au mois de décembre 1674. Registré en janvier 1675. — *A Paris, chez la veuve Saugrain*, in-4°, 7 pages.

« Permis de trafiquer depuis la rivière des Amazones jusqu'à celle d'Orenoc, Isles Antilles, le Canada ou Nouvelle-France, l'Accadie, etc. »

* Émigration. La province de Pernambuco au Brésil. — *Pernambuco, typ. G. Laporte et Cⁱᵉ*, 1888, in-8°, 89 p., 1 fnc., 1 carte.

La couverture imprimée a pour titre : « Immigration. Province de Pernambuco (Brésil). — Guillard, Aillaud e Cⁱᵃ. »

* **État de Bahia**. Notice pour l'émigrant. — *Bahia* (*Brésil*), *litho-typ. de Wilcke, Picard et Cie*, 1897, in-8°, 60 pages et carte.

. * **Gardère** (Ed.).— Des paquebots à vapeur pour l'Amérique. Lettres adressées à la Chambre de commerce de Paris. — *Paris, imp. Panckoucke*, février-mars, 1840, in-4°, 20 pages.

Signé : « Ed. Gardère, négociant rue de l'Echiquier, 21. » — Détails sur le commerce du Brésil.

.* **Gosselin** (E.)— Documents authentiques et inédits pour servir à l'histoire de la marine normande et du commerce rouennais pendant les XVIe et XVIIe siècles, par E. Gosselin. — *Rouen, imp. de Henry Boissel*, 1876, in-8°, xv, 173 p.

Voyage de Villegagnon au Brésil.

* **Guérin** (Léon).— Les navigateurs français ; histoire des navigations, découvertes et colonisations françaises, par Léon Guérin. — *Paris*, 1847, gr. in-8°, 6 gravures et 6 portraits.

Villegagnon, Bougainville, etc.

Guillemin. — Rapport au ministre de l'Agriculture et du Commerce sur sa mission au Brésil ayant pour objet principal des recherches sur les cultures et la préparation du thé, et le transport de cet arbuste en France. — *Paris*, 1839, in-8°, 38 pages.

***Haag** (Eugène et Émile).— La France protestante par MM. Eugène et Émile Haag. Deuxième édition sous la direction de M. Henri Bordier. — *Paris, imp. Fischbacher*, 1877-1888, 6 vol. in-8°.

T. III, p. 794 et suiv. : Guillaume Cartier. Premier établissement huguenot au Brésil.
T. V, p. 968-999 : Durand de Villegagnon.

* **Haton** (Claude).— Mémoires de Claude Haton contenant le récit des événements accomplis de 1553 à 1582 principalement dans la Champagne et la Brie, publiés par M. Félix Bourquelot,... — *Paris, imp. Impériale*, 1857, 2 vol. in-4°.

T. I, LXXII, 512 pages. — T. II, 513-1194 pages.
Le faux-titre porte : « Collection de documents inédits sur l'histoire

de France publiés par les soins du ministre de l'Instruction publique. Première série. Histoire politique. »

Ces mémoires donnent des renseignements sur les actes de Villegagnon au Brésil. A la fin du tome II on trouve, en outre, une généalogie de la famille Durand de Villegagnon. — Un passage de l'Histoire universelle de d'Aubigné au sujet de l'expédition de Nic. de Villegagnon au Brésil. — Passages de l'histoire manuscrite des voyages d'André Thevet sur le même sujet.

Heulhard (Arthur).— Grande bibliothèque de géographie historique. Arthur Heulhard. Villegagnon, roi d'Amérique. Un homme de mer au XVIᵉ siècle (1510-1572). — *Paris, Ernest Leroux*, 1897, gr. in-4°, VI, 366 pages, 10 planches et gravures dans le texte.

L'idée du Brésil. — Les Français au Brésil. — Les Brésiliens de Rouen. — Voyages de Thevet et de Le Testu. — Premier voyage de Villegagnon (1554). — Second voyage de Villegagnon. — Lettres de Henri II en faveur de Villegagnon. — Arrivée dans la baie de Rio. — *L'Ile aux Français* et le *Fort Coligny (Ile de Villegagnon)*. — Les sauvages. » — « Le roi Quoniambec. » — Le tabac. — Villegagnon et l'épidémie. — Départ de Bois-le-Comte pour le Brésil. — Arrivée à Ganabara (1557). — Premiers effets du régime colonial sur les protestants. — Disputes théologiques. — Les Calvinistes quittent l'île de Villegagnon pour la Briqueterie. — Leur conduite à terre. — Le roi Villegagnon. — Retour en France. — Prise du fort de Villegagnon. — Opinion des historiens portugais sur l'homme et l'œuvre. — Fin de la France antarctique, etc., etc.

Kastner (Adolphe). — Analyse des traditions religieuses des peuples indigènes de l'Amérique. — *Louvain*, 1845, in-8°, 120 pages, 1 planche et 1 carte.

Marcel (Gabriel).—Quatrième centenaire de la découverte de l'Amérique. Catalogue des documents géographiques exposés à la Section des cartes et plans de la Bibliothèque nationale. — *Paris, J. Maisonneuve*, 1892, in-8°, VII, 77 pages.

La préface est signée : Gabriel Marcel. — Un assez grand nombre d'articles sont relatifs au Brésil.

—. — Reproductions de cartes et de globes relatifs à la découverte de l'Amérique du XVIᵉ au XVIIIᵉ siècle avec texte explicatif, par Gabriel Marcel. — *Paris, Ernest Leroux*, 1894, in-fol., 146 pages et atlas gr. in-fol.

Le faux-titre porte : « Recueil de voyages et de documents pour servir à l'histoire de la géographie. Section cartographique I. Reproductions de cartes et de globes relatifs à la découverte de l'Amérique du XVIᵉ au XVIIIᵉ siècle. »

Parmi les documents qui traitent particulièrement du Brésil nous citerons : La carte de Viegas. — Le Brésil français, par J. de Vaux de Claye. — Le cours du Marañon par le P. Fritz.

Mercure (Le) français, 1605-1644. — *Paris*, 1611-1648, 25 vol. in-8°.

Contient de nombreux documents relatifs à l'histoire du Brésil. Exemple : Des Français qui furent en Maragnan avec des pères capucins pour convertir des sauvages, 1612. — Retour du sieur de Rasilly en France et des Topinambous qu'il amena à Paris ; description de l'île de Maragnan, 1613, 20 pages. — Prise de la baye de Tous-les-Saints au Brésil, 1625. — La reprise de la baye de Tous-les-Saints par les Espagnols, 1625. — Prise de Pernambouc, 1630, etc.

* **Message** adressé par le Président de l'État de Minas Geraes au Congrès du même État en 1897. Publication officielle. — *Paris*, *imp. Sylvestre et C*ⁱᵉ, 1897, in-8°, 31 pages.

Signé : Chrispim Jacques Bias Fortes.

* **Notes** sur l'État de São-Paulo (Brésil) et sa capitale. Complément aux documents offerts à l'examen des soumissionnaires à l'adjudication de l'éclairage au gaz de la ville de São-Paulo, 1896. Ministère de l'Agriculture, du Commerce et des Travaux Publics de São-Paulo. — *São-Paulo, typ. à vapor da Casa Garraux*, 1896, in-8°, 74 pages, 1 page *errata* non paginée.

Oliveira Lima (de). — Sept ans de République au Brésil (1889-1896), par de Oliveira Lima. — *Paris*, 1896, gr. in-8°, 38 pages.

* **Paquebots** transatlantiques. Le commerce de Nantes à MM. les députés. — *Nantes*, *imp. du Commerce, V. Mangin*, juin 1847, in-4°, 11 pages.

Signé : Les négociants nantais.
Rapports commerciaux entre Nantes et le Brésil.

* **Peroz** (E.).— Affaire de Mapa. Rapport du commandant Peroz. — *Paris*, *imp. Lahure*, (s. d.), in-8°, 67 pages.

Extrait du *Supplément au Moniteur officiel de la Guyane française* du 22 juin 1895. — Ce rapport est daté de Cayenne, le 27 mai 1895.

* **Planchon** (Louis).— Étude sur les produits de la famille des Sapotées, par Louis Planchon... — *Montpellier*, *imp. Centrale du Midi*, 1888, in-8°, 121 pages.

Richer (Pierre). — Petri Richerii libri duo apologetici ad refutandas nœnias, et coarguendos blasphemos errores detegendaque mendacia Nicolai Durandi qui se Villagagnonem cognominat. — *Excusum Hierapoli, per Thrasybulum, Phœnicum,* anno 1561, in-4°.

—. — La réfutation des folles resveries, execrables blasphêmes, erreurs et mensonges de Nicolas Durand, qui se nomme Villegaignon : divisee en deux livres ; auteur Pierre Richer. — (*S. l.*), 1562, in-8°, figure sur bois.

Cette traduction est attribuée par du Verdier à Jacques Spifame et non à Richer. — (Brunet).

Rio-Branco (Baron de). — L'abolition de l'esclavage au Brésil et compte rendu du banquet commémoratif à Paris, par le baron de Rio-Branco. — *Paris,* 1889, in-8°.

—. — Résumé de l'histoire du Brésil depuis la découverte jusqu'au 13 mai 1888. Nouvelle édition, par le baron de Rio-Branco. — *Paris, Delagrave,* 1889, in-8°.

Extrait du *Brésil en 1889.*

* **Saint-Étienne** (Gabriel et Sylvain).— La Perle du Brésil, drame lyrique en trois actes, par MM. Gabriel et Sylvain Saint-Étienne, musique de M. Félicien David. Représenté pour la première fois sur le Théâtre de l'Opéra National, le 22 novembre 1851. — *Paris, Michel Lévy,* 1851, in-4°, 24 pages.

La couverture imprimée porte en outre : « Opéra national. » — A été réimprimé dans le tome XV du Théâtre contemporain.

PARTIE MÉTHODIQUE

Abattoir frigorifique.

Note sur l'installation d'un abattoir frigorifique pour la congélation des viandes dans l'état de Minas Geraes.

Abbadie (Antoine d').

Abbadie (A. d'). — Travaux scientifiques.

Abipones.

Dobrizhoffer. — Historia de Abiponibus.

Acclimatation.

Albuquerque. — Cultures de végétaux et essais d'acclimatation d'animaux à Saint-Paul.,

Dareste. — Rapport sur l'introduction projetée du dromadaire au Brésil.

Heck. — L'Araucaria Brasiliensis. Acclimatation en Europe et en Algérie.

Noter (R. de). — Arbres fruitiers et plantes officinales exotiques à acclimater en Algérie.

Pfrimmer. — De quelques arbres exotiques à cultiver en Algérie.

Sauvaigo. — Les plantes exotiques introduites sur le littoral méditerranéen.

Vavasseur. — Le nandée et le moyen de l'acclimater en France.

Administration.

Allain. — Données sur l'administration du Brésil.

Lettres sur l'administration du Brésil.

Agriculture.

Alcantara-Lisboa (d'). — Enseignement et crédit agricole au Brésil.
Almeida (Pires de). — L'agriculture du Brésil.
Durand. — La Guyane française et le Brésil agricole et commercial.
Guillemin. — Rapport sur sa mission au Brésil.
Rendu. — Études topographiques, médicales et agronomiques sur le Brésil.
Saint-Hilaire. — L'agriculture et l'élève du bétail dans les Campos-Geraes.
—. — Mémoire sur le système d'agriculture adopté par les Brésiliens et les résultats qu'il a eus dans la province de Minas Geraes.
Van de Putte et L. d'Almeida. — Rapport présenté à l'assemblée de la société civile pour l'exploitation de fazendas au Brésil, 1890.
Vigneron Jousselandière. — Manuel d'agriculture pratique des tropiques.

Algues.

Martius. — Flora Brasiliensis. Algæ.
Nordstedt. — Nonnullæ algæ aquæ dulcis brasilienses.

Alimentation.

Couty. — L'alimentation au Brésil. La viande.
Couty. — Le maté et les conserves de viande.
Féry d'Esclands. — Exposition de 1889. Classe 73. Boissons fermentées Rapport.
Soubeiran et Delondre. — Les produits végétaux du Brésil considérés au point de vue de l'alimentation et de la matière médicale.

Almeida (Jean de).

Macedo (A. de). — Vita patris Johannis de Almeida.
Sainte-Foî (de). — Vie du père Jean d'Almeida.
Voyez aussi : Jésuites.

Amazones (Fleuve des).

Acuña (Ch. d'). — Relation de la rivière des Amazones.
Angelis (de). — De la navigation de l'Amazone.
Baguet. — La province de Pará et le fleuve des Amazones.
Congrès international des Américanistes. — Bruxelles 1879. (Servais Dirks. Explorations de l'Amazone par les Franciscains du Pérou.)
Crevaux. — Fleuves de l'Amérique du Sud, 1877-1879.
Estancelin. — Recherches sur les voyages et découvertes des navigateurs normands.
Guyane française et fleuve des Amazones.

La Condamine (de). — Voyage dans l'intérieur de l'Amérique méridionale en descendant la rivière des Amazones.

Lagravère. — Aïguala! Souvenirs de l'Amérique méridionale.

La Poëpe.— L'ouverture de l'Amazone et ses conséquences politiques
et commerciales.

Lettre de M. D. L. C. à M*** sur le sort des astronomes.

Naufrage d'Isabelle de Grandmaison sur les bords du fleuve des
Amazones.

Onffroy de Thoron. — Antiquité de la navigation de l'Océan. Voyage
des vaisseaux de Salomon au fleuve des Amazones.

—. — Les Phéniciens à l'île d'Haïti. Les vaisseaux d'Hiram et de
Salomon au fleuve des Amazones.

—. — Voyages des flottes de Salomon et d'Hiram en Amérique.
Position géographique de Parvaïm, Ophir et Tarschisch.

Orbigny (d'). — Voyage au centre de l'Amérique. Considérations sur
la navigation de l'Amazone.

Pagan (Bl. Fr. de).— Relation historique et géographique de la grande
rivière des Amazones.

Politique (la) du Brésil ou la fermeture des fleuves sous prétexte de
l'ouverture de l'Amazone.

Reyes. — Le fleuve des Amazones et ses affluents.

Rogers. — Voyage autour du monde... et pièces curieuses touchant
la rivière des Amazones.

Saint-Quantin (de). — Guyane française. Ses limites vers l'Amazone.

Silva (J. C. da). — L'Oyapoc et l'Amazone.

Tardy de Montravel. — Instructions pour naviguer sur la côte septentrionale du Brésil et dans le fleuve des Amazones.

Verne. — Voyages extraordinaires. La Jangada. 800 lieues sur l'A-
mazone.

Wallut. — Sur les rives de l'Amazone. Voyage d'une femme.

Amazone (Vallée de l').

Agassiz. — Lettre à M. Marcou sur la géologie de la vallée de l'A-
mazone.

Agassiz et Coutinho. — Géologie de l'Amazone.

Barbosa Rodrigues. — Enumeratio palmarum novarum quas valle
fluminis Amazonum inventas descripsit.

Bellecombe (A. de). — Discours au comité d'archéologie américaine.

Belmar. — Voyage aux provinces du Pará et des Amazones.

Bresson. — Bolivia. Sept années d'explorations. Missions de Bolivia
et de l'Amazonie.

Carrey. — L'Amazone.

Congrès international des Américanistes. Berlin 1888 (Adam, trois
familles linguistiques des bassins de l'Amazone.)

Coudreau. — Les Français en Amazonie.

Crevaux. — Voyage dans la Guyane et le bassin de l'Amazone.

Durand. — Considérations générales sur l'Amazone.

—. — L'Amazone brésilien.

—. — Le Solimoes ou Haut-Amazone brésilien.

Girard. — Les Andes, la Cordillère et l'Amazonie.

Lisle de Dreneuc (P. de). — Nouvelles découvertes d'idoles de l'A-
mazone.
Macedo. — Le Christophore. La civilisation dans l'Amazonie.
—. — La civilisation dans l'Amazonie.
Monnier. — Des Andes au Pará. Equateur, Pérou, Amazone.
Perrey. — Tremblements de terre au Pérou, dans la Colombie et
dans le bassin de l'Amazone.
Pœppig. — Nova genera plantarum quas... in terra Amazonica
legit.
Santa-Anna Néry (de). — Le pays des Amazones.
Sinval. — Le docteur Crevaux. Exploration du Maroni.
Vélain. — Esquisse géologique de la Guyane française et des bassins
du Parou et du Yari.
Verissimo. — Idoles de l'Amazone.

Améric Vespuce.

Avezac (d'). — Voyages d'Améric Vespuce au compte de l'Espagne.
Santarem (de). — Recherches sur Améric Vespuce et ses voyages.
Varnhagen (de). — Examen de quelques points de l'histoire géogra-
phique du Brésil.
—. — Amerigo Vespucci.
—. — Le premier voyage de Amerigo Vespucci.
Sensuyt le nouveau monde et navigations faites par A. de Ves-
puce.
Voyez aussi : Découvertes. — Histoire. — Voyages.

Anchieta (J. de).

Beretaire. — La vie merveilleuse du p. J. de Anchieta.
—. — Vita r. p. Josephi Anchieta.
Bottinius. — Beatificatio et canonizatio J. de Anchieta.
Brasilien. seu. Bahyen. canonizationis J. de Anchieta animadver-
siones r. p. d. fidei promotoris.
Galleratus. — Beatificationis p. Jos. de Anchieta positio.
Grandis (F. de). — Beatificationis p. J. de Anchieta informatio.
Luna. — Beatificationis J. de Anchieta responsio ad animadversiones.
—. — —. — positio.
—. — —. — novæ animadversiones.
Pierius. — Canonizationis J. Anchieta Summarium.
—. — —. — Memoriale.
—. — —. — Responsio ad animadversiones.
Prunettus. — Beatificationis J. de Anchieta Summarium additionale.
Sacchinus. — —. — Positio.
—. — —. — Responsiones facti et juris ad novissimas animadver-
siones.
Sainte-Foi. — Vie du vénérable Joseph Anchieta.
Zuccherinius. — Beatificationis J. de Anchieta Summarium.
Voyez aussi : Jésuites.

Andrade (Navarro de).

Gabrié. — Le commandeur Navarro de Andrade.

Animaux.

Albuquerque. — Essais d'acclimatation d'animaux à Saint-Paul.
Dareste. — Rapport sur l'introduction projetée du dromadaire au Brésil.
Saint-Hilaire (J.-G.). — Envoi d'une troupe de dromadaires fait au gouvernement brésilien.
Voyez aussi : Agriculture. — Bétail. — Colibris. — Nandou. — Oiseaux. — Zoologie.

Anoplomerus.

Belon. — Contribution à l'étude du genre Anoplomerus.

Anthropologie.

Quatrefages (de). — L'homme fossile de Lagoa Santa.
—. — Etat des sciences naturelles et de l'anthropologie au Brésil.
—. — Recherches sur les populations actuelles et préhistoriques du Brésil.
Rentschler. — Contribution à la psychologie comparée des peuples.
Rey. — Etude anthropologique sur les Botocudos.
Visite aux tribus sauvages de l'Amérique.

Aparaï.

Coudreau. — Vocabulaires méthodiques des langues Ouayana, Aparaï, Oyampi, Emérillon.

Araucaria.

Heck. — Sur l'Araucaria Brasiliensis.
Parlatore. — Note sur l'Araucaria Brasiliensis.

Archéologie.

Adet. — Découverte d'une ville ancienne dans les forêts du Brésil.
Bellecombe. — Discours au Comité d'archéologie américaine le 23 juillet 1863.
Exposition universelle de Paris 1889. Empire du Brésil. Catalogue officiel.
Ferraz de Macedo. — Ethnogénie brésilienne.
Lisle du Dreneuc (P. de). — Nouvelles découvertes d'idoles de l'Amazone.

Nadaillac (Mis de). — L'Amérique préhistorique.
Netto. — Résumé des recherches de l'archéologie brésilienne.
—. — Conférence faite au Muséum national, le 4 novembre 1884.
—. — Lettre à M. Renan à propos de l'inscription phénicienne apocryphe.
—. — Exposition universelle de 1889. Exposition archéologique et ethnographique brésilienne.

Armée.

Révolution (la) et l'armée du Brésil.

Astronomie.

Annales de l'Observatoire impérial de Rio de Janeiro.
Bulletin astronomique de l'Observatoire de Rio de Janeiro.
Liais. — Explorations scientifiques du Brésil. Traité d'astronomie appliquée.

Azevedo (Ignace de).

Beauvais (p. de). — Vie du vénérable père Azevedo.
Bottinius.— Canonizationis Azevedi informatio. — Responsio.
Bouillaud. — — id. —
—. — Compendiaria collectio summarii exhibiti sac. congreg. rituum anno 1670.
Brasilien. Canonizationis Ignatii de Azevedo. De fide historiarum.
Ceparius. — Canonizationis Ign. Azevedi, summarium.
Congregatione sacrorum rituum, sive beatificationis Ign. de Azevedo positio.
—. — Propositio.
Decretum beatificationis Ignatii de Azevedo.
Lambertinis (Prosper de). — Canonizationis Ign. Azevedi Animadversiones.
—. — —. — Novæ animadversiones.
Lapius. — Beatificationis Ign. de Azevedi Summarium.
—. — Canonizationis Ign. Azevedi Propositio.
Luna. — Beatificationis Ign. Azevedi Responsio ad difficultatem.
—. — —. — Responsio ad novas animadversiones.
Montecanius. — Canonizationis Ign. Azevedi responsiones ad animadversiones.
—. — —. — Positio.
Pierius. — Canonizationis Ign. Azevedo Summarium.
Possinus. — De vita et morte P. Ign. Azevedo, libri IV.
Rubeis (P.-F. de). — Canonizationis Ign. de Azevedo Oppositiones.
Sacchinus. — Canonizationis Ign. Azevedi et 39 sociorum martyrum Responsio ad novas animadversiones.
Sardinus, Th. Montecatinius et F. de Grandis. — Canonizationis Ign. Azevedi et 39 sociorum martyrum. Informatio facti et juris.
Zuccherinius.— Canonizationis Ign. Azevedo Summarium decerptum.
—. — —. — Summarium additionale.

—. — —. — Summarium responsionum ad animadversiones.
—. — Beatificationis Ign. Azevedi. Memoriale additionale.
—. — Canonizationis Ign. Azevedi Super dubio.
Voyez aussi : Jésuites.

Bahia.

Babinski. — Rapport sur une visite aux Lavras Diamantinas.
Barroso. — Quelques mots sur l'église de Bahia.
Compte rendu de la Société suisse de bienfaisance de Bahia.
Etat de Bahia. Notice pour l'émigrant.
Santa-Rita Durão. — Caramurú ou la découverte de Bahia.
Tabac (le) dans la province de Bahia.
Relation véritable de la prinse de la Baya de todos los Santos.
Voyez aussi : Saint-Sauveur.

Balanophorées.

Eichler. — Balanophoreæ. (Martius. Flora Brasiliensis. T. IV. 2.)

Banane.

Corenwinder. — La banane.
—. — Recherches chimiques sur la banane du Brésil.
Sagot. — Le bananier.

Bande orientale.

B. (Armand de). — Mes voyages avec le docteur Philips dans la
République de la Plata.
Marmier. — Lettre sur l'Amérique.
Voyez aussi : Guerres du Brésil. — Histoire. — Uruguay.

Baniva.

La Grasserie (R. de). — Grammaire et vocabulaire de la langue
baniva.

Banques.

Banque brésilienne-française. Rapports.
—. — Statuts.
Banque française du Brésil. Statuts.

Beaux-Arts.

Santa-Anna de Néry. — Salon de 1883. Combat naval de Riachuelo,
tableau militaire de Victor Meirelles.
Brésil (Le) ou la nature des tropiques. Études et tableaux peints à
l'huile par F. Gonaz.

Bétail.

Saint-Hilaire. — L'agriculture et l'élève du bétail dans les Campos-Geraes.
Voyez aussi : Agriculture. — Animaux.

Bibliographie.

Catalogo da exposição de historia do Brazil.
Catalogue d'une belle collection de livres. (Bibliothèque de M. Sampayo).
Catalogue des livres d'Alcide d'Orbigny.
Chadenat. — Le bibliophile américain.
Denis. — L'historia geral do Brazil du vicomte de Porto-Seguro.
—. — Rapport sur quelques ouvrages de linguistique brésilienne.
Dufossé. — Americana.
Harrisse. — Bibliotheca americana vetustissima.
Institut royal de France. — Rapport sur le *Voyage au Brésil*, par Debret.
Leclerc (Ch.). — Bibliotheca americana. Catalogue.
—. — Bibliotheca americana. Histoire.
Marcel. — Catalogue des documents géographiques exposés à la Bibliothèque nationale.
Netto. — Conférence sur le 6ᵉ volume des *Archives du Museum national*.
Orbigny (d'). — Notices analytiques sur les travaux de M. d'Orbigny.
Saint-Hilaire (A. de). — Rapport sur l'ouvrage intitulé : *Annaes da provincia de San-Pedro*, par M. J.-F. Fernandez Pinheiro.
Ternaux. — Bibliothèque américaine.
Trömel. — Bibliothèque américaine.
Saldanha da Gama. — Enumération de ses travaux.

Bignoniacées.

Bureau. — Genre nouveau Saldanhœa de l'ordre des Bignoniacées.
—. — Note sur la culture des Bignoniacées.
—. — Bignoniaceæ. (Martius. Flora Brasiliensis. T. VIII. I.)

Biographie.

Boulanger. — Parenté de Pedro II et de l'impératrice D. Thereza, Christina-Maria.
Brunel. — Biographie d'Aimé Bonpland.
Carel. — Vieira, sa vie, ses œuvres.
Commelyn. — Histoire de Frédéric Henry de Nassau.
Cordeiro. — Tiradentes.
Folleville (Ch. de). — Madame Ida Pfeiffer et ses voyages.
Gabrié. — Le commandeur Navarro de Andrade.
Gaudry. — Alcide d'Orbigny, ses voyages et ses travaux.
Lagarrigue. — Hommage à la mémoire de Mᵐᵉ Guimaraes Cordeiro.

Macedo (Ant. de). — Vita patris Johannis de Almeida.
Maius. — Laudatio funebris in Johannem VI.
Moquin-Tandon. — Saint-Hilaire.
Mury. — Histoire de Gabriel Malagrida.
Possinus. — De vita et morte P. Ign. Azevedo libri iv.
Sainte-Foi (de). — Vie de Joseph Anchieta et d'Emmanuel de
    Nobrega.
—. — Vie du père Jean d'Almeida.
Santarem (de). — Vie et travaux de M. da Cunha Barbosa.
Teixeira de Vasconcellos. — Les contemporains portugais, espagnols
    et brésiliens.
Varnhagen. — Amerigo Vespucci.
Viscount de Rio-Branco. Notices in the *Times*.
Vita venerabilis patris Emmanuelis Correæ.
Voyez aussi : Anchieta. — Azevedo. — Constant. — Cotegipe. — Don
    Pedro. — Jésuites.

Blumenau.

Du Penedo. — Brésil. La colonie Blumenau.

Bois.

Freire-Allemão. — Aperçu sur la collection des bois du Brésil.
Grisard. — Les bois industriels, indigènes et exotiques.
Saldanha da Gama. — Quelques mots sur les bois du Brésil qui
    doivent figurer à l'exposition universelle de 1867.
—. — Discours prononcé au Congrès international des économes
    forestiers à Vienne.
—. — Notice sur quelques végétaux séculaires du Brésil.

Bonpland.

Brunel. — Biographie d'Aimé Bonpland.

Borges.

Belloc. -- Voyage aux mines de Borges.
Monchot. — Rapport sur les mines de Rapozos, Espirito-Santo,
    Borges.

Botanique.

Albuquerque. — Cultures de végétaux à Saint-Paul.
Arrabida (Antonius da). — Floræ Fluminensis icones.
Bocquillon-Limousin. — Les plantes Alexitères du Brésil.
Bonpland et de Humboldt. — Nova genera et species plantarum.
Bureau. — Description du genre nouveau Saldanhœa.
—. — Note sur la culture des Bignoniacées.
—. — Bignoniaceæ.
—. — Revision des genres Tynanthus et Lundia.

Cambessedes. — Cruciferarum, Elatinearum, Caryophyllearum, Paranychierumque Brasiliæ meridionalis synopsis.

Caminhoa. — Catalogue des plantes toxiques du Brésil.

Casarettus. — Novarum Stirpium Brasiliensium decades.

Choisy. — Les Convolvulacées du Brésil et le Marcellia.

Clusius. — Exoticorum libri decem.

Corenwinder. — Analyse de la châtaigne du Brésil.

—. — La banane. La patate.

—. — Recherches chimiques sur les productions des pays tropicaux.

Dumortier. — Notice sur le genre Mælenia de la famille des Orchidées.

Duperrey. — Voyage autour du monde (Botanique, par Bory Saint-Vincent.)

Eichler. — Balanophoreæ.

Fée. — Cryptogames vasculaires du Brésil.

Feuillée. — Journal des observations sur les côtes de l'Amérique méridionale.

Flora Fluminensis.

Freire-Allemão. — Aperçu sur la collection des bois du Brésil.

Fusée-Aublet. — Histoire des plantes de la Guyane française.

Gomes. — Observationes botanico-medicæ de nonnullis Brasiliæ plantis.

Grisard. — Le courbaril, copalier d'Amérique.

—. — Les bois industriels, indigènes et exotiques.

Heck. — Sur l'Araucaria Brasiliensis.

Humboldt. — Rapport verbal sur la flore du Brésil méridional de M. A. de Saint-Hilaire.

Krempelhuber (de). — Lichenes Brasilienses.

Leandro do Sacramento. — Nova plantarum genera e Brasilia.

Liais. — Climats, géologie et géographie botanique du Brésil.

Mangin. — Les plantes utiles.

Martius. — Flora Brasiliensis.

—. — Nova genera et species plantarum quas in itinere annis 1817-1820 per Brasiliam collegit.

—. — Icones plantarum cryptogamicarum.

—. — Systema materiæ medicæ vegetabilis Brasiliensis.

Meyners d'Estrey. — La maladie des caféiers au Brésil.

Montagne. — Cryptogamæ brasilienses.

—. — Sylloge generum specierumque cryptogamarum.

—. — Centurie des plantes cellulaires exotiques nouvelles.

Morren et Fonsny. — Bromeliacées brésiliennes découvertes en 1879.

Netto. — Remarque sur la destruction des plantes indigènes au Brésil.

—. — Additions à la flore brésilienne. Itinéraire botanique dans la province de Minas Geraes.

Noter (R. de). — Arbres fruitiers et plantes officinales exotiques à acclimater en Algérie.

Pfrimmer. — De quelques arbres exotiques à cultiver en Algérie.

Planchon. — Etude sur les produits de la famille des Sapotées.

Plumier. — Description des plantes de l'Amérique.

—. — Nova plantarum americanarum genera.

Muller. —Euphorbiacées.

Pœppig. — Nova genera ac species plantarum quas... in terra Amazonica legit.

Pohl. — Plantarum Brasiliæ icones et descriptiones hactenus ineditæ.

Raddius. — Agrostographia brasiliensis.

—. — Plantarum brasiliensium nova genera et species novæ.

—. — Synopsis Filicum brasiliensium.

Reichenbach. — Iconographia botanica exotica.

Sagot. — Le bananier.

—. — Des végétaux fruitiers cultivés à la Guyane.

Saint-Hilaire (A. de). — Plantes usuelles des Brésiliens.

—. — Histoire des plantes les plus remarquables du Brésil et du Paraguay.

—. — Conspectus polygalearum Brasiliæ meridionalis.

—. — Voyage dans le district des diamants et notes sur quelques plantes caractéristiques.

—. — Tableau de la végétation primitive dans la province de Minas Geraes.

—. — Comparaison de la végétation d'un pays en partie extra tropical avec celle d'une contrée limitrophe située entre les tropiques.

Saint-Hilaire (A. de), de Jussieu et Cambessedes. — Flora Brasiliæ meridionalis.

—. — et Fr. de Girard. — Monographie des primulacées et des lentibulariées du Brésil méridional.

—. — et Tulasne. — Revue de la flore du Brésil méridional.

—. — et Naudin. — Revue de la flore du Brésil.

—. — Mémoire sur les myrsinées, les sapotées et les embryons parallèles au plan de l'ombilic.

Saldanha da Gama. — Classement botanique des plantes alimentaires du Brésil.

—. — Quelques mots sur les bois du Brésil qui doivent figurer à l'Exposition universelle de 1867.

—. — Discours prononcé au Congrès international des économes forestiers à Vienne.

—. — Notice sur quelques végétaux séculaires du Brésil.

—. — et Cogniaux. — Bouquet de mélastomées brésiliennes.

Sauvaigo. — Les plantes exotiques introduites sur le littoral méditerranéen.

Schœpf. — Materia medica americana, potissimum regni vegetabilis.

Soubeiran et Delondre. — Les produits végétaux du Brésil au point de vue de l'alimentation et de la matière médicale.

Spring. — Monographie de la famille des Lycopodiacées.

—. — Lycopodineæ.

Thumberg. — Plantarum Brasiliensium decas I-III.

Viaud-Grand-Marais.— Plantes américaines employées contre les morsures des serpents venimeux.

Villa-Franca (de). — Note sur les plantes utiles du Brésil.

Weddel. — Histoire naturelle des quinquinas.

Schumann. — Cactaceæ.

Swartz. — Lichenes americani.

Dumortier.— Notice sur le genre Mælenia de la famille des Orchidées.

Angström. — Primæ lineæ muscorum cognoscendorum.

Hornschuch. — Musci.

Voyez aussi : Orchidées. — Palmiers.

Botocudos.

Jomard. — Note sur les Botocudos et vocabulaire de leur langue.
Rey. — Etude anthropologique sur les Botocudos.
Visite aux tribus sauvages de l'Amérique.

Bragance.

Chauvin. — Histoire du Portugal et de la maison de Bragance.
Coquelle. — Aperçu historique sur le Portugal et la maison de
Bragance.
Exposição dos direitos que a constituiãção e as leiz civiz brazileiras
assegurão a SS. MM. II. o duque e a duqueza de Bragança relati-
vamente ás propriedades que possuem no Brazil.
Milcent. — Portugal et Bragance.
Le roi et la famille royale de Bragance doivent-ils retourner en
Portugal ou rester au Brésil ?
Roy (A.). — La maison de Bragance.

Brevets d'invention.

Casalonga. — Loi brésilienne sur les brevets d'invention.
—. — Lois portugaise et brésilienne sur les brevets d'invention.
Picard. — Tableaux synoptiques de toutes les lois régissant la
propriété industrielle.

Broméliacées.

Morren et Fonsny. — Les broméliacées brésiliennes découvertes
en 1879.

Câbles sous-marins.

Ministère des affaires étrangères. Conférences internationales pour
la protection des câbles sous-marins, 1882.

Cacao.

Mangin. — Le cacao et le chocolat.
Ménier. — Rapport... Cacao et chocolat.

Cacequy.

Chemin de fer de Cacequy à Uruguayana.

Cactus.

Schumann.— Cactaceæ. (Martius. Flora Brasiliensis. T. IV. 2.)

Café.

Café (Le) à l'Exposition industrielle de Marseille.
Coubard d'Aulnay. — Monographie du café.
Couty. — L'alimentation au Brésil... Café.
—. — Etude de biologie industrielle sur le café.
Marchand. — Recherches sur le Coffea Arabica L.
Ménier. — Rapports... Café.
Meyners d'Estrey. — La maladie des caféiers au Brésil.
Morin. — Note sur les cafés du Brésil.
—. — Sur diverses variétés de cafés.
Revue de France et du Brésil. (3. Couty. Le café.)
Santa-Anna-Néry. — La question du café. Le café du Brésil au
  Palais de l'Industrie (1883).
Suzor. — Choix des cafés composant les meilleurs mélanges.
Teixeira. — Le café du Brésil comparé avec le café d'autres prove-
  nances.
Van Delden Laërne. — Le Brésil et Java. Rapport sur la culture du
  café.
Van de Putte. — L'exploitation caféière au Brésil.

Caladium Bulbosum.

Bleu. — Culture des Caladium Bulbosum.

Campos-Geraes.

Saint-Hilaire (de). — L'agriculture et l'élève du bétail dans les
  Campos-Geraes.

Cannecée.

Gris. — Description d'une nouvelle espèce de cannecée du Brésil.

Caoutchouc.

Bernardin. — Classification de 100 caoutchoucs.
Chapel. — Le caoutchouc et la gutta-percha.
Santa-Anna-Néry. — Le pays des Amazones. L'El-dorado. Les terres
  à caoutchouc.
Seeligmann, Lamy-Torrilhon et Falconnet. — Le caoutchouc et la
  gutta-percha.

Cariris.

Martin de Nantes. — Relation (et histoire) de sa mission chez les
  Cariris.

Carnivores.

E museo Lundii. (Winge. Carnivores de Lagoa Santa.)

Cavernes.

E museo Lundii.

Ceará.

Agassiz. — Poissons fossiles de la province de Ceará.
Patrocinio (J. do). — L'affranchissement des esclaves de la province de Ceará.

Châtaigne.

Corenwinder. — Analyse de la châtaigne du Brésil.

Chauves-Souris.

E museo Lundii. — (Winge. Chauves-souris de Lagoa Santa.)
Spix (de). — Simiarum et vespertilionum brasiliensium species novæ.

Chemins de fer.

Baguet. — Les colonies portugaises, la Bolivie et le chemin de fer Madeira-Mamoré.
Camara (Ewb. de). — Chemin de fer de la province de Saint-Paul.
Chemin de fer de Cacequy à Uruguayana.
Compagnie générale des chemins de fer brésiliens.
Féder. — Compagnie générale des chemins de fer brésiliens. Rapport.
Lyon. — Notes sur les chemins de fer du Brésil.
Notice sur la situation générale de la Compagnie générale des chemins de fer brésiliens.
Prince. — Le congrès des trois Amériques. 1889-1890.
Thomas et Jorissen. — Matériel du Tram-Road de Nazareth, Brésil.

Chique-Chique.

Babinski. — Rapport sur une visite... à Chique-Chique.

Choléra.

Brissay. — Le rôle du Brésil à la Conférence internationale de Paris contre le choléra.

Climat.

Béringer. — Climat et mortalité du Recife ou Pernambuco.
Cruls. — Le climat de Rio-Janeiro.
Gache. — Climatologie médicale des principales villes d'Amérique.
Liais. — Climats du Brésil.
Mavignier. — Du climat de Pernambuco.
Morize. — Ebauche d'une climatologie du Brésil.
Sigaud. — Du climat et des maladies du Brésil.
Voyez aussi : Géographie. — Médecine.

Code.

Coelho Rodrigues. — Exposé des motifs du projet de Code civil brésilien.
Foucher. — Code criminel de l'empire du Brésil.

Colibris.

Audebert et Vieillot. — Histoire naturelle et générale des colibris.
Descourtilz. — Oiseaux brillants du Brésil.
—. — Oiseaux-mouches orthorynques du Brésil.
Lesson. — Histoire naturelle des colibris.
Mulsant. — Catalogue des oiseaux-mouches ou colibris.
Mulsant et Verreaux. — Essai d'une classification méthodique des trochilidés.

Colonisation.

Aubé. — La province de Sainte-Catherine et la colonisation au Brésil.
Baril, comte de la Hure. — Colonisation. Principes pour la fondation de colonies au Brésil.
Beaucourt. — Immigration et colonisation au Brésil.
Calvo. — Etude sur l'émigration et la colonisation.
Colonisation. — Emigration au Brésil.
Compagnie belge-brésilienne de colonisation.
Compagnie de colonisation belge-brésilienne.
Debidour. — Découverte et colonisation du Brésil.
Dispositions concernant le voyage de la colonie suisse.
Expilly. — La traite, l'émigration et la colonisation au Brésil.
Faivre. — Principes servant de bases à un mode de colonisation pour le Brésil.
La Landelle (de). — Aventures et embuscades. Histoire d'une colonisation au Brésil.
Leroy-Beaulieu. — De la colonisation chez les peuples modernes.
Lyon. — Etude sur l'esclavage et la colonisation au Brésil.
Michaux-Bellaire. — L'abolition de l'esclavage et la colonisation au Brésil.
Moré. — Le Brésil en 1852 et sa colonisation future.
—. — La colonisation dans la province de Saint-Pierre de Rio Grande do Sul.
Réponse pour M. Brémond à l'exposé des griefs et moyens de M. Fr. Frey.
Reybaud. — La colonisation du Brésil. Documents officiels.
Semelaigne. — Yves d'Evreux, ou essai de colonisation chez les Topinambos.
Silva (da). — Lettre sur l'Amérique méridionale.
Société anonyme dite : Compagnie belge-brésilienne de colonisation.
Torres-Caïcedo. — Colonisation des deux Amériques.
Turenne (de). — L'immigration et la colonisation au Brésil.
Van Langendonck. — Une colonie au Brésil.
Van Lede. — De la colonisation au Brésil. Mémoire sur la province de Sainte-Catherine.

Vieira Monteiro. — La colonisation au Brésil.
Raffard. — La colonie suisse de Nova-Friburgo.
Colonie du Cotentin, ou Nouvelle-Neustrie.

Commerce.

Accarias de Serionne. — Le commerce de la Hollande.
Angliviel La Beaumelle. — Le Brésil considéré sous ses rapports
politiques et commerciaux.
Avenel. — L'Amérique latine.
Asseline. — Antiquités et chroniques de la ville de Dieppe.
Bianconi et Marc. — Cartes commerciales.
Brésil (Le) au point de vue commercial et industriel.
Carvallo. — Le Brésil au point de vue de l'émigration et du commerce
français.
Dufet et Agnus. — Recueil général des traités de commerce.
Durand. — La Guyane française et le Brésil agricole et commercial.
Edit du Roy portant révocation de la Compagnie des Indes occi-
dentales.
Exposition universelle d'Anvers. Le Brésil au point de vue com-
mercial.
Gallès. — Guerre entre le Brésil, les états de la Plata et le Paraguay.
—. — Du Brésil ou observations sur le commerce et les douanes
de ce pays.
Gosselin. — Documents pour l'histoire du commerce Rouennais aux
xvie et xviie siècles.
La Poëpe (Cl. de). — L'ouverture de l'Amazone et ses conséquences
politiques et commerciales.
Lejeune. — Bibliothèque d'enseignement commercial. Monnaies,
poids et mesures.
Muller (H.-L.). — Le commerce du globe.
Noël. — Histoire du commerce du monde.
Paridant. — Du système commercial à Rio-de-Janeiro.
Raynal. — Histoire des établissements et du commerce des Euro-
péens dans les deux Indes.
Santa-Anna-Néry. — Le Brésil économique.
Say. — Histoire des relations commerciales entre la France et le
Brésil.
Vogel. — Le Portugal et ses colonies. Tableau politique et com-
mercial.

Compagnies.

Articles accordées par le Roy de Portugal à la Compagnie qui
s'establit dans son royaume pour l'estat général du Brazil.
Edit du Roy portant révocation de la Compagnie des Indes occidentales.

Conférences,

Ministère des Affaires étrangères. Conférence internationale pour la
protection de la propriété industrielle.

Ministère des Affaires étrangères. Conférence internationale pour la protection des câbles sous-marins. 1882.

Brissay.— Le rôle du Brésil à la Conférence internationale de Paris, contre le choléra.

Congrès.

Congrès international de la protection de l'enfance. Paris, 1883.
—. — des Américanistes. Nancy, 1875. — Luxembourg, 1877. — Bruxelles, 1879. — Copenhague, 1883. — Berlin, 1888.

Prince. — Le Congrès des trois Amériques, 1889-1890.

Constant (Benjamin) Botelho de Magalhães.

Araujo (O. d'). — Le fondateur de la République Brésilienne, Benjamin Constant, Botelho de Magalhães.

Constitution.

Constitution de l'Empire du Brésil.
Constitution des Etats-Unis du Brésil.
Donnat. — Critique de la Constitution brésilienne.
Examen de la Constitution de dom Pèdre et des droits de dom Miguel.
Projet de Constitution pour l'Empire du Brésil.

Contes.

Couto de Magalhães. — Contes indiens du Brésil.

Contesté.

Affaire de Mapa. Rapport du commandant E. Peroz.
Contesté (Le) franco-brésilien (par Laurencin ?)
Cook. — La Guyane indépendante.
Coudreau. — Le territoire contesté entre la France et le Brésil.
Hérard. — Les droits de la France sur le territoire contesté.
Maury. — La Guyane française. Les limites du côté du Brésil.
Voyez aussi : Guyane. — Histoire.

Convolvulacées.

Choisy. — Les convolvulacées du Brésil.

Coquilles.

Spix (de). — Testacea fluviatilia quæ in itinere per Brasiliam 1817-1820 collegit.

Correa.

Vita venerabilis patris Emmanuelis Correæ.
Voyez aussi : Jésuites.

Cotegipe (de).

Baron (Le) de Cotegipe. Esquisse biographique.

Cotentin.

Colonie du Cotentin ou Nouvelle-Neustrie.

Courbaril.

Grisard. — Le Courbaril.

Cryptogames.

Fée. — Cryptogames vasculaires (fougères) du Brésil.
Martius. — Icones plantarum cryptogamicarum quas in itinere annis 1817-1820 per Brasiliam collegit.
Montagne. — Cryptogamæ brasilienses.
—. — Sylloge generum specierumque cryptogamarum.

Cunha Barbosa (da).

Santarem (de). — Vie et travaux de M. da Cunha Barbosa.

Curare.

Voisin et Liouville. — Études sur le curare.

Découverte du Brésil.

Cat. — Grandes découvertes maritimes du xiiie au xvie siècle.
Congrès international des Américanistes. Nancy 1875. (Cordeiro. Part prise par les Portugais dans la découverte du Brésil).
—. — Luxembourg, 1877. (Gaffarel. Découverte du Brésil par les Français. — Burtin, Mémoire sur le Brésil.)
Cordeiro. — Part prise par les Portugais dans la découverte.
De ore Antarctica per regem Portugalliæ pridem inventa.
Debidour. — Découverte et colonisation du Brésil.
Estancelin. — Recherches sur les voyages et découvertes des navigateurs normands.
Gaffarel. — Les Français au delà des mers. Les découvreurs français.
Grotius. — Dissertatio de origine gentium americanarum.
Hornus. — De originibus americanis libri quatuor.
Laet (J. de). — Notæ ad Hugonis Grotii dissertationem de origine gentium Americanarum.
Lafitau. — Histoire des découvertes et conquêtes des Portugais dans le nouveau monde.
Marçay (de). — Histoire des découvertes et conquêtes de l'Amérique.
Marcel — Catalogue de documents géographiques exposés à la Bibliothèque nationale.
—. — Reproduction de cartes et globes relatifs à la découverte de l'Amérique.

Neukomm. — Les dompteurs de la mer. Les Normands en Amérique.

Nogueira. — De Americanarum gentium origine illustranda commentarium.

Onffroy de Thoron.— Antiquité de la navigation de l'Océan. Voyages des vaisseaux de Salomon au fleuve des Amazones.

—. — Les Phéniciens à l'île d'Haïti et sur le continent américain. Les vaisseaux d'Hiram et de Salomon au fleuve des Amazones.

—. — Voyages des flottes de Salomon et d'Hiram en Amérique. Position géographique de Parvaïm, Ophir et Tarschisch.

Santarem (de). — A quelle époque l'Amérique méridionale a cessé d'être représentée dans les cartes géographiques comme une île d'une grande étendue.

Septenville (de). — Découvertes et conquêtes du Portugal dans les deux mondes.

Voyez aussi : Histoire. — Voyages.

Diamants.

Babinski. — Rapport sur une visite aux Lavras Diamantinas.

Boutan. — Le diamant.

Bovet (de). — Une exploitation de diamants près de Diamantina.

Elémençon. — Considérations sur la géognosie du district des diamants du Brésil.

Harting. — Diamant remarquable contenant des cristaux.

Langlet-Dufresnoy. — Quinze ans au Brésil ou excursions à la Diamantine.

Mangin. — Pierres et métaux.

Mawe. — Voyages dans l'intérieur du Brésil, particulièrement dans les districts de l'or et du diamant.

Rapport sur la mission confiée à M. Blot pour aller à Salobro dans les mines de diamants dites « Cannavieiras ».

Saint Hilaire (A. de). — Voyage dans le district des diamants et sur le littoral.

Voyez aussi : Mines.

Dona Francisca.

Aubé. — Notice sur Dona Francisca.

Dutot. — France et Brésil. — Dona Francisca, par Aubé.

Nul n'est prophète en son pays. Notice... sur Dona Francisca.

Douane.

Lettres sur l'administration du Brésil. I. La douane de Rio de Janeiro.

Dromadaire.

Dareste. — Rapport sur l'introduction projetée du dromadaire au Brésil.

Saint-Hilaire (J.-G.). — Envoi d'une troupe de dromadaires fait au gouvernement brésilien.

Église.

Badaro. — L'Église au Brésil pendant la République.
Barroso. — Quelques mots sur l'église de Bahia.
Brief recueil de l'affliction et dispersion de l'église des fidèles au pays de Brésil.
Chaulmer. — Le Nouveau Monde ou l'Amérique chrétienne.
Marques. — Brasilia Pontificia.
Voyez aussi : Jésuites. — Missions. — Religion.

Embaumement.

Reynoso. — De l'embaumement chez les Indiens Américains.

Emérillon.

Coudreau. — Vocabulaires méthodiques des langues Ouayana, Aparaï, Oyampi, Emérillon.

Émigration.

Accioli de Vasconcellos. — Guide de l'émigrant.
Audet. — Émigrations à la colonie de Grão-Pará.
Baguet. — La province de Paraná. Quelques mots sur l'émigration.
Calvo. Étude sur l'émigration et la colonisation.
Carvallo. — Le Brésil au point de vue de l'émigration.
Colonisation. — Emigration au Brésil.
Dubois. — La Belgique et l'émigration.
Duval. — Histoire de l'émigration européenne au xixᵉ siècle.
Émigration pour le Brésil. Ligne d'Anvers à Rio de Janeiro.
Emigration. La province de Pernambuco.
Etat de Bahia. Notice pour l'émigrant.
Expilly. — La traite, l'émigration et la colonisation du Brésil.
Friedel. — Les émigrants au Brésil.
Hygin-Furcy. — Guide universel de l'émigrant.
—. — L'émigration ouvrière au Brésil.
Liévin-Coppin. — L'empire du Brésil au point de vue de l'émigration.
Martel. — Guide général des émigrants.
Nectoux. — Emigration pour le Brésil et tous les pays américains.
Poucel. — Des émigrations dans l'Amérique du Sud.
Santa-Anna-Néry. — Guide de l'émigrant au Brésil, 1889.
—. — L'émigration et l'immigration pendant les dernières années.
Silva (da).— Lettre sur l'Amérique méridionale.
Turenne (P. de). — L'immigration et la colonisation au Brésil.

Enfance (Protection de l')

Congrès international de la protection de l'enfance. Paris 1883. Documents relatifs au Brésil.

Entomologie.

Castelnau (Fr. de). — Expédition dans l'Amérique du Sud. (Entomologie, par Lucas).
Voyez aussi : Euménides. — Lépidoptères.— Mélipones.

Esclavage.

Abolition de l'esclavage au Brésil.
Cochin. — Abolition de l'esclavage.
Considérations importantes sur l'abolition de la traite des nègres.
Corbière. — Elégies brésiliennes. Traite des noirs.
Couty. — L'esclavage au Brésil.
Cunha de Azevedo Coutinho (J. da). — Analyse sur la justice du
commerce du rachat des esclaves.
Elément servile. Rapport de la commission spéciale présenté à la
Chambre des députés (30 juin 1871).
Expilly. — La traite, l'émigration et la colonisation du Brésil.
Jaguaribe. — Influence de l'esclavage et de la liberté.
Levasseur. — Abolition de l'esclavage au Brésil.
Lyon. — Etude sur l'esclavage et la colonisation au Brésil.
Manifeste de la Société brésilienne pour l'abolition de l'esclavage.
Mello Moraes. — Poëmes de l'esclavage et légendes des Indiens.
Michaux-Bellaire. — L'abolition de l'esclavage et la colonisation au
Brésil.
Patrocinio (J. do). — L'affranchissement des esclaves de la province
de Céará.
Rio Branco. — Discours sur l'élément servile, 14 juillet 1871.
—. — Abolition de l'esclavage au Brésil.
Spont. — Abolition de l'esclavage au Brésil.
Un Brésilien à Bruxelles au correspondant de *La Gazette* à Rio de
Janeiro.

Espirito-Santo.

Belloc. — Voyage aux mines de Espirito-Santo.
Monchot. — Rapport sur les mines de Rapozos, Espirito-Santo.
Voyez aussi : Mines.

Ethnographie.

Baguet. — Les races primitives des deux Amériques.
Baril comte de La Hure. — Les peuples du Brésil avant la découverte.
Bertillon. — Ethnographie moderne. Les races sauvages,
Cocheris. — Les parures primitives.
Cortambert. — Rapport sur les progrès de l'ethnographie en Amé-
rique.
Expilly. — Les femmes et les mœurs du Brésil.
Exposition niverselle de Paris, 1889. Empire du Brésil. Catalogue
officiel.

Ferraz de Macedo. — Ethnogénie brésilienne.
Glasson. — Les institutions primitives au Brésil.
Gravier. — Etude sur le sauvage du Brésil.
Netto. — Exposition universelle de 1889. Exposition archéologique et ethnographique brésilienne.
Omalius d'Halloy (J. d'). — Des races humaines ou éléments d'ethnographie.
Orbigny (d'). — L'homme américain (de l'Amérique méridionale).
Peuvrier. — Ethnographie de l'Amérique du Sud.
Porto-Seguro. — Origine touranienne des Américains Tupis-Caraïbes.
Quatrefages (de). — Recherches sur les populations actuelles et préhistoriques du Brésil.
Ten Kate. — La synonymie ethnique et la toponymie chez les Indiens de l'Amérique du Sud.
Tissot et Améro. — Les peuples étranges de l'Amérique du Sud.
—. — —. — Les contrées mystérieuses et les peuples inconnus.
Varnhagen (de). — Origine touranienne des Américains Tupis-Caraïbes.
Vérissimo (J.). — Idoles de l'Amazone.
Reutschler. — Contribution à la psychologie comparée des peuples.

Eu (Cte d')

Pimpeterre. — Le comte d'Eu et la France nouvelle dans l'Amérique du Sud.

Euménides.

Meunier. — Description d'une nouvelle espèce d'Euménides du Brésil.

Euphorbe.

Muller. — Euphorbiaceæ. (Martius. Flora Brasiliensis, t. XI. 2).

Evangélisation.

Acosta (J.). — De natura novi orbis libri duo.
—. — De promulgando evangelio apud barbaros.
Crespin. — Martyrs persécutés et mis à mort pour la vérité de l'Evangile.
Voyez aussi : Huguenots. — Jésuites. — Missions. — Religion.

Expositions.

Brésil (Le) à l'exposition internationale d'Amsterdam, 1883.
—. — —. — de St-Pétersbourg, 1884.
Café (Le) à l'exposition industrielle de Marseille.
Catalogue pour l'exposition universelle de Paris 1867.
Empire du Brésil à l'exposition universelle de 1876, à Philadelphie.
—. — —. — de Vienne en 1873, par le vte de Bom Retiro.
—. — —. — de 1867, à Paris.

Exposition universelle de 1851. Travaux de la commission française sur l'industrie des nations.

—. — —. — de 1867 à Paris. Comité des poids et mesures et des monnaies.

—. — —. — Catalogue général.

—. — d'Anvers. Section brésilienne.

—. — —. — Empire du Brésil. Notice sur quelques produits.

Exposição universal de 1889. Commissão Franco-Brazileira iniciadora da exposição do Brazil.

Exposition universelle d'Anvers. Le Brésil commercial et industriel.

Exposition universelle de Paris 1889. Empire du Brésil. Catalogue officiel.

—. — —. — Concours pour la construction d'un pavillon destiné au Brésil.

Lamarre et Wiener. — L'Amérique méridionale et l'Exposition de 1878.

Lecocq. — Le Brésil à Bourges. Notice sur la section brésilienne.

Lourdelet. — Exposition de Chicago. Rapport.

Marc. — Exposition de 1889. La province de Minas Geraes à la section brésilienne.

Marchand et Héros. — Le Brésil à l'Exposition universelle de 1889.

Netto. — Exposition universelle de 1889. Exposition archéologique et ethnographique brésilienne.

Oliveira (L. R. d'). — A exposição do club da Lavoura em França em 1878.

Picard. — Exposition de 1889. Rapports du jury international.

—. — —. — Rapport général.

Prado. — Lettre sur la section brésilienne à l'exposition de 1889.

Résumé du catalogue de la section brésilienne à l'Exposition internationale à Vienne en 1873.

Sabatier. — Rapport sur la collection des monnaies portugaises à l'Exposition universelle de 1867.

Saldanha da Gama. — Travaux au sujet des produits du Brésil qui sont à l'Exposition universelle de 1867.

—. — Quelques mots sur les bois du Brésil qui doivent figurer à l'Exposition universelle de 1867.

Santa Anna Néry (de). — Le café du Brésil au Palais de l'Industrie (Concours agricole 1883).

Silva Coutinho (da). — Exposition universelle de 1867. Rapports du jury international. Gommes, résines.

Teixeira de Aragão. — Exposition universelle de 1867. Description des monnaies concernant l'histoire portugaise.

Tenré. — Les Etats américains, leurs produits, leur commerce en vue de l'exposition universelle de Paris, 1867.

Ville de Beauvais. 1885. Le Brésil à Beauvais.

Freire Allemão. — Aperçu sur la collection des bois du Brésil 1867.

Faune.

Mikan. — Delectus floræ et faunæ brasiliensis.

Femme.

Expilly. — Les femmes et les mœurs du Brésil.

Fer.

Thiré. — Les moyens de développer l'industrie du fer dans la province de Minas Geraes.
Voyez aussi : Mines.

Fièvres.

Bérenger-Féraud. — Traité de la fièvre jaune.
Chaufepié. — Historia febris flavæ Americanæ.
Corre. — Traité des fièvres bilieuse et typhique des pays chauds.
Freire. — Cause, nature et traitement de la fièvre jaune.
—. — Etudes expérimentales sur la contagion de la fièvre jaune.
—. — Mémoire sur les ptomaïnes de la fièvre jaune.
—. — Doctrine microbienne de la fièvre jaune.
—. — Régénération de la virulence des cultures du microbe de la fièvre jaune.
—. — Le vaccin de la fièvre jaune.
—. — Statistique de vaccinations au moyen de cultures du microbe atténué de la fièvre jaune, 1888-1889.
—. — —. — 1889-1890.
—. — —. — 1891-1892.
—. — Nature, traitement et prophylaxie de la fièvre jaune.
—. — La mission du Dr Steraberg au Brésil.
Gama Labo. — Etudes sur la fièvre jaune de 1873-4.
Gouy. — Histoire de la fièvre jaune au Brésil.
Mello-Barreto. — La fièvre jaune, sa pathogénie, son traitement.
Moore. — De Indiæ occidentalis febribus.
Rey. — Notes sur la fièvre jaune au Brésil.

Filaria.

Silva Araujo. — La filaria immitis et la filaria sanguinolenta au Brésil.

Finances.

Les finances brésiliennes en 1893.
La République Brésilienne. Situation financière et économique, 1889-1893.
Van der Straten Ponthoz. — Le budget du Brésil.

Flore.

Martius. — Flora Brasiliensis.
Mikan. — Delectus floræ et faunæ brasiliensis.
Netto. — Additions à la flore brésilienne. Itinéraire botanique dans la province de Minas Geraes.
Vandelli. — Floræ lusitanicæ et brasiliensis specimen.
Velloso. — Flora fluminensis.
—. — Floræ fluminensis icones.

Warming. — Symbolæ ad floram Brasiliæ australis cognoscendam.
Voyez aussi : Botanique.

Fougères.

Fée. — Cryptogames vasculaires (fougères) du Brésil.
Raddius. — Synopsis filicum brasiliensium.

Franc-maçonnerie.

Constitution de la franc-maçonnerie du Brésil.
Duffau-Pauillac. — Traduction de la Circulaire du Gr.·. Or.·. du
Brésil.

Galibis.

Biet. — Les Galibis.
—. — Voyage de la France Equinoxiale.
Boyer. — Relation du voyage de M. de Bretigny.
Delteil. — Voyage chez les Indiens Galibis de la Guyane.
Dictionnaire Galibi
Manouvrier. — Sur les Galibis du Jardin d'acclimatation.
Martius. — Dictionnaire Galibi.
Pelleprat. — Relation des missions de Jésuites et introduction à la
langue des Galibis.
Voyage à la Guyane, par L. M. B. Vocabulaire français et galibi.

Généalogies.

Mémoires historiques, généalogiques et chronologiques concernant
les ascendances etc...

Généralités.

Acosta (J. de). — Histoire naturelle et morale des Indes.
Almanac américain.
Amérique (L') septentrionale et méridionale.
Anecdotes américaines.
Arago. — Les deux Océans.
Assier (A. d'). — Le Brésil contemporain.
Avenel. — L'Amérique latine.
Baril comte de la Hure. — L'Empire du Brésil.
Baron. — Les magnificences du Nouveau-Monde. Les deux Amé-
riques.
Barrow. — Abrégé chronologique des découvertes faites par les
Européens dans les différentes parties du monde.
Belle-Forest (F. de). — Cosmographie universelle.
Bellin. — Description géographique de la Guyane.
Biard. — Deux années au Brésil.
Bisselius. — Argonauticon Americanorum.
Boinette. — Le Brésil.

Bouchot. — Histoire du Portugal et de ses colonies.
Bourbonnaud. — Les Amériques.
Brasileira Augusta. — Le Brésil.
Brésil (le) en 1889.
Bresson. — Bolivia. Sept années d'explorations, de voyages, de séjour. Le Brésil.
Burck. — Histoire des colonies européennes dans l'Amérique.
Carvalho (A. de). — Lettre sur l'Empire du Brésil.
Castro (L. de). — Le Brésil vivant.
Chabran. — Le Brésil actuel.
Chalesme. — Récit de toutes les particularitez qui sont dans l'Amérique.
Cortambert. — Nouvelle histoire des voyages et des découvertes géographiques.
Couty. — Le Brésil en 1884.
Dabadie. — A travers l'Amérique du Sud.
—. — Récits et types américains.
De Fer. — Cartes et descriptions générales et particulières.
Delaporte. — Le voyageur françois ou la connaissance de l'Ancien et du Nouveau Monde.
Delon. — Les peuples de la terre.
Denis. — Brésil, Colombie et Guyanes.
—. — Le monde enchanté.
Dos Santos-Barreto. — Voyages et études. Les blancs au Brésil.
—. — Les blancs au Brésil.
Douville. — Trente mois de ma vie.
Durand. — Le pays du café.
Empire (L') du Brésil.
Enault. — L'Amérique centrale et méridionale.
Esquisses sud-américaines par un créole.
Expilly. — Le Brésil, Buenos-Ayres, Montevideo et le Paraguay devant la civilisation.
—. — Le Brésil tel qu'il est.
Exposition universelle de 1851. Travaux de la commission française sur l'industrie des nations.
Fontpertuis (F. de). — Les Etats latins de l'Amérique.
Fort. — Récit de ma vie et voyage dans l'Amérique du Sud.
Gallès. — Considérations générales sur l'empire du Brésil.
Gavet et Boucher. — Jakaré-Ouassou ou les Tupinambas.
Grandidier. — Exposition de 1878. Groupe II. Classe 16. Rapport.
Guide international d'Europe au Brésil et à la Plata.
Gumilla. — Histoire naturelle, civile et géographique de l'Orénoque.
Herrera (A. de). — Description des Indes occidentales.
—. — Histoire générale des voyages et conquêtes des Castillans.
—. — Novus orbis, sive descriptio Indiæ Occidentalis.
Hins. — Un an au Brésil.
Humbold (A. de). — Tableaux de la nature.
Lacerda Werneck (de). — Brésil. Dangers de sa situation politique et économique.
Laet (J. de). — L'histoire du Nouveau Monde.
—. — Novus orbis.
Lamarre et Wiener. — L'Amérique méridionale et l'Exposition de 1878.

Langsdorff (G. de). — Mémoire sur le Brésil pour servir de guide à ceux qui désirent s'y établir.

La Popellinière. — Les trois mondes.

La Teillais (C. de). — Etude sur les colonies portugaises.

Le Cholleux. — A travers l'Amérique latine... Brésil.

Leclerc (M.). — Lettres du Brésil.

Levasseur. — Le Brésil.

—. — Coup d'œil sur les forces productives de l'Amérique du Sud.

Liais. — L'espace céleste et la nature tropicale.

Loiseau-Bourcier. — Guide international d'Europe au Brésil et à la Plata.

Lyon. — Notes sur le Brésil.

Macedo (J. M. de). — Notions de chorographie du Brésil.

Mallet. — Description de l'Univers.

Mangin. — Le désert et le monde sauvage.

Marancour (de). — Guide d'Europe au Rio de la Plata.

Marc. — Le Brésil.

Marlès (de). — Merveilles de la nature et de l'art dans les 5 parties du monde.

Moré. — Le Brésil en 1852 et sa colonisation future.

Noël. — L'Amérique espagnole ou lettres civiques à M. de Pradt.

Nul n'est prophète en son pays.

Oliveira (L. R. d'). — Le Brésil.

—. — Mémoires concernant le Portugal et toutes ses dépendances.

Organisation de la carte géographique et de l'histoire physique et politique du Brésil.

Pereira da Silva. — Situation de l'Empire du Brésil.

Pradez. — Nouvelles études sur le Brésil.

Quelques détails sur la position des étrangers au Brésil.

Radiguet. — Souvenirs de l'Amérique espagnole.

Reclus. — Nouvelle géographie universelle. La terre et les hommes.

Relation du grand voyageur.

Reybaud. — Le Brésil.

Ribeyrolles. — Brazil pittoresco.

Rocoles (de). — Description générale du monde.

Rouzy.— Le Brésil, sa constitution politique et économique.

Saldanha da Gama. — Tableau résumé des richesses de l'empire du Brésil.

—. — Suite aux « Richesses de l'Empire du Brésil ».

Seigneuret. — Le Brésil actuel.

Séris. — A travers les provinces du Brésil.

—. — Le Brésil pittoresque.

Sodré. — Aperçu général sur la République des Etats-Unis du Brésil.

—. — La vérité sur le Brésil basée sur des documents incontestables.

Taunay et Denis. — Le Brésil.

Tenré. — Les Etats américains, leurs produits, leur commerce en vue de l'exposition universelle de Paris, 1867.

Tissot et Améro. — Les peuples étranges de l'Amérique du Sud.

—. — Les contrées mystérieuses et les peuples inconnus.

Toussaint-Samson. — Une Parisienne au Brésil.

Van der Aa. — La galerie agréable du monde.

Vertot. — Histoire des révolutions de Portugal et description du Brésil.
Wiener. — Notice sur le Brésil.

Géodésie.

Liais. — Explorations scientifiques au Brésil. Traité de géodésie pratique.

Géographie.

Avezac (d'). — Considérations géographiques sur l'histoire du Brésil.
Bianconi et Marc. — Cartes commerciales.
Blaeu. — America quæ est Geographiæ Blavianæ pars v.
—. — Le théâtre du monde.
Castelnau (Fr. de). — Expédition dans les parties centrales de l'Amérique du Sud.
Denis. — Histoire géographique du Brésil.
Humboldt (A. de). — Examen critique de l'histoire de la géographie du nouveau continent.
Janssonius. — Nouvel atlas ou théâtre du monde.
—. — Illustriorum Hispaniæ urbium tabulæ.
Lyon. — Etude géographique sur l'État de Rio Grande do Sul.
Organisation de la carte géographique du Brésil.
Sanson d'Abbeville. — L'Amérique en plusieurs cartes et en divers traités de géographie.
—. — Description de tout l'univers en plusieurs cartes et en divers traités de géographie.
Varnhagen (de). — Examen de quelques points de l'histoire géographique du Brésil.
Wytfliet. — Descriptionis Ptolemaicæ augmentum.

Géologie.

Agassiz. — Lettre à M. Marcou sur la géologie de la vallée de l'Amazone.
—. — Poissons fossiles de la province de Ceará.
Agassiz et Coutinho. — Géologie de l'Amazone.
Beaumont (E. de). — Rapport sur les « Considérations générales sur la géologie de l'Amérique méridionale, par A. d'Orbigny. »
Castelnau (Fr. de). — Expédition dans les parties centrales de l'Amérique du Sud.
Claussen. — Notes géologiques sur la province de Minas-Geraes.
Elémençon. — Considérations sur la géognosie du district des diamants du Brésil.
Hébert. — Rapport sur la partie géologique et minéralogique du voyage de MM. Grandidier.
Liais. — Climats, géologie du Brésil.
Pissis. — Mémoire sur la position géologique des terrains de la partie australe du Brésil.
Vélain. — Esquisse géologique de la Guyane française, d'après Crevaux.

Gloxinia.

Mainguet. — Le gloxinia.

Gommes.

Silva Coutinho (da). — Exposition universelle de 1867. Rapports du jury international. Gommes, résines.

Gonaz.

Le Brésil ou la nature des tropiques. Etudes et tableaux peints à l'huile, par F. Gonaz.

Goyaz.

St-Hilaire (A. de). — Voyage aux sources du Rio de S. Francisco et dans la province de Goyaz.

Graminées.

Martius. — Flora Brasiliensis. Gramineæ.
Neesius ab Esenbeck. — Agrostologia Brasiliensis.
Raddius. — Agrostographia brasiliensis.

Grandmaison y Bruno (Isabelle de).

Naufrage d'Isabelle de Grandmaison sur les bords du fleuve des Amazones.

Grão-Pará.

Audet. — Emigration à la colonie de Grão-Pará.

Grenouilles.

Spix (de).— Animalia nova sive species novæ testitudinum et ranarum quas in itinere per Brasiliam 1817-1820 collegit.

Grimpereaux.

Audebert et Vieillot. — Histoire naturelle et générale des grimpereaux.

Guarani.

Restivo. — Linguæ Guarani grammatica.
—. — Lexicon Hispano-Guaranicum.

Guerres du Brésil.

Arcos. — La Plata.
Arnaud. — La vérité sur le conflit entre le Brésil, Buenos-Ayres, Montevideo et le Paraguay.
Berges. — Lettre à S. Exc. M. Ch. Washburn, 24 mars 1867.
Carvalho (A. de). — Réponse aux articles de la *Patrie* sur la guerre du Paraguay.
Cruz Lima (da). — Réponse à un article de la *Revue des Deux Mondes* sur la guerre du Brésil et du Paraguay.
Delafaye-Bréhier. — Les Portugais d'Amérique. Souvenirs historiques de la guerre en 1635.
Escragnolle-Taunay (d'). — La retraite de Laguna.
Esquisse de la révolution de l'Amérique espagnole.
Grande défaite des Espagnols tant par mer que par terre.
Guerre (La) dans la Plata en 1865.
Guerre (La) dans la Plata devant la civilisation.
Guerre du Paraguay.
Hutchinson. — Lecture à propos de la guerre du Paraguay.
Le Long. — Les Républiques de la Plata et la guerre du Paraguay, le Brésil.
Mannequin. — A propos de la guerre contre le Paraguay.
Milet. — Le Brésil pendant la guerre du Paraguay.
Poucel. — Le Paraguay moderne et l'intérêt général du commerce.
Publication officielle faite par la Légation orientale à Paris. Décision prise par le Brésil de défendre l'indépendance de l'Etat oriental.
Relations véritables et curieuses de Madagascar et du Brésil.
Révolutions de l'Amérique espagnole.
Rochefort (A. de). — La guerre de la Plata et l'avenir du Brésil.

Guimarães Cordeiro.

Lagarrigue. — Hommage à la mémoire de Mme Héloïse Guimarães Cordeiro.

Gutta-percha.

Beauvisage. — Origines botaniques de la gutta-percha.
Bernardin. — Classification de 100 caoutchoucs et gutta-perchas.
Chapel. — Le caoutchouc et la gutta-percha.
Seeligmann, Lamy-Torrilhon et Falconnet. — Le caoutchouc et la gutta-percha.

Guyane.

Bellin. — Description géographique de la Guyane.
Biet. — Voyage de la France équinoxiale.
Cook. — La Guyane indépendante.
Coudreau. — Chez nos Indiens. Quatre années dans la Guyane française.

Coudreau. — Les Français en Amazonie.
—. — La France équinoxiale.
Crevaux. — Voyage dans la Guyane et le bassin de l'Amazone.
—. — Voyages dans l'Amérique du Sud.
Delteil. — Voyage chez les Indiens Galibis de la Guyane.
—. — Résumé de l'histoire du Brésil et de la Guyane.
Durand. — La Guyane française et le Brésil agricole et commercial.
Froidevaux. — Explorations françaises à l'intérieur de la Guyane.
Fusée-Aublet. — Histoire des plantes de la Guyane française.
Gros. — Les Français en Guyane.
Guyane française et fleuve des Amazones.
Guyane française. Ses limites du côté du Brésil.
Labat. — Voyage de Des Marchais à Cayenne.
Lartigue. — Instruction nautique sur les côtes de la Guyane française.
Maurel. — Histoire de la Guyane française.
Maury. — La Guyane française. Ses limites du côté du Brésil.
Nouvion (V. de). — Extraits des auteurs et voyageurs qui ont écrit
    sur la Guyane.
Raleigh. — Brevis et admiranda descriptio regni Guianæ.
Sagot. — Des végétaux fruitiers cultivés à la Guyane.
St-Quantin (de). — Guyane française, ses limites vers l'Amazone.
Une mission en Guyane.
Vélain. — Esquisse géologique de la Guyane française.
Voyage à la Guyane et à Cayenne en 1789, par L. M. B.
Voyez aussi : Contesté. — Découverte. — Histoire. — Voyages.

Habitations.

Vieira-Monteiro. — Habitations à bon marché au Brésil.

Histoire.

Andrada (d'). — Réfutation des calomnies insérées par de Loy dans
    l'Indépendant de Lyon.
Anecdotes américaines (par Hornot).
Angliviel La Beaumelle. — Le Brésil considéré sous ses rapports
    politiques et commerciaux.
Antagonisme et solidarité des Etats orientaux et des Etats occidentaux
    de l'Amérique du Sud.
Araujo Carneiro (d'). — Lettre à M. le comte de Porto-Santo.
Arnaud. — La vérité sur le conflit entre le Brésil, Buenos-Ayres,
    Montevideo et le Paraguay.
Avezac (d'). — Considérations géographiques sur l'histoire du Brésil.
Barlæus. — Rerum per octennium in Brasilia gestarum sub præfec-
    tura I. Mauritii Nassoviæ.
Beauchamp (A. de). — Histoire du Brésil depuis sa découverte en
    1509 jusqu'en 1810.
—. — L'indépendance du Brésil présentée aux monarques européens.
—. — Réfutation de l'écrit : Coup d'œil sur l'état politique du Brésil
    au 12 novembre 1823.
Beautés de l'histoire d'Amérique.

Belloc. — Histoires d'Amérique et d'Océanie jusqu'en 1839.
Bembo. — Histoire du Nouveau Monde découvert par les Portugais.
Boëmus. — Mores, leges et ritus omnium gentium.
Bon droit (Le) et l'usurpation.
Bouchot. — Histoire du Portugal et de ses colonies.
Brésil (Le) et Rosas.
Brevis repetitio omnium quæ exc. d. Legatus Portugalliæ ad compo-
nendas res Brasilienses proposuit vel egit, 1647.
Brossard (A. de). — Considérations historiques et politiques sur les
républiques de la Plata.
Bry (Th. de). — Americæ tertia pars memorabilem provinciæ Brasiliæ
historiam continens.
Burck. — Histoire des colonies européennes dans l'Amérique.
Cat. — Grandes découvertes maritimes du xiiie au xvie siècle.
Catalogo da exposição de historia do Brazil.
Charencey (de). — Compte rendu de l'histoire des nations civilisées
de l'Amérique, par Brasseur de Bourbourg.
Chaumel de Stella. — Essai sur l'histoire du Portugal.
Commelyn. — Histoire de Frédéric-Henry de Nassau.
Considérations sur les relations du Brésil avec l'Allemagne par rap-
port à l'économie nationale,
Constitution de l'Empire du Brésil.
Constitution des Etats-Unis du Brésil.
Copie d'une lettre missive envoyée aux gouverneurs de La Rochelle.
Correspondance échangée avec la légation du Portugal.
Correspondance entre le Brésil et la République Argentine.
Cotegipe (de). — Les négociations avec le Paraguay.
Deberle. — Histoire de l'Amérique du Sud.
Denis. — Résumé de l'histoire du Brésil.
—. — Une fête brésilienne célébrée à Rouen, en 1550.
—. — Résumé de l'histoire littéraire du Brésil.
Discours de la paix contre le Portugais.
Dissensions (Les) des Républiques de la Plata et les machinations du
Brésil.
Docteur. — La vérité sur l'empire du Brésil.
Document pour servir à l'histoire de l'intervention européenne dans
la Plata.
Documents officiels relatifs au conflit entre le Brésil, Montevideo et
l'Assomption.
Don Miguel Ier.
Donnat. — Critique de la Constitution brésilienne.
Dufey. — Résumé de l'histoire des révolutions de l'Amérique méri-
dionale.
Ens. — Indiæ Occidentalis historia.
Europe (L') et ses colonies en décembre 1819.
Eusebii Cesariensis Chronicon.
Examen de la Constitution de dom Pèdre et des droits de dom Miguel.
Expilly. — Le Brésil, Buenos-Ayres, Montevideo et le Paraguay.
—. — La vérité sur le conflit entre le Brésil, Buenos-Ayres, Monte-
video et le Paraguay.
Exposé des droits de S. M. Très Fidèle dona Maria II.
Exposição dos direitos que a constituição e a leiz civiz brazileiras

assegurão a SS. MM. II. o duque e a duqueza de Bragança relativamente ás propriedades que possuem no Brazil.

Ferreira. — Moyens de mettre un terme à la guerre civile en Portugal.

Fumée. — Histoire générale des Indes occidentales et terres neuves.

Gaffarel. — Histoire du Brésil français au xvi⁰ siècle.

Grant. — Histoire du Brésil.

Gravier. — Examen critique de l'histoire du Brésil français au xvi⁰ siècle.

Herpin. — Le Brésil; précis historique en vers.

Histoire de Jean VI, roi de Portugal.

Histoire des différents peuples du monde.

Histoire véritable de ce qui s'est passé entre les Français et Portugais en l'île de Maragnan.

Julien. — Réponse à la lettre de M. de Pradt dans la *Gazette de France.*

Laborde (A. de). — Vœu de la justice et de l'humanité en faveur de l'expédition de D. Pedro.

Le bon voisin, c'est-à-dire le Portugais.

Lebrun. — Le Robertson de la jeunesse, abrégé de l'histoire d'Amérique.

Légitimité portugaise.

Le Long. — L'alliance du Brésil et des Républiques de la Plata contre le Paraguay.

Lescarbot. — Histoire de la Nouvelle-France contenant les navigations, découvertes et habitations faites par les Français aux Indes occidentales.

Lettres et négociations entre Jean de Witt et les plénipotentiaires des provinces unies des Pays-Bas, 1652-1669.

Lettre à M. l'abbé de Pradt par un indigène de l'Amérique du Sud.

Lettre sur l'empereur et la prospérité du Brésil.

Lettres sur le Brésil, réponse au *Times.*

Lettres sur le Portugal.

Leuchtenberg et Cobourg.

Macedo (S. de). — Note de l'envoyé extraordinaire du Brésil au marquis de Moustier.

Macedo (Sousa de). — Propositions touchant les différends du Brésil.

Manifeste des royalistes portugais. 1838.

—. — du prince régent du Brésil aux gouvernements amis.

Marçay (de). — Histoire des découvertes et conquêtes de l'Amérique.

Matériaux pour servir à l'histoire de l'expédition de Don Pedro en Portugal.

Merault. — Résumé de l'histoire des établissements européens dans les Indes occidentales.

Mercure français.

Message adressé par le Président de l'Etat de Minas Geraes au Congrès du même Etat en 1897.

Miguel Ier. — Manifeste, 28 mars 1832.

Monde (Le). — Histoire de tous les peuples depuis les temps les plus reculés.

Moreau. — Histoire des derniers troubles du Brésil.

—. — Relations véritables et curieuses de l'île de Madagascar et du Brésil.

Moura (J. M. de). — Motifs qui l'ont empêché de rejoindre à Porto l'armée de la reine de Portugal.
Nestcher. — Les Hollandais au Brésil au xvii⁰ siècle.
—. — Les Hollandais au Brésil. Un mot de réplique à M. Varnhagen.
Observations d'un Américain sur les ouvrages de M. de Pradt sur l'état actuel de l'Amérique.
Observations sur quelques articles calomnieux insérés dans plusieurs journaux de l'Europe contre le gouvernement du Brésil.
Oliveira Lima. — Sept ans de république au Brésil 1889-1896.
Osorius. — De rebus Emmanuelis regis Lusitaniæ virtute gestis libri xii.
Paulmier de Gonneville. — Mémoires touchant l'établissement d'une mission dans le troisième monde.
Pèdre Iᵉʳ. — Correspondance avec d. Jean VI durant les troubles du Brésil.
Pedro. — Manifeste de dom Pedro, duc de Bragance, 2 février 1832.
Peixoto. — Message adressé au Congrès national.
Penedo (de). — Mission spéciale à Rome en 1873.
Plante. — Mauritiados libri xii.
Politique (La) du Brésil ou la fermeture des fleuves.
Porto Seguro. — Les Hollandais au Brésil. Un mot de réponse à M. Nestcher.
Portugal (Le) et le Brésil. Conflit diplomatique.
Pradt (de). — Les colonies et la révolution actuelle de l'Amérique.
—. — Les 3 derniers mois de l'Amérique méridionale et du Brésil.
—. — Les 6 derniers mois de l'Amérique méridionale et du Brésil.
Projet de constitution pour l'Empire du Brésil.
Projet de reconstruction territoriale et dynastique de l'Empire du Brésil.
Protestations du Pérou et des Républiques du Pacifique contre les tendances de la guerre faite au Paraguay.
Publication officielle faite par la Légation orientale à Paris. Décision prise par le Brésil de défendre l'indépendance de l'Etat oriental.
Quatre (Les) coïncidences de dates.
Raisons fort puissantes pour faire voir l'obligation qu'a la France d'appuyer l'intérêt du Portugal dans le traité de la paix.
Raisons qui obligent le roy de France d'assister le roy de Portugal si le roy d'Espagne continue de luy faire la guerre.
Réduction dans laquelle on voit les objets des pernicieuses transgressions du dernier traité pratiquées par la Cour de Madrid.
Réfutation du monstrueux écrit : « Quel est le roi légitime de Portugal ? »
Relations véritables et curieuses de Madagascar et du Brésil.
Remarques sur la déclaration du marquis de Barbacena relativement au retour de la princesse du Gram-Pará à Rio-de-Janeiro.
Remontrances des négociants du Brésil contre les insultes faites au pavillon portugais.
Révolution (La) et l'armée du Brésil.
Révolutions de l'Amérique espagnole.
Rio-Banco. — Résumé de l'histoire du Brésil.
Robertson (Le) de la jeunesse, abrégé de l'histoire d'Amérique.
Roi (Le) et la famille royale de Bragance doivent-ils retourner en Portugal ?

Saint-Sauveur (M^e de). — Don Pedro démasqué.
Saldanha da Gama. — Coup d'œil sur les affaires brésiliennes.
Sampaio (de). — Question portugaise. Documents concernant les affaires du Portugal, 1824-1829.
Saraiva. — Injustice et mauvaise foi des journaux de Londres et du Portugal, au sujet de la question du Portugal.
—. — Moi je ne suis pas un rebelle, ou la question du Portugal.
Septenville (de). — Découvertes et conquêtes du Portugal dans les deux mondes.
—. — Le Brésil sous la domination portugaise.
Silva Paranhos (da). — Justification de la politique brésilienne dans la Plata.
Silva Passos (da). — Remarques sur le « Vœu de la justice et de l'humanité en faveur de l'expédition de dom Pedro », par A. de Laborde.
Souchu de Rennefort. — Histoire des Indes orientales.
—. — Mémoires pour servir à l'histoire des Indes orientales.
Souza Coutinho (Fr. de). — Propositio facta dominis ordinibus generalibus confæderatarum provinciarum Belgii in 1647.
Thevet. — Les singularités de la France antarctique.
Touron. — Histoire générale de l'Amérique depuis sa découverte.
Traduction d'une lettre sur les affaires actuelles du Portugal.
Traduction d'une lettre insérée dans le *Times* du 17 janvier 1817.
Une nouvelle abdication.
Une question du droit des gens.
Varnhagen (de). — Les Hollandais au Brésil. Un mot de réponse à M. Nestcher.
Vérité (La) sur la question portugaise.
Warden. — Histoire de l'Empire du Brésil.
Washburn.— Légation du Paraguay... A S. E. le marquis de Caxias.
Wytfliet et Magin. — Histoire universelle des Indes.
Yves d'Evreux. — Histoire des choses advenues en Maragnan.
Proposition de la ligue et union d'entre tous les royaumes et provinces du Roy catholique.
Voyez aussi : Découvertes. — Généralités. — Guerres. — Jésuites. — Portugal. — Traités. — Voyages.

Huguenots.

Baird. — Histoire des réfugiés huguenots en Amérique.
Bref recueil de l'affliction et dispersion de l'église des fidèles au Brésil.
Burckhardt et Grundemann. — Les missions évangéliques.
Haag. — La France protestante.
Voyez aussi : Villegagnon.

Hydrographie.

Après de Mannevillette (d'). — Le Neptune oriental.
Arnous-Dessaulsays. — Instructions pour la navigation aux attérages et dans la rivière de Pará.
Barral. — Renseignements sur la côte méridionale du Brésil et sur le Rio de la Plata.

Bianchi. — Note sur la barre de Rio Grande do Sul.
Boucarut. — Manuel de la navigation dans le Rio de la Plata.
Caland. — Amélioration de la barre de Rio Grande do Sul.
Dassié. — Description générale des côtes de l'Amérique.
Duperrey. — Voyage sur *la Coquille*. (Hydrographie par Duperrey.)
Givry. — Opérations hydrographiques en 1819-1820 par *la Bayadère* et *le Favori*.
Guyane française et fleuve des Amazones.
Hautreux. — De la Gironde à la Plata. Températures de mer.
Kerhallet (de). — Instruction pour remonter la côte du Brésil depuis San-Luiz de Maranhão jusqu'au Pará.
Lartigue. — Instruction nautique sur les côtes de la Guyane française.
Liais. — Explorations scientifiques au Brésil. Hydrographie du haut San-Francisco et du Rio das Velhas.
Libre (La) navigation platonique des fleuves du Brésil et leurs cascades.
Magré. — Renseignements sur la partie de côte entre l'île Sainte-Catherine et Buenos-Ayres.
—. — Renseignements sur la partie de côte entre la Trinité espagnole et Maranham.
Marc. — Un explorateur brésilien. 2,000 kilomètres de navigation en canot dans un fleuve inexploré.
Mouchez. — Les côtes du Brésil, description et instructions nautiques.
—. — Hydrographie des côtes du Brésil.
—. — Instructions nautiques sur les côtes du Brésil.
—. — Nouveau manuel de la navigation dans le Rio de la Plata.
—. — Rio de la Plata. Description et instructions nautiques.
Océan Atlantique sud. Brésil. Supplément n° V à l'Instruction n° 346.
Reclus. — Etude sur les fleuves.
Roussin. — Navigation aux côtes du Brésil.
—. — Le pilote du Brésil.
Saint-Hilaire (A. de). — Observations sur les diviseurs des eaux des grands fleuves de l'Amérique du Sud.
Tardy de Montravel. — Instructions pour naviguer sur la côte septentrionale du Brésil et dans le fleuve des Amazones.
Voyez aussi : Amazones. — La Madeira. — La Plata. — Oyapoc. — Pará. — Paraguay. — Phares. — Rio Doce. — Rio Negro. — Rio Parahyba. — Rio Parana. — Rio San Francisco.

Immigration.

Beaucourt. — Immigration et colonisation au Brésil.
Immigration. La province de Pernambuco.
Santa-Anna-Nery. — L'émigration et l'immigration pendant les dernières années.
Voyez aussi : Colonisation. — Emigration.

Indiens.

Baguet. — Les Indiens Parecis.
Biet. — Les Galibis.

Delteil. — Voyage chez les Indiens Galibis de la Guyane.
Gravier. — Etude sur le sauvage du Brésil.
Hamy. — Nouveaux renseignements sur les Indiens Jivaros.
Jomard. — Note sur les Botocudos.
Lafitau. — Mœurs des sauvages américains comparées aux mœurs des premiers temps.
Manouvrier. — Les Galibis du Jardin d'acclimatation.
Martin de Nantes. — Relation et histoire de sa mission chez les Cariris.
Mello Moraes. — Poèmes de l'esclavage et légende des Indiens.
Moure. — Les Indiens de la province de Matto Grosso.
Orbigny (d'). — L'homme américain (de l'Amérique méridionale).
Porto-Seguro. — Origine touranienne des Américains Tupis-Caribes.
Rey. — Etude anthropologique sur les Botocudos.
Reynoso. — De l'embaumement chez les Indiens Américains.
Santa-Anna--Néry. — Folk-Lore Brésilien.
Semelaigne. — Yves d'Evreux ou essai de colonisation chez les Topinambos.
Ten Kate. — La synonymie ethnique et la toponymie chez les Indiens de l'Amérique du Sud.
Visite aux tribus sauvages de l'Amérique (Botocudos).

Industrie.

Almeida (Pires de). — Les industries du Brésil.
Bovet (de). — L'industrie minérale dans la province de Minas Geraes.
Brésil (Le) au point de vue commercial et industriel.
Convention pour la protection de la propriété industrielle.
Exposition universelle d'Anvers. Le Brésil au point de vue commercial et industriel.
Ministère des Affaires étrangères. Conférence internationale pour la protection de la propriété industrielle.
Picard. — Tableaux de toutes les lois régissant la propriété industrielle.
Thiré. — Moyens de développer l'industrie du fer dans la province de Minas Geraes.
Voyez aussi : Brevets d'invention.

Ingénieurs.

Réception des ingénieurs espagnols, russes, portugais, brésiliens, du 17 au 20 septembre 1889, par la Société des Ingénieurs civils de France.

Instruction publique.

Almeida (Pires de). — L'instruction publique au Brésil.
Picard. — Exposition de 1889. Rapports du jury international. (Lafenestre. Enseignement des arts du dessin au Brésil. — Buisson. Education et enseignement.)

Revue de France et du Brésil. (4. Souza Bandeira. L'enseignement primaire à Rio-de-Janeiro.)

Insuline.

Beauvisage. — L'Insuline dans les Ionidium.

Ionidium.

Beauvisage. — L'Insuline dans les Ionidium.

Ipecacuanha.

Beauvisage. — L'Insuline dans les Ionidium. Note sur un faux ipecacuanha strié noir.
Klinsmann. — De emetino et cephaeli Ipecacuanha.

Jacamars.

Audebert et Vieillot. — Histoire naturelle et générale des... jacamars.

Jean VI

Maius. — Laudatio funebris in Johannem VI.

Jésuites.

Alegambe. — Mortes illustres et gesta eorum de societate Jesu qui... necati, ærumnisve confecti sunt.
Anecdotes du ministère de Sébastien Joseph Carvalho, marquis de Pombal.
Annus gloriosus societatis Jesu in Lusitania.
Bottinius. — Canonizationis Azevedi et 38 sociorum e Societate Jesu Informatio. — Responsio.
—. — Beatificatio et canonizatio J. de Anchieta.
Brasilien. canonizationis Ignatii de Azevedo et 40 sociorum de societate Jesu. De fide historiarum.
Congregatione sacrorum rituum sive canonizationis Ign. de Azevedo et 40 sociorum e societate Jesu, positio.
—. — Id. Propositio.
Cordara. — Historia societatis Jesu.
Crespin. — Martyrs persécutés et mis à mort pour la vérité de l'Evangile.
Crétineau-Joly. — Histoire de la Compagnie de Jésus.
Daurignac. — Histoire de la Compagnie de Jésus.
Décret du cardinal Saldanha pour la réforme des Jésuites de Portugal.
Decretum beatificationis Ign. de Azevedo et 39 aliorum e Societate Jesu.
Demersay.— Histoire du Paraguay et des établissements des Jésuites.
Diaz. — Epistolæ duæ de LII Jesuitis interfectis in Brasilia.

Echavarry (Ib. de). — Histoire du Paraguay sous les Jésuites.
Edit d'expulsion des Jésuites.
Edit de Sa Majesté Très Fidèle portant confiscation des biens des Jésuites.
Elesban de Guilhermy. — Ménologe de la Compagnie de Jésus.
Esquisse historique sur les 40 martyrs du Brésil de la Compagnie de Jésus.
Extraits de la relation concernant la République établie par les Jésuites dans l'Uruguay et le Paraguay.
Francisci Henrici Epistola de duodecim sociis in mari Brasilico interfectis anno 1550.
Galleratus. — Beatificationis p. Jos. de Anchieta positio.
Ginettus. — Canonizationis Ign. Azevedi Summarium de signis supernaturalibus.
Grandis (F. de). — Beatificationis J. de Anchieta Informatio.
Henrion. — Histoire des missions catholiques depuis le xiiie siècle.
Instruction de S. M. Très Fidèle à son ministre en la cour de Rome. 8 oct. 1757.
Jésuites (Les) chassés des Etats de Portugal.
Juvencius. — Historia societatis Jesu.
Lambertinis (Prosper de). — Canonizationis Ign. Azevedi animadversiones.
—. — id. — novæ animadversiones.
Lapius. — Beatificationis Ign. de Azevedo summarium.
—. — Canonizationis Ign. Azevedi Propositio.
—. — De publico cultu erga 40 Martyres ante Decreta Sa. mem. Urbani VIII.
Lettre du roi de Portugal qui ordonne le séquestre de tous les biens des Jésuites.
Lettres édifiantes et curieuses écrites des missions étrangères.
Lettres en forme de bref du pape Benoist XIV.
Lettres et pièces concernant les changements actuels du Portugal à l'égard des Jésuites.
Lettres pastorales pour détruire les erreurs que les Jésuites ont voulu semer.
Lettres de S. M. Très Fidèle touchant les Jésuites de Portugal.
Lettres royales du roi de Portugal portant confiscation des biens des Jésuites.
Litteræ quadrimestres ex universis præter Indiam et Brasiliam locis in quibus aliqui de Societate Jesu versabantur Romam missæ.
Litteræ Societatis Jesu duorum annorum 1590-1591 ad patres et fratres ejusdem Societatis.
Luna. — Beatificationis Ign. Azevedi responsio ad difficultatem.
—. — Beatificationis J. de Anchieta responsio ad animadversiones.
—. — id. — positio.
—. — id. — responsio ad animadversiones.
Manifeste du roi de Portugal contenant les erreurs impies et séditieuses.
Martin de Moussy. — Décadence et ruine des missions des Jésuites dans le bassin de la Plata.
Orlandinus. — Historia societatis Jesu.
Oultreman (Pierre d'). — Tableaux des personnages signalés de la Compagnie de Jésus.

Pelleprat. — Relation des missions des pères de la Cie de Jésus dans l'Amérique méridionale.

Petit recueil d'aucuns hommes illustres de la Cie de Jésus.

Pierius. — Canonizationis Ign. Azevedo et 39 sociorum. Summarium.

—. — Beatificationis J. Anchietæ. Summarium.

—. — Beatificationis J. Anchietæ Memoriale.

—. — Beatificationis J. Anchietæ Responsio ad animadversiones.

Recueil de pièces concernant la République établie par les Jésuites dans les domaines d'outre-mer.

Recueil des décrets apostoliques et des ordonnances du roi de Portugal concernant la conduite des Jésuites dans le Paraguay, etc.

Relation abrégée concernant la République que les Jésuites ont établie outre-mer.

Rubeis (P.-P. de). — Canonizationis Ign. de Azevedo et sociorum Societatis Jesu. Oppositiones.

Sacchinus. — Historia Societatis Jesu.

—. — Canonizationis Ign. Azevedi et xxxix sociorum martyrum Responsio ad novas animadversiones.

Sardinus, Th. Montecatinius et F. de Grandis. — Canonizationis Ign. Azevedi et 39 sociorum martyrum. Informatio facti et juris.

Tanner. — Societas Jesu usque ad sanguines et vitæ profusionem militans.

Zuccherinius. — Canonizationis Azevedo et 39 sociorum Summarium.

—. — Beatificationis Azevedi ac sociorum Memoriale additionale.

Jivaros.

Hamy. — Nouveaux renseignements sur les Indiens Jivaros.

Journaux et Revues.

Alcyon (L').

America.

Annales de l'Observatoire impérial de Rio de Janeiro.

Argus (L').

Artistic-Brazil (L').

Avenel. — Le monde des journaux en 1895.

Brésil (Le).

Brésil (Le) républicain.

Bulletin astronomique et météorologique de l'observatoire de Rio de Janeiro.

Bulletin du Rio de la Plata.

Carvalho (X. de). — La presse au Brésil.

Courrier (Le) du Brésil.

Echo de l'Amérique du Sud.

Echo de l'Atlantique.

Écho du Brésil et de l'Amérique du Sud.

Echo français.

Figaro-Chroniqueur.

France et Brésil.
Gazette du Brésil.
Gil-Blas.
Messager (Le), journal politique et littéraire.
Nouvelliste (Le) de Rio de Janeiro.
Revue brésilienne.
Revue du Brésil.
Revue de France et du Brésil.
Revue française de la province de S. Paul.
Revue médico-chirurgicale du Brésil.
Union (L') franco-brésilienne.
Veillées (Les) brésiliennes.

La Palmella.

Thibaireng. — Rapport sur la reconnaissance des gisements aurifères de la Palmella (province de Minas Geraes).

Lagoa-Santa.

E museo Lundii. (Winge : Rongeurs, Race, Chauves-souris, Marsupiaux, Singes et Carnivores de Lagoa-Santa).
Quatrefages (de). — L'homme fossile de Lagoa-Santa.

Laguna.

Escragnolle-Taunay (d'). — La retraite de Laguna.

Lavras Diamantinas.

Babinski. — Rapport sur une visite aux Lavras Diamantinas.
Bovet (de). — Une exploitation de diamants près de Diamantina.
Voyez aussi : Mines.

Législation.

Aguillon. — Législation des mines française et étrangère.
Casalonga. — Loi brésilienne sur les brevets d'invention.
—. — Lois portugaise et brésilienne sur les brevets d'invention.
Cavalcanti (Vte de). — Notice sur les lois promulguées au Brésil de
1891 à 1894.
Coelho Rodrigues. — Exposé des motifs de code civil brésilien.
Foucher. — Code criminel de l'empire du Brésil.
La Grasserie (de). — Lois civiles du Brésil.
Ourem (d'). — Brésil. Notice générale sur les sessions parlementaires
de 1877-1889.
—. — Étude sur la puissance paternelle dans le droit brésilien.
—. — Notice sur le mouvement législatif au Brésil en 1886.

Picard (E.). — Tableaux de toutes les lois régissant la propriété industrielle.
Sodré. — Manuel pratique du droit consulaire brésilien.

Lenções Palmeiras.

Babinski. — Rapport sur une visite à Lenções Palmeiras.
Voyez aussi : Mines.

Lentibulariées.

Saint-Hilaire et F. de Girard. — Monographie des primulacées et des lentibulariées du Brésil méridional.

Lépidoptères.

Lucas. — Histoire naturelle des lépidoptères exotiques.
Maisonneuve. — Observation sur une nouvelle espèce de papillon.

Lèpre.

Roux. — Des affections lépreuses dans les régions intertropicales.

Lézard.

Spix (de). — Animalia nova sive species novæ lacertarum quas in itinere per Brasiliam 1817-1820 collegit.

Lichen.

Krempelhuber (de). — Lichenes Brasilienses.
Martius. — Flora Brasiliensis Lichenes.
Swartz. — Lichenes americani.

Linguistique.

Adam. — Grammaire comparée des dialectes de la langue Tupi.
—. — Examen grammatical de 16 langues américaines.
—. — Trois familles linguistiques des bassins de l'Amazone et de l'Orénoque.
Albinus. — Commentatio de linguis peregrinis atque insulis ignotis.
Biet. — Les Galibis.
—. — Voyage de la France Equinoxiale.
Boyer. — Voyage de M. de Bretigny. Dictionnaire galibi.
Congrès international des Américanistes. Berlin 1888. (Adam. Trois familles linguistiques des bassins de l'Amazone.)
Coudreau. — Vocabulaires méthodiques des langues Ouayana, Aparaï, Oyampi, Emerillon.
Denis. — Rapport sur quelques ouvrages de linguistique brésilienne.
Dobrizhoffer. — Historia de Abiponibus.

Eckart. — Specimen linguæ Brasiliæ vulgaris.
Dictionnaire Galibi.
Gaffarel. — La langue Tupi.
Gornal. — Les langues brésiliennes.
Jomard. — Les Botocudos et vocabulaire de leur langue.
Martius. — Dictionnaire Galibi.
Pelleprat. — Relation des missions des Jésuites. Introduction à la langue des Galibis.
Relandus. — Dissertationum miscelleanarum editio secunda.
Restivo. — Linguæ Guarani grammatica.
—. — Lexicon Hispanico-Guaranicum.
Voyage à la Guyane, par L.-M. B. Vocabulaire galibi.
La Grasserie (de). — Grammaire et vocabulaire de la langue baniva.

Littérature.

Wolf. — Le Brésil littéraire.

Longitudes.

Mouchez. — Longitudes chronométriques des principaux points de la côte du Brésil rapportées au premier méridien de Rio de Janeiro.
—. — Recherches sur la longitude de la côte orientale de l'Amérique du Sud.
—. — Positions géographiques des principaux points de la côte orientale de l'Amérique du Sud.

Lundia.

Bureau. — Revision des genres Tynanthus et Lundia.

Luz Stearica.

Franco. — Renseignements sur la Cⁱᵉ Luz Stearica.

Lycopodiacées.

Spring. — Monographie de la famille des Lycopodiacées.
—. — Lycopodineæ. (Martius. Flora Brasiliensis, I.).

Madeira.

Durand. — La Madeira et son bassin.

Madeira-Mamoré.

Baguet. — Les colonies portugaises, la Bolivie et le chemin de fer Madeira-Mamoré.

Mælenia.

Dumortier. — Notice sur le genre Mælenia de la famille des Orchidées.

Magnétisme.

Jésus et Mesmer. — Propagande de magnothérapie.

Main-d'œuvre.

Wiener. — La main-d'œuvre dans l'Amérique méridionale.

Makis.

Audebert. — Histoire naturelle des singes et des makis.

Malagrida.

Mury. — Histoire de Gabriel Malagrida.
Voyez aussi : Jésuites.

Mapa.

Affaire de Mapa. Rapport du commandant E. Peroz.

Mar d'Espanha.

Babinski. — Rapport sur une visite... à Mar d'Espanha.
Voyez aussi : Mines.

Maranhão.

Claude d'Abbeville. — Arrivée des pères Capucins en l'Inde nouvelle.
—. — Arrivée des pères Capucins et la conversion des sauvages.
—. — Histoire de la mission des pères Capucins en l'île de Maragnan.
Yves d'Evreux. — Histoire des choses advenues en Maragnan.

Marcellia.

Choisy. — Les Convolvulacées du Brésil et le Marcellia.

Maria II (Dona).

Abrantès e Castro. — Lettre à Sir William A'Court.
Exposé des droits de Sa Majesté Très Fidèle Dona Maria II.

Post-scriptum. Note sur les prétendus droits de la princesse du Gran-Pará à la succession portugaise.

Question portugaise. De la succession à la couronne de Portugal dans le cas où la reine Dona Maria II ne laisserait pas de postérité.

Voyez aussi : Histoire. — Portugal.

Marine.

Asseline. — Antiquités et chonique de la ville de Dieppe.

Bréard. — Documents relatifs à la marine normande aux xvi⁰ et xvii⁰ siècles.

Constancio. — Remontrances des négociants du Brésil.

Defaite navale de trois mil tant Espagnols que Portugais à la Baya de todos los Sanctos.

Du Guay-Trouin. — Mémoires.

Gosselin. — Documents pour l'histoire de la marine normande et du commerce rouennais aux xvi⁰ et xvii⁰ siècles.

Guérin. — Les navigateurs français.

Margry. — Les navigations françaises et la révolution maritime du xiv⁰ au xvi⁰ siècle.

Santarem (de). — Analyse du Journal de la navigation de la flotte qui est allée à la terre du Brésil en 1530-32.

Voyez aussi : Bahia. — Découverte. — Histoire. — Navigation. — Portugal. — Rio Janeiro. — Saint-Sauveur. — Voyages.

Marsupiaux.

E museo Lundii. (Winge. Marsupiaux de Lagoa Santa).

Maté.

Barbier. — Le maté.

Couty. — L'alimentation au Brésil... Maté.

—. — Le maté et les conserves de viande.

Demersay. — Étude économique sur le maté.

Guillemin. — Rapport sur sa mission au Brésil.

Leroy. — Le maté.

Ménier. — Rapport sur le thé maté.

Matto-Grosso.

Moure. — Les Indiens de la province de Matto-Grosso

Maulaz.

Leguay. — Note à consulter pour M. Maulaz.

Médecine.

Aird. — De sanitate in India occidentali tuenda.

Amic. — Note sur une maladie de la peau (la Sarna).

Balard d'Herlinville. — La rage dans les pays tropicaux.

Béringer. — Climat et mortalité du Récife ou Pernambuco.

Bocquillon-Limousin. — Les plantes Alexitères du Brésil.

Brissay. — Le rôle du Brésil à la conférence internationale de Paris contre le choléra, 1894.

Caminhoa. — Catalogue des plantes toxiques du Brésil.

Chaufepié. — Historia febris flavæ Americanæ.

Colin. — Histoire des drogues qui naissent ès Indes.

Corre. — Traité clinique des maladies des pays chauds.

—. — Traité des fièvres bilieuses et typhiques.

Couty. — L'alimentation au Brésil.

Donker (de). — Assainissement de Rio de Janeiro.

Fort. — Rapport sur une mission scientifique dans l'Amérique du Sud.

Freire. — Travaux chimiques du Dr Domingos Freire.

—. — Cause, nature et traitement de la fièvre jaune.

—. — Etudes expérimentales sur la contagion de la fièvre jaune.

—. — Mémoire sur les ptolémaïnes de la fièvre jaune.

—. — Doctrine microbienne de la fièvre jaune.

—. — Régénération de la virulence des cultures du microbe de la fièvre jaune.

—. — Statistique de vaccinations au moyen de cultures du microbe atténué de la fièvre jaune 1888-1889.

—. — id. — 1889-1890.

—. — id. — 1891-1892.

—. — Nature, traitement et prophylaxie de la fièvre jaune.

—. — La mission du Dr Steraberg au Brésil.

Gache. — Climatologie médicale des principales villes d'Amérique.

Gama Labo. — Etudes sur la fièvre jaune de 1873-74.

Gomes. — Observationes botanico-medicæ de nonnullis Brasiliæ plantis.

Gouy. — Histoire de la fièvre jaune au Brésil.

Kelsch et Kiener. — Traité des maladies des pays chauds.

Klinsmann. — De emetino et cephaeli Ipecacuanha.

Laurich. — De singulari quodam Indorum occidentalium dysenteria.

Leblond. — Voyage aux Antilles et à l'Amérique méridionale. Récit des maladies épidémiques particulières à chaque climat.

Levacher. — Guide médical des Antilles et des régions intertropicales.

Mahé. — Programme de séméiotique et d'étiologie pour l'étude des maladies des pays chauds.

Martius. — Systema materiæ medicæ vegetabilis Brasiliensis.

Mello Barreto. — La fièvre jaune.

Moore. — De Indiæ occidentalis febribus.

Nielly. — Eléments de pathologie exotique.

Pison. — Historia medica Brasiliæ.

—. — Historia naturalis Brasiliæ.

—. — De Indiæ utriusque re naturali et medica libri xiv.

Projet d'instruction sur une maladie convulsive, le tétanos.

Publication de l'Institut homéopathique du Brésil. Doctrine de l'école de Rio de Janeiro.

Rendu. — Etudes topographiques et médicales sur le Brésil.

Rey. — Contributions à la géographie médicale. L'île de Sainte-Ca-
therine.
—. — Notes sur la fièvre jaune.
Ribeiro dos Guimaraens Peixoto. — Médicaments brésiliens que l'on
peut substituer aux médicaments exotiques.
Roux. — Des affections lépreuses dans les régions intertropicales.
Saint-Vel. — Traité des maladies des régions intertropicales.
Schœpf. — Materia medica americana potissimum regni vegetabilis.
Sigaud. — Du climat et des maladies du Brésil.
Silva Araujo. — La filaria immitis et la filaria sanguinolenta.
Soubeiran et Delondre. — Les produits végétaux du Brésil consi-
dérés au point de vue de la matière médicale.
Tavares. — Considérations d'hygiène publique et de police médicale
applicables à la ville de Rio de Janeiro.
Viaud-Grand-Marais. — Plantes américaines employées contre les
morsures des serpents venimeux.
Voisin et Liouville. — Etudes sur le curare.
Voyez aussi : Climat.

Mélipones.

Girard. — Notice sur les mélipones et trigones-brésiliennes.
Raveret-Wattel. — Rapport sur les mélipones.

Météorologie.

Annales de l'Observatoire impérial de Rio de Janeiro.
Bulletin astronomique et météorologique de l'Observatoire de Rio
de Janeiro.
Freycinet. — Voyage de *l'Uranie* et de *la Physicienne*.
Voyage autour du monde sur *la Bonite*. (Observations météorolo-
giques par Darondeau et Chevalier.)

Minas-Geraes.

Bovet (de). — L'industrie minérale dans la province de Minas-
Geraes.
Claussen. — Notes géologiques sur la province de Minas-Geraes.
Congrès international des Américanistes. Copenhague, 1883. (Crânes
et ossements humains de Minas-Geraes, par Lütken.)
E Museo Lundii.— (Winge : Rongeurs, Race, Chauves-Souris, Mar-
supiaux, Singes et carnivores de Lagoa Santa.)
Ferrand. — L'or à Minas-Geraes.
Gorceix. — Exploitations de l'or dans la province de Minas-Geraes.
Liais. — Explorations scientifiques au Brésil. Hydrographie de la
province de Minas-Geraes.
Marc. — L'exposition de 1889. La province de Minas-Geraes à la
section brésilienne.
Message adressé par le Président de Minas Geraes.
Monchot. — Gisements aurifères du district d'Ouro Preto, province
de Minas-Geraes.

Monchot. — Rapport sur les mines de Rapozos, province de Minas-Geraes.

Moraes (J. E. de). — Rapport partiel sur le Haut-San-Francisco, ou description de la province de Minas-Geraes.

Netto. — Additions à la flore brésilienne. Itinéraire botanique dans la province de Minas-Geraes.

Note sur l'installation d'un abattoir frigorifique dans l'Etat de Minas-Geraes.

Saint-Hilaire (A. de). — Voyage dans les provinces de Rio de Janeiro et de Minas-Geraes.

—. — Mémoire sur le système d'agriculture adopté par les Brésiliens et les résultats qu'il a eus dans la province de Minas-Geraes.

Thibaireng. — Rapport sur la reconnaissance des gisements aurifères de la Palmella, province de Minas-Geraes.

Thiré. — Moyens de développer l'industrie du fer dans la province de Minas-Geraes.

Voyez aussi : Mines. — Ouro Preto.

Mines.

Aguillon. — Législation des mines françaises et étrangères.

Belloc. — Voyage aux mines de Borges.

Belloc. — The Ouro Preto Gold mines of Brazil.

Bovet (de). — L'industrie minérale dans la province de Minas-Geraes.

—. — Etat actuel de la législation des mines au Brésil.

—. — Une exploitation de diamants près de Diamantina.

Carapebus. — Ressources minérales du Brésil.

Courcy (E. de). — Six semaines aux mines d'or du Brésil.

Fuchs et de Launay. — Traité des gîtes minéraux et métallifères.

Hébert. — Rapport sur la partie géologique et minéralogique du voyage de MM. Grandidier dans l'Amérique méridionale.

Jenzsch. — Considérations relatives à la partie minéralogique des instructions pour l'expédition scientifique brésilienne.

Monchot. — Rapport sur les mines de Rapozos, Espirito Santo, Borges et Passagem, district d'Ouro Preto, province de Minas-Geraes.

Rapport sur la mission confiée par M. Blot pour aller à Salobro dans les mines de diamants dites « Cannavieiras. »

Voyez aussi : Diamants. — Minas-Geraes. — Or.

Missel.

Missæ propriæ sanctorum pro regnis... Brasiliæ.

Missions.

Claude d'Abbeville. — Arrivée des pères Capucins en l'Inde nouvelle.

—. — Arrivée des pères Capucins et conversion des sauvages.

—. — Histoire de la mission des pères Capucins en l'île de Maragnan.

Coello. — Lettre du Japon.

Du Jarric. — Histoire des choses plus mémorables advenues ès Indes orientales.

—. — Thesaurus rerum Indicarum.

Epistolæ Japanicæ.

Gallais. — Une mission dominicaine au Brésil.

Gonzaga. — De origine Seraphicæ religionis Franciscanæ.

Henrion. — Histoire des missions catholiques depuis le xiiie siècle.

Histoire de ce qui s'est passé en Ethiopie, Malabar, Brésil.

Histoire.des martyrs persécutés et mis à mort.

Histoire générale des cérémonies, mœurs et coutumes religieuses de tous les peuples du monde.

Lettres du Japon, Peru et Brasil.

Lettres édifiantes et curieuses écrites des missions étrangères.

Lettres édifiantes et curieuses concernant l'Amérique.

Martin de Moussy. — Mémoire sur la décadence et la ruine des missions des Jésuites dans le bassin de la Plata.

Martin de Nantes. — Relation (et histoire) de sa mission chez les Cariris.

Mémoires touchant l'établissement d'une mission chrétienne dans la Terre Australe.

Pelleprat. — Missions des Jésuites dans l'Amérique méridionale.

Voyez aussi : Eglise. — Jésuites. — Religion.

Mollusques.

Castelnau (Fr. de). — Expédition dans l'Amérique du Sud. (Mollusques, par Hupé.)

Ferussac (de). — Catalogue des espèces de mollusques terrestres et fluviatiles recueillies par M. Rang.

Monnaies.

Exposition universelle de 1867 à Paris. Comité des poids et mesures et des monnaies.

Lejeune. — Monnaies, poids et mesures des principaux pays du monde.

Müller. — Catalogue du cabinet numismatique de J. A. Völcker.

Roest. — Monnaies portugaises du cabinet numismatique de l'Université de Leyde.

Sabatier. — Rapport sur la collection de monnaies portugaises à l'exposition universelle de 1867.

Schulman. — Catalogue d'une collection de monnaies du Portugal et des colonies portugaises.

Teixeira de Aragão. — Exposition universelle de 1867. Description des monnaies concernant l'histoire portugaise du travail.

Travassos-Valdez. — Notice sur les poids, mesures et monnaies du Portugal.

Mont de piété.

Etude sur les opérations du *Monte-pio geral.*

Montevideo.

Arnaud. — La vérité sur le conflit entre le Brésil, Buenos-Ayres, Montevideo et le Paraguay.

Documents officiels relatifs au conflit entre le Brésil, Montevideo et l'Assomption.

Expilly. — La vérité sur le conflit entre le Brésil, Buenos-Ayres, Montevideo et le Paraguay.

Voyez aussi : Histoire. — Guerre.

Mousses.

Angström. — Primæ lineæ muscorum cognoscendorum qui ad caldas Brasiliæ sunt collecti.

Hornschuch. — Musci (Martius. Flora Brasiliensis. I.)

Myriapodes.

Castelnau (Fr. de). — Expédition dans l'Amérique du Sud. (Myriapodes, par Gervais.)

Myrsinées.

Saint-Hilaire. — Mémoire sur les myrsinées et les sapotées.

Myrtes.

Berg. — Myrtaceæ. (Martius. Flora Brasiliensis. T. XIV. 1.)

Nandou.

Magaud d'Aubusson. — Le Nandou et ses produits.

Vavasseur. — Note sur le nandée et les moyens de l'amener à l'état de domesticité.

Napoléon Ier.

Costa (da). — Napoléon Ier au Brésil.

Navigation (lignes de)

Agostini de Hospedalez. — Navigation transatlantique. Précis à l'appui du rapport.

Agostini de Hospedalez et J. Chauvet. — Paquebots transatlantiques. Ligne du Brésil. Mémoire.

Chegaray. — Exposé à l'Assemblée législative du Brésil au nom de la South American Steam Boat association.

Gardère. — Des paquebots à vapeur pour l'Amérique.

Paquebots transatlantiques. Le commerce de Nantes à MM. les députés.

Paridant. — Des lignes de navigation entre l'Europe et le Brésil.
Société belge de bateaux à vapeur entre la Belgique et l'Amérique
du Sud.
La Roche Poncie (de). — La navigation de la Gironde au point de
vue des paquebots transatlantiques de la ligne du Brésil.

Nazareth.

Thomas et Jorissen. — Matériel du Tram-Road de Nazareth.

Nobrega (E. de)

Sainte-Foi. — Vie du vénérable Joseph Anchieta et du P. Emmanuel de Nobrega.

Nouvelle-Fribourg.

Dispositions concernant le voyage de la colonie suisse jusqu'à la
Nouvelle-Fribourg.
Raffard. — La colonie suisse de Nova Friburgo.

Nouvelle Neustrie.

Colonie du Cotentin, ou Nouvelle Neustrie.

Observatoire.

Voyez : Météorologie. — Rio de Janeiro.

Océan Atlantique.

Avezac (d'). — Découvertes faites au moyen âge dans l'Océan Atlantique.

Oiseaux.

Audebert et Vieillot. — Histoire naturelle et générale des oiseaux-
mouches et des oiseaux de Paradis.
—. — Histoire naturelle et générale des grimpereaux.
Castelnau (F. de). — Expédition dans l'Amérique du Sud. (Oiseaux
par Des Murs.)
Catalogue des oiseaux composant la collection du Dr Abeillé.
Descourtilz. — Oiseaux brillants du Brésil.
—. — Oiseaux-mouches orthorynques du Brésil.
—. — Ornithologie brésilienne, ou histoire des oiseaux du Brésil.
E museo Lundii. (Oiseaux des cavernes à ossements du Brésil, par
Winge.)
Lafresnaye. — Sur quelques nouvelles espèces d'oiseaux.

Mulsant. — Catalogue des oiseaux-mouches ou colibris.
—. — et Verreaux. — Essai d'une classification méthodique des Trochilidés.
Pauquet. — Histoire naturelle des oiseaux exotiques.
Spix (de). — Avium species novæ quas in itinere per Brasiliam 1817-1820 collegit.
Percheron. — Le perroquet.
Voyez aussi : Colibris.

Or.

Belloc. — The Ouro Preto Gold mines of Brazil.
Courcy (E. de). — Six semaines aux mines d'or du Brésil.
Ferrand. — L'or à Minas-Geraes.
Gorceix. — Les exploitations de l'or dans la province de Minas-Geraes.
Mawe. — Voyages dans l'intérieur du Brésil, particulièrement dans les districts de l'or.
Monchot. — Gisements aurifères du district d'Ouro-Preto.
—. — Rapport sur les mines du district d'Ouro-Preto.
Ouro (The) Preto gold mines of Brazil. Avis.
Pontifex. — L'Ouro-Preto mines d'or du Brésil. Rapport, 1891.
Thibaireng. — Rapport sur la reconnaissance des gisements aurifères de la Palmella, province de Minas-Geraes.
Weill. — L'or.
Voyez aussi : Mines.

Orbigny (Alcide d').

Gaudry. — Alcide d'Orbigny, ses voyages et ses travaux.

Orchidées.

Barbosa Rodrigues. — Genera et species orchidearum novarum.
—. — Structure des orchidées.
Collection des orchidées de M⁰ J. P. Pescatore.
Dumortier. — Notice sur le genre Mælenia de la famille des orchidées.
Linden. — Les orchidées exotiques et leur culture en Europe.
Cogniaux. — Orchidaceæ. (Martius. Flora Brasiliensis. T. III. 4.)

Orographie.

Durand. — Essai sur l'orographie du Brésil.

Ouayana.

Coudreau. — Vocabulaires méthodiques des langues Ouayana, Aparaï, Oyampi, Emérillon.

Ouro Preto

Belloc. — The Ouro Preto gold mines of Brazil.
Courcy (E. de). — Six semaines aux mines d'Or du Brésil. Ouro-Preto.
Ferrand. — L'or à Minas-Geraes, à Ouro-Preto.
Monchot. — Gisements aurifères du district d'Ouro-Preto.
—. — Rapport sur les mines du district d'Ouro-Preto.
Ouro (The) Preto gold mines of Brazil. Avis. 1893, 1894, 1897.
Pontifex. — L'Ouro-Preto. Rapport 1891.
Voyez aussi : Mines. — Or.

Oyampi.

Coudreau. — Vocabulaires méthodiques des langues Ouayana, Aparaï, Oyampi, Emerillon.

Oyapoc.

Silva (J. C. da). — L'Oyapoc et l'Amazone.

Paléontologie.

E museo Lundii.
Gervais et Ameghino. — Les mammifères fossiles de l'Amérique du Sud.
Quatrefages (de). — L'homme fossile de Lagoa Santa.
Agassiz. — Poissons fossiles de la province de Ceará.

Palmiers.

Barbosa Rodrigues. — Enumeratio palmarum novarum quas valle fluminis Amazonum inventas descripsit.
—. — Les Palmiers.
Macedo (A. de). — Notice sur le palmier Carnauba.
Martius. — Genera et species palmarum quas in itinere per Brasiliam annis 1817-1820 collegit.
Drude. — Palmæ. (Martius. Flora Brasiliensis. T. III. 2.)

Paquebots.

Voyez : Navigation (Lignes de)

Pará.

Arnous-Dessaulsays. — Instructions pour la navigation aux attérages et dans la rivière de Pará.
Baguet. — La province de Pará et le fleuve des Amazones.
Belmar. — Voyage aux provinces du Pará et des Amazones.

Clair-Roy. — Troubles survenus dans la province du Pará.
Etat (L') du Pará.
Kerhallet (de). — Instruction pour remonter la côte jusqu'au Pará,
pour descendre cette rivière et pour en débouquer.
Monnier. — Des Andes au Pará.
Voyez aussi : Amazone.

Paraguay.

Arnaud. — La vérité sur le conflit entre le Brésil, Buenos-Ayres,
Montevideo et le Paraguay.
Baguet. — Rio Grande do Sul et le Paraguay.
Berges. — Lettre à S. Exc. M. Ch. Washburn, 24 mars 1867.
Carvalho (A. de). — Réponse aux articles de la *Patrie* sur la guerre
du Paraguay.
Charlevoix (de). — Histoire du Paraguay.
—. — Historia Paraguayensis.
Correspondance entre le Brésil et la République Argentine au sujet
des traités conclus avec le Paraguay.
Cotegipe (de). — Les négociations avec le Paraguay.
Cruz-Lima (da). — Réponse à un article de la *Revue des Deux-
Mondes* sur la guerre du Brésil et du Paraguay.
Deiss. — De Marseille au Paraguay.
Demersay. — Histoire du Paraguay et des établissements des Jésuites.
Du Graty. — La République du Paraguay.
Echavarry (Ib. de). — Histoire du Paraguay sous les Jésuites.
Escragnolle-Taunay (d'). — La retraite de Laguna.
Extraits de la relation concernant la République établie par les
Jésuites dans l'Uruguay et le Paraguay.
Fix. — La guerre du Paraguay.
Gallès. — De la guerre entre le Brésil, les Etats de la Plata et le
Paraguay.
Garnault. — Notes sur le Rio Paraná et sur le Paraguay.
Guerre du Paraguay.
Hutchinson. — Lecture à propos de la guerre du Paraguay.
Lamballe (cte de). — Le Paraguay.
La Poëpe (Cl. de). — La politique du Paraguay.
Le Long. — L'alliance du Brésil et des Républiques de la Plata
contre le Paraguay.
—. — Le Paraguay. La dynastie des Lopez.
—. — Les Républiques de la Plata et la guerre du Paraguay. Le
Brésil.
Mannequin. — A propos de la guerre contre le Paraguay.
Milet. — Le Brésil pendant la guerre du Paraguay.
Moure. — Le Paraguay depuis ses sources jusqu'à son embouchure
dans le Paraná.
Poucel. — Le Paraguay moderne et l'intérêt général du commerce.
Protestations du Pérou et des républiques du Pacifique contre les
tendances de la guerre faite au Paraguay.
Quentin. — Le Paraguay.
Recueil des décrets apostoliques et des ordonnances du roi de Por-
tugal concernant la conduite des Jésuites dans le Paraguay, etc.

Saint-Hilaire (A. de). — Aperçu d'un voyage dans l'intérieur du
Brésil et au Paraguay.
—. — Histoire des plantes les plus remarquables du Brésil et du
Paraguay.
Traité d'alliance contre le Paraguay.
Une question du droit des gens. M. Washburn et la conspiration
paraguayenne.
Washburn. — Légation du Paraguay... A. S. E. le m^{is} de Caxias.
Voyez aussi : Guerres. — Histoire. — Jésuites. — Portugal. — Mis-
sions.

Paraná.

Baguet. — La province de Paraná.

Parecis.

Baguet. — Les Indiens Parecis.

Passagem.

Belloc. — ... Voyage aux mines de Passagem.
Monchot. — Rapport sur les mines de Rapozos, Espirito-Santo,
Borges et Passagem.
Voyez aussi : Mines. — Or.

Patate.

Corenwinder. — La patate.

Pedro (don) Ier et II.

Abrantès e Castro. — Lettre à Sir William A'Court.
Brésil. Les empereurs Pedro Ier et Pedro II.
Burgain. — La statue de l'empereur Dom Pedro Ier.
Daubrée. — Funérailles de don Pedro d'Alcantara. Discours.
Esquisse historique sur don Pedro Ier.
Fialho. — Don Pedro II. Notice biographique.
Godde de Liancourt. — Eloge funèbre de S. M. don Pedro.
Laborde (A. de). — Vœu de la justice et de l'humanité en faveur de
l'expédition de D. Pedro.
Le Preux. — Monument érigé à Lisbonne à la gloire de dom Pe-
dro IV.
Manifeste des républicains brésiliens à l'occasion des honneurs funè-
bres rendus à l'ex-empereur dom Pedro II.
Matériaux pour servir à l'histoire de l'expédition de dom Pedro en
Portugal.
Mossé. — Dom Pedro II, empereur du Brésil.
Notice sur dom Pedro, empereur du Brésil.
Notice sur dom Pedro Ier, empereur constitutionnel du Brésil, par
M. G.

Saint-Sauveur (M. de). — Dom Pedro démasqué.
Voyez aussi : Histoire. — Portugal.

Pernambuco.

Béringer. — Climat et mortalité du Recife ou Pernambuco.
Fournié. — Travaux nécessaires au développement du port.
—. — et Béringer. — Mémoire sur le port du Recife.
Guelen (A. de). — Brief relation de l'estat de Phernambucq.
Immigration. La province de Pernambuco.
Mavignier. — Du climat de Pernambuco.

Perroquet.

Percheron. — Le perroquet.

Petropolis.

Courcy (E. de). — Six semaines aux mines d'or du Brésil. Petropolis.

Pfeiffer (Ida).

Folleville (Ch. de). — Mme Ida Pfeiffer et ses voyages.

Phalanstère.

Bachelet. — Phalanstère du Brésil.
Phalanstère du Brésil.

Phares.

Avis aux navigateurs. Côtes orientales de l'Amérique du Sud.
Coulier. — Atlas général des phares et fanaux.
Le Gras. — Phares des côtes orientales de l'Amérique du Sud.
Phares de l'Océan Atlantique. Les deux Amériques.
Phares. Côtes orientales de l'Amérique du Sud.
Service hydrographique. Phares de l'Océan Atlantique.

Physique.

Abbadie (d'). — Observations relatives à la physique du globe.
Duperrey. — Voyage autour du monde sur *la Coquille.* (Physique,
  par Duperrey).
Feuillée. — Journal des observations sur les côtes de l'Amérique
  méridionale.
Voyage autour du monde sur *la Bonite.* (Physique, par Darondeau
  et Chevalier).

Piperomia.

Henschen. — Etude sur le genre Piperomia.

Plata (La).

Arcos. — La Plata.
B. (Armand de). — Mes voyages avec le D' Philips dans la Répu-
blique de la Plata.
Brossard (A. de). — Considérations historiques et politiques sur
les Républiques de la Plata.
Bulletin du Rio de la Plata.
Dissensions (Les) des Républiques de la Plata et les machinations du
Brésil.
Document pour servir à l'histoire de l'intervention européenne dans
la Plata.
Durand. — Précis de l'histoire des États du Rio de la Plata.
Gallés. — Considérations sur le Brésil et les États de la Plata.
—. — Guerre entre le Brésil et les États de la Plata et le Paraguay.
Guerre (La) dans la Plata en 1865.
Guerre (La) devant la civilisation.
Guide international d'Europe au Brésil et à la Plata.
La Poëpe (Cl. de). — La politique du Paraguay dans le Rio de la
Plata.
Le Long. — L'alliance du Brésil et des Républiques de la Plata
contre le Paraguay.
—. — Les Républiques de la Plata et la guerre du Paraguay. Le
Brésil.
Loiseau-Bourcier. — Guide international d'Europe au Brésil et à la
Plata.
Marancour (de). — Guide d'Europe au Rio de la Plata.
Marmier. — Lettre sur l'Amérique.
Martin de Moussy. — Décadence et ruine des missions des Jésuites
dans le bassin de la Plata.
Mouchez. — Nouveau manuel de la navigation dans le Rio de la
Plata.
—. — Rio de la Plata, description et instructions nautiques.
—. — Instructions nautiques sur les côtes du Brésil et le Rio de la
Plata.
Notes sur les affaires de la Plata. Documents officiels.
Orbigny (d'). — Voyage au centre de l'Amérique méridionale.
Considérations sur la navigation de la Plata.
Rochefort (A. de). — La guerre de la Plata et l'avenir du Brésil.
Santiago Arcos. — La Plata. Étude historique.
Silva Paranhos (da). — Justification de la politique brésilienne dans
la Plata.
Voyez aussi : Guerres. — Histoire. — République Argentine.

Plumes.

Denis. — Arte plumaria.

Poésies.

Corbière. — Élégies brésiliennes et poésies diverses.
—. — Brésiliennes.

H erpin. — Le Brésil ; précis historique en vers.
Louis (Mᵉ). — France et Brésil.
Mello (de). — De rusticis Brasiliæ rebus carminum libri IV.
Mello Moraes. — Poèmes de l'esclavage et légendes des Indiens.
O'Kelly et Villeneuve. — Paraguassú ; chronique brésilienne.
Santa-Anna-Néry. — Folk-Lore Brésilien.
Santa Rita Durão (J. de). — Caramurù ou la découverte de Bahia.
Taunay. — Idylles brésiliennes.
Voix de France. A. S. M. dom Pedro II.

Poids et mesures.

Exposition universelle de 1867 à Paris. Comité des poids et mesures.
Lejeune. — Monnaies, poids et mesures des principaux pays.
Travassos-Valdez. — Notice sur les poids, mesures et monnaies du
  Portugal.

Poisons.

Caminhoa. — Catalogue des plantes toxiques du Brésil.
Voisin et Liouville. — Études sur le curare.

Poissons.

Agassiz. — Poissons fossiles de la province de Céará.
Castelnau (Fr. de). — Expédition dans l'Amérique du Sud. (Poissons).
Spix (de). — Selecta genera et species piscium quos in itinere per
  Brasiliam 1817-1820 collegit.

Pontimelo.

E muso Lundii. (Soren Hansen L'homme fossile de Pontimelo).

Portugal.

Chauvin. — Histoire du Portugal et de la maison de Bragance.
Coquelle. — Aperçu historique sur le Portugal et la maison de Bragance.
Correspondance échangée avec la légation de Portugal à Lisbonne.
De la légitimité en Portugal.
Demandes spécifiques de Sa Majesté le roi de Portugal.
Deux mots sur le prétendu acte des trois États du royaume, 11 juillet 1828.
Dezoteux de Comartin. — L'administration de S. J. de Carvalho
  et Mello.
Essai sur les événements de Portugal.
Examen de la constitution de dom Pedro et des droits de dom
  Miguel.

Falcão. — Etat actuel de la monarchie portugaise et les cinq causes de sa décadence.

Ferreira. — Moyens de mettre un terme à la guerre civile en Portugal.

Fortia d'Urban. — Histoire générale du Portugal.

Giedroyc. — Résumé de l'histoire du Portugal au XIXº siècle.

Guibout. — Épisodes de l'histoire du Portugal.

Jouffroy (Mˢ de). — Considérations sur le Portugal.

La Clède (de). — Histoire générale de Portugal.

Lafitau. — Histoire des découvertes et conquêtes du Portugal.

Légitimité portugaise.

Lequien de la Neufville. — Histoire générale de Portugal.

Lettres sur le Portugal.

Leuchtenberg et Cobourg.

Milcent. — Portugal et Bragance.

Oliveyra (d'). — Mémoires concernant le Portugal et toutes ses dépendances.

Portugal (Le) et le Brésil. Conflit diplomatique.

Post-scriptum. Notes sur les prétendus droits de la princesse du Gran-Pará à la succession portugaise.

Question portugaise. De la succession à la couronne de Portugal.

Raczinski. — Dictionnaire historico-artistique du Portugal.

Réfutation du monstrueux écrit : « Quel est le roi légitime du Portugal ? »

Sampaio. — Question portugaise. Document concernant les affaires de Portugal, 1824-1829.

Saraïva. — Injustice et mauvaise foi des journaux de Londres et de Portugal au sujet de la question du Portugal.

—. — Moi, je ne suis pas un rebelle, ou la question du Portugal.

Schæffer. — Histoire de Portugal depuis sa séparation de la Castille.

Silva Lopes Rocha (A. da). — Injuste acclamation du sérénissime infant dom Miguel.

Traduction d'une lettre sur les affaires du Portugal.

Vérité (La) sur la question portugaise.

Vertot. — Histoire des révolutions du Portugal et description du Brésil.

Vogel. — Le Portugal   colonies. Tableau politique et commercial.

Voyez aussi : Déc uverte. — Guerres. — Histoire. — Jésuites. — Voyages.

Positivisme.

Lagarrigue. — Hommage à la mémoire de Mᵉ H. Guimarães Cordeiro.

Lemos. — L'Apostolat positiviste au Brésil. Rapports, 1884-1890.

Mariano de Oliveira. — Notice sur la fête d'inauguration de la chapelle de l'humanité à Rio de Janeiro.

Texeira Mendes. — La philosophie chimique d'après Auguste Comte·

Prévoyance (Institutions de).

Ourem (d'). — Quelques notes sur les institutions de prévoyance au Brésil.
—. — Notice sur les institutions de prévoyance au Brésil.

Prieu.

Chatenet. — Lettre pour l'affaire Prieu.
Chesnelong et Labat. — Affaire Prieu. Mémoire.
Prieu. — Affaire Prieu. Lettre de M. le baron d'Ornano.
—. —   —. — Mémoire à l'Assemblée nationale.
—. —   —. — Pétition à la commission du budget de 1874.
—. — Affaire Prieu contre le gouvernement du Brésil.
—. — Lettre au Sénat et à la Chambre des Députés.
—. — Un déni de justice. Affaire Prieu.

Primulacées.

Saint-Hilaire (A. de) et Fr. de Girard. — Monographie des primulacées du Brésil méridional.

Promerops.

Audebert et Vieillot. — Histoire naturelle et générale des... promerops.

Quinquina.

Bory. — Les chercheurs de quinquinas.
Weddel. — Histoire naturelle des quinquinas.

Races.

Baguet. — Les races primitives des deux Amériques.
Baril (Cᵗᵒ) de la Hure. — Les peuples du Brésil avant la découverte de l'Amérique.
Bertillon. — Ethnographie moderne. Les races sauvages.
E museo Lundii. (Soren Hansen. La race de Lagoa Santa).

Rage.

Balard d'Herlinville. — La rage dans les pays tropicaux.

Raposos.

Belloc. — ... Voyage aux mines de Raposos.
Monchot. — Rapport sur les mines de Rapozos, Espirito-Santo...
Voyez aussi : Mines. — Or.

Recife.

Voyez : Pernambuco.

Régence du Portugal.

Abrantès e Castro. — Lettre à sir William A'Court.
Voyez aussi : Dom Pedro. — Histoire. — Portugal.

Religion.

Kastner.— Traditions religieuses des peuples indigènes de l'Amérique.
Montet. — Religion et superstition dans l'Amérique du Sud.
Réville. — Histoire des religions.
Voyez aussi : Eglise. — Huguenots. — Jésuites. — Missions.

Reptiles.

Castelnau (F. de). — Expédition dans l'Amérique du Sud. (Reptiles, par Guichenot).
Voyez aussi : Serpents.

République Argentine.

Arnaud. — La vérité sur le conflit entre le Brésil, Buenos-Ayres, Montevideo et le Paraguay.
Expilly. —. — Id. —. —
Mannequin. — A propos de la guerre contre le Paraguay.
Saint-Hilaire (A. de) et F. de Girard. — Monographie des primulacées et des lentibulariées du Brésil méridional et de la République Argentine.

République Brésilienne.

Araujo (O. d'). — Le fondateur de la République Brésilienne, Benjamin Constant, Bothelho de Magalhães.
—. — L'idée républicaine au Brésil.
—. — Le mouvement social au Brésil de 1890 à 1896.
Badaro. — L'église au Brésil pendant la République.

Rio Branco.

Coudreau. — Voyage au Rio Branco.

Rio-Branco (Vicomte de).

Revue de France et de Brésil. (I. Escragnolle-Taunay. Le vicomte de Rio-Branco.)
Viscount de Rio-Branco. Notices in *the Times*.

Rio das Velhas.

Liais. — Explorations scientifiques au Brésil. Hydrographie du Rio das Velhas.

Rio de Janeiro.

Allain. — Rio de Janeiro.
Annales de l'Observatoire impérial de Rio de Janeiro.
B... (Mlle Léontine). — Lettres inédites sur Rio-Janeiro.
Bulletin astronomique et météorologique de l'Observatoire de Rio de Janeiro.
Capitales (Les) du monde.
Congrès international des Américanistes, Luxembourg, 1877 (F. Denis. La bibliothèque nationale de Rio de Janeiro).
Courcy (E. de). — Six semaines aux mines d'or du Brésil. Rio de Janeiro.
Cruls. — Le climat de Rio-Janeiro.
Donker (de). — Assainissement de Rio de Janeiro.
Duguay-Trouin. — Mémoires.
Franco. — Renseignements sur la Compagnie Luz Sterearica.
Lettres sur l'administration du Brésil. I. La douane de Rio de Janeiro.
Mariano de Oliveira. — Notice sur la fête d'inauguration de la chapelle de l'humanité à Rio de Janeiro.
Netto. — Le Muséum national de Rio de Janeiro.
Pinheiro. — Résultats des essais de compteurs d'eau faits à Rio de Janeiro.
Pointel. — Rio-Janeiro.
Poulain. — La course au XVIIe siècle. Duguay-Trouin.
Publication de l'Institut homéopathique du Brésil. Doctrine de l'Ecole de Rio de Janeiro.
Raffard. — La colonie suisse de Nova Friburgo et la Société philanthropique suisse de Rio de Janeiro.
Rapports du comité de la Société philanthropique suisse à Rio de Janeiro.
Recueil des combats de Duguay-Trouin.
Relation de ce qui s'est passé pendant la campagne de Rio de Janeiro par Duguay-Trouin.
Renaud de Moustier. — Une étape à Rio de Janeiro.
Revue de France et du Brésil. (4. Souza Bandeira. L'enseignement primaire à Rio de Janeiro).
Saint-Hilaire (A. de). — Voyage dans les provinces de Rio de Janeiro et de Minas Geraes.
Société belge de bienfaisance établie à Rio de Janeiro. Rapport.
Société française de bienfaisance à Rio de Janeiro. Rapports.
Société française de secours mutuels de Rio de Janeiro. Compte rendu.
Statuts et règlements du Cercle français de l'Union à Rio de Janeiro.
Statuts de la Société belge de bienfaisance.
Statuts du Cercle suisse de Rio de Janeiro.

Statuts de la Société française de Secours mutuels.
Taunay et Denis. — Notice historique du panorama de Rio de Janeiro.
Tavares. — Considérations d'hygiène publique et de police médicale applicables à la ville de Rio de Janeiro.

Rio Doce.

Durand. — Le Rio Doce.

Rio Grande do Sul.

Baguet. — Rio Grande do Sul et le Paraguay.
Bianchi. — Note sur la barre de Rio Grande do Sul.
Caland. — Amélioration de la barre de Rio Grande do Sul.
Lyon. — Etude géographique sur l'État de Rio Grande do Sul.
Moré. — La colonisation dans la province de Saint-Pierre de Rio Grande do Sul.
Saint-Hilaire (A. de). — Voyage à Rio Grande do Sul.
—. — Province de S. Pedro de Rio Grande do Sul. Rapport.

Rio Negro.

Durand. — Le Rio Negro du Nord et son bassin.

Rio Parahyba.

Baril (Cte) de la Hure. — Voyage sur le Rio Parahyba.

Rio Paraná.

Garnault. — Notes sur le Rio Paraná et sur le Paraguay.

Rio San Francisco.

Durand. — Le Rio San Francisco du Brésil.
—. — Les cataractes du San Francisco brésilien.
Liais. — Explorations scientifiques au Brésil. Exploration du Rio San Francisco.
—. — Hydrographie du haut San Francisco.
Moraes (de). — Rapport partiel sur le haut San Francisco.
Saint-Hilaire (A. de). — Les sources du Rio de San Francisco.
—. — Voyage aux sources du Rio de San Francisco et dans la province de Goyaz.

Romans.

Antonet. — Sylvino et Anina ; mœurs brésiliennes.
Bory. — Les Chercheurs de quinquinas.

Boussenard. — De Paris au Brésil par terre.

—. — 2,000 lieues à travers l'Amérique du Sud.

—. — Les Grands Aventuriers. De Paris au Brésil par terre à la poursuite d'un héritage.

—. — Les Mystères de la Guyane.

—. — Les Robinsons de la Guyane. Les Chasseurs de caoutchouc. L'Homme bleu.

—. — Les Mystères de la forêt vierge.

—. — Le Secret de l'or.

Carrey. — L'Amazone.

Croy (R. de). — Un Français au Brésil.

Dubarry. — Les Aventuriers de l'Amazone.

La Landelle. — Aventures et embuscades. Histoire d'une colonisation au Brésil.

Magnin. — Causeries et méditations littéraires.

Matthey. — La Brésilienne.

Ruelle Pomponne. — Une épopée au Brésil.

Santa Rita Durão. (J. de). — Caramurú, ou la découverte de Bahia.

Sky. — Une Brésilienne.

Sylvio Dinarte. — Innocencia. Roman brésilien traduit par Du Chastel.

Verne. — Voyages extraordinaires. La Jangada, 800 lieues sur l'Amazone.

Rongeurs.

E museo Lundii (Winge. Rongeurs de Lagoa Santa).

Sacrement de S. Vincent.

Notice et justification du titre et bonne foi avec laquelle on a établi la nouvelle colonie du Sacrement de Saint-Vincent.

Saint-Hilaire.

Moquin-Tandon. — Saint-Hilaire.

Saint-Jean del Ré.

Courcy (E. de). — Six semaines aux mines d'or du Brésil. Saint-Jean del Ré.

Saint-Paul.

Albuquerque. — Cultures de végétaux et essais d'acclimatation d'animaux à Saint-Paul.

Camara (Ewb. de). — Chemin de fer de la province de Saint-Paul.

Campos-Salles. — Discours envoyé au Congrès législatif de Saint Paul.

Neave. — Rapport sur l'état de Saint-Paul.

Notes sur l'Etat de São Paulo.

Revue française de la province de Saint-Paul.
Saint-Hilaire (A. de). — Voyage dans la province de Saint-Paul et
de Sainte-Catherine.
—. — Tableau général de la province de Saint-Paul.
Van-de-Putte. — La province de São Paulo du Brésil.

Saint-Sauveur.

Relation véritable de la prise de Saint-Sauveur.
Visscher. — S. Salvador conquise par les amiraux Piet Heyn et
Jacob Willekes.
Vuillekens. — Relation de la prinse de Sainct Salvador.
Voyez aussi : Bahia.

Sainte-Catherine.

Aubé. — Notice sur la province de Sainte-Catherine.
—. — La province de Sainte-Catherine et la colonisation au Brésil.
Audet. — Emigrations à la colonie de Grão Pará.
Garnot. — Un court séjour à Sainte-Catherine du Brésil.
Rey. — Contributions à la géographie médicale. L'île de Sainte-
Catherine.
Saint-Hilaire (A. de). — Voyage dans les provinces de Saint-Paul
et de Sainte-Catherine.
Van Lede. — La colonisation au Brésil. Mémoire sur la province de
Sainte-Catherine.

Saldanha da Gama.

Enumération de ses travaux jusqu'à l'année 1867.

Saldanhœa.

Bureau. — Description du genre nouveau Saldanhœa.

San Antonio.

Babinski. — Rapport sur une visite... à San Antonio.

Sancta-Cruz.

Magalhanes de Gandavo. — Histoire de la province de Sancta-Cruz.

Sapotées.

Saint-Hilaire (A. de). — Mémoire sur les myrsinées et les sapotées.
Miquel. — Sapotaceæ. (Martius. Flora Brasiliensis. T. VII.)
Planchon. — Etude sur les produits de la famille des Sapotées.

Sarna.

Amic. — Notes sur une maladie de la peau (la Sarna).

Scorpions.

Castelnau. (Fr. de). — Expédition dans l'Amérique du Sud. (Scorpions, par Lucas.)

Sériculture.

Gélot. — Etat actuel de la sériculture dans l'Amérique du Sud.
Girard (M.). — Rapport sur les soies et les vers à soie du Brésil.
—. — Le ver à soie brésilien. Notice sur l'*Attacus aurata.*

Serpents.

Freminville (Ch. de). — Mœurs et habitudes des serpents.
Lacerda (de). — Leçons sur le venin des serpents du Brésil.
Spix (de). — Serpentum Brasiliensium species novæ.
Viaud-Grand-Marais. — Plantes américaines employées contre les morsures des serpents venimeux.

Silva (Antonio José da).

David. — Les opéras du juif Antonio José da Silva.

Singes.

Audebert. — Histoire naturelle des singes et des makis.
E museo Lundii. (Winge. Singes de Lagoa Santa).
Spix (J. de). — Simiarum et vespertilionum brasiliensium species novæ.

Sociétés.

Bibliothèque de la Société Ibérique. Les contemporains portugais, espagnols et brésiliens, par Teixeira de Vasconcellos.
Comptes rendus de la Société suisse de bienfaisance de Bahia.
Raffard. — La colonie suisse de Nova Friburgo et la Société philanthropique suisse de Rio de Janeiro.
Rapports du comité de la Société philanthropique suisse à Rio de Janeiro.
Société anonyme dite « Compagnie Belge-Brésilienne de colonisation ». Approbation des statuts.
Société belge de bateaux à vapeur entre la Belgique et l'Amérique du Sud.
Société belge de bienfaisance établie à Rio de Janeiro. Rapport et situation financière.
Société française de bienfaisance à Rio de Janeiro. Rapports.
Société française de secours mutuels. Rio de Janeiro.
Société française de secours mutuels de Rio de Janeiro. Compte rendu.

Société Union Israélite du Brésil. Rapport.
Statuts et règlements du Cercle français de l'Union, à Rio de Janeiro.
Statuts de la Société belge de bienfaisance. Rio de Janeiro.
Statuts du Cercle suisse de Rio de Janeiro.
Statuts de la Société française de secours mutuels, Rio de Janeiro.
Franco. — Renseignements sur la compagnie Luz Stéaricá.
Voyez aussi : Banques. — Chemins de fer.

Statistique.

Balbi. — Essai statistique sur le royaume de Portugal et d'Algarve.
Freire. — Statistique de vaccinations au moyen de cultures de microbe atténué de la fièvre jaune, 1888-1892.
Ourem (d'). — Quelques notes sur les bureaux de statistique au Brésil.
Pòrto-Seguro. — Quelques renseignements statistiques sur le Brésil.
Voyez aussi : Commerce.

Sucrerie.

Kieckens. — Une sucrerie anversoise au Brésil à la fin du xvie siècle.

Tabac.

Tabac (Le) dans la province de Bahia.

Tapajoz.

Coudreau. — Voyage au Tapajoz. 1895-1896.

Tapioca.

Lucet. — Produits alimentaires exotiques. Le tapioca.

Tétanos.

Projet d'instruction sur une maladie convulsive, le tétanos.

Théâtre.

David. — Les opéras du juif Antonio José da Silva.
Meilhac et Halévy. — Le Brésilien.
O'Relly et Villeneuve. — Paraguassú.
Solo. — La République de Counani.
Saint-Etienne. — La perle du Brésil.

Tiradentes.

Cordeiro. — Tiradentes.

Tortues.

Spix (de). — Animalia nova sive species novæ testitudinum et ranarum quas in itinere per Brasiliam 1817-1820 collegit.

Traités.

Calvo. — Recueil complet des traités... de tous les États de l'Amé-
rique latine.
Clercq (de). — Recueil des traités de la France.
Convention pour la protection de la propriété industrielle.
Convention sanitaire.
Donzel. — Commentaire de la Convention internationale pour la
protection de la propriété industrielle.
—. — Rapport sur la législation internationale de la propriété indus-
trielle.
Dufet et Agnus. — Recueil général des traités de commerce.
Hauterive (comte d') et de Cussy. — Recueil des traités de commerce
et de navigation.
Ministère des affaires étrangères. Conférence internationale pour la
protection de la propriété industrielle.
—. — Conférence internationale pour la protection des câbles sous-
marins, 1882.
Tétot. — Répertoire des traités de paix, d'alliance, de commerce,
etc.
Traité d'alliance contre le Paraguay, 1865.
Traité d'amitié entre le roi de France et l'empereur du Brésil, 1826.
Traité de suspension d'armes conclu à Utrecht.
Traité de paix conclu à Utrecht, 1713.

Tremblements de terre.

Perrey. — Tremblements de terre au Pérou, dans la Colombie et
dans le bassin de l'Amazone.

Trigones.

Girard. — Notice sur les mélipones et trigones brésiliennes.

Tupis.

Adam. — Grammaire comparée des dialectes de la langue Tupi.
Gaffarel. — La langue Tupi.
Porto-Seguro. — Origine touranienne des Américains Tupis-Caribes.
Varnhagen (F. de). — Origine touranienne des Américains Tupis-
Caraïbes.

Semelaigne. — Yves d'Evreux ou essai de colonisation chez les Topinambos.
Roulox Baro. — Relation d'un voyage au pays des Tapuies.

Tynanthus.

Bureau. — Revision des genres Tynanthus et Lundia.

Uruguay.

Arnaud. — La vérité sur le conflit entre le Brésil, Buenos-Ayres, Montevideo et le Paraguay.
Extraits de la relation concernant la République établie par les Jésuites dans l'Uruguay et le Paraguay.
Mannequin. — A propos de la guerre contre le Paraguay.

Uruguayana.

Chemin de fer de Cacequy à Uruguayana.

Vaccin.

Freire. — Le vaccin de la fièvre jaune.
—. — Statistique de vaccinations au moyen de cultures du microbe atténué de la fièvre jaune, 1888-1892.
Voyez aussi : Fièvres.

Végétaux.

Albuquerque. — Cultures de végétaux à Saint-Paul.
Voyez aussi : Botanique.

Vespuce (Améric).

Voyez Améric Vespuce.

Viande.

Couty. — L'alimentation au Brésil. La viande.
—. — Le maté et les conserves de viande.
Voyez aussi : Alimentation.

Vieira.

Carel. — Vieira. Sa vie, ses œuvres.
Magnin. — Causeries et méditations littéraires.

Vigne et Vin.

Féry d'Esclands. — Exposition de 1889. Classe 73. Rapport.
Picard. — Exposition universelle de 1889. Rapports du jury international.

Villegaignon.

Barré. — Discours sur la navigation de Villegaignon en Amérique.
Bref recueil de l'affliction et dispersion de l'église des fidèles au pays
de Brésil.
Copie de quelques lettres sur la navigation du chevalier de Villegai-
gnon.
Haag. — La France protestante.
Haton. — Mémoires, 1533-1582.
Heulhard. — Villegagnon, roi d'Amérique, 1510-1572.
Histoire des choses mémorables advenues en la terre du Brésil.
Léry. — Histoire d'un voyage fait en la terre du Brésil.
—. — Historia navigationis in Brasiliam.
Réponse (La) aux lettres de Nicolas Durant, dit le chevalier de
Villegaignon.
Richer. — Libri duo apologetici.
—. — Réfutation des folles resveries de Nicolas Durand.
Villegaignon. — Copie de quelques lettres sur sa navigation.
—. — Réponse aux libelles d'injures publiés contre le chevalier de
Villegaignon.

Voyages.

Anson. — Voyage autour du monde (1640-1644).
Arago. — Promenade autour du monde.
—. — id. — en 1817-1820 sur l'Uranie et la Physicienne.
—. — Souvenirs d'un aveugle. Voyage autour du monde.
—. — Voyage autour du monde sans la lettre A.
Aurignac (d'). — Trois ans chez les Argentins.
Avezac (d'). — Campagne du navire l'Espoir, de Honfleur, 1503-1505.
Azara (F. de). — Voyage dans l'Amérique méridionale.
Barrow. — Voyage à la Cochinchine par... le Brésil et l'île de Java.
Bergeron. — Voyages du sieur Vincent Le Blanc.
Borget. — Fragments d'un voyage autour du monde.
Boucher de la Richarderie. — Bibliothèque universelle des voyages.
Bougainville. — Journal de la Thétis et de l'Espérance.
—. — Voyage de la Boudeuse et de l'Etoile.
Bresson. — Bolivia. Sept années d'explorations.
Camus. — Mémoire sur la collection des grands et petits voyages.
Castelnau (Fr. de).— Expédition dans les parties centrales de l'Amé-
rique du Sud.
Catlin. — La vie chez les Indiens.
Charton. — Voyageurs anciens et modernes.
Choris. — Voyage pittoresque autour du monde.
—. — Vues et paysages des régions équinoxiales.
Cortambert. — Nouvelle histoire des voyages.
Cotteau. — Promenade autour de l'Amérique du Sud. De France au
Brésil.
—. — Promenades dans les deux Amériques.
Coulon. — Les voyages fameux du sieur Vincent Le Blanc.
Crevaux. — Voyages dans l'Amérique du Sud.

Michel. — A travers l'hémisphère Sud ou mon second voyage autour du monde.

Miroir Oost et West-Indical, auquel sont descriptes les deux dernières navigations.

Mirval. — L'ermite du Chimboraço. Voyage dans les deux Amériques.

Mocquet. — Voyages.

Monnier. — Des Andes au Pará.

Montémont (A. de). — Voyages en Amérique, par Ch. Colomb, F. Cortez, Pizarre, Cabral...

Montet. — Brésil et Argentine. Notes et impressions de voyage.

Morier. — Second voyage en Perse... par le Brésil.

Orbigny (d'). — Fragment d'un voyage au centre de l'Amérique méridionale.

—. — Voyage dans les deux Amériques.

—. — Voyage pittoresque dans les deux Amériques.

—. — Voyage dans l'Amérique méridionale pendant les années 1826-1833.

Ordinaire. — Du Pacifique à l'Atlantique par les Andes Péruviennes et l'Amazone.

Pernety. — Journal historique d'un voyage aux îles Malouines en 1763-1764.

Pfeiffer. — Voyage d'une femme autour du monde.

Pigafetta. — Premier voyage autour du monde, 1519-1522.

—. — Le voyage et navigation fait par les Espagnols de 1519 à 1522.

Prévost. — Histoire générale des voyages.

Pyrard. — Discours du voyage des François aux Indes orientales.

—. — Voyage contenant sa navigation aux Indes.

Rapport sur le voyage de M. A. de Saint-Hilaire dans le Brésil.

Recueil de voyages dans l'Amérique méridionale.

Remarques d'un voyage sur la Hollande... et le Brésil.

Riccous. — Le Bougainville de la jeunesse ou nouvel abrégé des voyages dans l'Amérique.

Robiano. — Dix-huit mois dans l'Amérique du Sud.

Rogers. — Voyage autour du monde, 1708-1711.

Santarem (de). — Analyse du Journal de la navigation de la flotte qui est allée à la terre du Brésil en 1530-1532.

Schmidel. — Historia navigationis quam in Americam confecit H. Schmidel.

Schouten. — Journal du voyage de G. Schouten dans les Indes.

Sétier. — Relation d'un voyage de vingt ans dans l'Amérique du Sud.

Spilbergen et Le Maire. — Speculum orientalis et occidentalis Indiæ navigationum.

—. — Miroir Oost and West-Indical.

Staden de Homberg. — Véritable histoire et description d'un pays habité par des hommes sauvages.

Suzannet (Cte de). — Souvenirs de voyages. L'empire du Brésil.

Ternaux-Compans. — Voyages, relations et mémoires pour servir à l'histoire de la découverte de l'Amérique. Voyage de M. Schmidel de Straubing.

Ursel (d'). — Sud-Amérique. Séjours et voyages au Brésil.

Van Beneden. — Rapport sommaire sur les résultats d'un voyage au Brésil.

Varnhagen. — Analyse du Journal de la navigation de la flotte qui est allée à la terre du Brésil en 1530-1532, par P. Lopes de Souza.
Verbrughe. — Forêts vierges. Voyage dans l'Amérique du Sud.
Verne. — Histoire des grands voyages et des grands voyageurs.
Verschuur. — Voyage aux trois Guyanes et aux Antilles.
Vespuce. — Sensuyt le nouveau monde et navigations faictes par E. de Vespuce
Voyage autour du monde en 1836-1837 sur *la Bonite*.
Voyage autour du monde en 1764-1765 sur *le Dauphin*.
Voyage autour du monde par les mers de l'Inde sur *la Favorite*.
Voyages des François aux Indes et Brasil, 1601-1610.
Yvan. — Voyages.

Voyages au Brésil.

Agassiz. — Voyage au Brésil.
Aimard. — Le Brésil nouveau.
—. — Mon dernier voyage. Le Brésil nouveau.
Albert-Montémont. — Bibliothèque universelle des voyages.
—. — Voyage dans les cinq parties du monde.
—. — Voyages nouveaux effectués et publiés de 1837 à 1847.
Coudreau. — Voyage au Rio Branco, aux montagnes de la Lune, au haut Trombetta.
Cruls. — Commission d'exploration du Plateau central du Brésil. Rapport.
—. —. id. — Atlas des itinéraires.
Debret. — Voyage pittoresque et historique au Brésil, 1816-1831.
Delavaud. — Un voyage au Brésil au xvie siècle.
Dos Santos-Barreto. — Voyages et études. Les blancs au Brésil.
Koster. — Voyages dans la partie septentrionale du Brésil, 1809-1815.
Léry. — Histoire d'un voyage fait en la terre du Brésil.
—. — Historia navigationis in Brasiliam.
Lindley. — Voyage au Brésil.
Mawe. — Voyages dans l'intérieur du Brésil.
Maximilien de Wied-Neuwied. — Voyage au Brésil en 1815-1817.
Roulox Baro. — Relation du voyage au pays des Tapuies.
Roy (J.-E.). — L'empire du Brésil. Souvenirs de voyage, par N. X.
Rugendas. — Voyage pittoresque dans le Brésil.
Saint-Hilaire (A. de). — Aperçu d'un voyage dans l'intérieur du Brésil.
—. — Voyage dans le district des diamants et sur le littoral du Brésil.
—. — Voyage dans l'intérieur du Brésil.
Santa-Anna-Néry (de). — Aux Etats-Unis du Brésil. Voyages de M. T. Durand.
Selys-Longchamp. — Notes d'un voyage au Brésil.
Verhæren. — Notes et souvenirs d'un voyage au Brésil.
Warming. — Une excursion aux montagnes du Brésil.
Yves d'Evreux. — Histoire des choses mémorables advenues en Maragnan.
—. — Voyage dans le nord du Brésil.

Zoologie.

Castelnau (Fr. de). — Expédition dans les parties centrales de l'Amérique du Sud. (Zoologie, par P. Gervaiis.)
Clusii exoticorum libri decem.
Duperrey. — Voyage de *la Coquille*. (Zoologie, par Lesson et Garnot.)
Ferussac (de). — Catalogue des espèces de mollusques terrestres et fluviatiles recueillies par M. Rang.
Percheron. — Le perroquet.
Perty. — Delectus animalium articulattorum quæ in itinere per Brasiliam 1817-1820 collegerunt de Spiix et de Martius.
Spix (de).— Simiarum et vespertilionum lbrasiliensium species novæ.
—. — Serpentum Brasiliensium species movæ.
—. — Animalia nova sive species novæ testutidinum et ranarum quas in itinere per Brasiliam collegit 1817-1820.
—. — Avium species novæ quas in itinere per Brasiliam 1817-1820 collegit.
—. — Animalia nova sive species novæ lacertarum quas in itinere per Brasiliam annis 1817-1820 collegit.
—.— Testacea fluviatilia quæ in itinere per Brasiliam annis 1817-1820 collegit.
—. — Selecta genera et species piscium quos in itinere per Brasiliam annis 1817-1820 collegit.
Spix et Martius. — Delectus animalium articulatorum quæ in itinere per Brasiliam 1817-1820 collegerunt.
Voyez aussi : Bétail. — Oiseaux. — Serpents.